영어음성학개론

전면 개정판 **영어음성학개론**

전상범 지음

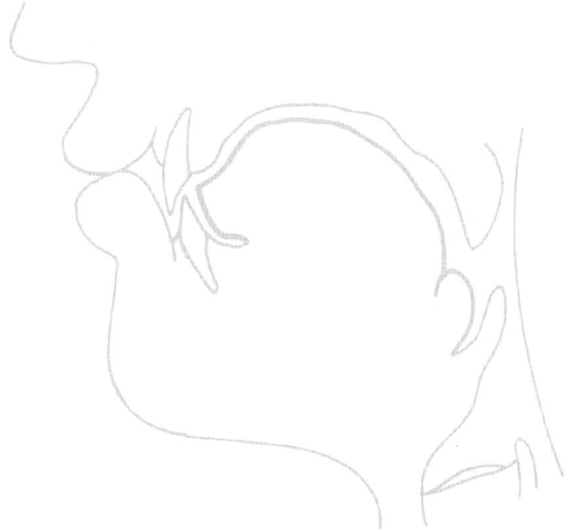

을유문화사

영어음성학개론

초판 제1쇄 발행　　　1995년 2월 28일
전면개정판 제1쇄 발행　2005년 2월 25일
전면개정판 제9쇄 발행　2020년 2월　5일

지은이 | 전상범
펴낸이 | 정무영
펴낸곳 | ㈜을유문화사

창립일 | 1945년 12월 1일
주소 | 서울시 마포구 월드컵로16길 52-7
전화 | 02-733-8153
팩스 | 02-732-9154
홈페이지 | www.eulyoo.co.kr

ISBN 89-324-5232-6　93740

* 값은 뒤표지에 표시되어 있습니다.
* 지은이와의 협의하에 인지를 붙이지 않습니다.

개정판을 내며

개정판에서는 최근 그 수요가 증가하고 있는 '음향음성학'과 '청각음성학'에 관한 두 장을 새로이 첨가하였다. 음향음성학은 음성 합성(voice synthesis)의 기초가 되는 학문이다. 합성 음성은 이미 우리 생활에 깊이 들어와 있다. 시간을 알려주는 전화 목소리나 ARS에서 들리는 음성의 대부분이 합성 음성이다.

한편 청각음성학은 소리의 인지에 기초가 되는 학문으로 이 또한 우리 생활에 편리하게 이용되기 시작한 지 오래다. 일례로 목소리를 알아듣고 문을 열어주는 잠금장치 등이 그러하다. 음향음성학과 청각음성학이 연계되면 궁극적으로는 음성 타자기(phonetic typewriter)의 사용을 가능케 해 줄 것이다. 음성 타자기란 사람의 목소리를 글자로 바꿔주는 장치다. 나아가 적절한 프로그램이 주어지는 경우 동시통역기의 실현도 가능해질 것이다.

영어의 음성적 특징에만 관심이 있다면 새로이 첨가된 부분은 생략해도 무방할 것이다. 초판에 음향음성학과 청각음성학이 포함되지 않았던 이유이기도 하다.

머리말

〈영어음성학〉이라는 이름이 붙은 책은 헤아릴 수 없이 많다. 그러나 오랫동안 대학에서 영어음성학을 가르쳐 오면서 사용해본 어떤 책도 완전히 만족스러운 것은 없었다.

브론스타인(A. J. Bronstein)의 *The Pronunciation of American English*(1960)를 가장 많이 사용한 셈인데, 이 책은 영국 영어에 대한 언급이 전혀 없는 반면에 미국 영어에 대해서는 지나치게 자세하다는 흠이 있다. 마찬가지로 김슨(A. C. Gimson)의 *An Introduction to the Pronunciation of English*(1989⁴)는 미국 영어에 대한 언급은 전혀 없는 반면 영국 영어에 대해서는 지나치게 자세하다. 한편 존즈(D. Jones)의 *An Outline of English Phonetics*(1957⁸)는 영어음성학의 고전이긴 하나, 고전이 갖는 장점과 함께 최근의 이론에 대한 언급이 없다는 것이 큰 흠이다.

당연한 일이긴 하지만 위의 어떤 책에도 영어와 한국어 발음의 비교, 영어를 배우는 한국 사람들에게서 예상되는 어려움, 그리고 그와 같은 어려움을 극복하기 위한 조언이 없다. 그뿐만 아니라 위의 세 책에는 우리가 절실히 필요로 하는 강세나 억양에 대한 충분한 정보가 들어 있지 않다. 억양이라면 한국 학생들은 무엇보다도 프레이터 · 로비넷(Prator · Robinett)의 *Manual of American English Pronunciation*

(1972²)을 읽어야 한다.

  여러 해 교과서를 바꿔 가며 음성학을 가르쳐 오는 동안 필자의 머릿속에는 여러 권의 책을 뒤적거리지 않더라도 한 권의 책으로 한국의 독자들이 필요로 하는 모든 정보를 담아낼 수는 없을까 하는 생각이 들기 시작했다. 이 책은 그와 같은 목적을 위해 씌어진 것이다. 그러나 그와 같은 작업이 생각처럼 쉽지 않다는 것을 책을 쓰기 시작하면서 곧 통감하였다. 가장 어려웠던 점은 적절한 양의 지식을 일관된 체계 속에 담는 일이었다.

  늘 그렇듯 음성학과 관련된 글은 까다로운 기호와 그림 때문에 여러 사람들에게 이만저만한 수고를 끼치는 것이 아니다. 이 자리를 빌어 도움을 준 여러분께 깊은 사의를 표하고 싶다. 교정과 찾아보기 작업을 기꺼이 맡아준 토요 세미나 그룹의 후학들에게도 고마운 마음을 전하고자 한다.

전상범

차례

개정판을 내며
머리말

1. 서론
1.1 음성학 ····· 15
1.2 언어 연쇄 ····· 19
1.3 음성학의 영역 ····· 22
1.4 표준어 ····· 26
1.5 음성학의 효용 ····· 30
1.6 미국 영어와 영국 영어 ····· 33

2. 소리의 물리학 (음향음성학)
2.1 음성 ····· 41
2.2 사이클과 주파수 ····· 44
2.3 공명 ····· 48
2.4 스펙트로그램 ····· 59

3. 소리의 생리학 (조음음성학)
3.1 호흡기관 ┃ · · · · · 75

3.2 발성기관 ┃ · · · · · 77

3.3 조음기관 ┃ · · · · · 82

3.4 2차 조음 ┃ · · · · · 88

4. 소리의 인지 (청각음성학)
4.1 인지의 생리학 ┃ · · · · · 97

4.2 인지의 물리학 ┃ · · · · · 104

4.3 인지의 심리학 ┃ · · · · · 119

5. 소리의 분류 (음소론)
5.1 음소 ┃ · · · · · 141

5.2 음소의 설정 ┃ · · · · · 149

5.3 음소와 외국어 교육 ┃ · · · · · 158

5.4 모음과 자음 ┃ · · · · · 163

6. 모음
6.1 기본 모음 ┃ · · · · · 173

6.2 모음의 분류와 표기 ┃ · · · · · 183

6.3 음장 ┃ · · · · · 200

6.4 전설모음 ▮ ····· 204

6.5 후설모음 ▮ ····· 222

6.6 중설모음 ▮ ····· 240

6.7 이중모음 ▮ ····· 251

6.8 삼중모음 ▮ ····· 261

7. 자음

7.1 자음의 분류와 표기 ▮ ····· 265

7.2 파열음 ▮ ····· 281

7.3 마찰음 ▮ ····· 308

7.4 파찰음 ▮ ····· 327

7.5 비음 ▮ ····· 332

7.6 설측음 ▮ ····· 340

7.7 전이음 ▮ ····· 344

8. 강세와 억양

8.1 탁립 ▮ ····· 363

8.2 음절 ▮ ····· 369

8.3 단어 강세 ▮ ····· 382

8.4 합성어 강세와 구강세 ▮ ····· 393

8.5 문장 강세 ▮ ····· 418

8.6 강형과 약형 · · · · · 449
8.7 억양 · · · · · 457

9. 영어의 음성 현상

9.1 음장 · · · · · 489
9.2 동화 · · · · · 501
9.3 이화 · · · · · 512
9.4 탈락 · · · · · 514
9.5 첨가 · · · · · 521
9.6 융합 · · · · · 525
9.7 음위 전환 · · · · · 527
9.8 중음 탈락 · · · · · 528

참고문헌 · · · · · 530
찾아보기 · · · · · 534

1 서론

1.1 음성학
Phonetics

　　　　　　　　　　인간의 일생은 소리로 시작해서 소리로 끝난다. 갓 태어난 아기는 울음소리와 더불어 호흡을 시작하고, 일생을 마칠 때까지 소리를 내거나 들으며 산다.
　소리는 의사 전달의 가장 효과적인 수단이란 점에서 중요하다. 의사 전달을 위해서는 말소리(speech sound) 외에도 여러 가지 방편이 있을 수 있다. 우선 인쇄된 글이 그렇다. 그 밖에도 손짓을 한다든지, 깃발을 이용한다든지, 거울을 이용할 수도 있다. 말소리 이외의 소리를 이용하는 방법도 있다. 경적을 울린다든지 북을 치는 것도 그 한 가지 방법이며, 모스 신호(morse code)도 효과적인 의사 전달의 수단이다. 그러나 이 가운데서 인간의 말소리를 통한 의사소통이 가장 효과적이라는 데에는 이의가 없을 것이다.
　우리가 말을 배우는 과정은 거의 무의식적으로 이루어지는 반면, 글을 배운다는 것은 의식적인 노력에 의해 이루어진다. 그리하여 우리는 글이 말보다 더 중요하다는 착각을 하게 된다. 그 밖에도 글은 신문이나 잡지, 문학 작품이나 학술 서적의 모양으로 오래 남게 되므로 순간적으로 생겨났다가 보이지도 않게 사라져버리는 말소리보다 더 중요하게 느끼게 된다. 그러나 말은 아득한 태고에서부터 존재했음에 비해 문자의 역사는 고작 수십 년, 혹은 수백 년에 불과한 경우가 많으며, 영어의 철자가 사용된지도 1,500년이 채 안 된다.

말이 글보다 더 중요하다는 점을 인식하기 위해서는 다음 몇 가지 사실을 이해하는 것이 도움이 될 것이다.

첫째, 글은 기록하려는 말소리의 그림자에 불과하다는 사실이다. 따라서 글이 어떻게 발음되는지 알지 못한다면 글은 그 중요성의 많은 부분을 상실한다. 〈훈민정음해례(訓民正音解例)〉에 열거된 '듧빼'(酉時)라는 단어의 발음을 알지 못한다면 이 단어는 별다른 뜻이 없게 된다.

둘째, 지구상에는 글을 갖지 않은 종족은 있으나 말을 갖지 않은 종족은 없다. 또 문자는 갖지 못했으나 찬란한 문명을 남긴 종족도 많다.

셋째, 우리가 일상생활에서 의사 전달을 위해 사용하는 말과 글의 비율은 그 차이가 엄청나다. 이처럼 말이 가장 많이 사용되었다는 점이 중요하다.

넷째, 말과 글의 차이는 이 같은 양의 차이에서뿐만 아니라 질에서도 차이가 난다. 상대방에 대해 어떤 것을 알아내기 위해 사용되는 면접(interview)과 질문지(questionnaire) 가운데 어느 것이 더 많은 정보를 주는가를 비교해보면 말과 글의 효용의 차이를 쉽게 짐작할 수 있다.

다섯째, 보지 못하는 사람들과 듣지 못하는 사람들의 사회적 태도가 말과 글에 대한 중요한 시사를 해준다. 일반적으로 보지 못하는 사람들은 이웃과 살아 나가는 데 이렇다 할 심리적 장애를 느끼지 못하는 반면, 듣지 못하는 사람들은 대개 소외감을 느끼게 된다. 이것은 일차적인 의사소통의 수단을 빼앗겨서 느끼게 되는 소외감 때문이다.

여섯째, 인쇄물의 양이 문명의 한 척도이긴 하지만, 이것 못지않게 전화의 보급률 또한 문명의 중요한 척도다.

음성학은 바로 이 같은 말소리를 다루는 학문이다. 음성학은 '인간이 의사소통을 위해 음성기관을 사용해서 내는 말소리를 연구하는 학문'이다. 이 같은 정의를 하는 까닭을 설명할 필요가 있다. 첫째, 음성학은 말소리에 대한 학문이므로 삼라만상의 일부에서 들리는 바람 부는 소리, 번개 치는 소리, 비 떨어지는 소리 등은 당연히 음성학의 대상에서 제외된다. 둘째, 음성학은 의사 전달을 위해 내는 말소리에 대한 학문이므로, 하품, 코 고는 소리, 재채기, 딸꾹질, 기침, 숨쉬는 소리, 트림 등 비록 음성기관을 이용해서 내는 소리이긴 하지만 이것은 생리적인 반사음이기 때문에 음성학의 대상이 못 된다(어떤 문화권에서는 잘 먹었다는 표시로 식후에 트림을 하는 경우가 있는데, 그런 경우에 트림이 음성학의 대상이 되는가는 문제가 될 것이다).

한편 휘파람, 키스하는 소리, 노크하는 소리, 혀 차는 소리, 웃음소리 등은 비록 의사 표현을 하거나 감정의 전달을 위해 내는 소리이긴 하지만 대부분의 경우 이러한 것들은 말소리가 아니기 때문에 음성학의 대상에서 제외된다. 그러나 아프리카의 몇몇 나라들에서처럼 흡착 폐쇄음(clicks)이 음운적 대립을 이룰 때 그것은 당연히 음성학의 대상이 된다.

말은 인간과 동물을 구별하는 중요한 기준이기도 하다. 지금까지의 동물 언어에 대한 연구 결과를 보면, 동물 언어는 언어라고 할 수 없는 신호의 단계를 벗어나지 못하는 것들이라는 것을 알 수 있다. 동물 언어 가운데 가장 발달했다는 꿀벌의 언어도 목표물의 방향, 거리, 질에 대한 초보적 정보만을 제공해줄 뿐이다. 까치의 언어는 훨씬 더 치졸하여 '오시오', '가시오'의 두 가지 내용만을 담고 있을 뿐이다. 인간의 언어가 가지고 있는 임기응변의 유연성, 무한성 등은 동물 언어에서는 기대할 수 없다. 앵무새가 인간의 말소리를 거의 똑같이 흉내내기는 하지만 그것은 어디까지나 흉내에 불과하다. 인간이 추상적인 사고를 할 수 있는 것은 언어가 있기 때문이다.

이처럼 언어는 인간의 전유물이긴 하지만 인간의 발성, 조음기관이 모두 발성 이외의 다른 기능을 가지고 있다는 것은 매우 시사적이다. 입술에서 횡격막에 이르기까지 모두 생명 보존을 위한 일차적 기능을 가지고 있다. 최근까지도 성대(vocal cords)는 오로지 발성 기능만을 갖는 유일한 존재로 알려졌었다. 그러나 노래를 하면서 무거운 짐을 들어 보면 성대의 기능이 따로 있다는 것을 알 수 있다. 폐의 공기가 밖으로 나오는 통로의 관문인 성대가 닫히면 공기가 가슴 안에 갇혀, 이것이 무거운 짐을 드는 것을 받쳐주는 힘이 된다. 팔을 많이 쓰는 원숭이의 성대가 발달해 있다는 사실이 간접적인 증거가 된다. 태초에는 인간도 다른 동물과 마찬가지로 언어를 갖지 못한 시기가 있었다는 추측이 가능하다.

음성학은 언어학의 한 분야이다. 그런데 흔히 언어학은 소리와 의미의 관계를 규명하는 학문이라고 일컬어진다. 그렇다면 언어학에서 음성학이 차지하는 비중은 크다고 해야 할 것이다. 음성학에 가장 가까운 학문에는 음운론(phonology)이 있다. 음성학이 소리에 대한 정적(static)인 학문이라면 음운론은 동적(dynamic)인 학문이다. 음성학이 할 일은 소리에 대한 과학적인 기술(記述)과 분류이다.

그러나 음운론에서는 소리의 체계와 기능을 생각한다. 음성학이 소리의 존재에 대한 학문이라면 음운론은 소리의 행위에 대한 학문이다. 그렇지만 두 학문 모두 상호 의존하고 있기 때문에 명확히 선을 그어 나누기가 어렵다. 그럼에도 의존도는 음운론의 음성학에 대한 것이 그 반대의 경우보다 더 높다.

1.2 언어 연쇄
The Speech Chain

말을 주고받는 과정이 정확히 어떤 것인가를 이해하기 위해 두 사람이 말을 주고받는 간단한 상황을 생각해보자. 화자의 생각이 듣는 이에게 전달되기 위해서는 다음의 다섯 단계를 거치게 된다.

첫 단계는 심리적(psychological) 단계이다. 화자는 우선 하고자 하는 말을 어떤 수단으로 전할 것인가를 결정해야 한다. 남편의 찻잔이 비어 있는 것을 본 아내가 남편에게 차를 더 권하고자 하는 방법에는 여러 가지가 있다. 여기에서는 말소리를 방편으로 삼는 경우만을 생각해보자. 그러나 이 경우에도 어떤 형태의 문장을 사용할 것인가를 결정해야 한다. 명령문을 사용할 수도 있고 의문문이나 서술문을 사용할 수도 있다. 명령문의 경우에도 Have another cup이라고 할 수도 있고, Pass your cup 혹은 Have some more라고 할 수도 있다. 의문문을 사용하는 경우에는 Would you like another cup?이라고 할 수 있으며, 서술문의 경우에는 I suppose you want another cup이라고 해도 좋을 것이다.

이처럼 전달하려는 문장이 정해지면 문장 전체의 속도, 각 음절의 길이와 강약 등을 결정하여 이것을 신경 맥박(nervous impulse)의 형태로 바꾼다. 이 점에서는 보통의 문장을 모스 부호로 바꾸는 과정과 비슷하다. 신경 맥박은 신경 계통(nervous system)을 통하여 다음 세 가지 근육 조직으로 전달된다. 즉 호흡기관, 발성기관, 조음기관이다. 지금까지 언급한 과정은 주로 뇌와 신경 계통에서 일어나는 것으로, 우리는 그 자세한 과정에 대해서 거의 아는 바가 없다.

두번째는 생리적(physiological) 단계다. 뇌에서 신경 계통을 통해 전달된 정보가 위에 언급한 세 기관에 도달하면 이들이 서로 협동하여 지시 내용에 맞는 말소리를 만들어낸다. 이렇게 해서 입 밖으로 나오는 말소리를 두 사람이 듣게 된다. 두 사람이라고 한 것은 말하는 사람 자신도 자기가 한 말을 듣기 때문이다. 자기가 한 말을 들음으로써 자기가 만들어낸 말소리와 자기가 의도했던 말소리를 비교하는 것이다.

이 같은 사실을 뒷받침해주는 두 가지 사실이 있다. 하나는 이른바 지연발화 피드백 효과(delayed speech feedback effect)다. 말하는 사람에게 자기가 하는 말을 녹음기와 이어폰을 이용하여 몇 분의 1초 늦게 들려주면 그의 말을 알아들을 수 없게 되는 현상이다. 이는 자기가 의도했던 것과 자기가 실제로 하는 말을 비교할 수 없기 때문에 발생한다. 다음으로는 어떤 이유로 해서 듣지 못하게 되는 사람들의 발음이 불분명해지고, 결국은 무슨 말인지 알아들을 수 없게 되는 현상이다. 이 같은 사실은, 말하는 사람은 항상 자기가 하는 말을 모니터해야 한다는 것을 보여준다.

세번째는 물리적(physical) 단계이다. 화자의 발성기관이 실제로 하는 일은 공기에 간헐적인 압력을 가하는 일이다. 이것이 우리의 귀에 도달해서 비로소 소리로 해석되는 것이며, 우리의 귀까지 이르는 동안 말소리는 음파(sound wave)나 혹은 전파의 모양을 가질 뿐이다.

네번째는 다시 생리적 단계로서, 여기서부터는 위의 첫째, 둘째 단계가 거꾸로 진행된다. 화자의 입을 떠나 음파의 모양으로 된 말소리는 청자의 귀에 이르러 고막을 진동하게 된다. 그러면 이 진동은 달팽이관(cochlea)으로 전달되어 우리가 알지 못하는 과정을 거쳐 신경 맥박의 형태로 뇌에 전달된다. 이때 바깥귀(outer ear)에 닿는 물리적인 소리와 달팽이관이 뇌에 전달하는 생리적인 소리는 같지 않다. 달팽이관이 물리적인 소리의 어떤 부분을 증폭하거나 어떤 부분을 취사선택하기 때문이다.

다섯째 단계는 다시 심리적인 단계이다. 달팽이관에서 전달되어 오는 신경 맥박을 받아 해석하는 작업으로서, 주로 뇌의 좌반구에서 이루어진다. 그런데 이 과정에 대한 우리의 지식은 거의 백지에 가깝다. 뇌 안에는 어떤 형태인지는 정확히 알 수 없으나 막대한 양의 정보가 축적되어 있다. 그리하여 신경 맥박에서 화자가 하고자 하는 말의 내용뿐만 아니라, 이미 기억해두었던 정보에 대비시켜 화자가 누구이며, 화자의 감정, 성품, 교육 수준, 교양의 정도 등 수많은 정보도 동시에 얻어낸다.

신경 맥박이 하나의 영상으로 바뀌는 과정에 대해 우리는 아는 바가 거의 없으나, 뇌는 하나의 정보에 대해 상당히 많은 단서(cue)를 이용하고 있다는 것을 알 수 있다. 이른바 잉여(redundancy)라고 불리는 것으로서, 인간의 언어에는 꼭 필요한 정보가 꼭 필요한 양만큼만 들어 있는 것이 아니라, 상당히 많은 잉여 성분이 들어 있어 음파 하나하나를 모두 정확히 듣지 못한다 해도 충분히 의사소통이 가능하다. 잉여 성분 가운데에는 상황적(situational)인 것, 통사적(syntactic)인 것, 음운적(phonological)인 것이 있다.

가령 어떤 사람이 동물원에 관한 이야기를 할 때, We saw the lions and the tigers라고 해야 할 경우 실수로 We saw the liars and the tigers라고 발음했더라도 우리는 liars를 lions로 알아듣는다. 또 These men are working과 같은 문장에서 men의 모음은 그리 중요하지 않다. 설사 men을 man으로 발음했더라도 듣는 사람은 man을 men으로 알아듣는다. 일하는 사람이 하나가 아니라는 것은 These나 are와 같은 통사적 단서에 의해 알 수 있기 때문이다.

음운적인 잉여의 예를 든다면 glove 같은 단어를 dlove로 잘못 발음하는 경우다. 영어에서는 dl- 같은 자음군이 어두에 오는 경우가 없으므로, 설사 dlove라고 잘못 발음했더라도 glove로 알아듣게 된다. 그 밖에 문장의 억양이나 단어의 강세형도 잉여에 한몫을 한다. 예를 들어 become이라는 단어는 강세만 바르게 발음하면 모음 하나하나의 발음이 정확하지 않더라도 이해에 큰 지장을 주지 않는다. 극단적으로 말해 억양과 강세만 정확하다면 영어의 모든 모음을 [ə]로 바꾸더라도 이해에 지장이 없을지 모른다.

지금까지 설명한 말소리의 생성, 전달, 인지의 다섯 단계를 그림으로 나타낸 것이 〈그림 1-1〉이다.

1.3 음성학의 영역
The Areas of Phonetics

〈그림 1-1〉의 다섯 단계 가운데서 1과 5는 음성학의 영역을 벗어난다. 단계 2는 음성의 생성(production) 단계로서 생리학이나 해부학과 밀접한 관계가 있다. 이 분야를 다루는 학문을 조음음성학(articulatory phonetics)이라고 한다. 단계 3은 소리의 전달(transmission) 단계로서 물리학, 그 가운데서도 음향학(acoustics)과

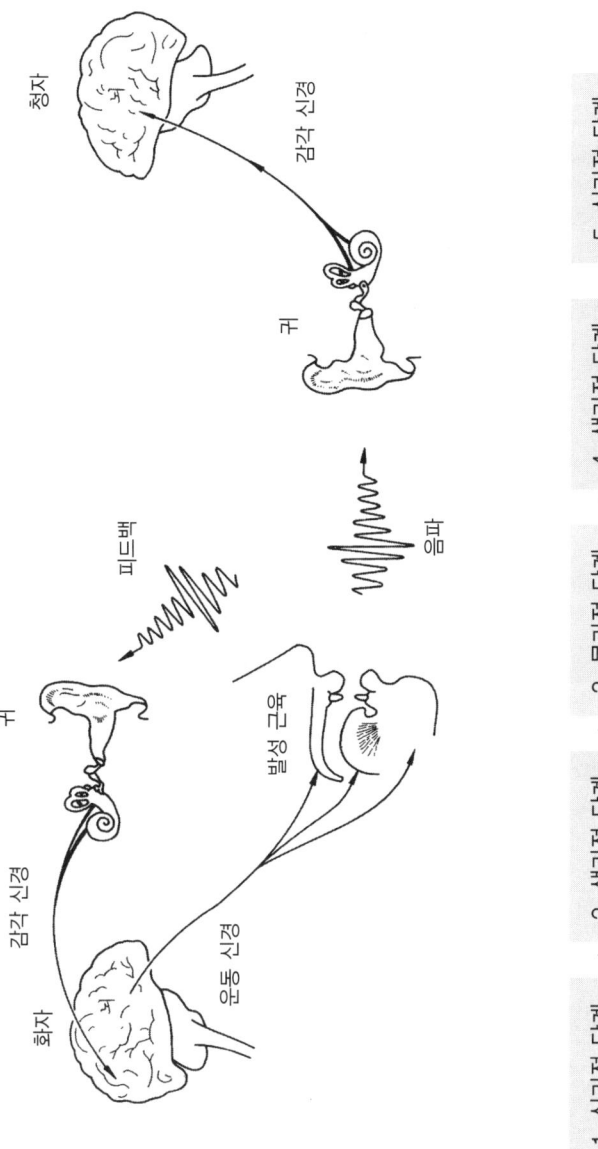

〈그림 1-1〉 언어 연쇄(Denes and Pinson, 1963, 4)

깊은 관계가 있다. 이 분야를 다루는 학문을 음향음성학(acoustic phonetics)이라고 한다. 단계 4는 인지(perception) 단계로서 생리학이나 심리학과 밀접한 관계가 있다. 이 분야를 다루는 학문을 청각음성학(auditory phonetics)이라고 한다.

조음음성학은 위의 세 분야 가운데서 가장 먼저 시작된 분야다. 조음음성학은 소리의 생성에 대한 기술을 목적으로 하며, 외국어 교육이라는 필요에서 지금까지 가장 강조되어 왔다. 다른 분야도 마찬가지지만, 조음음성학에는 주로 감각 신경의 느낌이나 관찰에 의지하는 실천적 분야와 기계의 도움에 의지하는 기계적 분야가 있다. 실천적인 조음음성학에는 어떤 음을 조음할 때 감각 신경을 통해서 느끼는 근육의 움직임을 기술하거나, 또는 각 조음기관의 움직임을 관찰해서 기술한다.

한편, 기계적인 조음음성학에서는 여러 가지 기계의 도움을 받게 된다. 예를 들면 인공 구개(artificial palate), X선 촬영기, 후강경(laryngoscope), 근전도검사법(electromyograph) 등이다. 기계는 인간의 주관적인 관찰과는 달리 객관적이며, 또 인간의 감각 신경이 감지하지 못하는 무한한 차이와 미세한 차이를 식별해주는 장점이 있다. 그러나 이 장점이 바로 단점이 되기도 한다. 왜냐하면 인간은 기계처럼 미세한 차이를 감지하지 못하므로, 인간이 식별하지 못하는 차이는 언어학적 의의(linguistic significance)가 없기 때문이다. 기계가 말해주는 무한히 미세한 차이를 어디서부터 무시할 것인가는 인간이 결정해야 하는 것이다.

가령 어떤 사람이 [a]라는 음을 백 번 발음해서 기계적으로 분석한다면 그것은 모두 다른 음이라는 판정을 받을 것이다. 그러나 인간은 그것이 모두 같은 음이라고 착각한다. 기계적 분석뿐만 아니라 실천적 분석이 필요한 이유는, 기계적 분석에서는 그 같은 착각을 기대할 수 없기 때문이다. 기계적 분석과 실천적 분석은 모두 필요하며, 이들은 상보적 관계를 이룬다.

화자의 입을 떠난 말소리는 음파의 형태로 청자의 귀에 전달된다. 따라서 이 부분을 다루는 음향음성학의 대상은 음파이며, 그 점에서 음향음성학자는 일반 물리학자와 다를 바 없다. 주로 기계를 사용하는 음향음성학은 그 역사도 짧다. 음향음성학자들이 하는 일은 눈에 보이지 않는 음파를 전기를 이용해서 눈에 보이는 형태로 바꾸어 음성의 진동수, 진폭, 음장(音長), 고저, 혹은 이들의 상호 관계 등을 알아보는 것이다.

음향음성학에서 사용되는 가장 중요한 기계는 스펙트로그래프(spectrograph)로서, 이 가운데서도 소나그래프(sonagraph)라는 기계가 많이 사용된다. 음향음성학은 스펙트로그래프 없이는 생각할 수 없을 만큼 스펙트로그래프는 중요한 역할을 한다. 이 밖에도 오실로그래프(oscillograph)도 자주 사용되는 기계다. 최근에는 개인용 컴퓨터를 위한 소프트웨어도 많이 개발되어 누구나 손쉽게 책상 위에서 소리를 눈으로 볼 수 있을 뿐만 아니라 각종 실험도 다채롭게 진행할 수 있다. 음향음성학의 성과가 최근 조음음성학에 미친 영향은 매우 크다.

음파의 형태로 전달된 음성은 귀에 도달하게 되며, 인간의 귀는 그 구조와 기능상 물리적인 차이에 대해 그대로 반응하지 못한다. 예를 들어, 소리의 높이는 진동수와 관계가 있으나 인간의 귀가 느끼는 소리의 고저가 진동수와 산술적 비례 관계를 이루지는 않는다. 뿐만 아니라 들을 수 있는 소리의 고저나 강약에도 한계가 있다. 이 부분을 다루는 학문을 청각음성학이라고 부른다.

청각음성학은 청각에 관한 생리학적 지식과, 청각에 대한 심리학적 규명을 동시에 요구한다. 이것을 위해서는 실험적(experimental) 방법이 흔히 사용되는데, 이것은 기계적(instrumental) 방법과 구별되어야 한다. 기계적 방법이란 단순히 기계의 도움을 받는 방법을 말하며, 실험적 방법이란 소리가 가지고 있는 여러 자질(feature)을 빼거나 더하거나 바꿔 가면서 그것이 그 소리의 인지에 어떤 영향을 미치는가를 알아보는 것이다. 이 목적을 위해서 인공 합성(artificial synthesis)에 의해 소리를 만들어내는 방법이 많이 사용된다.

지금까지 우리는 음성학의 세 분야에 대해서 알아보았다. 음성학은 기계나 인간의 귀에만 의존할 수 없다는 것을 알 수 있다. 음성학이 과학인 동시에 예술이라는 말을 듣는 까닭이 여기에 있다. 참된 음성학을 위해서는 기계의 조작 기술뿐만 아니라 예민한 귀를 갖기 위한 훈련과 여러 가지 음의 정확한 발음을 위한 훈련도 필요하다.

1.4 표준어
Standard Speech

언어의 우열을 정할 수는 없다. 어떤 언어가 다른 언어보다 더 뛰어나다는 주장은 언어와 문명을 혼동했거나 아니면 쇼비니즘의 발로에 불과하다. 어떤 원시 종족이 사용하는 언어가 문자화되지 않았거나, 또 그 언어에 '컴퓨터'나 '비디오' 등 문명의 산물을 나타내는 어휘가 없을 수 있다. 그러나 그것이 문명의 낙후를 나타낼지는 몰라도 언어의 낙후를 나타내는 것은 아니다.

에스키모어에는 눈[雪]을 나타내는 단어가 여럿 있으며, 아랍어 사전에는 거의 페이지마다 낙타와 관련된 단어가 있다. 그렇다고 해서 이들의 언어가 그 같은 어휘가 없는 영어나 한국어보다 더 뛰어나다고 할 수는 없다. 모든 언어는 각각의 문화나 문명을 위해, 또 그것을 사용하는 종족에게 알맞은 것이다. 19세기의 많은 프랑스 사상가들은 프랑스어의 아름다움과 논리성에 대해 소리 높여 외쳤으나 이것은 쇼비니즘 이외에 그 무엇도 아니다. 모든 언어는 그것을 사용하는 사람들에게 똑같이 아름답고 똑같이 논리적이다.

이와 같은 생각은 표준어에도 적용된다. 언어의 우열을 가리려는 태도에 강한 반발을 보였던 구조언어학자들은 방언 간의 우열이라는 생각에 대해서도 마찬가지 반발을 보였고, 나아가서 표준어라는 것도 인정하지 않았다. 또 사실 어떤 것 하나를 표준어라고 내세우기도 어렵다. 미국 사람 그 누구에게도 미국의 표준어가 무엇이냐고 물으면 "글쎄요"하고 웃을 것이다. 다음과 같은 말들이 '표준어'에 대한 학자들의 태도를 보여준다.

나는 어떤 하나의 발음을 영어 사용 세계의 표준어로 설정하는 것이 바람직하거나 가능하다고 믿지 않는 사람 가운데 하나이다 (I am not one of those who believe in the desirability or the feasibility of setting up any one form of pronunciation as a standard for the English speaking world. — Jones, *An English Pronouncing Dictionary*, 1924, ix).

이른바 표준어라는 것은 고정된 요지부동의 표준이 아니라, 그 자체 시간과 더불어 항상 변하며 그것이 사용되는 곳에 따라 달라지는 것이다 (The so-called standard language is not a fixed and infallible standard, but is itself constantly changing with the course of time, and is different in the different places where it is spoken. — Sheldon, *Dialect Notes*, I, 287).

표준 발음이란 무엇인가? 아무도 그것을 적절히 정의할 수는 없다. 왜냐하면 그런 것은 존재하지 않기 때문이다 (What is Standard Pronunciation? No one can adequately define it, because such a thing does not exist; — Ward, *The Phonetics of English*, 1958, 1).

이런 상황 속에서 외국 학생들은 여러 가지 문제에 봉착하게 된다. 우선 미국 영어와 영국 영어 가운데 어느 것을 익혀야 하는가의 문제가 있다. 이 문제에 대해서는 앞으로 필요하게 될 말을 배우라고 말할 수밖에 없다. 미국으로 유학 갈 학생이라면 미국 영어를 배우는 것이 자연스러운 일이고, 주로 영국에서 세일즈 활동을 할 사람이라면 영국 영어를 배우는 것이 자연스러울 것이다. 미국 영어나 영국 영어 가운데 어느 하나를 택한 뒤에도 어떤 방언, 어떤 말투를 배워야 하는가의 문제가 또 있다.

앞에서 보았듯이 어떤 방언, 어떤 말투가 표준어인가에 대해서는 학자들도 망설이게 되지만, 실제로 표준어란 말은 빈번히 사용된다. 브론스타인(Bronstein, 1960, 8)의 다음과 같은 말이 표준어라는 말에 대한 우리의 생각을 가장 잘 나타내준다.

표준어란 우리 사회의 교양 있는 구성원들에 의해서 공적이거나 사적인 상황에서 사용되는 습관적인, 다시 말해 정상적인 말이다…… 따라서 표준 구어는

'체하거나', '배우지 못하거나', '무식하지' 않은 말이다 (It(=standard speech) is rather the habitual, or normal, speech used by the cultivated members of our society in both formal and informal situations······ The standard spoken language is, therefore, neither "affected", "uneducated", not "illiterate"— Bronstein, *The Pronunciation of American English*, 1960, 8).

언어학적으로는 표준어를 설정하는 문제가 어려울지 모르지만, 그렇다고 외국어인 영어를 배우는 입장에서 방언과 말투를 아무렇게나 배워도 좋다는 것은 아니다. 위에서 인용한 브론스타인의 정의에 맞는 말은 영미 영어에서 흔히 아나운서 영어(announcer's English)라고 불리는 것이다. 영국 영어의 경우에는 용인 발음(容認發音; RP: Received Pronunciation)이며, 미국 영어의 경우에는 일반 미국 영어(General American)라고 불리는 중부 방언을 익히는 것이 가장 무난하다. 용인 발음은 영국의 남부, 즉 주로 런던을 중심으로 하는 상류 사회에서 사용되는 발음으로 가장 널리 받아들여지는 영어이다. 주로 퍼블릭 스쿨의 기숙사 생활을 통하여 배운다고 해서 Public School Pronuniation(PSP)이라고 부른 때도 있었다. BBC(British Broadcasting Corporation)의 아나운서들이 사용하는 발음은 용인 발음이다. 한편, 일반 미국 영어는 미국 영어의 대표적인 세 가지 방언 가운데 가장 많이 사용되는 것이다.

1.5 음성학의 효용
The Use of Phonetics

우리가 음성학을 배우는 목적은 여러 가지가 있지만, 그 중에서도 으뜸가는 목적은 해당 언어의 발음을 정확히 듣고 정확히 발음하는 것이다. 다음과 같이 존즈(Jones, 1957[8], §7ff.)는 발음의 어려움을 몇 가지 열거하고 있는데, 음성학의 공부는 이들을 극복하는 데 도움을 줄 것이다.

첫째, 소리를 식별하는 어려움이 있다. 외국어에는 으레 모국어에는 없는 음들이 있게 마련이고, 그 음들이 모국어에서 다른 음과 구별되지 않을 때 식별의 어려움을 느끼게 된다. 예를 들어, 영어에서 [s]와 [θ]는 별개의 음으로 구별되지만, 한국어에서는 구별되지 않는다. 가령 한국어의 "갔어요"를 [kassəyo]라고 발음하는 대신 [kaθθəyo]라고 발음해도 유아어의 느낌은 줄 망정 뜻의 혼동은 가져오지 않는다. 이런 상황에서 한국 학생들이 [s]와 [θ]를 식별하지 못하는 것은 당연하다.

둘째, 외국어의 발음을 정확히 해야 하는 어려움이 있다. 모국어에 없는 음을 발음하는 데 어려움을 느끼는 것은 당연하다. 한국 학생들이 영어의 [ž]나 [ǰ], [θ] 따위를 정확히 발음한다는 것은 어려운 일이다.

셋째, 모국어에 없는 외국어의 음을 단독으로 정확히 발음할 수 있을 뿐만 아니라 문장 안에서도 정확히 사용해야 하는 어려움이 있다.

넷째, 운율(prosody)의 어려움이 있다. 운율이란 음의 장단, 고저, 그리고 강세 따위를 말한다. 이 같은 운율적인 요소는 한국어보다는 영어가 더 강한 편이다. 한국어의 방언 중에서 '밤(夜)'과 '밤(栗)'을 구별하지 못한다든지, '낮다(is low)' [natta]와 '낫다(is better; has recovered)' [naːtta]를 식별하지 못하는 경우가 있다. 그러나 고저의 차이나 강세의 유무 때문에 단어의 뜻이 달라지는 경우는 없다.

다섯째, 어려운 음을 한데 묶어 발음해야 하는 어려움이 있다. 주어진 단어 하나하나를 제아무리 정확히 발음한다 해도 이것들을 하나씩 따로따로 떼어서 발음한다면, 뜻을 전달하는 구실을 하지 못할 것이다. 하나의 문장을 몇 개의 사고 단락(thought group)으로 묶어 적당한 위치에서 잠깐 그쳤다 읽을 수 있어야 한다.

여섯째, 철자와 발음을 혼동하지 말아야 하는 어려움이다. 어떤 언어든 철자와 발음이 완전히 일치하는 경우는 없으나, 영어는 그 불일치의 정도가 가장 심한 언어 가운데 하나다. 많은 경우에 영어의 단어를 철자대로 읽는 수가 있다. 예를 들면, leopard를 '레오파드'라고 읽는 따위이다. 음성학의 공부는 위에 열거한 이런 어려움들을 극복하는 데 도움을 줄 것이다.

음성학은 외국어 교사들에게 필요하다. 워드(Ward, 1958, 28)는 외국어 교사의 자질로서 다음의 세 가지 사항을 들고 있다.

첫째, 외국어 교사는 충분한 듣기 훈련을 받아 섬세한 소리의 차이까지 식별할 수 있어야 한다. 그리하여 학생의 발음이 잘못된 경우, 그 잘못된 발음과 올바른 발음의 차이를 지적해줄 수 있어야 한다.

둘째, 외국어 교사는 조음기관을 마음대로 움직일 수 있어야 한다. 학생들의 잘못된 발음을 식별하여 지적해줄 뿐만 아니라 그것을 발음해 보일 수도 있어야 한다. 그러기 위해서는 모국어와 대상 외국어의 음뿐만 아니라 그 밖에 외국어의 음들, 심지어는 자연 언어에는 존재하지 않는 음의 발음까지도 연습해야 한다.

셋째, 외국어 교사는 음성학에 대한 이론을 알고 있어야 한다. 호흡, 발성, 조음기관에 대한 지식과 더불어 여러 가지 음성 현상에 대한 이치를 알고 있어야 한다. 이처럼 이론과 기술을 겸비할 때 비로소 만족스러운 학생 지도가 가능해진다.

음성학은 언어 교정(speech therapy)에 종사하는 사람들에게 필요하다. 정상적인 발성의 여러 국면에 대한 충분한 이해나 지식 없이 언어를 교정하기는 불가능하다. 언어 교정은 의학적인 면 못지않게 음성학이나 언어학적인 면을 가지고 있다. 발성과 조음에 대한 깊이 있는 지식, 소리에 대한 음향음성학적이고 청각음성학적인 지식은 보다 나은 발성을 원하는 사람들의 발음을 고치는 데 꼭 필요하다.

음성학은 청각학(audiology) 분야에 종사하는 사람들에게 도움이 된다. 귀가 어두운 사람들을 위한 귀 훈련을 위해서는 말할 것도 없고, 그들에게 도움이 될 보청기재의 설계를 위해서도 소리에 대한 음향음성학적이고 청각음성학적 지식은 필수적이다. 또한 음성학은 듣지 못하는 사람들에게 말하는 것을 가르칠 때에도 필요하다. 소리가 조금은 들리는 사람들에게 듣기 훈련을 시키는데 음향음성학의 도움은 막대하다.

음성학은 통신에 종사하는 사람들에게 필요하다. 소리를 기록하고 재생하는 기계를 만드는 일에 종사하는 사람들에게 음성학, 특히 음향음성학은 꼭 필요한 지식이다. 최근 들어 합성 음성(synthetic voice)의 기술은 놀랄 만큼 발전했으며 말하는 시계나 카메라, 말하는 로봇 등은 이제는 하나도 신기할 것이 없다. 음성 타자기(phonetic typewriter)가 나올 날도 멀지 않았다.

끝으로 음성학은 위와 같은 실용적인 효용이 없더라도 그 자체가 언어학의 한 분야를 차지하는 과학으로서 재미있고 요긴한 존재다. 음성학은 음운론의 필수 불가결의 기초이기도 하다. 음성학이 실용적 가치를 갖지 못했다 하더라도 우리의 지적 호기심을 만족시켜준다는 그 자체로서도 소중하다. 음성학은 우리로 하여금 주위의 음성에 대해 관심을 갖게 하며, 그 결과 우리는 지금까지 보지 못했던 새로운 사실들을 관찰하게 된다.

1.6 미국 영어와 영국 영어
American English vs. British English

미국 영어와 영국 영어의 차이는 흔히 생각하는 것처럼 크지 않다. 문법의 차이는 거의 없고, 차이가 있다면 어휘와 발음에 차이가 있을 뿐이다. 두 영어의 차이는 방언적 차이에 불과하다.

미국 영어는 미국에 이민 온 영국의 이주민들에 의해 쓰이던 영어가 변한 모습이다. 최초의 이민이 1607년에 제임스타운에 도착했으며, 1620년에 플리머스에 이민이 도착한 이래 계속해서 이민이 밀려왔다. 따라서 이들이 사용하던 영어는 셰익스피어나 베이컨(Francis Bacon), 존슨(Ben Jonson)이 사용하던 엘리자베스조 시대의 영어였다.

이들은 대개 읽고 쓸 줄 아는 중류 계급에 속하는 사람들로서, 식민지에서 언어상의 권위도 그들에게 있었다. 그들은 본국인 영국과 완전히 격리된 상태에 있는 것이 아니라 계속해서 접촉을 가졌으며,

식민지에 으레 존재하는 본국 존중 의식은 특수 방언이 득세하는 것을 막는 역할을 했다. 그럼에도 불구하고 세월이 흐름에 따라 미국 영어는 영국에서와는 다른 독자적 발전을 하게 되어 오늘날 우리가 보는 것과 같은 차이를 가져오게 된 것이다.

앞서 미국 영어와 영국 영어의 차이는 주로 어휘와 발음에서 나타난다고 했다. 여기서는 주로 발음의 차이를 비교해보겠다.

첫째, 워드(1958, 208f.)는 영국 영어에 비해 미국 영어의 경우 혀가 전체적으로 더 뒤로 당겨지고 후설 부분을 연구개에 더 가까이 대고 조음한다고 말한다. 그 결과 영국 영어는 미국 영어보다 모음의 조음 영역이 〈그림 1-2〉처럼 더 넓다.

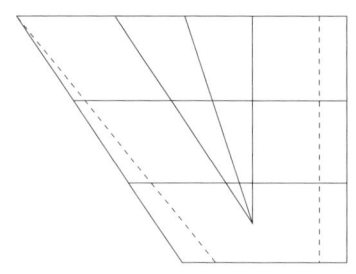

〈그림 1-2〉 영국 영어(실선)와 미국 영어(점선)에서 모음의 조음 영역(Ward, 1958, 209)

둘째, 철자상으로 모음 뒤에 r이 오는 경우, 미국 영어에서는 이 r이 발음되지만 영국 영어에서는 발음되지 않는다. 예를 들면 bird, first, car, far 등이다. 미국에서도 북부나 남부의 r이 없는 지역(r-less area)에서는 r을 발음하지 않지만 이 지역에서도 점차 r을 사용되는 경향이 있다.

셋째, 미국 영어의 [æ]는 영국 영어에서는 [ɑ]로 발음된다. 미국 영어의 보수성을 이야기할 때 꼭 인용되는 예이다. 영국에선 18세기 초부터 [æ]가 [ɑ]로 변하기 시작하여 본래 [æ]로 발음되던 path나 gasp, dance 등이 모두 [ɑ]로 발음하게 되었다. 미국에서도 뉴잉글랜드 지방에서는 새로운 이 발음을 받아들였지만 더 이상 번지지는 않았다.

넷째, 미국 영어의 [ɑ]는 영국 영어에서는 [ɒ]로 발음된다. 예를 들면 hot, box, stop, not, pocket, Scotch, jolly 등이다.

다섯째, 미국 영어에서의 모음의 비음화(nasalization)가 또 하나의 특징이다. 모음이 비음(nasal)에 인접할 때 비음화하는 것은 어떤 언어에서나 관찰된다. 하지만 미국 영어의 경우는 영국 영어보다 정도가 심해서, 이 현상은 음성학의 소양이 없는 사람도 곧 알 수 있다. 이 비음화 현상은 영국에서도 19세기까지는 빈번히 관찰되었다고 한다. 미국 영어에서는 앞뒤에 비음이 오지 않는 경우에도 모음이 비모음으로 바뀌는 경우가 있다. 예를 들면, hide를 [hãɪd]로, Dad를 [dæ̃d]로 발음하는 따위이다. 미국에서도 심한 비음화는 좋은 영어라고 생각되지 않는다.

여섯째, 전반적으로 미국 영어가 영국 영어보다 자음의 조음이 약하다. 영국 영어의 자음이 조음기관들을 더 강하고 오래 밀착시켜 조음하며 파열도 더 날카롭다. 마찰음에서 더 많은 공기를 사용한다. 미국 영어에서 모음 사이의 [t]가 유성음화하여 [t̬]나 [ɾ]가 되는 것은 잘 알려진 사실이다. 그리하여 latter—ladder, writer—rider, shutter—shudder 등이 같거나 비슷하게 들린다. The wounded lamb was[blíɾɪŋ]을 미국 사람들에게 들려주면, 마지막 단어를 bleating이나 bleeding의 어느 하나로 쓸 것이다.

일곱째, 미국 영어와 영국 영어는 단어를 강조하는 방법이 다르다. 그런 이유 때문에 서로 상대방의 말이 충분히 강조되지 않는 느낌을 받는다. 영국 영어는 자음을 강조하는 데 반해 미국 영어에서는 모음을 강조한다. 영국 영어에서는 자음을 길게 발음하는 대신 미국 영어에서는 모음을 길게 발음한다.

여덟째, 미국 영어에 비해 영국 영어는 강세가 없는 약형(weak form)을 더 많이 쓴다. 그리고 영국 영어가 제3강세도 훨씬 덜 쓰며 음절의 생략도 더 많다. 이것은 문장 전체의 리듬 패턴을 크게 바꿔 놓는 결과가 된다. 예를 들어 vacation이나 romance 등은 미국 영어에서는 [veɪkéɪšn̩]과 [roumǽns]로 발음되는 것에 비해 영국 영어에서는 각기 [vəkéɪšn̩]과 [rəmǽns]로 발음된다.

한편 -ary나 -ory로 끝나는 단어는 미국 영어에서는 두 음절이 강세를 받는 반면, 영국 영어에서는 한 음절만 강세를 받을 뿐 아니라 종종 한 음절이 탈락한다. 예를 들어 secretary, boundary, necessary 등은 미국 영어에서는 sécretàry, bóundàry, nécessàry 등으로 발음되지만, 영국 영어에서는 sécret'ry, bóund'ry, nécess'ry 등으로 발음된다. 미국 사람이 볼 때 약음절이 여럿 계속되면 어쩐지 분명치 않은 느낌이고, 음절들을 우물우물 입 안에서 삼켜버리는 인상을 주지만, 거꾸로 영국 사람에게 미국 영어는 불필요하게 아무것이나 강조하는 인상을 줄 것이다.

아홉째, 미국 영어와 영국 영어의 가장 큰 차이는 억양(intonation)일 것이다. 미국 영어에 비해 영국 영어가 더 다채로운 억양형을 가지며, 사용되는 고저의 폭도 훨씬 넓다. 이처럼 영국 영어는 보다 넓은 폭의 음정을 사용하므로 여러 단어가 같은 높이로 발음되는 경우가 적다. 다음의 예를 비교해보자.

AE : Did it all happen yesterday?

BE : Did it all happen yesterday?

미국 영어는 영국 사람들 귀에는 몹시 단조롭게 들리고, 경우에 따라서는 점잖지 못하고 너무 일상적인 것으로 들린다. 반대로 영국 영어는 미국 사람들에게는 독선적이며 짐짓 겸손한(condescending) 것처럼 들리거나 심지어는 무례하게까지 들려 본의 아닌 오해를 사는 경우가 있다.

끝으로 미국 영어는 영국 영어에 비해 철자 발음(spelling pronunciation)이 많다. 철자 발음이란 어떤 단어를 본래의 발음대로 읽지 않고 철자대로 읽는 것이다. 우리가 '割引'이나 '一切'와 같은 단어를 '활인'이나 '일절'로 발음하는 것도 그 예이다. 미국 영어에서 철자 발음이 많은 것은 이해하기 어렵지 않다. 본국을 떠나온 지 오래되어 어떤 단어의 발음에 대해 자신이 없어질 때 가장 손쉬운 방법은 그 단어를 철자대로 발음하는 것이다. 예를 들어 schedule, vase, clerk 등은 영국 영어에서는 [šɛdyul], [vɑz], [klɑk]로 발음되는 것에 비해 미국 영어에서는 [skɛ́jul], [veɪs], [klɜk] 등으로 발음된다.

2 소리의 물리학(음향음성학)

2.1 음성
Speech Sound

　　　　　　　　　음성에 대한 연구는 음성이 지니고 있는 다음과 같은 두 가지 특성 때문에 어려움을 겪게 된다. 첫째는 음성이 다른 소리들과 마찬가지로 보이지 않는다는 사실이다. 음성이 입을 떠나 귀에 다다를 때까지의 매체는 공기이며, 음성이 이 매체를 통하여 전달되는 과정을 우리는 눈으로 관찰할 수 없다. 매체가 공기가 아닌 물이나 쇠붙이일 때도 마찬가지다.

　두번째 특성은 음성의 전달은 순간적이어서 곧 사라져버린다는 사실이다. 물론 같은 소리를 되풀이할 수도 있고, 또 녹음기를 사용하여 기록할 수도 있으나, 엄밀히 말해 그것은 본래의 소리는 아니다. 이처럼 소리가 본질적으로 지니고 있는 어려움 때문에 조음음성학에 비해 음향음성학의 출발이 늦어졌다.

　음성은 자연 속에 존재하는 소리 가운데서 가장 복잡한 것 중 하나다. 예를 들어, 대부분의 악기가 내는 소리는 음성에 비하면 훨씬 간단하다. 그러나 음성의 원리 그 자체는 비교적 간단하며, 물리학이나 수학에 대한 사전 지식 없이도 이해가 가능하다. 결국 음성도 하나의 소리이므로, 소리 전반에 대한 물리학적 이해가 음성의 음향학적 이해를 위한 지름길이 될 것이다.

　가장 간단한 형태의 소리를 내는 것이 소리굽쇠(tuning fork)다. 소리굽쇠는 그냥 들고 있기만 해서는 소리를 내지 않는다. 소리도 에너지이

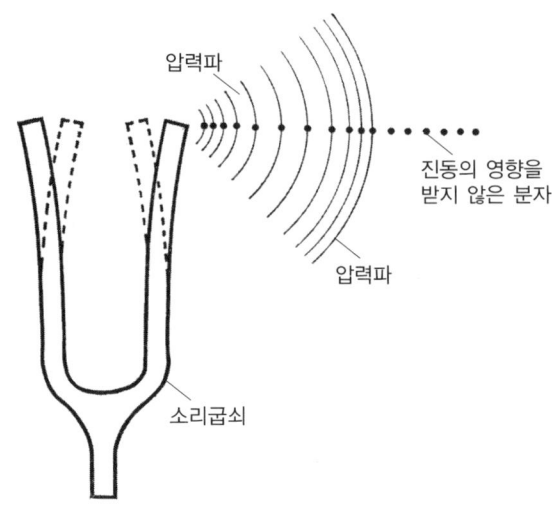

〈그림 2-1〉 소리굽쇠의 진동과 이로 인한 압력파의 발생(Ladefoged, 1962, 4)

므로 소리굽쇠로 하여금 소리를 내게 하기 위해서는 소리굽쇠에 에너지를 가해야 한다. 에너지를 가하는 가장 간단한 방법은 소리굽쇠를 무릎이나 책상에 대고 치는 것이다. 그러면 타격이라는 형태로 가해진 에너지는 소리굽쇠에 저장되어 소리굽쇠의 가지를 진동시키게 된다. 〈그림 2-1〉은 좀 과장되기는 하였으나, 소리굽쇠의 가지 진동과 이 때문에 발생한 압력파(壓力波; pressure wave)가 공기의 분자에 작용하는 모습을 보여준다.

한편 〈그림 2-2〉는 압력파를 받은 공기 분자 개개의 움직임을 시간의 변화와 함께 보여주고 있다.

〈그림 2-2〉의 가로줄은 공기 분자의 움직임을 나타내며, 세로줄은 시간의 흐름을 나타낸다. 예를 들어, 3행은 2행의 변화가 일어난 바로 다음 순간의 분자들의 움직임을 보여준다. 분자에 붙어 있는 화살표는

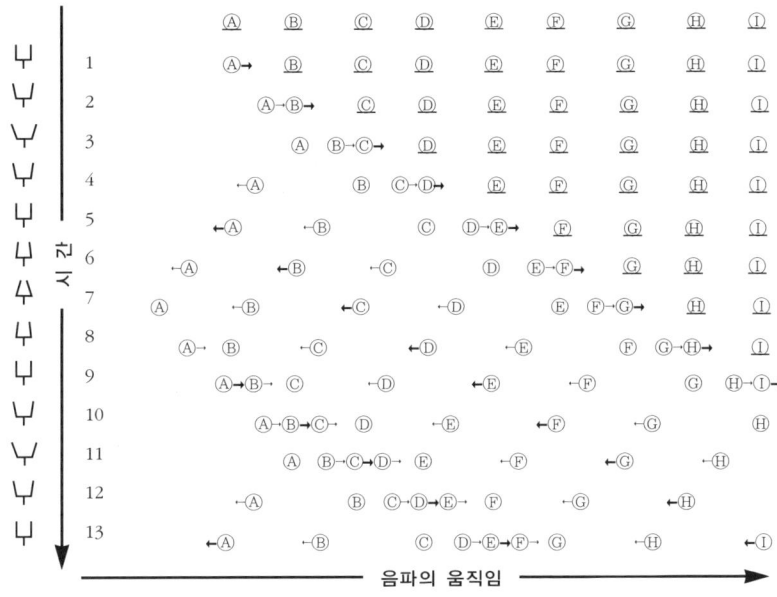

〈그림 2-2〉 공기 분자의 진동 (Masuya, 1976, 11)

Ⓐ, Ⓑ 등 : 정지 상태에 있는 공기 분자
Ⓐ→ : 분자 A가 음파의 진행 방향으로 움직이는 것을 보여준다.
←Ⓐ : 분자 A가 음파의 진행 방향과 반대 방향으로 움직이는 것을 보여준다.
Ⓐ⇒, ⇐Ⓐ : 분자 A의 속도가 최대임을 표시한다.
1, 2, 등 : 시간의 경과를 보여주는 단계

따라서 맨 윗줄은 소리굽쇠의 진동이 시작되기 이전의 상태이며, 1행은 진동이 개시될 때 그 분자가 현재 이동 중임을 나타내며, 동시에 화살표는 이동 방향을 나타낸다. 분자 밑의 밑줄은 그 분자가 정지 상태인 것을 나타내며, 굵은 화살은 현재 그 분자의 이동 속도가 최고에 달했음을 보여준다.

〈그림 2-2〉에서 알 수 있는 것은, 공기의 분자들은 음파(sound wave)를 전달하는 매체의 구실을 할 뿐 스스로가 음파와 더불어 움직이는 것은 아니라는 사실이다. 이것은 고요한 수면 위에 던진 돌이 일으키는 파문이 먼 곳으로 번져 나가는 과정과 흡사하다. 보기에는 물이 파문을

따라 이동하는 것 같으나, 실은 그렇지 않다는 것은 물 위에 나뭇잎이나 찌를 띄워 보면 알 수 있다. 나뭇잎은 파문이 밀려올 때마다 위아래로 춤추듯 오르내리지만 자신은 이동하지 않는다. 다만 파문과 음파에 차이가 있다면, 전자의 경우에는 물 분자가 물결의 진행 방향에 대해 수직으로 움직이며, 음파의 경우에는 공기의 분자가 음파의 진행 방향을 따라 좌우로 움직인다는 사실뿐이다. 후자와 같은 물결을 종파(縱波; longitudinal wave)라고 부르며, 전자와 같은 물결을 횡파(橫波; transverse wave)라고 부른다.

2.2 사이클과 주파수
Cycle and Frequency

소리굽쇠의 진동은 너무 빨라서 육안으로 관찰하기가 힘들다. 그 진동은 벌의 날개처럼 떨리고 있을 뿐이기 때문이다. 그러나 소리굽쇠의 가지에 손을 대보면 소리굽쇠의 진동을 느낄 수 있고, 〈그림 2-3〉에서 보듯 소리굽쇠의 가지 끝에다 연필심을 달고 소리굽쇠를 진동시킨 뒤 소리굽쇠를 종이 위에다 놓고 종이를 일정한 속도로 잡아당기면 소리굽쇠가 진동한 흔적을 육안으로 관찰할 수 있다.

〈그림 2-3〉에서 진동의 흔적을 확대하면 〈그림 2-4〉와 같은 모양의 곡선이 된다.

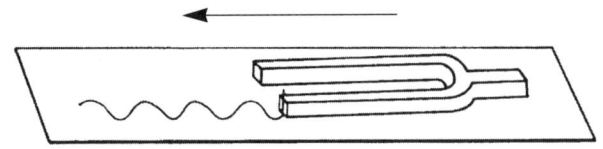

〈그림 2-3〉 이동하는 종이 위에서의 소리굽쇠 진동의 표시(Ladefoged, 1962, 11)

　〈그림 2-4〉의 세로축은 진폭을 나타내며, 가로축은 시간을 나타낸다. 소리굽쇠 가지의 진동은 육안으로 관찰할 수 없을 만큼 빠른 시간에 이루어지므로, 이 진동을 기록하기 위해서는 1/1,000초를 나타내는 ms(millisecond)라는 단위를 사용한다. 따라서 〈그림 2-4〉는 30ms, 즉 3/100초 사이에 일어난 진동을 기록한 것이다.

　한편 가로축의 0선은 소리굽쇠의 가지가 정지해 있던 위치이고, A는 진동이 시작되는 위치를 나타낸다. B는 소리굽쇠의 가지 진동이 오른쪽으로 가장 커졌을 때의 위치를 나타낸다. B지점에 다다른 가지는 소리굽쇠가 가지고 있는 탄력에 의해 다시 정지 지점인 C를 향하게 되

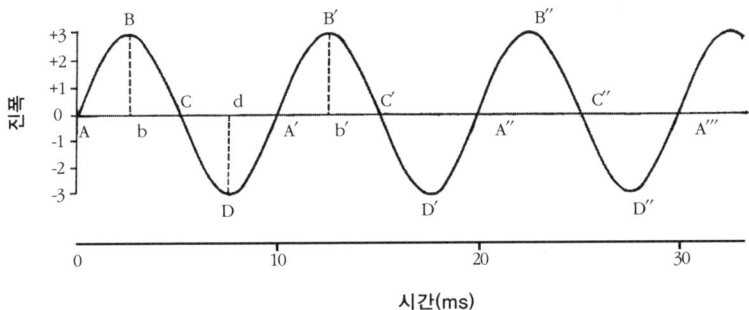

〈그림 2-4〉 소리굽쇠 가지의 진동 곡선(Brosnahan & Malmberg, 1970, 12)

지만, 타성에 의해 C에서 정지하지 못하고 D까지 이르게 된다. D에 이른 소리굽쇠 가지는 소리굽쇠의 탄력에 의해 다시 정지 지점인 A´를 향하게 된다. 우리는 A에서 A´까지 소리굽쇠 가지의 운동을 1사이클(cycle)이라고 부른다.

그런데 〈그림 2-4〉는 1사이클을 위해서 10ms, 즉 1/100초가 소요되었음을 보여준다. 다시 말해 A-A´와 같은 진동이 1초 동안에 100번 되풀이됨을 의미한다. 이것을 100c. p. s.(cycle(s) per second), 또는 100Hz(독일의 물리학자 하인리히 헤르츠의 이름에서)라고 부른다.

이처럼 1초 동안에 일어나는 진동수를 주파수(frequency)라고 부른다. 한편 1사이클에 소요되는 시간을 주기(period)라고 부르며, 주기와 주파수는 다음 공식에서 보듯 서로 반비례되는 관계에 있다.

$$F=\frac{1}{P} \quad P=\frac{1}{F} \quad (P=period, \ F=frequency)$$

주파수는 소리의 높이(pitch)와 관계 있는 것으로 알려져 있다. 주파수가 높아질수록, 즉 진동 속도가 빨라질수록 소리가 높아진다. 한편, 〈그림 2-4〉에서 B-b, D-d는 진폭의 최대치를 나타내며, 진폭의 크기는 소리의 크기(amplitude)와 관계가 있는 것으로 알려져 있다. 주파수는 진폭과는 상관없이 일정하다. 이것은 시계추의 왕복 주기가 그 진폭에 상관없이 일정한 것에 비교될 수 있다. 〈도표 2-1〉에 음계(音階)의 주파

계명	음절	주파수
do	C	264
re	D	297
mi	E	330
fa	F	352
sol	G	396
la	A	440
si	B	495
do	C	528

〈도표 2-1〉 전음계(全音階)의 주파수

수가 표시되어 있다.

주파수와 소리의 높이와의 관계를 알아보기 위해 〈그림 2-5〉를 보자. 맨 위의 곡선은 〈그림 2-4〉의 곡선과 마찬가지로 주파수 100Hz의 곡선이다. 따라서 A-A′까지의 주기는 10ms이다. 여기에 비해 두번째 곡선은 A-A′까지 한 사이클의 주기가 그 반에 해당하는 5ms이며, 따라서 주파수는 그 배에 해당하는 200Hz가 된다. 이런 경우 우리는 두번째 곡선의 진동이 첫번째 곡선의 진동에 대해 한 옥타브(octave) 높다고 말한다. 이처럼 어떤 음의 높이를 한 옥타브 높인다는 것은 그 음의 주파수를 배로 높이는 것을 의미한다.

따라서 두번째 곡선의 주파수를 가진 음을 배로 높인다는 것은 주파

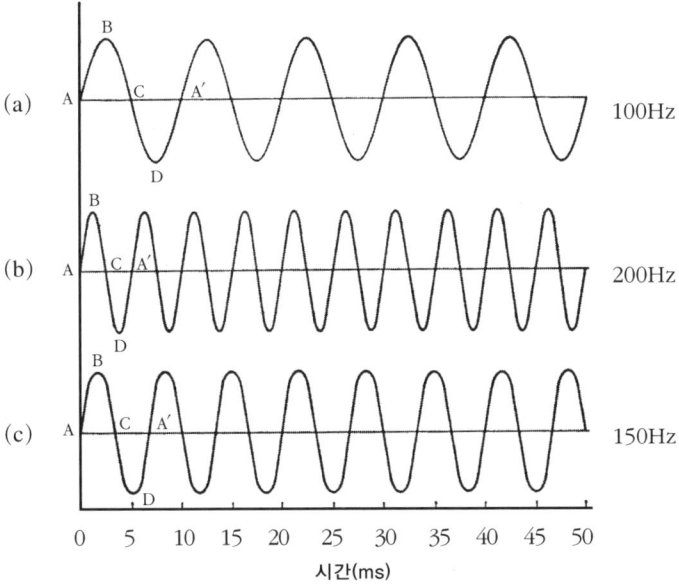

〈그림 2 – 5〉 100, 200, 150Hz의 곡선들(Fry, 1979, 9)

수 200Hz에다 100Hz를 더하는 것이 아니라, 200Hz를 400Hz로 높이는 것이다. 제일 마지막 곡선은 주파수 150Hz로써 첫번째와 두번째 음의 중간에 해당하는 높이를 갖는다. 첫번째 곡선이 음계의 do라고 한다면 세번째 곡선은 sol에 해당된다.

이처럼 소리의 높이는 주파수의 크기와 대개 일치하지만, 청각의 영역에 속하는 소리의 높이를 결정하는 데에는 주파수 외에도 다른 요소가 작용하게 된다.

2.3 공명
Resonance

소리굽쇠의 소리는 별로 크지 않아서 귀에 가까이 대어야 가까스로 소리가 들릴 정도다. 그러나 진동하고 있는 소리굽쇠의 손잡이를 책상에 대면 보다 큰 진동음을 듣게 된다. 이것은 소리굽쇠의 진동이 책상에 전달되어 소리굽쇠에서 나오는 소리뿐만 아니라 책상의 진동음을 같이 듣게 되는 까닭이다. 〈그림 2-6〉은 소리굽쇠의 진동이 책상에 전달되는 모습을 보여준다.

〈그림 2-6〉이 보여주듯이, 소리굽쇠의 가지가 안으로 오므라들었을 때에는 소리굽쇠의 손잡이가 밑으로 내려가게 되고, 반대로 가지가 밖으로 벌어졌을 때에는 손잡이 끝이 위로 올라가게 된다. 이와 같은 동작이 빨리 되풀이되어 책상에 진동을 전달하게 된다.

이와 같은 방법으로 책상이 진동하여 내는 소리는 책상을 주먹으로 쳤을 때 나는 소리와는 다르다. 소리굽쇠의 진동이 전달되어 책상이 소리를 낼 때의 진동수는 소리굽쇠의 진동수와 같다. 따라서 서로 주파수가 다른 소리굽쇠를 진동시켜 책

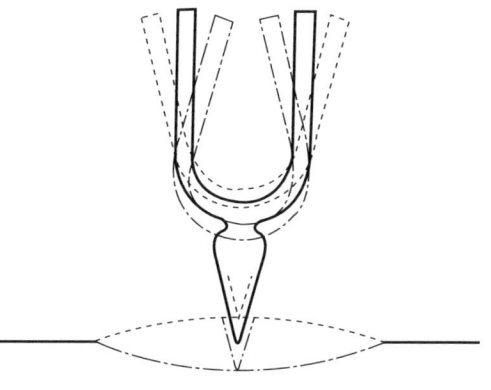

〈그림 2-6〉 소리굽쇠 진동이 책상으로 전달되는 모습
(Fry, 1979, 50)

상에 대면 각기 다른 높이의 소리를 내게 된다. 또 소리굽쇠를 책상에서 떼면 책상의 진동도 동시에 멈춘다.

  소리굽쇠의 진동처럼 외부에서 에너지가 가해졌다가 멈춘 뒤에도 계속해서 자기 본래의 고유진동수(固有振動數; natural frequency)로 진동하는 것을 자유진동(自由振動數; free vibration)이라고 한다. 소리굽쇠의 진동이 전달된 책상의 진동처럼 진동이 계속되기 위해서는 외부로부터 계속해서 에너지를 공급해야 하며, 그때의 진동수가 외부 에너지의 진동수와 같을 때 그것을 강제진동(强制振動; forced vibration)이라고 한다. 이 강제진동을 다른 말로 공명(共鳴; resonance), 혹은 공진(共振)이라고 부른다. 한편 책상처럼 공진하는 것을 공명체(共鳴體; resonator)라고 부른다.

  책상처럼 딱딱한 것만이 공명체가 되는 것은 아니다. 공명은 공기에서도 일어난다. 밀폐된 용기 안에 들어 있는 공기에 음파가 닿으면 음

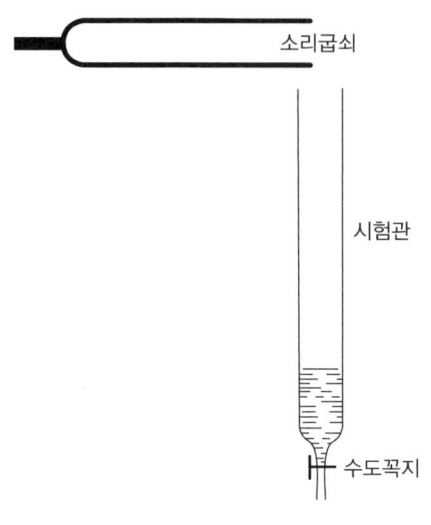

〈그림 2-7〉 공명을 얻기 위한 장치
(Ladefoged, 1962, 69)

파의 진동이 공기에 강약의 진동을 가하게 된다. 이때 공기는 그것이 가지고 있는 본래의 탄력 때문에 외부의 진동에 맞추어 진동하게 되며, 음파의 진동수와 용기 속의 공기가 갖는 고유진동수가 같으면 공명이 일어나게 된다. 공명음은 점차 커지는데 이것은 흔들리는 그네를 땅에 서 있는 사람이 밀어줄 때와 그 원리가 같다. 다가온 그네가 멀어져 가려는 순간에 조금씩만 밀어주면 그네의 진폭은 점점 커지게 된다. 반대로 그네가 다가올 때 밀면 이것은 오히려 그네의 진폭을 줄이게 된다. 음파와 용기 속의 공기의 고유진동이 일치한다는 것은 타이밍을 맞추어 그네를 밀어주는 것과 같은 결과를 낳는다.

한쪽 끝이 막힌 시험관 입에 진동하는 소리굽쇠를 가까이 놓았을 때 그 소리굽쇠의 진동수와 시험관 속의 공기의 고유진동수가 일치하면 공명을 얻게 된다. 진동수가 일치하지 않는 경우 진동수를 달리하는 소리굽쇠를 바꾸면 공명을 얻을 수도 있지만, 반대로 다음과 같은 실험 장치에 의해 공기의 고유진동수를 달리하여 공명을 얻을 수도 있다.

가장 흔하게 사용되는 방법은 〈그림 2-7〉에서처럼 진동하는 소리굽쇠를 시험관 입 근처에 대고 시험관 밑으로부터 물을 넣어 소리굽쇠와 시험관 공기의 고유진동이 일치할 때까지 물을 채워 공명을 얻는 것이다.

공명이 일어나는 정도는 공명체에 따라 천차만별이다. 〈그림 2-7〉에서 시험관은 외부음(外部音; incident sound)의 주파수가 시험관의 고유진동수와 일치하는 경우에만 공명이 일어난다. 즉 공명이 일어날 수 있는 가능성의 폭이 좁다. 그런가 하면 공명체에 따라서 공명이 일어나고 사라지는 시간에 차이가 있다.

이와 같은 현상을 이해하기 위해서는 공명주파수(共鳴周波數; resonant frequency), 공명곡선(共鳴曲線; resonance curve), 공명주파대(共鳴周波帶; bandwidth), 감폭(減幅; damping) 등에 대해 알아보아야 한다.

우선 〈그림 2-8〉을 보자. (a)와 같은 세 개의 단순음이 있다고 하자. 이 단순음은 각기 250, 300, 375Hz의 주파수를 가지며, 진폭도 동일하다. 이들이 (b)와 같은 특성의 고유진동을 갖는 공명체에 닿았다고 하자. 그러면 공명체는 진동하기 시작한다. 이때 공명체는 300Hz의 주파수로 진동하려고 한다. 따라서 300Hz의 주파수가 가장 큰 진폭으로 진동하게 된다. 그 진폭의 정도가 그림 (b)에서는 b로 표시되어 있다.

그림 (a)에서는 250Hz의 단순음이 300Hz의 단순음과 진폭은 같으나 이것은 공명체에 대해 a의 진폭을 갖는 공명음을 얻을 뿐이다. 한편 375Hz의 단순음은 c의 진폭을 갖는 공명음을 얻어낼 뿐이므로 거의 무시해도 좋다. 즉 이때의 공명체는 375Hz의 단순음에 대해서는 거의 공명을 일으키지 않는다. (c)는 (a)의 세 단순음이 (b)와 같은 특성을 가진 공명체에 대해 일으키는 공명음의 모습을 보여준다. 이때 (b)를 공명곡선이라고 부르고, 공명체가 가장 효과적으로 공명을 일으키는 주파수 300Hz를 이 공명체의 공명주파수라고 부른다. 짐작할 수 있듯이 공명곡선은 그 공명체가 본래 가지고 있는 고유진동의 스펙트럼과 일

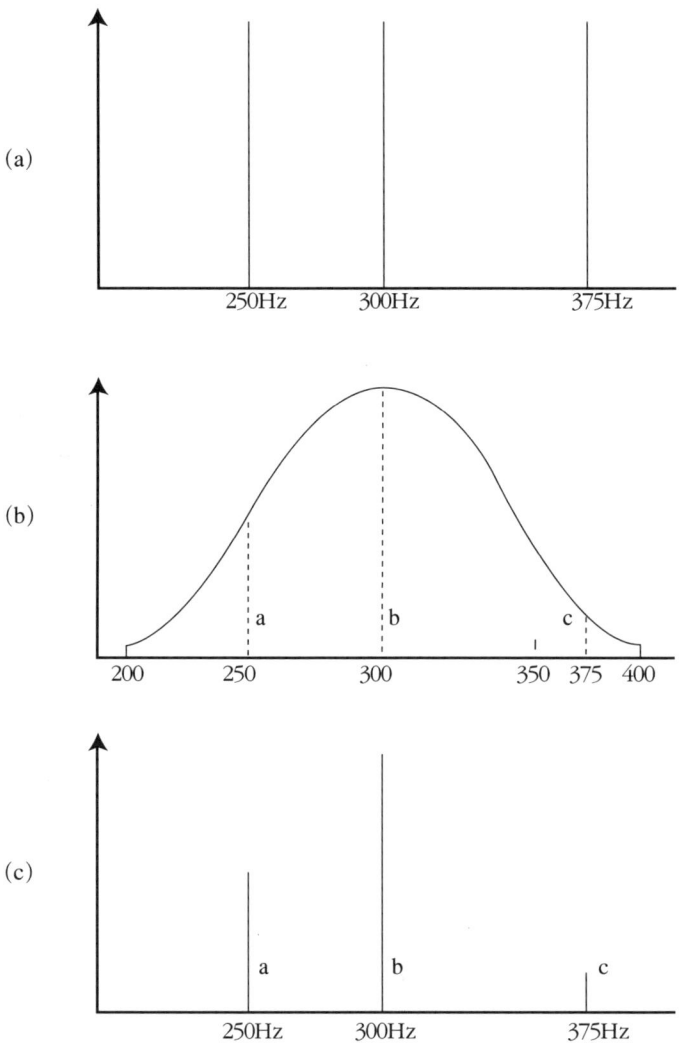

〈그림 2-8〉 (a)와 같은 세 개의 단순음을 (b)와 같은 공명곡선을 가진 공명기(共鳴器)에 닿게 하면, (c)와 같은 공명을 얻게 된다(Ladefoged, 1962, 62).

치한다.

우리는 위의 그림 (c)에서 375Hz의 주파수를 갖는 공명음은 무시해도 좋다는 말을 했다. 공명을 이야기할 때 보통 효과적인 공명음은 외부음이 본래 가지고 있던 크기의 반 이상의 크기를 갖는 음으로 규정하고 있다. 소리의 크기는 진폭의 자승(自乘)에 의해 얻어지므로, 어떤 공명음이 외부음이 가지고 있던 진폭의 70.7% 이상의 진폭을 갖게 되면 그 공명음은 외부음 크기의 반 이상을 갖게 되며(0.707×0.707=0.5), 그런 음을 공명음이라고 부른다. 〈그림 2-9〉에서 b는 공명주파수 a의

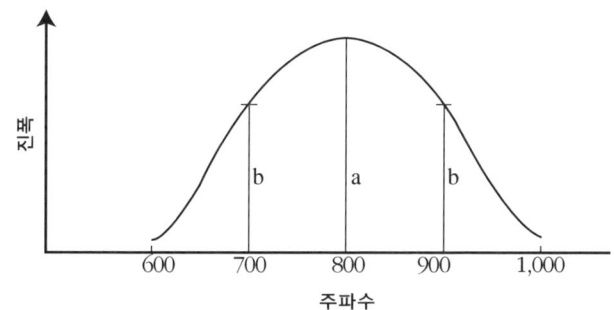

〈그림 2-9〉 공명주파대(Ladefoged, 1962, 64)

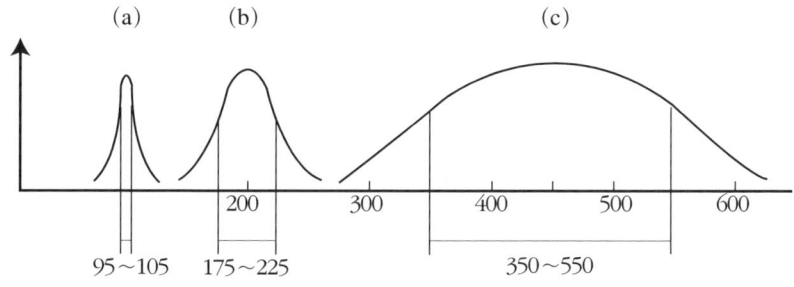

〈그림 2-10〉 여러 가지 모양의 공명주파대(Ladefoged, 1962, 65)

70.7%에 해당하며, 700~900Hz 사이의 200Hz의 폭을 이 공명체의 공명주파대라고 부른다.

공명주파대의 폭은 공명기에 따라 다르다. 〈그림 2-10〉을 보자. (a)는 불과 10Hz의 좁은 공명주파대 폭을 가지고 있다. 이와 같은 공명주파대를 갖는 공명체는 웬만해서는 공명을 일으키지 않고, 95~105Hz의 주파수를 갖는 외부음에 대해서만 공명을 일으킨다. 반면 (c)는 200Hz의 넓은 공명주파대를 가지고 있어 공명이 일어날 가능성이 매우 크다.

(a)와 같은 좁은 공명주파대 가운데 대표적인 것이 소리굽쇠다. 소리굽쇠는 한번 진동하기 시작하면 좀처럼 그 진동이 그치지 않는다. 만약에 진동하는 소리굽쇠에 솜뭉치를 대면 진동은 급속히 약해져 소리가 멈춘다. 이처럼 진동의 진폭을 죽이는 현상을 감폭이라고 부른다.

소리굽쇠는 감폭이 가장 덜 된 공명기이다. 반면 책상 따위는 거기에 닿는 외부음이 그치면 곧 공명도 그친다. 책상은 많이 감폭된 공명체이다. 소리굽쇠는 〈그림 2-10〉의 (a)와 같은 공명곡선을 가지며, 책상은 (c)와 같은 공명곡선을 갖는다. 감폭이 가장 덜 된 (a)와 가장 많이 감폭된 (c) 사이의 차이를 정리하면 다음과 같다.

첫째, 공명이 이루어졌을 때 (a)의 경우는 공명이 일어나기까지의 시간이 (c)의 경우보다 길다. 둘째, (a)의 경우는 일단 공명이 일어나면 그 공명이 쉽사리 사라지지 않는 데 반해 (c)의 경우는 공명이 쉽사리 사라진다. 셋째, (a)의 경우는 공명이 일어나기 위해 외부음에 매우 까다로운 반면, (c)는 공명이 일어날 가능성이 매우 크다.

지금까지는 외부음이 비교적 적은 수의 단순음으로 이루어진 경우만을 보아 왔으나, 〈그림 2-11〉(a)와 같이 외부음이 무수히 많은 단순

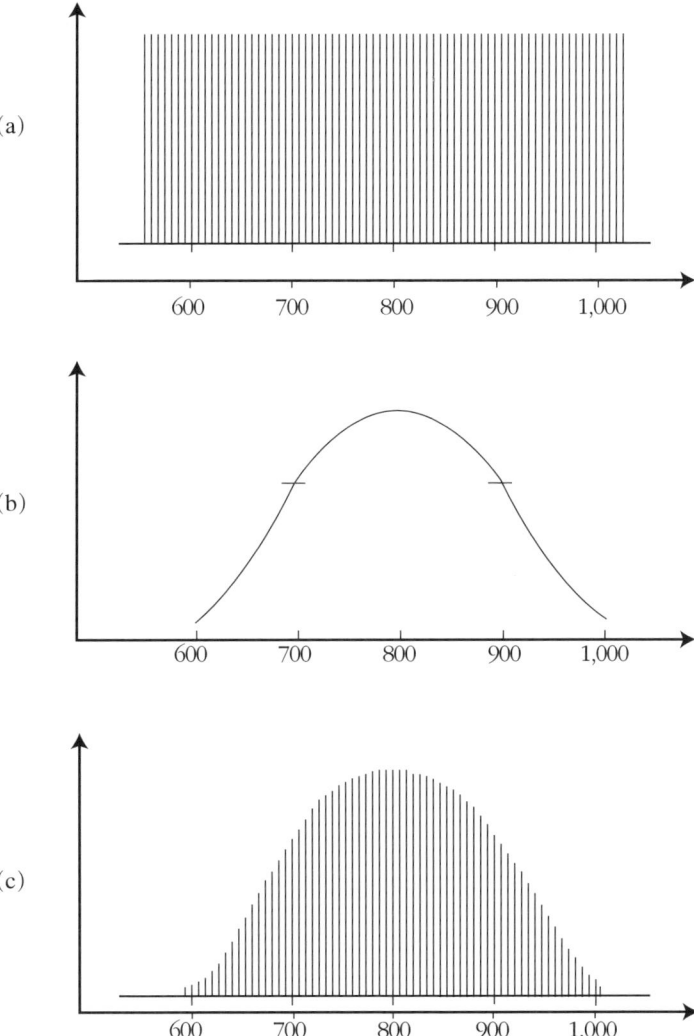

〈그림 2 – 11〉 복합음에 대한 공명(Ladefoged, 1962, 64)

음으로 이루어진 경우도 그 관계는 마찬가지다. (a)와 같은 주파수 특성을 갖는 외부음이 (b)와 같은 공명체에 닿아 공명이 일어나게 될 때, 그 공명음은 (c)와 같은 스펙트럼을 낳는다.

〈그림 2-11〉은 다음과 같은 여러 가지 현상들을 설명하는 데 중요하다. 첫째, 대부분의 관악기의 원리를 〈그림 2-11〉로 설명할 수 있다. 예를 들어, 클라리넷의 한쪽 끝의 리드 부분을 따로 떼어 불면 째지는 듯한 소리를 내게 되는데, 이 소리는 매우 폭넓은 주파대를 갖고 있다. 이 부분을 클라리넷에 꽂고 불면 클라리넷의 몸통이 공명체 구실을 하게 된다. 이때 클라리넷에 뚫린 여러 구멍을 교대로 닫고 열어주면 클라리넷 안의 공기 기둥, 즉 공명체의 크기를 바꾸게 된다. 이것은 결국 공명체의 공명곡선의 모양을 바꾸게 되어 그때마다 공명체의 공명주파수가 달라져 여러 모양의 공명음이 나오게 된다.

둘째, 병에 수돗물을 채울 때 멀리서 물 떨어지는 소리만 듣고도 물이 차는 정도를 알 수 있는 까닭도 〈그림 2-11〉로 설명할 수 있다. 물 떨어지는 소리는 〈그림 2-11〉 (a)처럼 폭넓은 주파대를 차지하는 수많은 소리로 이루어져 있다. 병에 물이 차 올라갈수록 병 안에 공기의 체적이 작아진다. 즉 공명체의 크기가 달라지고 공명곡선의 모양이 달라진다. 물이 차 올라가는 순간마다 공명주파수가 달라지고 공명음이 달라진다. 병 안에 공기의 체적이 작아질수록 공명주파수는 높아지기 때문에 병 안에 물이 차 올라갈수록 소리는 높아진다.

셋째, 인간의 발성 원리도 〈그림 2-11〉에 의해 설명될 수 있다. 인간의 성대(聲帶; vocal bands)는 클라리넷의 리드와 마찬가지로 폭넓은 주파대의 소리를 내며, 그 소리의 스펙트럼은 〈그림 2-11〉의 (a)와 같은 모양을 갖는다. 이 소리에 대해 구강(口腔; oral cavity), 비강(鼻腔; nasal cavity), 인강(咽腔; pharynx)은 공명체 구실을 한다. 이들 공명체의 여러 다른 모양의 조합이 여러 가지의 공명곡선을 만들어 성대에서 나오는 소리 가운데서 이 공명곡선에 맞는 소리만이 공명하게 한다. 서로 다른 모음들은 구강과 인강의 모양을 여러 가지로 달리하여 만들어지는 것이고, 프랑스어에서 볼 수 있는 비모음(鼻母音)은 구강과 인강 외에도 비강을 동원하여 만들어진다.

우리는 〈그림 2-11〉에서 (b)와 같은 공명곡선을 갖는 공명체는 외부음 가운데서 이 공명곡선에 해당하는 부분에서만 공명한다는 것을 알았다. 바꿔 말하면, (b)와 같은 공명곡선을 갖는 공명체는 이 공명곡선에 해당하는 외부음만을 통과시키고, 나머지는 모두 감폭시킨다고 말할 수 있다. 이런 이유 때문에 공명체를 여과기(filter)라고 부르는 것이다. 〈그림 2-10〉의 세 공명곡선을 여과기라고 할 때, (a)는 매우 좁은 주파대의 소리만을 여과시키고, (c)는 비교적 넓은 폭의 소리를 여과시킨다.

따라서 감폭이 덜 된 공명체일수록 좁은 주파대의 음을, 감폭이 많이 된 공명체일수록 넓은 주파대의 소리를 여과시킨다. 스피커는 가장 감폭이 많이 된 공명체로 폭넓은 소리에 공명하며 여과시킨다.

후강(喉腔; larynx)에서 입술과 콧구멍까지의 성도(聲道; vocal tract)가 공명체의 구실을 한다는 점은 이미 밝혀진 사실이다. 후강으로부터 시작되는 성도의 모양은 한결같지 않아 공명체로서 성도에 대한 설명은 간단하지 않다. 문제를 간단하게 하기 위하여 성도를 하나의 관(管)이라고 생각하자. 보통 남자들의 경우 성대에서 입술까지의 평균 길이는 17cm이며, 성도의 단면 면적은 5cm^{2}이다. 따라서 지름은 2.5cm가 된다. 성도는 한쪽 끝(聲帶)은 막히고, 다른 한쪽 끝은 열린 폐관(閉管)이라고 생각하면 된다.

지금까지 우리는 성도의 감폭에 대해서는 전혀 고려하지 않았다. 그러나 성도의 공명곡선을 얻기 위해서는 성도의 감폭도 함께 고려해야 한다. 감폭은 공명체를 이루고 있는 재료와 밀접한 관계가 있다. 만약에 공명체가 소리의 에너지를 흡수해버리는 재료로 되어 있다면 감폭은 커질 것이고, 그 반대라면 감폭은 작아질 것이다. 성도가 강철이나 유리 따위로 되어 있다면 감폭은 매우 작아져 공명은 매우 선별적으로 이루어질 것이나 성도의 재료는 이 경우와는 정반대다. 근육으로 되어 있는 성도는 감폭이 매우 커서 〈그림 2-10〉의 (a)라기보다는 (c)와 같은 모양을 갖는다. 즉 비교적 넓은 폭의 주파수에 공명하며, 공명곡선의 봉우리들도 가파르지 않다. 〈그림 2-12〉는 성도의 공명곡선을 보여준다.

 〈그림 2-12〉에서 기본 주파수 500Hz와 이것의 조화음인 1,500Hz와 2,500Hz가 봉우리를 이루는 것으로 보아 이들을 중심으로 소리의 에너지가 집중해 있음을 알 수 있다. 우리는 이것을 형성음(形成音 ; formant)이라고 부르기로 한다. 형성음은 주파수가 작은 것부터 차례로 제1형성

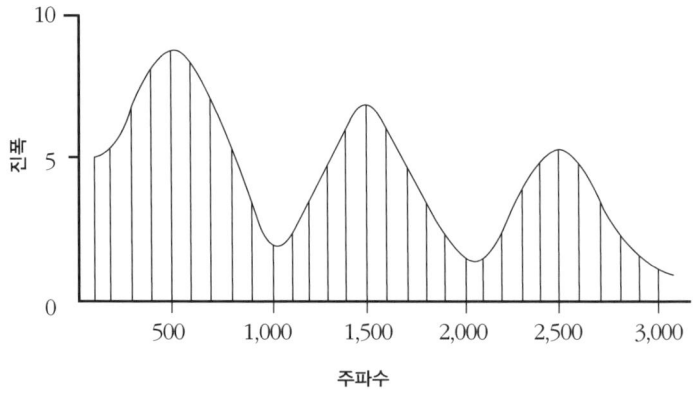

〈그림 2 – 12〉 성도(聲道)의 공명곡선(Fry, 1979, 73)

음(F_1), 제2형성음(F_2), 제n형성음(F_n)이라고 부른다. 모음의 결정에 있어 중요한 것은 제1, 제2의 두 형성음이다.

2.4 스펙트로그램
Spectrogram

우리는 성도(聲道)가 하나의 긴 관으로서 공명체의 구실을 한다는 것을 알았다. 그런데 성도는 여러 가지 모양을 갖는다. 그래서 성도의 모양이 달라질 때마다 공명곡선의 모양이 달라지며, 공명체의 성도는 폭넓은 주파대를 가진 성대음(聲帶音) 가운데서 성도의 공명곡선에 해당하는 소리만을 여과하게 된다. 이처럼 여과되어 나온 서로 다른 공명음이 우리가 듣게 되는 여러 모음이다.

다음의 〈그림 2-13〉은 모음 [i]와 [ɑ]의 직선 스펙트럼과 안면도(顔面圖)이다.

〈그림 2-13〉의 (a)와 (b)의 비교에서 다음과 같은 사실들을 알게 된다. 즉 [i]의 경우에는 혀의 앞부분이 매우 높아서 성도의 뒷부분이 매우 길고 앞부분이 매우 짧다. 그 결과 F_1이 비교적 낮고(280Hz) F_2가 높다(2,240Hz). 여기에 비해 [ɑ]를 발음할 때 성도의 모양은 [i] 경우와는 아주 다르다. [i]의 경우와는 반대로 뒷부분이 짧아져 F_1이 높아지고(710Hz), 앞부분이 길어져 F_2가 [i] 경우보다 낮아졌다(1,100Hz). 그러고 보면 F_1은 성도의 뒷부분과, F_2는 성도의 앞부분과 관계가 있음을

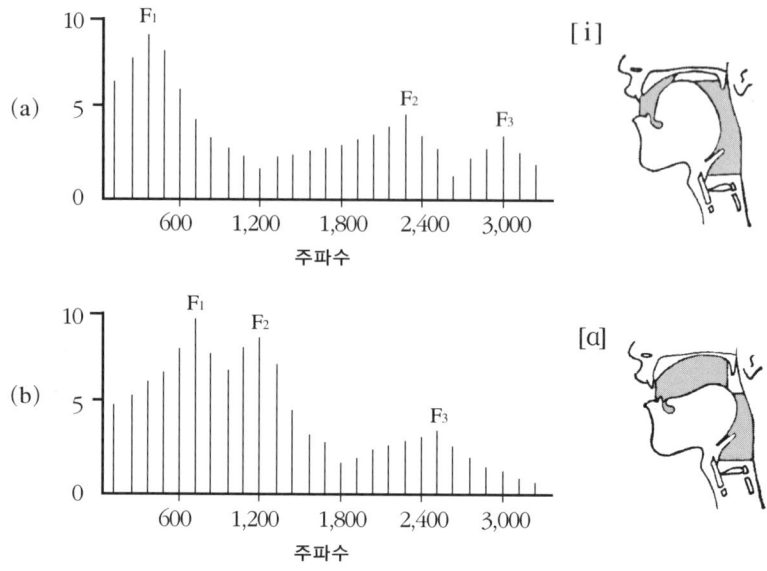

〈그림 2-13〉 [i]와 [ɑ]의 스펙트럼과 안면도(顔面圖)(Fry, 1979, 77)

알 수 있다. 공기의 체적이 커질수록 공명주파수는 낮아진다.

〈그림 2-14〉는 발음하는 모음에 따라 달라지는 성도의 모양과 그때의 공명곡선을 보여준다. F_1의 주파수는 성도의 뒷부분과 관계가 있고, F_2는 성도의 앞부분과 관계가 있으므로 F_1의 주파수가 높아지는 것은 성도의 뒷부분의 용적이 작아진다는 것을 의미한다. 반대로 F_2의 주파수가 낮아진다는 것은 성도의 앞부분의 용적이 커진다는 것을 뜻한다. 그러므로 F_1과 F_2의 거리가 같아질수록 성도의 앞뒤 부분의 용적이 같아진다는 것을 알 수 있다.

〈그림 2-15〉는 〈그림 2-14〉에 열거한 여덟 개 모음의 F_1과 F_2를 보

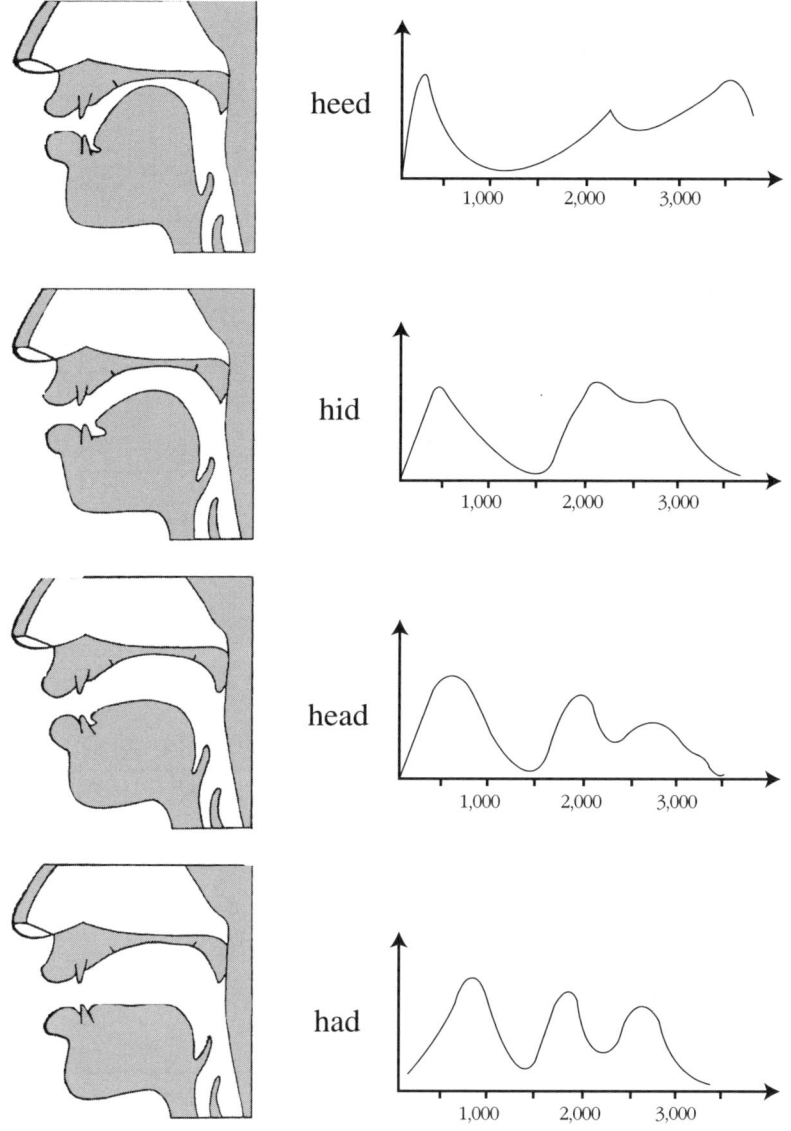

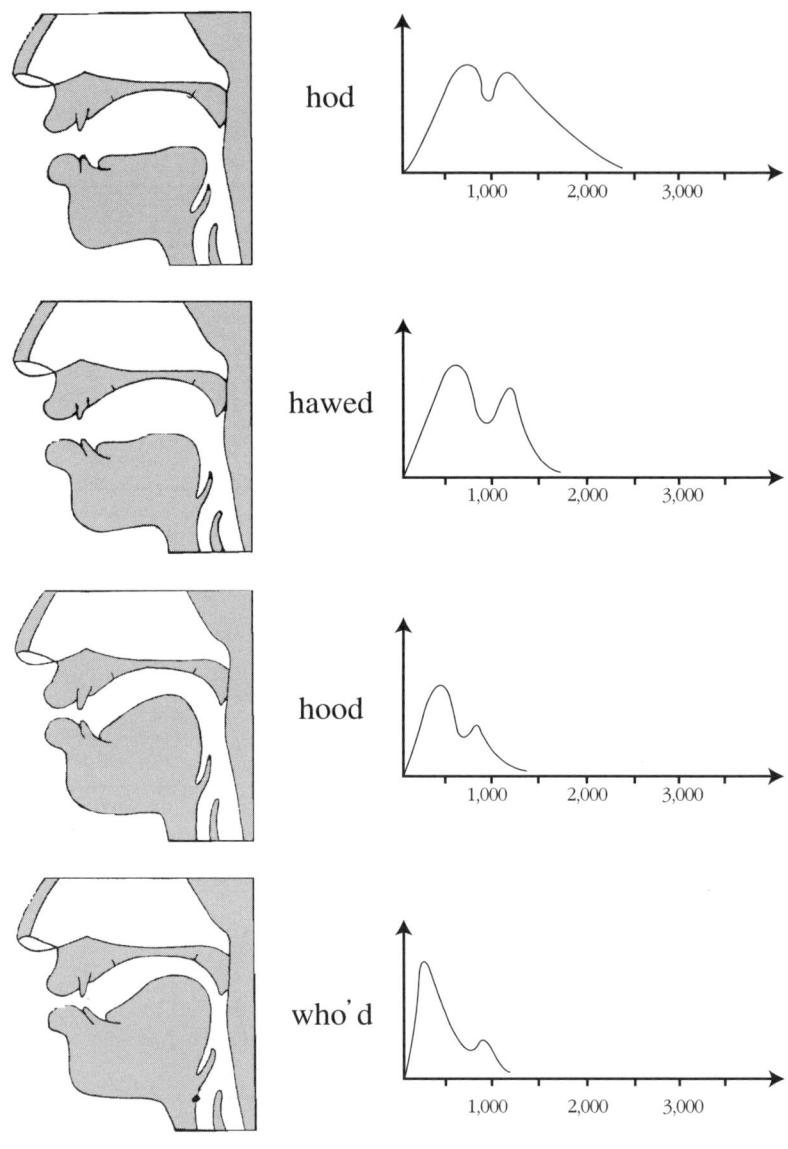

〈그림 2 – 14〉 모음에 따른 성도의 모양과 포락선(包絡線)(Ladefoged, 1962, 96f.)

여주기 위한 것이다.

우리가 모음을 식별하는 것은 〈그림 2-15〉와 같은 형성음 구조(形成音構造; formant structure)의 차이 때문에 가능하다.

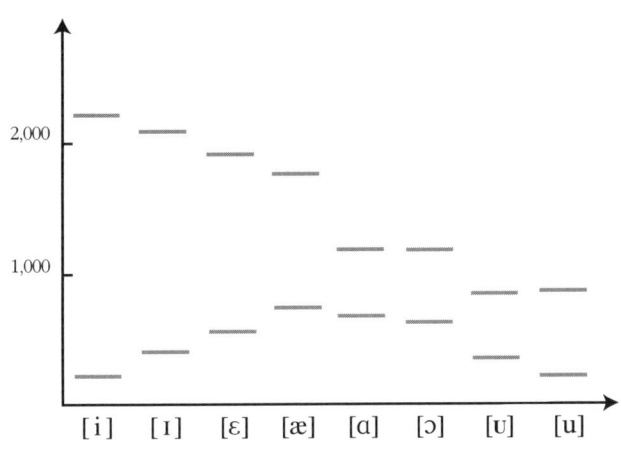

〈그림 2-15〉 모음의 F_1과 F_2(Ladefoged, 1962, 102)

〈그림 2-16〉은 〈그림 2-15〉의 여덟 개 모음의 F_1, F_2, F_3 세 형성음을 정확한 주파수와 함께 표시한 것이다.

〈그림 2-16〉은 우리에게 다음과 같은 몇 가지 사실을 알려준다. 첫째, 제1형성음은 고모음(高母音; high vowel)에서 저모음(低母音; low vowel)으로 갈수록 높아지고, 반대로 저모음에서 고모음으로 갈수록 낮아진다. 즉 제1형성음은 혀의 높이에 반비례한다. 둘째, 제2형성음은 전설모음(前舌母音; front vowel)에서 후설모음(後舌母音; back vowel)으로 갈수록 낮아진다.

그러나 이것은 제1형성음과 혀의 높이만큼 관련성이 밀접하지 않다.

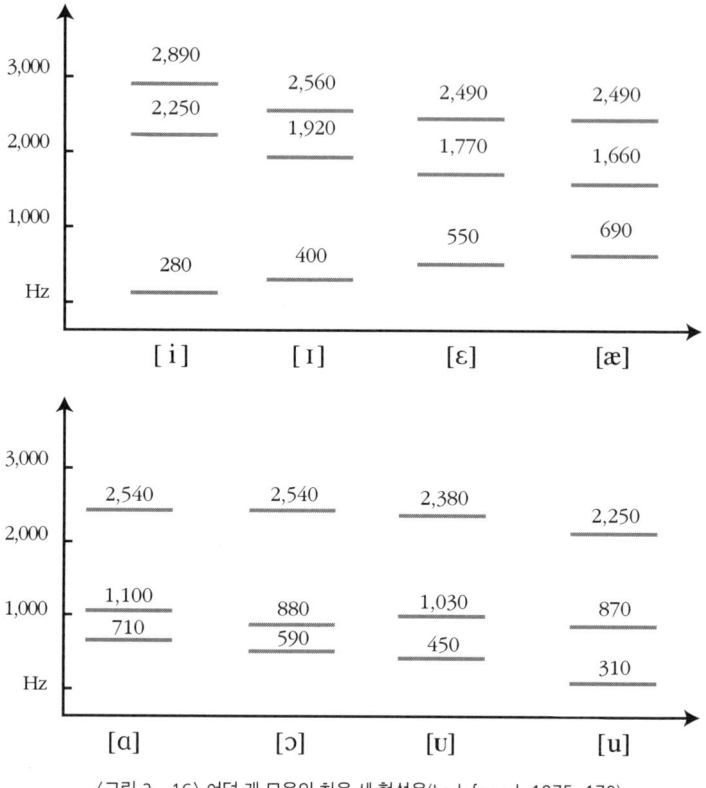

〈그림 2 – 16〉 여덟 개 모음의 처음 세 형성음(Ladefoged, 1975, 170)

예를 들어, [u]는 [ɑ]보다는 후설성이 덜하지만 제2형성음이 더 낮다. 셋째, 전설(前舌)과 후설(後舌)의 정도는 제1형성음과 제2형성음의 상호 간격으로 더 잘 표현된다. 즉 보다 전설모음일수록 그 상호 간격은 벌어지고, 보다 후설모음일수록 그 간격이 좁아진다.

위와 같은 두 형성음의 관계는 모음에 대한 전통적인 설명과 일치한다. 이 사실은 〈그림 2-17〉에서처럼 두 형성음의 위치를 수직과 수평의

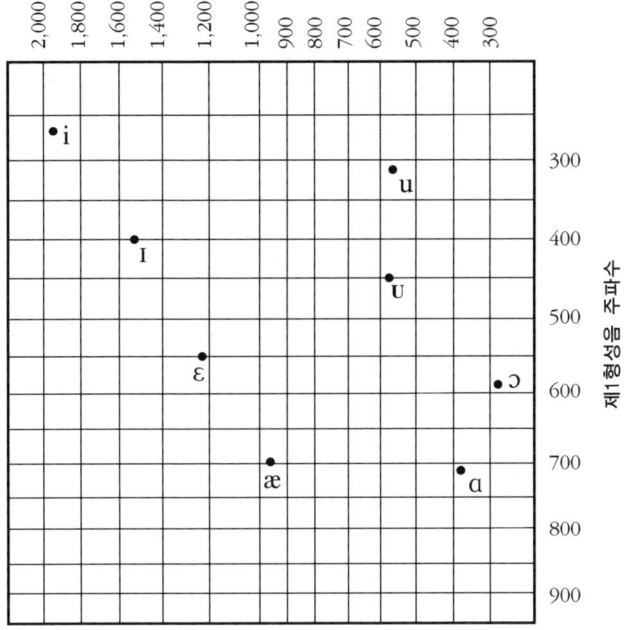

〈그림 2-17〉 모음의 제1, 2형성음의 좌표(Ladefoged, 1975, 170)

두 축으로 보면 더 극명해진다. 〈그림 2-17〉의 점들을 연결하면 이른바 모음사변형(母音四邊形; vowel quadrilateral)이 된다. 〈그림 2-17〉의 사변형이 모음사변형과 모양이 똑같지 않은 것은 모음사변형은 혀의 높이만을 고려해서 만들어진 것이지만, 형성음의 좌표는 혀의 전체 모양과 입술의 모양에 의해서도 영향을 받기 때문이다. 원순모음(圓脣母音; round vowel)의 경우 입술을 둥글게 하여 입술이 앞으로 나오게 되고, 이것은 결과적으로 성도의 앞부분을 길게 해서 제2형성음의 주파수를 낮추게 된다. 원순모음인 [ɔ]의 제2형성음이 낮은 것은 그 까닭이다.

음향음성학이라는 개념 그 자체는 새로운 것이 아니다. 전에도 오실로그래프(oscillograph)나 카이모그래프(kymograph) 등의 실험기구로 초보적이긴 하나 음향음성학의 연구가 가능하였다. 그러나 음향음성학의 본격적인 연구는 스펙트로그래프(spectrograph)가 발명된 1940년대 후반에 시작된다. 스펙트로그래프는 음향음성학에 매우 중요하기 때문에 그 구조와 원리에 대한 이해가 필요하다.

우리는 앞서 공명체는 각기 특유한 공명곡선을 가지고 있기 때문에 외부음 가운데서 이 공명곡선과 일치하는 음에 대해서만 공명을 일으킨다는 것을 보았다. 즉 공명체는 소리에 대한 여과기 구실을 한 것이다. 스펙트로그래프는 바로 이와 같은 여과기의 공명체 특성을 이용한 것이다. 스펙트로그래프는 일련의 전자여과기(electronic filter)로 되어 있다.

가령 스펙트로그래프가 45Hz의 공명주파대를 갖는 일련의 여과기로 이루어져 있다고 하자. 그런데 우리는 앞서 가장 강한 강도는 형성음의 모양으로 나타난다는 것을 알았다. 〈그림 2-16〉은 [ɑ]음의 제1, 제2형성음이 각기 710Hz와 1,100Hz임을 보여준다. 스펙트로그래프에

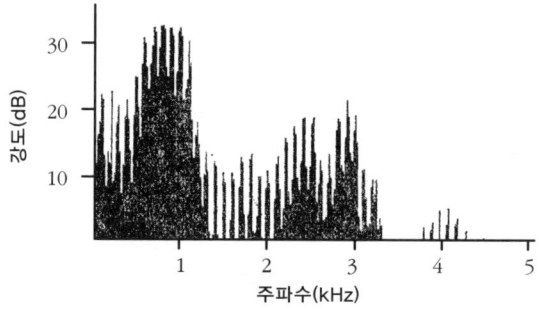

〈그림 2 - 18〉 [ɑ]음의 스펙트로그램(Fry, 1979, 97)

취입된 [ɑ]음의 기본 주파수가 100Hz이었으므로 제1형성음은 700Hz에서, 즉 제16여과기에서, 그리고 제2형성음은 1,100Hz에서, 즉 제25여과기에서 포착될 것이다. 제3형성음은 제50~55여과기 사이에 나타날 것이다. 다음의 〈그림 2-18〉은 [ɑ]음의 스펙트로그램(스펙트로그래프가 기록한 것을 스펙트로그램이라고 한다)이다.

위의 스펙트로그램은 [ɑ]를 발음할 때 어느 한 순간의 모양을 보여주는 것이다. 그러나 어떤 음을 발음할 때에 혀를 비롯한 발성기관(speech organs; articulators)들은 항상 움직이고 있다는 것을 우리는 알고 있다. 따라서 〈그림 2-18〉은 영화의 한 토막 같은 것이며, 우리는 이런 것을 단면(斷面; section)이라고 부른다. 시간이 흐름에 따라 변하는 음향학적 특성을 알기 위해서는 다른 방법, 즉 시간의 흐름에 따라 변화하는 단면의 모습을 보여줄 수 있는 방법으로 스펙트로그램을 기록해야 한다.

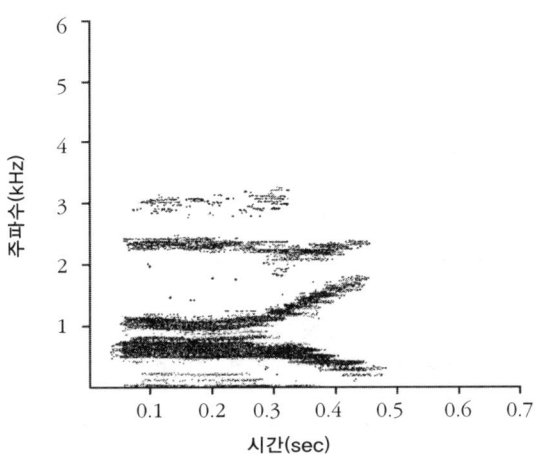

〈그림 2-19〉 [aɪ]의 정밀 스펙트로그램(Fry, 1979, 99)

〈그림 2-19〉는 [aɪ]라는 음의 새로운 방식의 스펙트로그램이다. 〈그림 2-18〉에서는 가로축이 주파수를 나타내고 세로축이 강도를 나타냈으나, 〈그림 2-19〉에서는 세로축이 주파수를 나타내고 가로축이 시간을 나타낸다. 알기 쉽게 설명해서 〈그림 2-18〉이 카스텔라의 단면이라면 〈그림 2-19〉는 카스텔라를 옆에서 본 모양이다.

〈그림 2-18〉에서 수치로 표시되었던 강도는 〈그림 2-19〉에서는 무늬의 농도로 표시되었다. 가로로 뻗어 있는 굵은 줄들이 형성음이며,

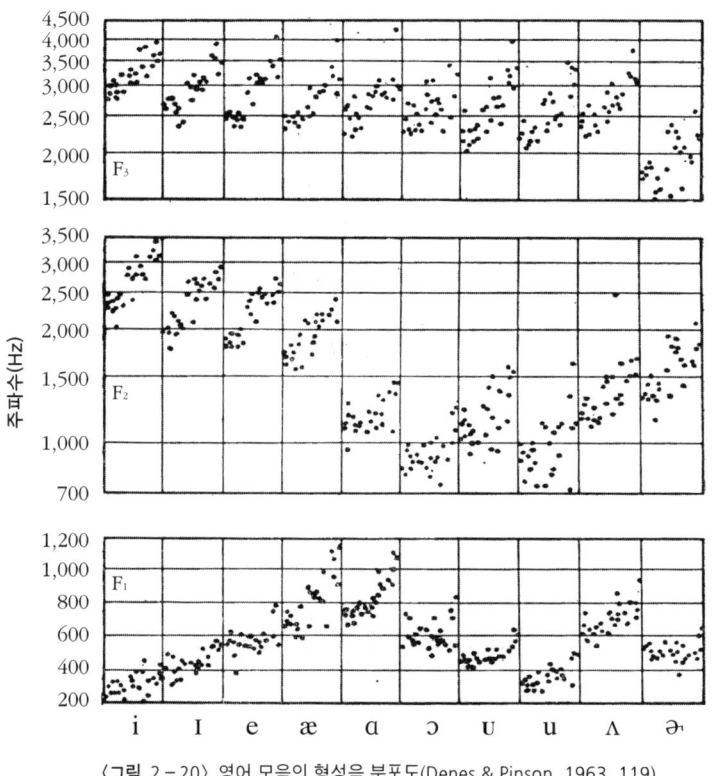

〈그림 2-20〉 영어 모음의 형성음 분포도(Denes & Pinson, 1963, 119)

밑에서부터 차례로 제1, 제2, 제3형성음이다. 〈그림 2-18〉의 스펙트로그램은 제1형성음이 710Hz, 제2형성음이 1,100Hz, 제3형성음이 2,540Hz에서 시작하고 있음을 보여준다. 이것이 바로 [aɪ]의 첫 음인 [a]음의 형성음 구조이다. 짐작할 수 있듯이 [aɪ] 음의 끝부분은 [ɪ]음의 형성음 구조를 갖는다. 제3형성음은 변화가 없으며, [aɪ]를 발음하는 데 소요된 시간은 1/2초(500ms)이다.

영어 모음의 스펙트로그램을 보기에 앞서 각 모음의 형성음은 사람에 따라 많은 차이가 있다는 것을 다시 한 번 인식할 필요가 있다. 따라서 어떤 스펙트로그램이든지 어느 특정한 경우에 어느 특정한 사람에 의해서 발음된 음의 모양이라는 것을 명심할 필요가 있다.

다음의 〈그림 2-20〉은 열 개의 모음을 여러 사람에게 발음시켰을 때 형성음들의 위치를 표시해놓은 것이다.

이 그림은 이들 모음을 'heed' 나 'hid' 와 같은 단음절어에서 단독으로 발음했을 때의 모양이므로 긴 문장 속에서 발음하면 더 많은 변이형을 발견하게 될 것이다. 경우에 따라서는 서로 다른 모음의 형성음이 겹치기도 하는데, 이것은 우리가 발성기관의 움직임을 생각하면 그리 놀라운 일이 아니다. 그러나 이와 같은 형성음의 중복에도 불구하고 형성음 구조의 뚜렷한 경향이 있음을 알 수 있다.

〈그림 2-21〉은 영어 모음들의 스펙트로그램이다. 세로축은 천 단위로 주파수를 기록한 것이고, 가로축은 초 단위로 시간을 기록한 것이다.

한편 〈그림 2-22〉는 이중모음의 스펙트로그램으로 단모음의 스펙트로그램과는 달리, 발음하는 도중에 형성음의 주파수가 달라진다. 이것은 가로줄이 올라가거나 내려가는 것으로 나타난다.

자음은 스펙트로그램에 나타나기보다는 나타나지 않는 경우가 더

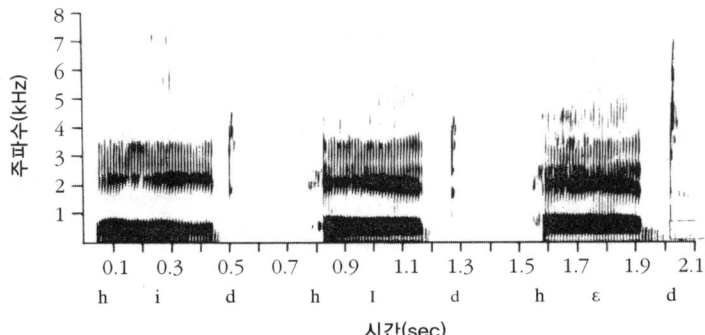

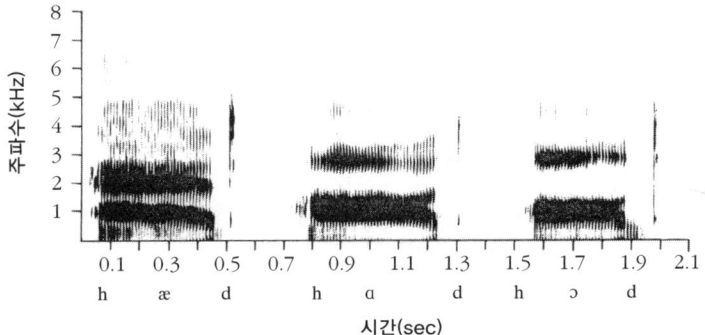

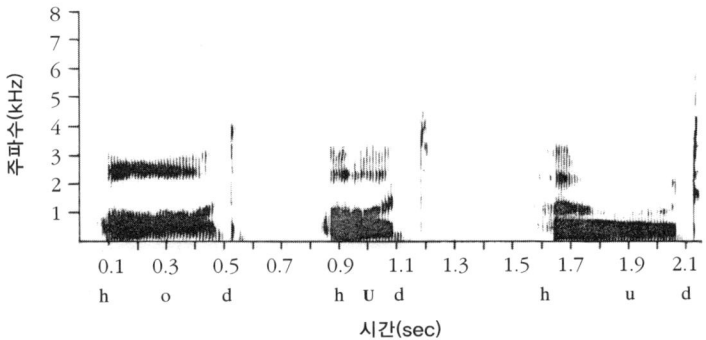

〈그림 2-21〉 영어 모음의 스펙트로그램(Fry, 1979, 113f.)

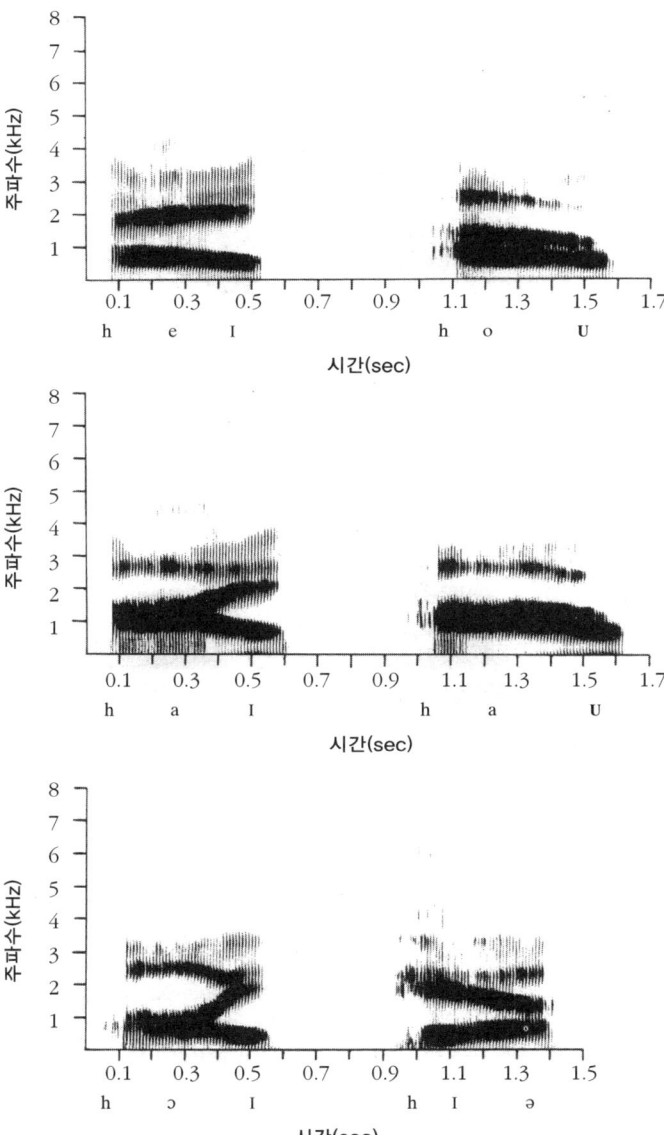

〈그림 2-22〉 영어 이중모음의 스펙트로그램(Fry, 1979, 115f.)

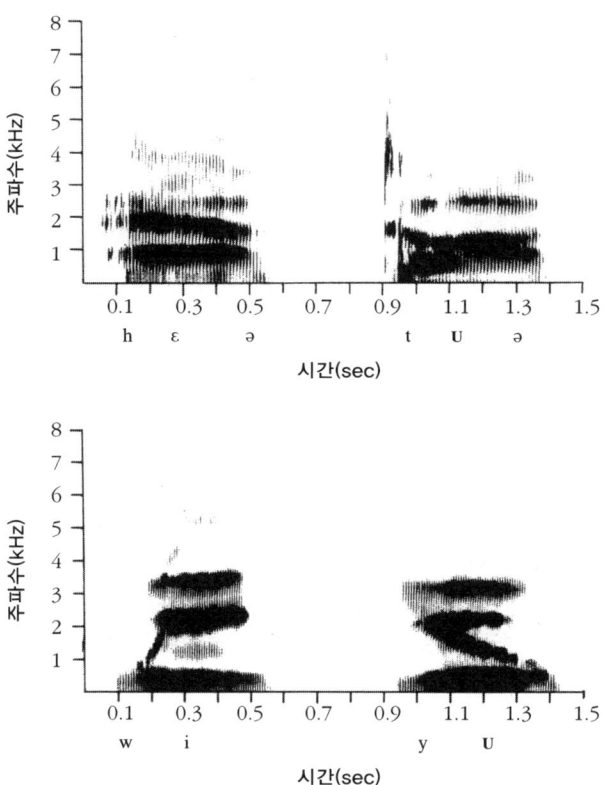

많다. 특히 파열음(破裂音; plosive)은 아무 흔적도 나타나지 않아 침묵과 혼동하기 쉽다. 그러나 자음이 침묵과 다른 것은, 이들은 앞뒤의 모음에 영향을 준다는 점이다. 이 영향 때문에 모음의 형성음에 갑작스러운 변화가 생긴다. 이런 변화를 형성음 추이(形成音推移; formant transition)라고 부르며, 자음의 식별은 모음에 나타나는 이 추이에 따라 이루어지는 경우가 많다.

3 소리의 생리학(조음음성학)

3.1 호흡기관
The Respiratory Organs

인간이 가지고 있는 발성기관(speech organs) 가운데는 발음만을 위한 기관은 하나도 없다. 이것은 본래 인간이 발성기관을 가지고 있지 않은 것에 연유한다. 지금 우리가 발성기관이라고 부르는 것은 본래는 생존을 위한 수단이었다. 허파는 공기 중의 산소를 근육에 공급하고 대신 체내의 노폐물을 제거하며, 성대는 밖으로부터 이물질이 허파로 들어가는 것을 막고 동시에 허파가 거부하는 음식이나 가래를 뱉어내는 구실을 한다. 혀는 이 사이로 음식을 밀어넣고 동시에 삼켜서 소화하기 쉽게 타액을 발라 주는 구실을 한다.

이런 단계에서 발성기관이란 다른 동물들의 그것과 차이가 없다. 그러나 세월이 흐름에 따라 인간은 다른 동물과는 달리 목으로 호흡하는 것을 배웠고, 인간의 역사상 비교적 최근에 이르러 본래는 다른 목적에 쓰이던 기관들을 발성에 사용하게 되었다. 그리하여 인간은 다른 동물들이 단순한 소리를 내어 두려움이나 허기, 성적인 흥분을 나타내는 데 비해 복잡한 음성 체계를 갖게 된 것이다.

발성기관은 공기를 밀어 올리는 허파에서부터 그 공기가 빠져나가는 입술이나 콧구멍까지 망라하지만 다음의 세 가지로 나누어 설명하는 것이 편리하다. 첫째는 호흡기관(respiratory organs)으로 허파와 기관(氣管: trachea), 후강개(喉腔蓋: epiglottis) 등이 중요하다. 둘째는 발성기관(phonatory organs)이다. 즉 소리를 내는 기관으로 후강(喉腔:

laryngeal cavity) 안에 있는 성대가 중요하다. 셋째는 조음기관(articulatory organs)이다. 성대에서 만들어진 소리를 인간이 쓰는 여러 가지 음으로 만드는 공명체로서, 구강(口腔; oral cavity)과 비강(鼻腔; nasal cavity)이 여기에 속한다.

허파는 공기를 보내오는 곳이므로 발성의 출발점이다. 다시 언급하겠지만 허파가 소리를 내는 유일한 기관은 아니다. 영어의 tut-tut이나 소를 몰 때의 혀 차는 소리는 허파에서 나오는 공기로 만들어지는 소리가 아니다. 그 증거로서 우리는 숨을 죽이고도 얼마든지 이런 소리를 낼 수 있다. 또 언어에 따라서는 이 흡착 폐쇄음을 대량으로 사용하기도 한다.

한편, 발성은 허파에서 밖으로 나오는 공기에 의해서만 가능한 것은 아니다. 허파에 공기를 흡입하면서도 소리를 낼 수 있다. 공기를 들이마시면서 내는 소리를 흡기음(吸氣音; ingressive sound), 공기를 내뱉으면서 내는 소리를 배기음(排氣音; egressive sound)이라고 한다. 숨을 들이마시며 말을 하면 목소리의 특징이 아주 달라져서 목소리의 주인을 알지 못하게 된다. 흡기음은 훌쩍거리면서 우는 애들의 말소리에서 들을 수 있고, 갑작스러운 고통이나 놀라움을 당했을 때도 들을 수 있다. 그러나 영어의 경우 발성에 가장 중요한 소리는 허파에서 나오는 공기에 의해 만들어지는 소리다.

3.2 발성기관
The Phonatory Organs

넓은 의미의 발성기관이란 허파에서 입술까지의 여러 기관을 모두 일컫지만, 여기에서는 허파에서 나오는 공기 에너지를 소리 에너지로 바꾸는 좁은 의미의 발성기관인 후강(larynx)만을 다루도록 한다.

다른 발성기관이 그렇듯이, 후강 가운데에서도 가장 중요한 성대(vocal cords; vocal bands)는 소리를 내는 것 외에도 여러 가지 기능을 가지고 있다. 첫째, 호흡을 위해 허파에서 나오는 공기의 양을 조절한다. 둘째, 허파로 이물질이 들어가지 못하게 막고, 허파가 거부하는 이물질이나 가래를 밖으로 뱉어낸다. 셋째, 허파 속에 공기를 가두어 두는 역할을 한다. 이 마지막 기능은 팔과 배의 근육을 받쳐주어 힘을 주는 구실을 한다. 이런 까닭에 앞다리를 많이 쓰는 짐승, 특히 나무를 오

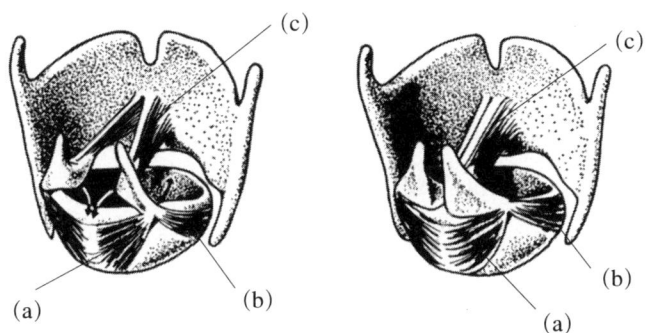

〈그림 3-1〉 피열 연골과 성대 a=후면 환열근 b=측면 환열근 c=성대
(Brosnahan & Malmberg, 1970, 3)

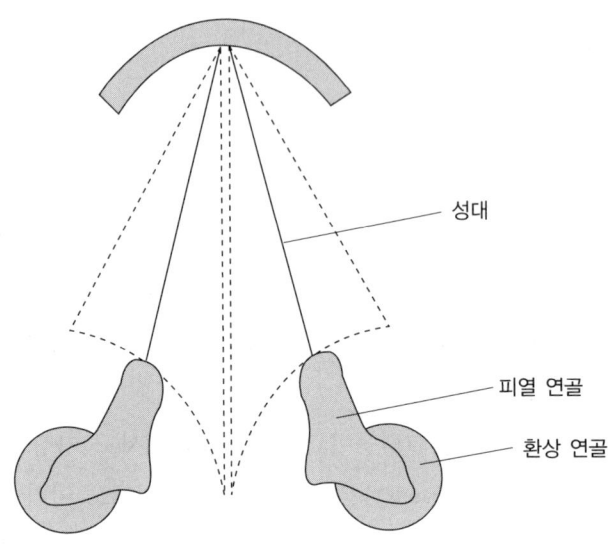

〈그림 3-2〉 성문의 개폐(Malmberg, 1963, 25)

르내리는 포유동물은 모두 후강이 발달되어 있다. 무거운 짐을 들 때 숨을 죽이지 않으면 얼마나 힘이 드는가는 곧 실험해볼 수 있다.

〈그림 3-1〉과 〈그림 3-2〉는 피열 연골(披裂軟骨)의 움직임을 보여준다. 성대는 〈그림 3-1〉에서 알 수 있듯이, 후강의 전면에 방패 모양을 하고 있는 갑상 연골(甲狀軟骨)과 피열 연골 사이에 팽팽하게 당겨진 인대(靭帶: ligament)이다. 성대와 피열 연골 전체가 벌어져서 생긴 공간을 성문(glottis)이라고 하며, 특히 성대 사이의 공간을 성대 성문(vocal glottis), 피열 연골 사이의 공간을 연골 성문(cartilaginous glottis)이라고 한다.

성대는 성대 성문과 연골의 서로 다른 모양에 따라 여러 가지 모양을 갖는데, 그것은 후강경(laryngoscope)에 의해 스스로 관찰할 수 있

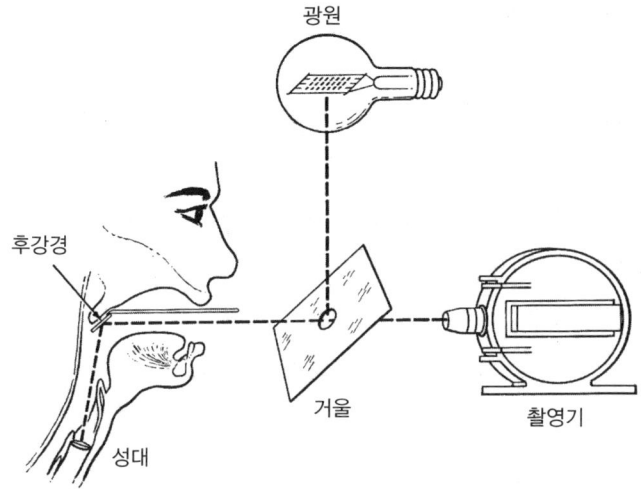

〈그림 3-3〉 성문의 기록 장치(Denes & Pinson, 1963, 46)

다. 그러나 그 움직임을 기록하기 위해서는 〈그림 3-3〉과 같은 장치가 필요하다.

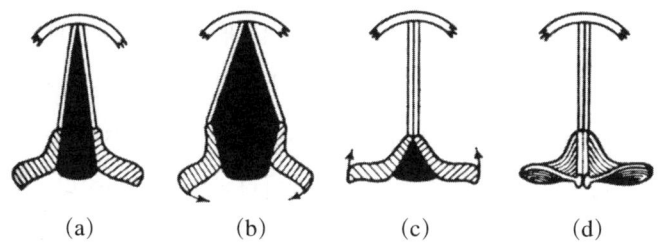

〈그림 3-4〉 성문의 모양 a=정상적인 호흡 b=심호흡 c=속삭임 d=발성
(Brosnahan & Malmberg, 1970, 35)

〈그림 3-4〉는 성대의 여러 가지 모양을 보여준다. 〈그림 3-4〉에서 A는 성문이 열려 있는 상태로서 정상적인 호흡을 위한 성대의 모양이며,

무성음(voiceless sound)을 낼 때에도 이 모양을 하게 된다. B는 심호흡을 할 때 성문의 모양이며, C는 속삭일 때 성문의 모양이다. 성대 성문은 닫히고 연골 성문만이 열려 있다. D는 성대 성문과 연골 성문이 모두 닫힌 상태로서, 허파에서 나오는 공기가 성대 사이를 지나게 되면 성대가 진동하여 유성음(voiced sound)을 낸다. 마지막으로 성문이 완전히 닫힌 상태도 가능하다. 이때 성대는 서로 겹치게 된다.

성대의 진동수를 결정하는 요인은 현악기의 현의 진동을 결정하는 요인과 같다. 즉 진동체의 질, 길이, 그리고 긴장도이다. 현악기의 줄은 굵을수록, 길수록, 느슨할수록 진동수가 낮아져 저음을 내게 되며, 그 반대의 경우엔 고음을 내게 된다. 성대의 경우, 성대 자체의 근육 차이는 별로 없으며, 주로 성대 크기의 차이가 사람들의 목소리의 높고 낮음을 결정한다. 성대는 사람의 성별, 나이, 그리고 전반적인 신체 발달 상황에 따라 다르다. 대개 몸집이 큰 사람이 작은 사람보다 더 큰 성대를 가지며, 남자 어른이 여자나 어린애들보다 더 길고 두터운 성대를 갖는다. 성대는 사춘기에 가장 많이 자란다.

우리들이 보통 쓰는 말소리는 대개 60Hz에서 350Hz 사이에서 이루어지며, 한 옥타브 이상을 사용하는 일이 드물다. 대개는 자기가 사용하는 주기대(周期帶)의 낮은 부분을 사용한다. 보통 남자 어른의 평균 주파수는 120Hz이며, 여자는 225Hz, 어린애는 265Hz이다. 여자 배우가 없던 셰익스피어 시대에 여자 배역을 어린애들이 맡아 하거나, 방송국에서 어린이의 역할을 여자 성우들이 맡아하는 것은 여자와 어린이의 평균 주파수가 비슷하기 때문이다. 남자 어른이 가장 낮게 내는 소리의 주파수는 60~70Hz이고, 여자의 가장 높은 소리의 주파수는 1,000Hz 정도이다.

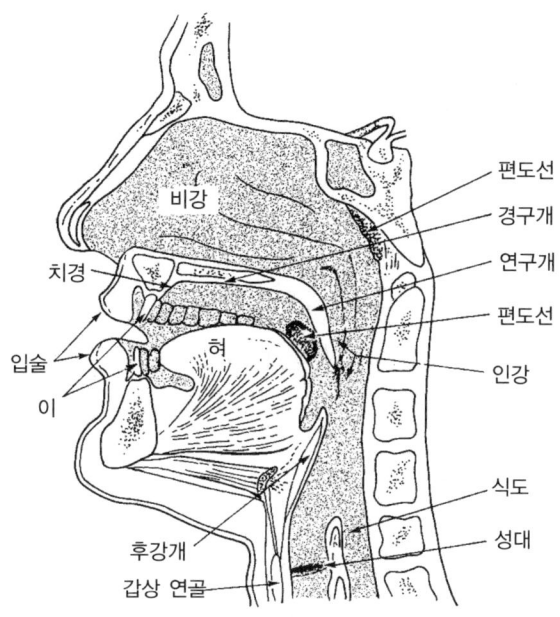

〈그림 3 – 5〉 얼굴의 단면도(Denes & Pinson, 1963, 48)

후강의 가장 윗부분은 〈그림 3-5〉에서처럼, 식도(esophagus)와 더불어 인강(pharynx)에 이르게 된다. 후강과 식도가 인강에 이르는 길목에는 후강개(epiglottis)가 있어서 숨을 쉴 때 또는 말을 할 때 선 채로 있다가 입에서 음식물이 내려오면 뒤로 젖혀져 후강의 뚜껑 역할을 하므로 음식이 후강에 들어가는 것을 막는다. 식사를 하면서 말을 하면 후강개는 누웠다 일어났다 해야 하며, 가끔 잘못해서 음식물이 후강으로 들어가게 되면 괴로움을 느끼게 되는데 이것을 우리들은 사레 들렸다고 한다.

3.3 조음기관
The Articulatory Organs

　　　　　　　　　　　조음기관 가운데 가장 중요한 것은 구강이다. 크기와 모양이 다른 어떤 기관보다 자유로이 변하기 때문이다. 비강은 전혀 움직이지 않으며, 인강은 약간 그 모양이 달라질 뿐이다. 여기에 비해 구강은 그 모양의 변화가 매우 다양하다. 이 같은 다양한 변화는 입술, 아래턱, 특히 혀에 의해 가능하다. 이 때문에 대부분의 조음은 구강에서 이루어진다.

　구강의 윗부분을 구개(palate)라고 부른다. 구개는 앞의 2/3 가량이 뼈로 되어 있고, 나머지 1/3은 연한 근육뿐이다. 구개는 편의상 다음의 세 가지로 나뉜다. 첫째는 치경(alveolar ridge ; gum ridge)이다. 앞니 바로 뒤의 울퉁불퉁한 부분으로서, 앞니의 치근(齒根)에 해당한다. 여기에다 혀끝을 대고 내는 소리를 치경음(alveolar sound)이라고 한다. 둘째는 경구개(hard palate)이다. 〈그림 3-6〉에서처럼 치경 뒤의 딱딱한 부분이다. 여기에 혀를 대고 내는 소리를 경구개음(palatal sound)이라고 한다. 셋째는 경구개 뒤의 연한 근육 부분으로 연구개(soft palate)라고 하며, 그 끝은 목젖(uvula)으로 이루어져 있다. 연구개에 혀를 대고 내는 소리를 연구개음(velar sound)이

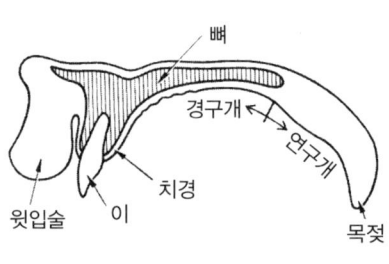

〈그림 3-6〉 구개

라고 한다. 흔히 목젖을 연구개의 일부로 취급하지만, 엄밀한 의미에서는 연구개와 별개의 조음기관으로 취급해야 한다.

혀는 구강에서 제일 중요한 조음기관일 뿐만 아니라 모든 조음기관에서 가장 중요하다. 혀에는 여러 근육이 있어서 여러 모양으로 바뀌며, 구강 안의 여러 부분에 닿거나 혹은 여러 부분과 협착(stricture)을 이룬다. 조음기관에서 혀가 차지하는 중요성 때문에 여러 나라의 말에서 혀는 '언어'와 동의어로 쓰인다. 예를 들어 영어의 tongue, 독일어의 Zunge, 프랑스어의 langue, 러시아어의 язы́к, 라틴어의 lingua 등이 그 예이다.

혀의 운동을 설명하기 위해 혀를 몇 개의 부분으로 나누는 것이 보통인데, 이때의 기준은 구개의 구분이다. 우선 〈그림 3-7〉을 보자. 혀의 맨 끝 첨단을 설첨(舌尖; tip; apex)이라고 부른다. 혀가 안정된 상태로 있을 때 치경의 맞은편에 해당하는 부분을 설단(舌端; blade), 경구개의 맞은편을 전설(front), 연구개의 맞은편을 후설(back), 인강벽 맞은편을 설근(root)이라고 부른다. 〈그림 3-7〉에서 보다시피 후설과 설근 사이를 제외하고는 이들 사이에는 명확한 경계가 없다. 경우에 따라 전설과 후설의 경계를 중설(center)이라고도 하며, 전설과 후설을 합해 설배(舌背; dorsum)라고 부르기도 한다. 따라서 설배는 경구개

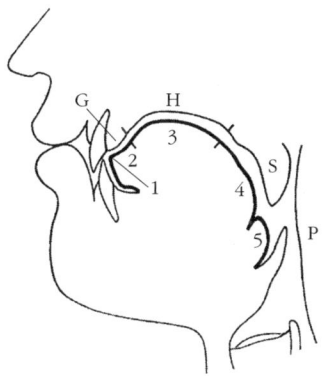

〈그림 3-7〉 혀의 구분 1=설첨 2=설단 3=전설 4=후설 5=설근 G=치경 H=경구개 S=연구개 P=인강벽

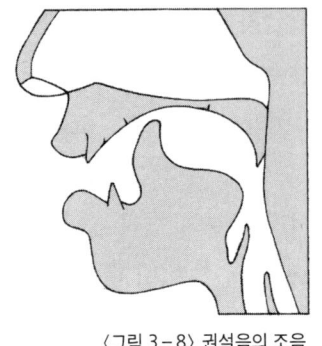
〈그림 3-8〉 권설음의 조음
(Masuya, 1976, 43)

와 연구개의 맞은편을 가리킨다.

설단은 혀 가운데서 운동이 가장 자유로운 부분이며, 특히 설첨은 그 가운데서 가장 날렵한 부분이다. 설첨과 설단은 경구개와 연구개의 경계 부분까지 구개의 모든 부분에 닿을 수가 있으며, 입술 사이로 내밀 수도 있다.

전설과 후설은 비교적 독립적인 운동을 한다. 설단과 후설은 낮은 위치에 놓고 전설만 높여 경구개에 닿게 할 수 있으며, 반대로 설단과 전설은 그대로 두고 후설만 높여 연구개에 닿게 할 수도 있다. 이 같은 혀의 움직임은 직접 관찰할 수 있다. 거울을 향해 입을 크게 벌리고 [ahk]라고 발음하면, [ah] 부분을 발음할 때에는 혀가 낮은 자세를 취하고 있다가 [k]음을 낼 때에 높아져 연구개에 닿는 것을 볼 수 있다. 한편 eye라는 단어를 발음하면 전설이 낮은 위치에서 높은 위치로 올라가는 것을 볼 수 있다. 이 단어의 끝부분을 발음할 때 혀의 위치를 그대로 두고 숨을 들이마시면 시원한 공기가 전설과 경구개 사이를 지나가는 것을 느낄 수 있다.

혀의 가장자리(rim)도 이[齒]에 인접한 구개의 가장자리와 맞닿을 수 있다. [l]음을 길게 발음하다가 혀의 위치를 그대로 둔 채 숨을 들이마시면 구개와 닿지 않는 혀의 가장자리 부분이 시원해지는 것을 느낄 것이다. 다음 [s]음을 길게 발음하다가 마찬가지로 숨을 들이마시면 시원한 바람이 설단의 한가운데로 지나가는 것을 느낄 것이다. [l]의 경우처럼 혀의 가장자리가 시원하지 않은 것은 [l] 때와는 달리 혀의 가장자리가 구개와 밀착해 있기 때문이다.

　모음을 발음할 때의 설배는 구개에 대해 볼록꼴을 취하지만 몇몇 자음(l, r, s 따위)을 위해서는 오목꼴을 취하는 경우도 있다. 이 오목꼴이 가장 심한 것은 인도어에서 흔히 듣는 권설음(捲舌音)(혹은 반전음; retroflex sound)을 낼 때 볼 수 있다. 〈그림 3-8〉은 그때의 모습을 보여 준다.

　한편 혀를 앞에서 보았을 때, 혀의 중앙이 우묵하게 들어갈 수도, 그렇지 않을 수도 있다. 〈그림 3-9〉에서처럼, 전자는 [s]를 발음할 때 볼

〈그림 3-9〉 [s]와 [š]의 조음

수 있으며, 후자는 [š]를 발음할 때 볼 수 있다.

　구강에는 구개나 혀 외에도 조음기관으로 입술, 이, 턱 등이 있다. 이들은 물론 혀만큼 중요하지는 않지만, 조음에 적지 않은 구실을 한다. 입술, 이, 턱 가운데서 조음에 가장 중요한 것은 입술이다.

　입술이 조음에서 언어학적 의의를 가지는 것은 모양 때문이다. 입술은 보통 평순(平脣; spread)과 원순(圓脣; round)으로 나누어지지만, 경우에 따라서는 보통순(普通脣; neutral)을 구별하는 경우가 있다. 〈그림 3-10〉은 그 각각의 모습을 보여준다.

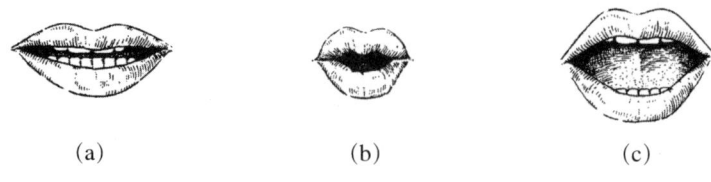

〈그림 3 – 10〉 a=평순 b=원순 c=보통순 (Denes & Pinson, 1963, 51)

　입술은 성도(聲道)에서 가장 잘 보이는 조음기관이다. 듣는 이는 듣는 것뿐만 아니라 입술에서도 많은 정보를 얻는다. 볼과 함께 입술은 감정을 나타내는 중요한 부분이다. 대화에서 차지하는 입술의 역할은 우리가 생각하는 것보다 훨씬 크다. 특히 소란스러운 곳에서 대화를 나눌 때 듣지 못한 부분은 입술을 판독함으로써 알게 되는 경우가 많다. 농아들에게 가르치는 독순술(讀脣術; lip reading)은 전적으로 입술의 모양만을 보고 뜻을 알아내는 기술이다.

　대부분의 언어에서 평순이나 보통순은 전설이 올라가는 전설모음(front vowel)을 조음할 때 나타나며, 원순은 후설이 올라가는 후설모음(back vowel)을 조음할 때 나타난다. 영어에서도 전설모음인 [i], [e], [æ] 등은 평순으로 발음되며, 후설모음인 [u], [o], [ɔ] 따위는 원순으로 발음된다. 그러나 모든 언어에서 영어처럼 입술의 모양과 혀의 높이가 일치하는 것은 아니다. 프랑스어나 독일어, 스웨덴어, 덴마크어, 노르웨이어 등에서는 전설모음에 원순, 평순의 두 가지가 있다. [i]를 발음하면서 입술을 오므리면 전설 원순모음인 [ü]가 된다. 한편 터키어, 베트남어, 그리고 한국어에서는 후설모음에 원순, 평순의 두 가지가 있다. 한국어의 [u](우)와 [ɨ](으)가 그 예다. [u]를 발음하면서 입술을 좌우로 당기면 [ɨ]가 된다.

입술은 그 모양에 따라 원순, 평순으로 나누어지고 그 움직임에 따라 다음의 네 가지로 구분된다.

첫째는 [a]나 [h]를 발음할 때처럼 입술을 완전히 벌리고 있는 상태다. 둘째는 [p]나 [b]를 발음할 때처럼 완전히 닫는 경우다. 셋째는 입술의 간격을 좁혀 마찰음을 내는 경우인데, [ɸ]나 [β]가 그 대표적 음이다. 끝으로 입술 자체를 진동시키는 경우이다. 추울 때 내는 소리로서, 갓난아이들은 재미로 입술을 진동시킨다.

아래턱(mandible)은 얼굴에서 움직이는 유일한 뼈이다. 턱(jaw)은 상하로 4cm 가량 벌릴 수 있고, 좌우로 움직일 수 있으며, 또 아래턱을 앞으로 내밀 수도 있다. 혀의 상하운동은 대개 아래턱의 운동을 수반한다. 저모음(low vowel)을 발음할 때에는 아래턱이 내려가며, 고모음(high vowel)을 발음할 때에는 위아래 턱의 간격이 좁아진다.

그러나 이처럼 혀의 움직임에 부수되는 턱의 움직임은 모음의 구별에 필수적인 것이 아니다. 모든 모음을 위아래 턱의 간격을 일정하게 한 채 발음할 수도 있다. 이 사실을 알아보기 위해서는 위아래 이 사이에 연필을 물고 여러 모음을 발음해보면 된다. 파이프를 물고도 대화가 가능한 것이 이 사실을 말해준다.

이처럼 턱의 움직임이 모음의 구별에 결정적인 것은 아니라고 하더라도 조음에 전혀 무관한 것은 아니다. 실제로는 턱을 많이 움직인다. 복화술사(腹話術師; ventriloquist)들도 전혀 턱을 움직이지 않고는 말을 하지 못한다. [s]음을 길게 발음하다 턱을 내리면 소리가 달라지는 것을 관찰할 수 있다.

이(치아)는 윗니만이 조음에 참가한다. 따라서 조음에 대한 설명에서 이에 대한 언급이 있으면 그것은 으레 윗니이다. 아랫니와 윗입술을 맞댈 수는 있으나, 실제로 이 같은 조음 방법을 이용하는 언어는 없다.

3.4 2차 조음
The Secondary Articulation

음성학에서 이른바 2차 조음이라고 불리는 조음은 이론적으로 어렵기는 하지만, 그것을 이해함으로써 우리는 지금까지의 설명을 보다 확실하게 이해할 수가 있다.

앞으로 자세히 설명하겠지만, 대부분의 자음과 모음은 단순 조음 (simple articulation)에 의해 이루어진다. 즉 조음을 위해서는 조음기관의 어느 한 부분만이 동원된다. 예를 들어 [p]나 [b]의 조음을 위해서는 입술만이 동원되며, [k]나 [g]를 위해서는 연구개에 후설을 대기만 하면 된다. 그 밖의 어떤 조음기관도 사용하지 않는다. 그러나 이러한 조음과 함께 다른 조음기관이 동시에 사용되는 경우가 있다. 이 경우 앞의 조음을 주조음(primary articulation), 뒤의 조음을 2차 조음이라고 한다.

주조음과 2차 조음이 합쳐진 것을 복합 조음(complex articulation)이

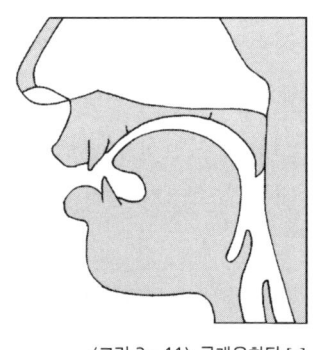

〈그림 3-11〉 구개음화된 [s]

라고 하는데, 복합 조음은 동시 조음(co-articulation), 혹은 이중 조음(double articulation)이라고 불리는 것과 구별되어야 한다. 아프리카어 중, 예를 들어 이그보(Igbo)어에서 발견되는 양순 연구개 파열음(labiovelar stop) [g͡b]는 [g]와 [b]가 같은 자격으로 동시에 조음되어 얻어지는 것이지만, 앞으로 언급될 2차 조음의 경우에는 어디까지나 주가 되는 조음이 있고, 2차 조음은 이 주조음에 대해 어떤 색깔을 더해 줄 뿐이다.

2차 조음 가운데서 가장 흔히 발견되는 것은 구개음화(palatalization) 현상이다. 주조음을 진행하는 것과 동시에 전설을 경구개 쪽으로 높이고, 설단은 밑으로 내리는 2차 조음을 곁들이는 조음이다. 이것은 전설모음, 특히 그 중에서도 [i] 앞에 자음이 올 때 그 자음에 흔히 일어나는 현상이다. 구개음화된 자음으로부터 다음 모음으로 넘어가는 순간 [y] 전이음(glide)이 들리게 된다.

구개음화는 [tj]나 [tʲ]처럼 해당 음성기호 위아래에 [ʲ]나 [ʼ]를 붙여 쓰거나, [ṭ]나 [ṯ]처럼 해당 음성기호 위에 점을 찍어 표시한다. 그러나 독립한 별개의 음성기호를 쓰는 경우도 있다. [ʃ]와 [ʒ]는 각기 구개음화한 [s]와 [z]를 나타내며, 요즘은 구개음화한 [n]이나 [l]을 각각 [ɲ]이나 [ʎ]로 나타낸다.

두번째의 2차 조음은 순음화(labialization)이다. 이것은 1차 조음을 하는 것과 동시에 [u]나 [w]를 발음할 때처럼 입술을 둥글게 하고 앞으로 내밀 때 나는 소리이다. 그

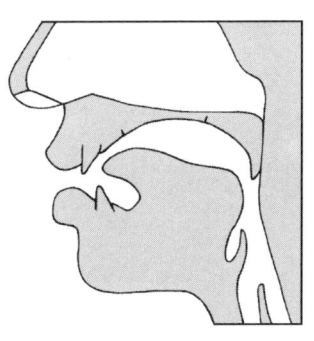

〈그림 3-12〉 순음화한 [s]

리하여 1차 조음만으로 얻어지는 음에 [u]의 색채를 가하게 된다.

자음의 순음화는 대개 그 뒤에 [u]나 [w]가 올 때 이루어진다. 예를 들어 다음 단어 가운데 밑줄 친 부분은 각기 그 뒤에 [u]나 [w]가 와서 순음화한 경우이다. Coop, shoe, swim, Gwen, sweet, conquest, swing, queen 따위가 그러하다.

순음화된 자음은 [s̫]나 [k̫]처럼 해당 자음의 위나 아래에 [ʷ]를 표기하거나 [kʷ]처럼 [ʷ]를 오른쪽 어깨 위에 표기하기도 한다.

세번째로 언급할 2차 조음은 연구개음화(velarization)이다. 이것은 1차 조음을 하는 것과 동시에 후설을 연구개 쪽으로 들어올림으로써 얻어지는 조음이다. 예를 들어 [z]는 설단을 치경에 대고 조음하는 소리인데, [z]를 발음하면서 동시에 후설을 천천히 연구개 쪽으로 올리면 소리는 점점 어두운 색깔을 띠게 된다. 이것이 바로 연구개음화한 소리다.

연구개음화는 [t̴], [d̴], [ɫ]처럼 기존의 음성기호에 [~]라는 기호를 겹쳐서 표기한다. [ɫ]은 영어에서 어두운 [l](dark[l])이라고 하여 밝은 [l](light or clear [l])과 구분된다. Cool이나 lose처럼 [l]이 어말이나 후설모음 앞에 와서 어두운 느낌을 주는 [l]은 leave나 value처럼 [l]

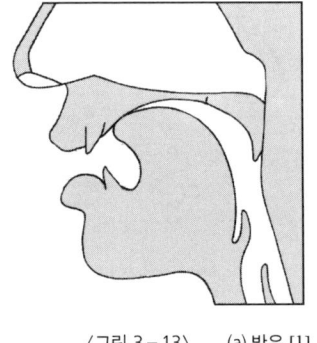
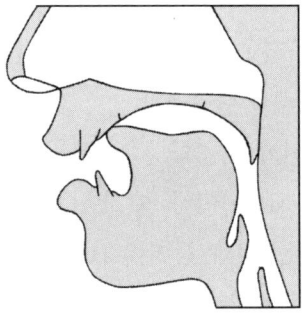

〈그림 3-13〉　　(a) 밝은 [l]　　　　　　　　　　(b) 어두운 [l]

이 전설모음이나 [y] 앞에 와서 밝은 느낌을 주는 [l]과는 다른 음가를 갖는다. 그러나 러시아어의 경우와는 달리 영어에서는 밝은 [l]과 어두운 [l]이 뜻의 차이를 가져오지 않는다.

네번째로 발견되는 2차 조음은 비음화(nasalization) 현상이다. 비음화는 모음이건 자음이건 간에 유성음에 한해서 일어난다. 어떤 음이 비음화하면 그것은 구강음과 비음의 성격을 모두 갖는다. 구강음을 발음할 때에는 연구개의 뒷부분을 인강벽에 강하게 밀착시켜 허파에서 올라오는 공기가 전혀 비강으로는 빠져나가지 못하게 하여 발음한다. 따라서 공기는 입으로만 나오게 된다. 양면 거울을 코와 윗입술 사이에 대고 구강음을 발음하면 거울의 밑부분에만 서리가 낀다. 한편 [n, m, ŋ] 따위의 비음을 발음할 때에는 구강 안의 어떤 부분을 차단하고 공기가 비강으로만 나오게 된다. 따라서 위의 경우처럼 양면 거울을 대고 비음을 발음하면 이번에는 거울에 윗부분에만 서리가 끼게 된다.

어떤 음이 비음화한다는 것은 구강음을 발음하는 것과 동시에 연구와 목젖을 인강벽에서 떼어내 밑으로 내리고 공기가 구강으로 빠져나

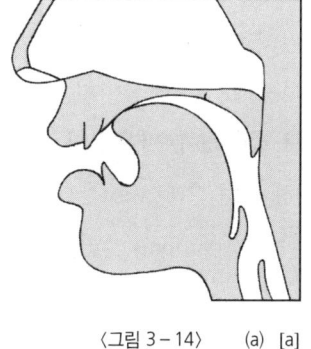 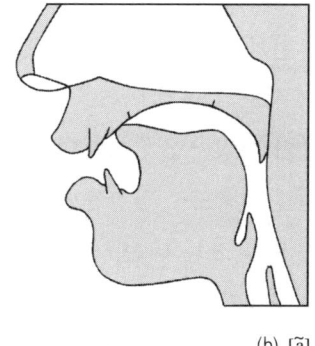

〈그림 3-14〉　　(a) [a]　　　　　　　　(b) [ã]

가는 것과 동시에 비강으로도 빠져나가게 하는 것이다. 따라서 위의 경우처럼 거울을 대고 비음화된 음을 발음하면 거울의 위와 아래 모두에 서리가 끼게 될 것이다.

그러나 어떤 음이 비음화할 때 중요한 것은 공기가 비강을 통해 빠져나온다는 사실이 아니라 공기가 비강 안으로 들어가 거기에서 진동한다는 사실이다. 이것이 비음과 비음화한 음이 같지 않은 점이다. 예를 들어 [m]을 길게 발음하면서 코를 막으면 소리가 그치게 된다. 그러나 비음화 모음 [ã]을 발음하면서 코를 막아도 큰 변화는 일어나지 않는다. 비음화는 해당 음성기호 위에 [~]의 표시를 해서 나타낸다. 예를 들어 [ã, ɛ̃, õ, œ̃, b̃, d̃, g̃, Ĩ] 등이 있다.

비음화 모음(nasalized vowel)으로 유명한 것은 프랑스어다. 그러나 정도의 차이만 있을 뿐 비음화 모음은 모든 언어에서 볼 수 있는 현상이다. 가령 영어의 man은 천천히 발음하면 [mæn]이 되지만, 조금 빨리 발음하면 [m] 다음의 모음 [æ]를 발음할 때 연구개 뒷부분과 인강벽 사이의 폐쇄가 완전치 않아 계속해서 공기가 비강으로 빠져나와 [mæn]보다는 [mæ̃n]이나 [mæ̃]으로 발음되기 쉽다.

마지막으로 언급해야 할 2차 조음은 긴장음화(tensification) 현상이다. 이 현상은 어떤 음을 발음할 때 구강이나 인강의 근육을 보다 긴장시키고 성도의 공기 압력을 높임으로써 가능해지는 현상이다. 그 결과 긴장음이 그렇지 않은 음보다 더 길고, 더 정확하게 발음된다. 음성학에서는 관례적으로 긴장음화한 모음에 대해서는 긴장(tense), 이완(lax)이라는 말을 쓰는 데 반해, 자음에 대해서는 경(硬; fortis), 연(軟; lenis)이라는 용어를 사용한다.

영어에서는 무성의 파열음(plosives)이나 마찰음(fricatives)이 경음인 반면에, 유성의 파열음과 마찰음은 연음이다. 무성음을 발음하는 경우, 성대는 진동하지 않으므로 좁혀지지 않는다. 따라서 다량의 공기가 성문을 통과하게 되어 성도의 공기 압력을 높인다. 반면 유성음의 경우에는 성대가 진동할 수 있도록 좁혀지므로 자연히 성문을 빠져나오는 공기의 양이 적어져서 경음을 얻을 만큼 성도의 공기 압력이 올라가지 못하게 된다.

그러나 반드시 기식음 = 무성음 = 경음이나 비기식음 = 유성음 = 연음의 관계가 성립하는 것은 아니다. 다시 말해서 무성음이면서 연음일 수 있고, 또 비기식음이면서 경음일 수도 있다. 예를 들어 영어에서 upper의 [p]는 비기식 무성 경음이며, spill의 [p]는 비기식 무성 연음이다. 또 영어에서 zeal과 같은 단어에서 볼 수 있듯이, 어두의 [z]는 흔히 무성의 [z̥]가 되는 경우가 많다. 그러나 zeal은 어디까지나 seal과는 구별된다. 그 까닭은 [z̥]와 [s]는 모두 무성음이지만 [z̥]는 비기식의 연음이며 [s]는 기식의 경음이기 때문이다. 이처럼 연음 [z]는 무성음화한다고 해서 경음 [s]가 되는 것은 아니다. 마찬가지로 absent의 경우 [b]는 대개 무성음으로 발음되지만 여전히 연음이다.

한국어 자음의 3계열은 경 – 연, 기식 – 비기식으로 구별된다. 즉 ㄱ은 비기식 연음, ㄲ은 비기식 경음, ㅋ은 기식 경음이다.

긴장음화 현상을 이야기할 때의 긴장도나 경도는 객관적으로 측정할 수 없는 상대적 개념에 불과하다.

4 소리의 인지(청각음성학)

4.1 인지의 생리학

주파수(frequency)가 높아질수록 소리의 높이(pitch)는 올라가고, 진동의 진폭이 커질수록 소리의 크기(loudness)도 커진다는 것은 이미 언급한 바 있다. 그러나 이들의 관계는 단순한 산술적인 관계가 아니다. 주파수나 진폭이 현재보다 배로 늘어난다고 해서 소리의 높이와 크기가 배로 커지는 것은 아니다. 소리의 물리적인 모양과 심리적인 지각 사이에는 알려진 것보다는 알지 못하는 것이 더 많다. 이 수수께끼들을 풀기 위해서는 우선 소리를 받아들이는 일차적 관문인 귀와, 귀가 받아들인 정보를 뇌까지 전달하는 청각신경(auditory nerve), 그리고 이렇게 해서 전달된 정보를 분석 처리하는 뇌의 구조 등을 두루 살펴보아야 한다.

소리의 지각에서 가장 중요한 역할을 하는 것은 귀이다. 귀의 역할을 알아보기 위해서는 귀의 구조를 바깥귀(outer ear), 가운데귀(middle ear), 속귀(inner ear)로 나누는 것이 편리하다. 바깥귀에서 제일 먼저 눈에 띄는 것은 귓바퀴(pinna)이다. 이것은 밖으로부터 들려오는 소리를 집속하는 구실을 한다. 대부분의 동물들이 이 귓바퀴를 움직여서 소리가 들려오는 방향을 알아내는 데 비해 인간은 귓바퀴를 움직일 수 없다. 따라서 음파에 대한 귓바퀴의 역할은 매우 소극적이라고 할 수 있다.

귓바퀴에 부딪친 음파는 이도(耳道; ear canal)를 지나 고막(ear drum; tympanum)에 이르게 된다. 이도는 약 2.5cm 길이의 공동(空洞)으로서,

그 자체가 하나의 공명체 구실을 한다. 이도는 약 3,000Hz의 고유진동수를 가지고 있는 것으로 알려져 있으며, 이 공명주파수와 같은 주파수를 가진 3,000Hz 안팎의 소리는 그 본래의 크기보다 2~4배 가량 증폭되어 고막에 다다르게 된다. 따라서 이도는 만약에 고막이 귀의 표면에 있었더라면 듣지 못했을 소리를 듣게 해준다.

고막은 약 0.75cm²의 넓이로 두께가 0.01cm밖에 안 되는 아주 얇은 막이다. 고막은 그 구조상 일정한 주파수를 가진 소리에 대해서만 반응을 보인다. 앞으로 자세히 언급되겠지만, 인간의 고막은 20Hz에서 20,000Hz 사이의 주파수를 갖는 소리를 감지할 수 있다. 동물마다 감지할 수 있는 소리의 주파수 폭은 같지 않다. 한편, 아주 예민한 마이크는 인간의 귀가 지각할 수 없는 주파수나 진폭의 소리도 기록한다.

이러고 보면 인간의 귀는 정직하게 있는 그대로, 기계적으로 소리를 기록하는 마이크처럼 소리를 듣고 있는 것이 아니다. 귀는 일정한 주파수를 가진 소리 이외의 것은 거부하며, 어떤 주파수를 가진 소리는 증

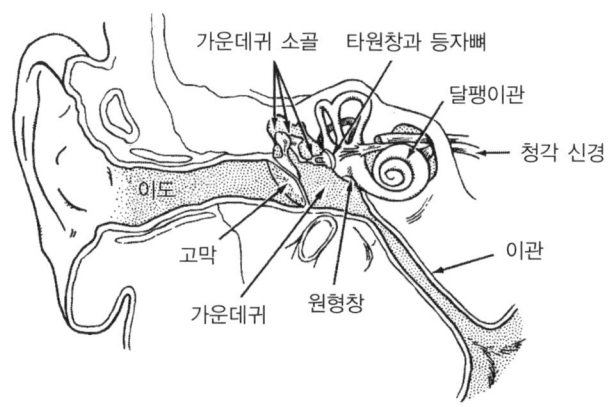

〈그림 4-1〉 귀의 구조(Denes & Pinson, 1963, 66)

폭해서 듣는다.

고막이 깊숙이 이도 한끝에 놓여 있는 것은 소리의 증폭이라는 음향학적인 효과가 있을 뿐만 아니라 섬세한 고막을 외부로부터 보호한다는 생리적인 효과도 있다. 이도 안 공기의 온도나 습도는 외부의 기상 조건에 별로 영향을 받지 않는다.

바깥귀와 속귀 사이에는 가운데귀가 있다. 가운데귀는 약 $2cm^3$의 크기를 갖는 공동으로서 그 안에는 세 개의 뼈마디가 있다. 고막에 연결된 뼈마디는 망치뼈(hammer)라고 불리며, 고막이 외계의 음파를 받아 진동하면 같이 진동한다. 망치뼈의 진동은 이것과 연결된 모루뼈(anvil)에 전달된다. 모루뼈의 진동은 다시 등자뼈(stirrup)에 전달되는데, 등자뼈의 발판은 속귀의 타원창(楕圓窓)에 연결되어 있어, 가운데귀는 바깥귀의 진동을 속귀의 타원창까지 전달하게 된다.

〈그림 4-2〉와 〈그림 4-3〉은 가운데귀의 위치와 가운데귀의 세 뼈마

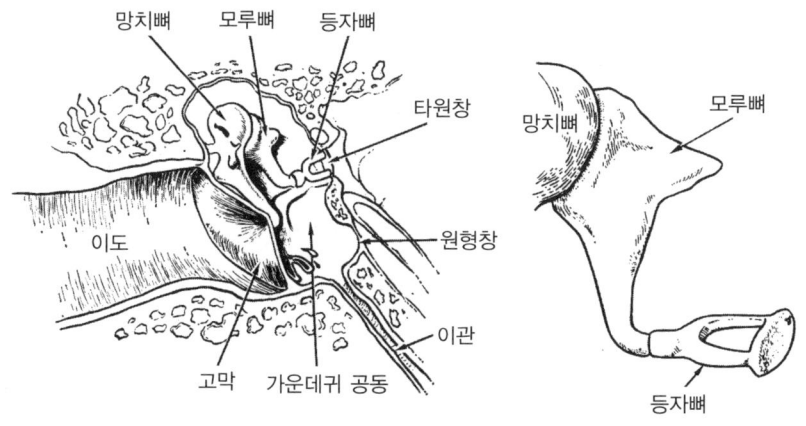

〈그림 4-2〉 가운데귀의 구조
(Denes & Pinson, 1963, 67)

〈그림 4-3〉 가운데귀의 세 뼈마디
(Denes & Pinson, 1963, 69)

디의 구조를 보여준다.

　가운데귀의 공동은 밀폐된 상태에 있으므로 가운데귀의 기압은 외계의 기압과 같지 않다. 그 차이가 크지 않을 때에는 약간 불쾌한 정도지만, 그 차이가 크고 갑작스러울 때에는 심한 고통을 동반할 수 있다. 빨리 오르내리는 승강기를 탔을 때, 비행기가 이착륙할 때, 혹은 물속 깊이 잠수했을 때 느끼는 고통은 이 기압의 차이에서 오는 것이다.

　이와 같은 경우 고통을 줄여주는 역할을 하는 것이 이관(耳管; Eustachian tube)이다. 이관은 평상시에는 막혀 있으나 외계와 가운데귀의 기압 차이가 너무 심해지면 열리면서 기압을 조절한다. 침을 삼키면 이관이 한순간 열리므로, 비행기가 이착륙할 때 고통을 줄이기 위해서 침을 삼키는 것은 좋은 방법이다. 가운데귀와 외계의 기압의 차이가 커졌을 때 이관은 지체 없이 열리는 것이 아니기 때문에 기압의 차이가 갑작스럽게 조성되면 고막이 터지는 수가 있다. 물속 깊이 잠기게 되는 다이빙 선수들의 고막이 번번이 터지는 것은 그 까닭이다.

　이관 외에도 가운데귀는 다음과 같은 방법으로 귀를 보호한다. 즉 가운데귀에는 두 개의 작은 근육이 있어 하나는 고막에, 다른 하나는 등자뼈에 연결되어 있다. 이들은 외계의 큰 소리에 대해서 반사적으로 움직이는데, 소리의 크기가 귀를 보호해야 할 만큼 크면 한쪽 근육은 고막을 안으로 잡아당기고, 다른 근육은 등자뼈를 잡아당겨서 타원창으로부터 분리시켜 고막의 진동이 속귀로 전달되지 않게 한다. 그러나 불행히 이 동작도 순간적인 것이 아니므로 큰 소리가 갑작스럽게 날 경우에는 영원히 귀를 다칠 수 있다.

　음향학적으로 가운데귀는 다음과 같은 두 가지 구실을 한다. 첫째, 가운데귀는 고막에서 전달되어 오는 음향 에너지를 증폭한다. 〈그림

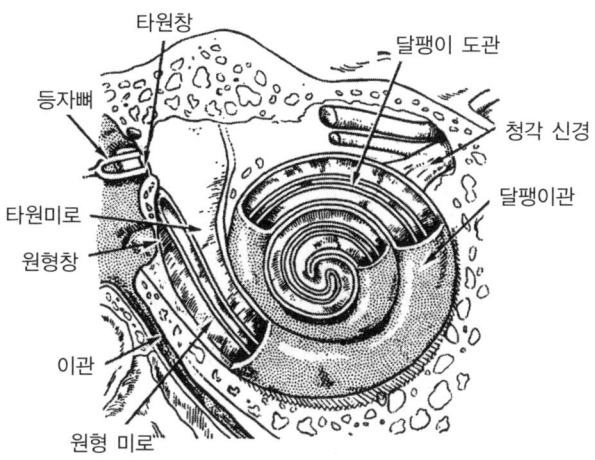

〈그림 4-4〉 달팽이관(Denes & Pinson, 1993, 70)

4-3〉에서 보듯 가운데귀의 세 뼈마디는 고막과 타원창을 연결하고 있다. 고막의 진동이 이 뼈마디들을 지날 때 이들은 지렛대 구실을 하여 소리를 증폭시킨다. 한편 고막은 타원창보다 훨씬 커서 그 면적은 약 25배나 된다. 이런 요인들이 복합적으로 작용하여 타원창은 고막과 마디뼈가 없는 경우보다 약 35배 강한 압력의 음을 듣게 된다.

속귀는 〈그림 4-4〉에서처럼 전체가 달팽이 모양을 한 달팽이관(cochlea)으로 되어 있다. 약 35mm 가량의 달팽이관은 두 바퀴 반가량 감겨 있다. 속귀의 가장 중요한 기능은 바깥귀, 가운데귀를 거쳐 온 기계적인 음파의 진동을 분석하여 이것을 뇌가 해석할 수 있는 신경 맥박으로 바꾸는 것이다.

지금까지 우리는 귓바퀴에 부딪친 음향적인 소리가 속귀에서 전기화학의 신호로 바뀌는 과정을 살펴보았다. 속귀에서 뇌로 가는 정보는 귓바퀴에 닿는 소리와 적어도 다음 다섯 가지 점에서 같지 않다. 첫째, 이도는 특정 주파수만을 증폭한다. 둘째, 고막은 특정 주파수와 강도를 가진 소리를 거절한다. 셋째, 가운데귀는 고막의 진동을 약간 증폭한다. 넷째, 고막과 타원창의 크기의 차이(25 : 1) 때문에 타원창에 닿는 공기의 압력이 훨씬 높아진다. 다섯째, 달팽이관은 복합음을 분석한다. 이렇게 보면 귀는 소리를 수집하고, 증폭하고, 분석하고, 전달하는 네 가지 기능을 가졌음을 알 수 있다.

속귀에서 발사된 청각 정보는 30,000개의 신경세포(neurons)에 의해 뇌의 청각투영구역(auditory projection area)으로 전달되고, 그곳에서 분석되어 청각 정보의 의미가 전달된다. 그러나 뇌에서 이루어지는 청각 정보의 분석은 아직도 베일에 싸여 있다. 뇌는 어떤 과정을 거쳐 맥박의 상태로 전해오는 신호를 각각의 소리로 구별하여 알아듣는가? 또 어떤 과정을 거쳐 그 소리들을 과거의 경험과 관련짓는가? 또 뇌는 어떤 방식으로 그 소리들을 저장하였다가 미래에 사용하는가? 등등.

뇌의 작용에 대한 우리의 무지는 뇌를 직접 관찰할 수 없다는 사실에서 비롯되며, 또 이 사실은 아이러니컬하게도 인간만이 언어를 사용한다는 사실에서 비롯된다. 짐승은 말을 못하므로 그들의 뇌에 대한 실험은 뇌의 언어 기능에 대해 우리에게 아무것도 말해주지 않는다. 인간의 뇌에 대한 직접적인 실험 조사는 도덕적인 고려 때문에 가능하지 않다.

그러나 소리의 지각에 대한 우리의 연구는 다른 분야의 지각, 예를 들어 시각(視覺)의 연구에 비하면 훨씬 더 유리한 입장에 있다. 우리는 빛을 내지 못하지만 소리는 낼 수 있기 때문이다. 다시 말해 청각의 경우 우리는 듣는다는 감각적인 면과 말한다는 운동적인 두 면을 고려할 수 있다. 시각의 경우 우리가 접근할 수 있는 길은 감각적인 것밖에 없다. 여기에 비해 발성할 때의 근육운동의 모습은 소리의 지각에 새로운 빛을 던져줄 것이다.

 청각과 근육운동의 관계를 보여주는 재미있는 현상 가운데 피드백 제어(feedback control)가 있다. 발성기관의 신경 계통은 다른 신경 계통과 마찬가지로 운동섬유(motor fiber)와 감각섬유(sensory fiber)로 이루어져 있다. 운동섬유를 통해서 뇌에서 발성기관의 근육으로 보내는 신호가 전해지며, 한편 감각섬유를 통해서는 발성기관의 근육의 움직임에 대한 정보가 뇌로 전달된다. 이러한 과정을 통해 뇌는 항상 발성기관의 움직임을 파악하게 된다.

 이와 같은 근육운동 피드백(kinesthetic feedback) 외에 청각 피드백(auditory feedback)이 있다. 자기가 말한 것을 자기가 듣는 피드백이다. 뇌는 이처럼 근육적, 청각적 피드백을 통해 본래의 의도와 그 결과를 항상 비교하고, 사소한 착오라도 생기면 순간순간 수정해나가는 것이다. 따라서 어떤 방법으로든지 이 청각적인 피드백의 길을 끊어 놓으면 발성에 대한 뇌의 모니터링이 불가능해져 말이 이상해지는 것이다. 이것이 이른바 지연발화 피드백 효과(delayed speech feedback effect)이다.

 우선 피실험자를 방음 장치가 된 방에서 마이크에 대고 말을 하게 한 뒤, 그 말을 녹음하였다가 잠시 후 그에게 헤드폰을 통해 듣게 한다. 이때 지연된 시간이 적절하면(말한 것보다 1/3초 늦게) 피실험자는 갑자기 말을 더듬기 시작한다. 말은 했지만 아무것도 들리지 않으므로 그는 잘못된 것으로 알고 다시 말을 시작한다. 이때 처음 한 말은 들리지만 두번째 한 말은 들리지 않으므로 또다시 말을 시작하는 것이다. 이때 지연 장치를 제거하면 말은 다시 정상으로 돌아간다.

 이 지연발화 피드백 효과는 듣지 못하는 사람이 말도 잘 못한다는 사실에 의해 간접적으로 증명된다. 어떤 이유로 인해 갑자기 듣지 못하게 되는 사람은 말이 점점 서툴러져 급기야는 전혀 말을 못하게 된다. 지금까지 오랫동안 사용해온 발성기관을 섬세하게 사용하지 못하게 된 결과이다. 한편 태어날 때부터 귀가 먹은 어린이에게 말을 가르치는 일이 여간 어렵지 않은 것은 피드백이 전혀 없는 상태에서 말을 해야 하기 때문이다.

4.2 인지의 물리학

말소리를 가장 과학적으로 분석하는 장치는 스펙트로그래프일 것이다. 그러나 스펙트로그램이 우리에게 말해주는 것은 어떤 음에는 어떤 특성이 있으며, 또 그 음이 다시 발음될 때에는 그 특성이 다시 나타난다는 사실뿐이다. 그것은 우리가 어떤 소리를 듣고 지각할 때 실제로 그와 같은 특성들을 모두 단서로 이용하고 있는지에 대해서는 말해주지 않는다. 스펙트로그램이 보여주는 음향학적 단서도 단순하지 않을 뿐만 아니라, 우리의 말소리 속에는 이 밖에도 다른 단서가 많이 있기 때문이다. 지각의 단서에 대한 확고한 확증을 얻는 좋은 방법은 이 많은 단서 가운데 어느 하나만을 따로 떼어내서 이것이 우리의 청각에 어느 정도의 영향을 미치는가를 알아보는 것이다.

이와 같은 목적을 위해서 다음과 같은 두 가지 방법이 사용되고 있다. 첫째는 정상적인 음파의 일부분을 제거하거나 변경한 뒤 본래의 말소리와 비교하여 청취자의 이해도가 얼마나 달라졌는가를 알아보는 방법이다. 이 같은 청취도의 검사를 청취 테스트(articulation test)라고 하고, 그 결과를 청취 성적(articulation score)이라고 한다. 두번째 방법은 인공적으로 말소리를 합성하는 것이다. 그 합성 방법에는 여러 가지가 있으며, 각기 장단점이 있다.

그러나 이 모든 방법에 공통되는 점은 음파가 가지는 여러 특성을 모두 별개로 조작할 수 있다는 점이다. 이를테면 성분음(成分音)의 주파수나 강도는 그대로 두고 길이만을 여러 가지로 바꾼다든지, 혹은 성분음의 길이나 강도는 그대로 둔 채 각 성분음의 주파수를 차례로 바꾸는 따위다. 그 결과 우리는 음파의 여러 특성 가운데 어느 것이 말소리의 지각에 도움을 주는지 알게 된다.

첫번째 방법을 위해서는 필터를 사용하는 것이 가장 잘 알려진 방법이다. 필터는 일정한 절단 주파수(cut-off frequency) 이하나 이상의 주파수만을 통과시키는 장치이다. 저주파 필터(low pass filter)는 일정한 수치의 절단 주파수 이상의 주파수는 모두 잘라 버리고 그 이하의 주파수만을 통과시킨다. 예를 들어 1,000Hz의 절단 주파수를 가진 저주파 필터는 1,000Hz 이하의 모든 성분음은 통과시키지만 그 이상의 성분음은 약화시킨다.

반대로 고주파 필터(high pass filter)는 절단 주파수 이하의 주파수는 모두 잘라 버리고 그 이상의 주파수만 통과시킨다. 예를 들어 800Hz의 절단 주파수를 가진 고주파 필터는 800Hz 이상의 모든 성분음은 통과시키지만 그 이하의 성분음은 약화시킨다. 주파수대 필터(band pass filter)는 상하 두 개의 절단 주파수를 가지며, 그 위아래의 주파수는 모두 잘라 버리고 그 두 절단 주파수 사이의 주파수만을 통과시킨다.

절단 주파수가 높을 때 저주파 필터로 들으면 상당히 많은 부분을 알아들을 수 있다. 이때 절단 주파수를 낮추면 그만큼 고주파 음들이 잘리게 되어 청취 성적이 내려가게 된다. 당연한 결과다. 반면 고주파 필터의 경우에는 절단 주파수가 높아질수록 청취 성적이 내려가고, 절단 주파수가 낮아질수록 청취 성적은 올라간다.

〈그림 4-5〉에서 볼 수 있듯이 고주파 필터와 저주파 필터는 1,800Hz에서 교차하며, 이때의 청취 성적은 67%이다. 즉 어떤 말소리의 1,800Hz 이상이나 이하의 주파수 음을 모두 잘라 버리더라도 우리는 67% 가량을 알아들을 수 있다. 참고로 이 수치는 무의미 단어(nonsense

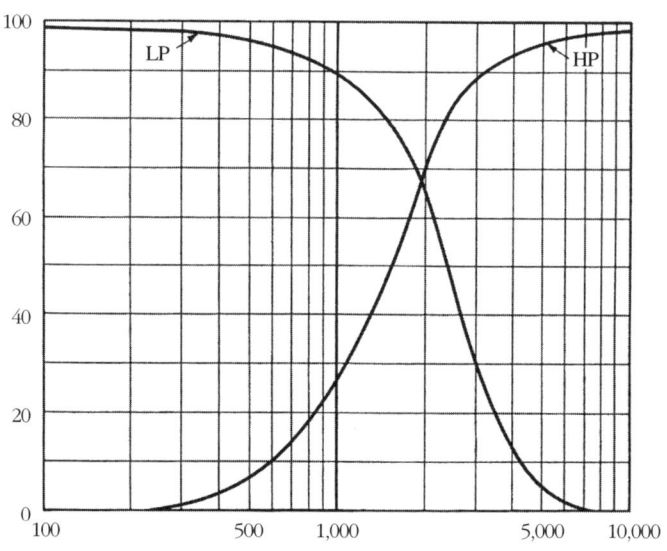

〈그림 4-5〉 고저주파 필터의 사용과 청취 성적(Denes & Pinson, 1963, 140)

word)에 의한 것이므로 실제 사용되는 단어의 경우 청취 성적은 더욱 향상될 것이다. 더욱이 그것이 단어가 아니고 문장이라면 더 많이 알아들을 수 있다. 일상적인 대화라면 절단 주파수가 1,800Hz인 경우 고주파 필터를 사용하든 저주파 필터를 사용하든 간에 거의 완전하게 알아들을 수 있을 것이다. 왜냐하면 일상 대화는 독립한 단어에 대한 청취 성적의 반밖에 되지 않는 상황에서도 가능하기 때문이다.

주파수대 필터를 사용한 실험 결과, 우리는 말소리의 이해를 위해서는 놀랍도록 좁은 주파수대로 족하다는 것을 알았다. 예를 들어 1,500Hz 근처에서는 1,000Hz의 주파수대면 문장의 청취 성적은 90%가 되며, 주파수대를 100Hz~3,000Hz 정도로 넓히면 청취 성적은 훨씬 더 향상된다.

주파수대 필터를 사용하여 일정한 수치의 절단 주파수의 상하를 잘라 버리는 것을 일명 정점 절단(peak clipping)이라고 한다. 만약에 〈그림 4-6〉 (a)와 같은 음파를 정점 절단하면 〈그림 4-6〉 (b)처럼 된다. 〈그림 4-6〉 (a)와 (b)는 말소리의 이해에 별 차이가 없다.

정점 절단처럼 상하 절단 주파수의 위아래를 절단하는 대신 상하 절

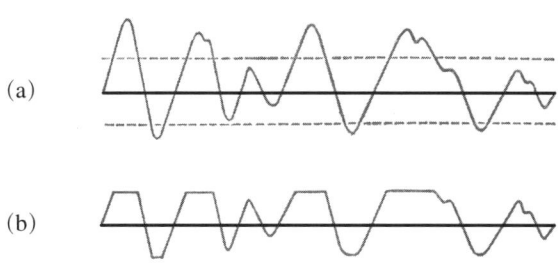

〈그림 4-6〉 정점 절단 (Brosnahan & Malmberg, 1970, 174)

단 주파수 사이의 것만을 제거할 수도 있다. 이것을 중앙 절단(center clipping)이라고 부른다. 정점 절단의 경우와는 달리 중앙 절단은 말소리의 이해에 심한 장애 요소가 된다. 〈그림 4-6〉 (a)를 중앙 절단하면 〈그림 4-7〉과 같이 된다.

〈그림 4-7〉 중앙 절단 (Brosnahan & Malmberg, 1970, 174)

이들 필터를 사용하여 우리가 알 수 있는 중요한 사실은, 모음의 지각을 위해서는 해당 모음의 형성음이 모두 필요치 않다는 사실이다. 이 사실은 음성합성장치(speech synthesizer)나 패턴재생장치(pattern playback)에 의해서도 확인되는 사실이지만, 모음의 인지를 위하여 제1, 제2, 제3의 세 형성음이면 충분하다는 것이 알려졌다. 모음의 구별이 목적이라면 제1, 제2의 두 형성음으로도 충분하다. 그러나 고주파의 형성음들이 모두 불필요한 것은 아니다. 제1, 제2형성음 없이 고주파의 형성음만 가지고 모음을 식별한 실험 결과도 나와 있다. 앞으로 반복되겠지만, 소리의 인지를 위한 단서는 하나만이 아니라 여럿이라는 사실이 중요하다.

모음의 인지를 위해 제1, 제2형성음이 중요한 단서를 제공해주기는 하지만, 형성음들의 일정한 결합이 항상 같은 모음으로 인식되는 것이 아니라는 점을 기억해야 한다. 형성음의 동일한 결합이 상이한 음으로 인지되기도 한다. 어느 한 모음을 구성하고 있는 형성음은 넓은 주파수 대에 걸쳐 있기 때문이다.

중요한 것은 형성음 주파수의 절대치가 아니라 형성음 상호간의 관계이다. 이때 형성음이 이루어 놓은 무늬 모양은 사람에 따라, 동일 집단에 따라 일정하다. 우리가 낯선 사람의 말을 들을 때 우리는 머릿속에 〈그림 4-8〉과 같은 틀을 그린다.

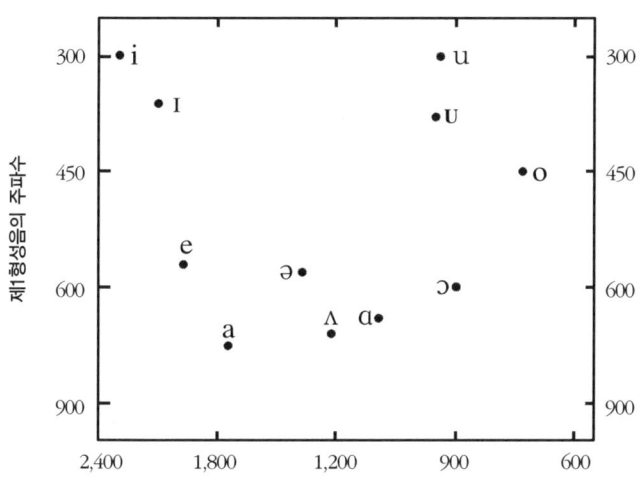

〈그림 4-8〉 제1, 제2형성음의 좌표(Fry, 1979, 80)

이것은 제1, 제2형성음의 관계를 보여주는 것으로 우리는 상대방의 말을 들을 때 그 말 속의 모음을 이 틀 속에 넣어 보고 그 음가(音價)를 정한다. 그리고 이미 아는 사람의 경우에는 이 도표를 머릿속에 저장해 둔다. 남자보다 말소리가 높은 여자나 어린이의 경우 모음의 위치는 전체가 아래의 왼쪽으로 오게 되며, 성도(聲道)가 유난히 길어 목소리가 낮은 남자의 경우에는 모음의 위치가 〈그림 4-8〉보다 더 위로, 그리고 더 오른쪽으로 가게 된다. 우리는 낯선 사람의 말을 단 몇 초만 들어도 이 같은 사실을 알아내고 이 체계 안에서 모음의 음가를 정한다.

지금까지는 소리의 일부분을 변경하거나 제거하는 방법을 이용하여 소리의 인지에 도움을 주는 음향학적 요소들에 대해 알아보았다. 다음으로 알아보아야 할 것은 인공적으로 소리를 합성해서 소리의 인지에 필요한 요소를 알아내는 방법이다.

언어합성장치는 다음 두 가지가 대표적이다. 첫째는 단순음 복합에 의한 방법이다. 우리는 앞서 제아무리 복잡한 복합음도 여러 개의 단순음으로 이루어져 있으므로 단순음으로 분석할 수 있다는 것을 알게 되었다. 따라서 말소리에 대한 음향음성학적인 연구가 철저히 이루어져서 여러 성분음을 정확한 주파수와 크기로 재생하고 조합한다면 인공적인 소리의 합성이 가능하다.

이와 같은 단순음에 의한 합성보다는 패턴재생장치(pattern playback)가 훨씬 더 많이 사용되는 중요한 방법이다. 말소리 지각의 단서에 대한 연구는 1950년대에 시작된 언어 합성 연구에 힘입은 바 크며, 특히 무늬 모양 재생에 대한 연구의 도움이 크다.

패턴 재생은 뉴욕의 하스킨스 실험실(Haskins Laboratories of N.Y.)에서 개발한 방법이 유명하다. 이것은 완전히 스펙트로그래프에 반대되는 과정을 보여주는 기계 장치로서, 플라스틱 벨트에 특수한 잉크로 형성음들의 패턴을 그려서 재생하면 사람의 말소리처럼 들리게 된다. 물론 이때의 '말소리'는 완전히 자연스러운 것은 아니나 적어도 그 뜻은 알아들을 수 있다. 〈그림 4-9〉는 스펙트로그래프에 "Many are taught to breathe through the nose."라는 문장을 넣어서 얻어낸 스펙트로그램과 그에 준하여 만든 패턴이다.

패턴재생장치로 알아볼 수 있는 가장 재미있는 것은 파열음의 인지에 관한 것이다. 〈그림 4-10〉에는 각기 다른 주파수를 가지는 세 개의

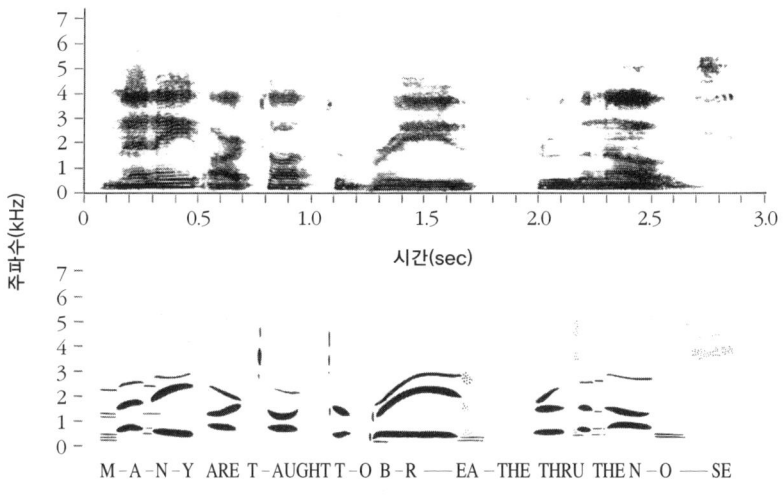

〈그림 4-9〉 스펙트로그램과 패턴(Denes & Pinson, 1963, 129)

짧은 수직선을 그려 놓았다. 이것을 패턴 재생하면 마치 파열음 같은 '뻑' 하는 소리로 들린다.

〈그림 4-9〉와 같은 합성 파열음 뒤에 여러 가지 모음을 합성하여 〈그림 4-11〉과 같은 패턴을 만들어 재생시킨 뒤 그 음을 판별한 결과, 어떤 합성 파열음도 항상 동일한 파열음으로 인지되지는 않았다.

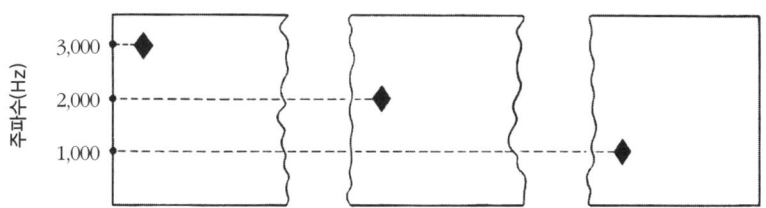

〈그림 4-10〉 파열음의 패턴 재생(Denes & Pinson, 1963, 130)

예를 들어 어떤 합성 파열음은 어떤 모음이 뒤에 올 때에는 'p'로, 다른 모음이 뒤에 올 때에는 'k'로 들렸다. 다시 말해 파열음의 인지는 합성 파열음의 주파수뿐만 아니라 다음에 오는 모음에 의해서도 영향을 받는다는 것을 알 수 있다.

이 같은 사실을 뒷받침하는 샤츠(Schatz ; 1954)의 실험 보고가 있다. 그는 녹음테이프에 ski라는 단어를 녹음한 뒤 거기에서 sk에 해당하는 부분을 잘라 내고, school을 녹음한 뒤 ool에 해당하는 부분만을 잘라 내어 이 둘을 결합한 뒤 사람들에게 들려주었다. 87%가 이것을 spool로 듣고, 6%가 school로 들었다. 이처럼 파열음은 뒤에 어떤 모음이 오는가에 따라 그 모양이 달라진다.

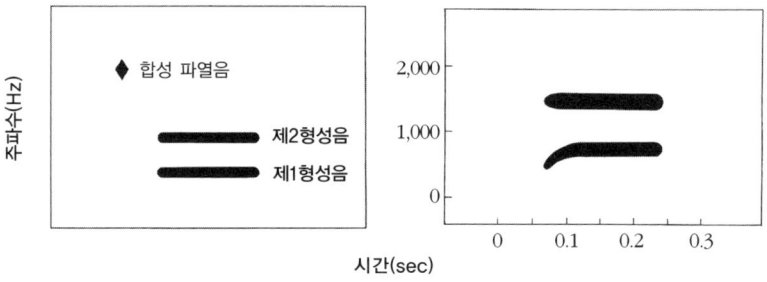

〈그림 4-11〉 파열음과 모음의 패턴 재생
(Denes & Pinson, 1963, 131)

〈그림 4-12〉 유성 파열음의 패턴 재생

〈그림 4-11〉에서는 파열음을 얻기 위하여 수직의 작은 점을 그려 넣었다. 그러나 이것이 없더라도 파열음을 만들고 들을 수 있다. 실제로 스펙트로그램상의 파열음은 아주 작고 약한 점으로 나타나거나 전혀 나타나지 않는다. 파열음을 내기 위하여 허파에서 올라오는 공기를 성도 어딘가에서 폐쇄하였다가 파열시킬 때까지는 짧은 침묵이 있기

때문에 스펙트로그램에 이렇다 할 흔적이 나타나지 않는다. 그리고 보면 모든 무성 파열음은 침묵을 갖는다는 점에서 스펙트로그램상에서 같은 모습일 것 같지만 실제는 그렇지 않다.

〈그림 4-11〉에서는 모음을 나타내기 위한 제1, 제2형성음을 수평으로 밋밋한 모양을 갖게 하였다. 이것은 파열음의 식별에 모음이 영향을 미치지 않도록 하기 위한 배려에서이다. 그러나 이 형성음들의 앞과 끝부분을 약간 올리거나 내림으로써 재미있는 여러 가지 현상의 연출이 가능하다. 우선 제1형성음의 처음 시작 부분이 〈그림 4-12〉처럼 밑을 향하게 하면 모음 앞에 유성음이 있는 것처럼 들린다. 한편 제2형성음의 시작 부분을 약간 낮추거나 높이면 앞에 파열음이 있는 것처럼 느끼게 된다.

이처럼 형성음의 머리 부분과 꼬리 부분을 올리거나 낮춘 부분을 추이(推移; transition)라고 한다. 위를 향한 추이를 플러스 추이(plus transition), 반대로 밑을 향한 추이는 마이너스 추이(minus transition)라고 부른다. 결론부터 말하자면 이 추이는 조음점(調音點; place of articulation)을 나타낸다. 〈그림 4-13〉을 보자.

〈그림 4-13〉의 14개의 패턴은 제2형성음의 추이만 다르다. 이 패턴을 재생하면 1과 2에 대해서 모두가 [b]로 시작하고, 7, 8에 대해서는 [d], 13, 14에 대해서는 [g]로 시작하는 것으로 들린다. 만약에 〈그림 4-13〉의 제2형성음의 추이가 끝에서 일어나도록 패턴을 그린다면 이 음절들은 해당 자음으로 끝나는 것처럼 들릴 것이다.

여러 가지 파열음 뒤에 여러 가지 모음을 합성하다 보면 한 가지 재미있는 사실을 발견하게 된다. 즉 같은 파열음으로 들리는 패턴을 모두 모아 보면 제2형성음은 어느 한 지점을 향하고 있다는 사실을 알게 된

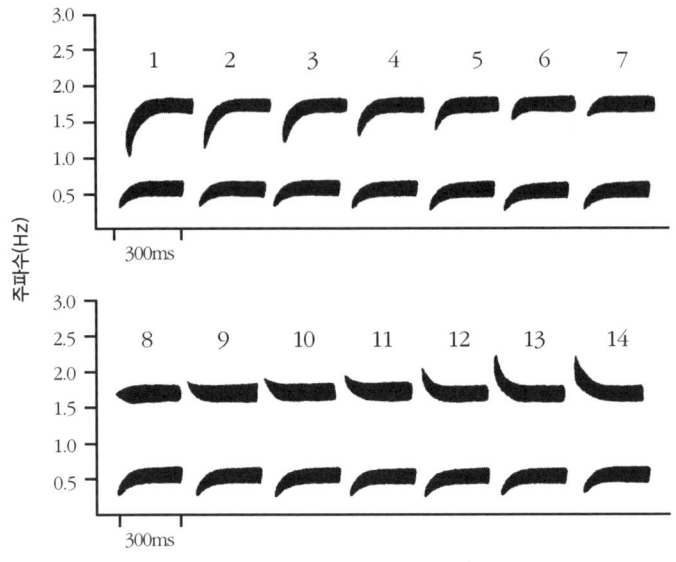

〈그림 4-13〉 제2형성음의 추이(Fry, 1979, 139)

다. 예를 들어 〈그림 4-14〉는 [t]와 여러 가지 모음의 패턴을 모아 놓은 것인데, 제2형성음의 추이가 플러스, 마이너스, 중립의 차이는 있으나 모두가 1,800Hz라는 지점을 향하고 있다.

이처럼 서로 다른 패턴을 가진 소리들이 모두 [t]로 들리는 것은 조음음성학적으로 어떻게 설명할 수 있을까? 그것은 [t] 뒤에 모음이 올 때 비록 그 모음에 따라 구강의 모양이나 혀의 자세는 같지 않으나, 그 모든 경우에 혀끝이 치경에 닿는다는 공통점을 갖기 때문이다. 이 공통점이 모든 추이가 1,800Hz의 지점을 향한다는 사실로 나타난다.

한편 [t] 뒤에 오는 모음에 따라 구강의 모습이 달라지는 현상이 서로 다른 추이의 모습으로 나타나 있다. 세 종류의 파열음인 양순 파열음 [p/b], 치경 파열음 [t/d], 연구개 파열음 [k/g]는 각기 700Hz, 1,800Hz,

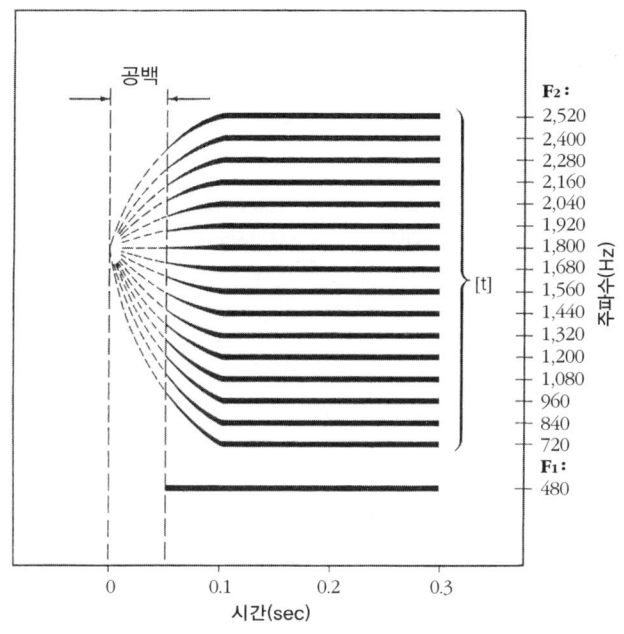

〈그림 4-14〉 [t]의 제2형성음 추이(Denes & Pinson, 1963, 133)

3,000Hz 지점을 추이가 향하고 있다. 따라서 양순음의 경우 마이너스 추이로, 연구개음의 경우 플러스 추이로, 치경음의 경우 중립 추이로 나타나는 것을 볼 수 있다.

우리는 제2형성음의 추이가 조음점을 나타낸다는 사실을 알게 되었다. 그런데 이것이 사실이라면 이것은 파열음과 조음점이 같은 다른 자음에도 적용할 수 있어야 한다. 비음에 대한 검토는 위의 사실을 다시 한 번 확인해준다. 〈그림 4-15〉를 보자.

〈그림 4-15〉에서 우리는 파열음과 비음의 제2형성음의 추이가 완전히 동일하다는 것을 알 수 있다. 다만 파열음의 경우에는 모음 앞에 공백이 있으며, 비음 앞에는 약한 강도의 패턴이 있다는 차이가 있을

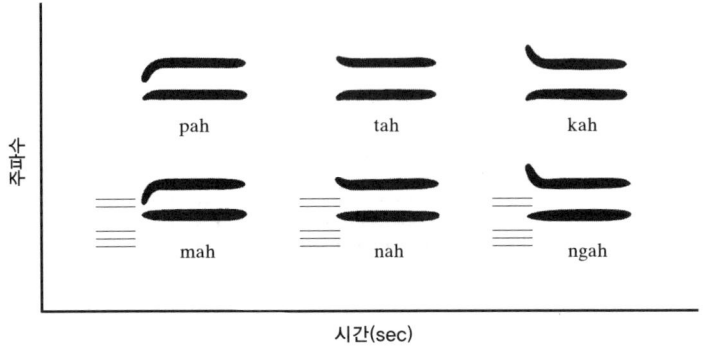

〈그림 4-15〉 제2형성음의 추이와 조음점(Denes & Pinson, 1963, 135)

뿐이다.

　이로써 우리는 다시 한 번 제2형성음의 추이는 조음점을 나타내며, 스펙트로그램에서 추이가 같은 것들은 조음점이 같으며, 어떤 자음의 조음점을 알아보는 한 가지 방법은 인접한 모음의 제2형성음의 추이를 알아보는 것이라는 점들을 확인하였다. 추이는 파열음과 비음에서만큼 중요하지는 않지만 유음(liquid)이나 마찰음을 인지하는 데 중요한 구실을 한다.

　순정자음(true consonant)에 속하는 파열음, 마찰음, 파찰음은 다음과 같은 음향학적 특징에 따라 서로 구별된다. 우선 파열음의 가장 큰 특징은 성도의 어떤 부분을 폐쇄하여 생기는 스펙트로그램상의 공백이다. 이 공백은 대개 40ms에서 120ms의 길이를 갖는다. 이 같은 특성을 공유하는 것은 파찰음뿐이며 공백의 길이가 같다. 파찰음은 이외에도 잡음(noise)이 계속된다는 특징이 있다. 이 점에서 파찰음은 마찰음과 같은 특성을 갖는다. 70ms에서 140ms 가량 계속되는 잡음이 마찰음과 파찰음을 다른 소리와 구별하게 한다.

마찰음의 특징인 잡음은 스펙트로그램에서는 흐린 선으로 나타난다. 같은 마찰음 사이에서도 [s]와 [š](=[ʃ])는 다른 마찰음에 비해 훨씬 강도가 강하다. [s]와 [š]는 스펙트로그램에서 다음과 같은 차이를 보인다. 즉 [s]의 경우 마찰 에너지의 대부분이 주파수 4,000Hz 부근에 집중적으로 나타나며, [š]는 2,000Hz에서 4,000Hz 사이에 마찰 에너지가 집중한다.

[s]나 [š]에 비해 보다 약한 마찰음인 [f]와 [θ]는 그 자체의 패턴보다는 인접한 모음인 제2형성음의 추이에 따라 구별된다. 이들의 스펙트럼은 너무 약해서 별다른 구실을 못한다.

마찰음의 경우, 길이는 인지의 중요한 요인 가운데 하나다. 만약 see와 같은 단어를 녹음하여 어두의 [s] 부분을 1/100초 정도로 짧게 자르면 전체가 tee처럼 들린다.

다음으로 어두와 어미에서 유성자음과 무성자음의 식별을 알아보자. 가령 여기 bar와 par라는 단어가 있다고 하자. 어두에 [b]가 오는 경우 성대 진동은 파열음의 폭발과 거의 동시에, 아니면 아주 가까이에서 시작된다. 여기에 비하면 par의 경우 파열음의 폭발과 성대 진동 사이에는 50~70ms의 간격이 있다. 파열이 있고 난 뒤 성대 진동이 시작되는 시간을 성대진동개시시간(VOT; voice onset time)이라고 한다. VOT야말로 영어에서뿐만 아니라 다른 나라 말에서 유성자음과 무성자음을 식별하는 중요한 단서임이 알려졌다.

지금까지는 어두에서 자음의 유성, 무성의 식별에 대해서 알아보았다. 어미에서 자음의 유성, 무성의 구별은 어두의 경우처럼 정반대가 아니다. 가령 bob과 pop이라는 두 단어에서, 이들 단어의 모음을 위한 성대 진동이 어미의 자음이 파열을 시작할 때까지 계속되는 일이 드물다. 둘째, 많은 사람들이 어미의 자음을 파열시키지 않는다. 이런 점에서 어미의 파열음은 어두의 파열음과 처해 있는 환경이 다르다.

위의 두 단어는 다음과 같은 차이를 갖는다. 두 단어 bob과 pop을 비교해보면, bob의 모음이 pop의 모음보다 길다. 둘째, 어미의 자음은 [b]가 [p]보다 짧다. 셋째, 모음을 위한 성대 진동은 [b]의 경우 자음의 파열이 시작된 얼마 뒤까지 계속되지만 [p]의 경우에는 성대 진동이 파열이 시작되는 순간 멈춘다. 〈그림 4-16〉은 [bob]과 [pop] 두 단어의 스펙트로그램이다.

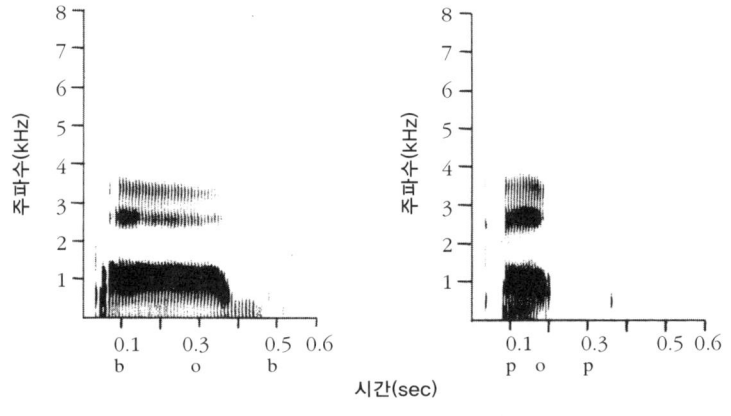

〈그림 4-16〉 [bob]과 [pop]의 스펙트로그램(Fry, 1979, 136)

소리의 높이가 음파의 주파수와 관계가 있다는 것은 잘 알려진 사실이다. 그러나 그 관계는 산술적인 비례 관계는 아니다. 이를테면 주파수를 배로 높인다고 해서 소리도 배로 높아지는 것은 아니다. 이 같은 심리적인 착각에 대해서는 다음에 자세히 언급될 것이다.

4.3 인지의 심리학

지금까지 우리는 소리의 인지에 필요한 생리적 요소와 물리적 요소에 대하여 알아보았다. 이들은 모두 객관적인 요소들이다. 그런데 우리의 청각 장치 속에는 이 같은 객관적인 요소 이외에, 이에 못지않게 중요한 주관적이며 심리적인 요소가 있다. 심리적 요소가 문제가 되는 까닭은 소리의 물리적, 생리적 요소가 청각의 심리적인 면과 항상 일치하는 것이 아니기 때문이다.

이 사실은 다음과 같은 두 가지 사실에서 비롯된다. 첫째, 우리의 청각 장치는 모든 음파에 반응하는 것이 아니라는 사실이다. 우리는 인간이 20~20,000Hz 사이의 소리밖에 듣지 못한다는 것을 알고 있다. 따라서 20Hz보다 낮거나 20,000Hz보다 높은 주파수를 가진 소리에 대한 논의는 적어도 음성학에서는 의미가 없다. 둘째, 인간의 뇌는 생리적으로나 물리적으로 서로 같지 않은 소리를 같은 것으로 듣는 능력이 있다. 뇌의 이 같은 착각현상 능력이 없다면 우리는 아마도 소리를 의사 전달의 수단으로 사용하지 못할 것이다. 왜냐하면 이 세상에 있는 어떤 소리도 똑같을 수는 없기 때문이다.

따라서 우리는 청각의 생리적, 물리적 요소와 심리적 요소를 단순히 연결해 놓을 수는 없다. 이를테면 우리가 느끼는 소리의 높이는 전적으로 성대의 진동이나 주파수의 높이와 관계가 있다든지, 혹은 소리의 크기는 호흡하는 노력이나 소리의 강도를 배로 하면 같이 배로 커진다고 말할 수 없다. 더욱이 사람마다 다른 말소리의 음질 차이를 구강의 모양으로 설명할 수는 없다. 이런 것들은 그 차이를 설명하기보다는 식별하기가 더 쉽다.

청각을 위한 음향학적 단서의 한 가지 요건은, 그것이 말소리를 듣는 이로 하여금 정확하게 인지하도록 해주는 것이다. 따라서 이 요건만 만족시켜준다면 어떤 단서를 사용해도 무방하다. 사실 우리는 모두 자기 모국어의 식별을 위한 나름대로의 단서를 가지고 있으며, 주어진 어떤 말소리의 식별을 위해서 사람마다 동일한 음향학적인 단서를 사용하는 것은 아니다.

청각의 심리적 요소들을 알아보기 위해서 사용하는 방법은 흔히 실험심리학(experimental psychology)에서 사용되는 것으로서, 주로 피실험자의 주관적 판단에 의존하는 방법이다. 다음과 같은 방법들이 그 대표적인 경우이다. 대개는 피실험자에게 헤드폰이나 스피커를 통해 소리를 들려주며 그 소리에 대한 감각을 묻는데, 예를 들어 듣고 있는 소리의 강도를 점점 낮추면서 언제 그 소리가 들리지 않게 되는지 말하게 한다든가 그 반대로 소리를 점점 크게 하면서 언제부터 고통이 시작되는지 묻는다. 또는 한쪽 귀로는 헤드폰에 어떤 복합음을 들려주면서 다른 쪽 귀로 들려오는 소리가 같은 높이로 들리도록 주파수를 조절하는 따위가 그 대표적인 방법들이다.

당연한 이야기지만, 이 같은 음향심리학(psychoacoustics)이나 생리심리학(psychophysiology)의 실험 결과는 사람마다 같지 않다. 또 같은 사람이라고 해도 그때의 신체 조건이나 관심도에 따라 실험 결과가 같지 않다. 이외에도 또 한 가지 문제는 자기 반응에 대해서 자신이 없는 경우, 사람마다 반응에 대한 일정한 버릇이 있다는 사실이다. 이런 모든 점은 음향심리학이나 생리심리학에 종사하는 사람들이 유념해야 하는 것들이다.

피실험자들의 반응 못지않게 중요한 것은 음성학적 훈련을 쌓아 특별히 예민한 귀를 가진 이른바 청각음성학자(ear phonetician)의 존재다. 실험음성학이 빛을 보기 시작하던 때에는 청각음성학자를 경시하는 경향이 있었으나 요즈음은 이들이 새로운 평가를 받고 있다. 우선 녹음기 값이 싸지고 보급이 쉬워져 실험음성학에서 녹음기 사용이 보편화되어 실험음성학에서 녹음기를 사용한다는 것을 사람들이 별로 대수로이 여기지 않게 되었으며, 또 청각음성학에는 기계로는 어쩔 수 없고 귀에 의존할 수밖에 없는 영역이 있음을 알게 되었기 때문이다. 이를테면 어떤 사람이 see라는 단어를 발음하고 다른 사람이 이 단어를 발음했을 때 우리는 두 발음의 음질의 차이를 곧 알 수 있다. 뿐만 아니라 우리는 수많은 사람들을 그 목소리만 들어도 알아본다. 목소리들의 차이가 아주 클 때 그 차이를 생리학적으로, 또는 음향학적으로 설명하는 것이 전혀 불가능하지는 않을 것이다. 그러나 그 차이가 크지 않은 경우 그 차이를 생리학적으로, 음향학적으로 설명하는 것은 현재로서는 거의 불가능하다. 음질의 차이는 개개인의 구강 크기나 모양, 성대의 구조나 조직 및 그 진동의 통제와 조절, 성도의 길이와 크기, 공기 흐름의 특성 따위와 관계가 있으리라는 것은 쉽게 짐작할 수 있으나, 그것들이 정확히 어떤 관계에 있는지는 아직 알려진 바가 없다. 다만 음향음성학에서 높은 주파수의 형성음들이 음질과 관계가 있으리라는 주장이 있어 왔지만 아직 정확한 것은 알지 못한다.

위의 예들은 아직 우리의 지식이 미치지 못해서 귀로 듣는 주관적인 판단에 의존해야 하는 것들이지만 우리의 지식과는 상관없이 귀에 의

존할 수밖에 없는 판단이 있다. 이를테면 어떤 사람의 말소리를 듣고 그 사람의 고향을 판단하는 따위의 일이다. 이 같은 작업은 청각기억(auditory memory)이 가능한 인간만이 할 수 있다는 것은 자명하다. 그리고 기계에 의한 분석이라고 한들 궁극적으로는 귀로 듣고 판단하는 부분이 많다. 이러고 보면 청각음성학에서 귀가 할 수 있는 부분은 아직도 많다.

이와 같은 주관적인 판단으로 얻어낸 결과가 음향학적, 생리학적 사실과 어떤 관계가 있는지 알아볼 필요가 있다. 우선 소리의 높이, 크기, 높이와 크기의 관계, 지속 시간의 순서로 살펴보겠다. 우선 우리는 공기의 모든 진동을 다 들을 수 있는 것이 아니라는 점을 알아둘 필요가 있다. 어린애들 장난감 가운데 '마술피리'라는 별명으로 불리는 소리 나지 않는 피리가 있다. 그러나 이 소리 나지 않는 피리를 불면 강아지는 알아듣고 달려온다. 이 초음파 피리(ultrasonic whistle)는 인간은 들을 수 없고 강아지만 들을 수 있는 음파를 내는 것이다. 우리가 얼굴에 와 닿는 미풍을 느끼긴 해도 소리는 듣지 못하는 것도 마찬가지 이치다.

청각이 좋은 젊은이가 들을 수 있는 주파수의 한계는 보통 20~20,000Hz라고 한다. 따라서 앞으로 우리는 이 주파수대 안에 있는 소리에 대해서만 논의하게 될 것이다. 나이가 들어감에 따라 고음에 둔감해져서 60세가 되면 1,200Hz 이상의 소리는 듣지 못하게 된다. 앞서도 언급했지만 이도(耳道)의 구조상 우리는 3,000Hz 근처의 소리에 가장 민감하다.

소리의 높이는 보통 주파수에 비례하는 것으로 알려져 있다. 이 말은 틀림없으나, 양자의 관계는 생각보다 복잡하다. 우선 인간의 귀는 고음보다는 저음에 대해 보다 민감하다는 사실을 지적해둘 필요가 있다. 우선 어떤 소리가 1,000Hz 이하의 낮은 소리일 때 소리의 높이는 대체로 주파수에 비례한다. 예를 들어 300Hz와 450Hz의 주파수를 갖는 두 음의 높이 차이는 450Hz와 600Hz, 혹은 750Hz와 900Hz의 주파수를 갖는 두 음의 높이 차이와 비슷하다. 또한 1,000Hz 이하의 음에서는 3Hz만 주파수가 달라져도 우리의 귀는 곧 이를 감지한다.

한편 1,000Hz 이상의 소리에서는 소리의 높이에 영향을 미치는 주파수의 역할이 점점 작아진다. 그리하여 고주파대에서는 소리의 높이를 두 배로 높이기 위해서는 주파수를 4배로 올려야 하는 경우도 생긴다. 그리하여 1,000Hz 이상의 음에서는 주파수의 변화를 감지하는 데 필요한 주파수는 커지게 된다. 두 음의 높이와 주파수의 관계는 대수(對數: logarithm) 비율과 관계를 이룬다. 예를 들어 1,500Hz 음과 3,000Hz 음 높이의 차이는 4,000Hz 음과 8,000Hz 음의 차이와 같다. 그 까닭은 1,500Hz와 3,000Hz의 차이는 1,500Hz이고, 4,000Hz와 8,000Hz의 차이는 4,000Hz임에도 양자 모두 주파수의 비율은 1 : 2이기 때문이다.

소리의 높이와 마찬가지로 소리의 크기에 대한 우리의 반응도 매우 주관적이다. 소리의 크기는 음파의 진폭의 크기에 비례하는 것이지만 양자는 산술적인 비례 관계에 있지 않다. 우선 〈그림 4-17〉의 두 음파를 보자.

두 음파가 갖는 소리의 크기를 비교하기 위해서는 최대 진폭(peak amplitude)이 아니라 모든 진폭의 평균값을 내야 한다. 그러나 고지식하게 산술적인 평균을 낸다면 그 결과는 제로가 된다. 앞서 2장에서 설명했듯이, 음파들은 상(+) 하(−) 같은 수치로 대칭되기 때문이다.

따라서 소리의 크기에 대한 우리의 상식적 개념의 평균값을 나타내는

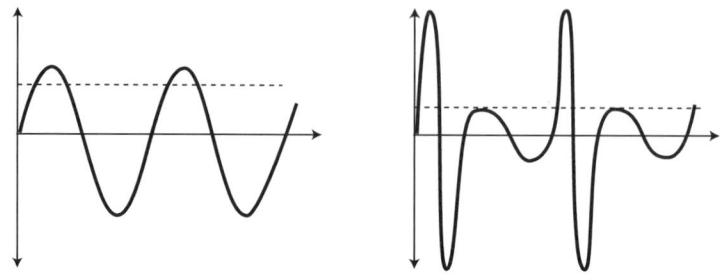

〈그림 4-17〉 최대 진폭과 r.m.s.(Ladefoged, 1962, 80)

새로운 단위가 필요해진다. 이 같은 목적을 위해 만든 것이 r.m.s.(root-mean-square) 수치이다. 이 수치는 음파의 곡선이 지나가는 모든 지점의 수치를 자승하고 있고(이 수치는 항상 정수(整數)가 된다. 왜냐하면 예를 들어 -2를 -2배 해도 +4가 되기 때문이다), 이 수치를 평균하여 얻은 수치의 평방근이다.

〈그림 4-17〉의 두 그림에서 점선으로 표시한 것이 이와 같이 하여 얻은 r.m.s. 수치다. 왼쪽 음파보다 오른쪽 음파의 최대 진폭이 더 큼에도 r.m.s. 수치는 오히려 왼쪽 음파가 더 크다. 따라서 왼쪽 음파가 더 크게 들린다. 만약에 이 r.m.s.의 개념을 이해하기 어려우면 r.m.s.란 소리의 실제 크기를 나타내는 것으로, 이 수치가 크면 클수록 소리가 크다고만 알아두면 된다. 현재 시중의 오디오 제품들은 출력의 수치를 와트로 표시하는데, 신용 있는 제품들은 그 수치를 r.m.s.로 나타낸다. 아직도 많은 제품이 music power 등의 이름으로 최대 진폭을 나타내는 경우가 있다. 그러나 위에서 보았듯이 최대 진폭의 수치가 크다고 반드시 소리가 큰 것이 아니라는 점을 기억해둘 필요가 있다.

단순히 어떤 소리가 다른 소리보다 더 크다는 것을 알기 위해서는 그 소리의 진폭만 비교하면 된다. 그러나 어떤 소리가 다른 소리보다 몇 배 더 큰가를 알아보기 위해서는 그 소리의 출력을 비교해야 하는데, 출력은 진폭의 자승에 해당한다. 따라서 진폭이 배가 되면 출력은 4배가 되며, 이때의 진폭을 다시 3배로 높이면 출력은 9배, 즉 본래 음의 36배가 된다.

청각음성학에서 소리의 크기에 대한 우리의 관심은 절대치가 아니라 오히려 상대치에 있다. 이 같은 목적을 위해서 우리는 소리의 최소가청한계(the threshold of audibility)를 기준 수준(the reference level of a sound), 또는 절대가청한계(absolute auditory threshold)라는 이름으로 도입한다. 기준 수준이란 정적(silence)으로부터 소리를 구분하는 데 필요한 최소의 강도를 말한다. 다시 말하면 우리가 들을 수 있는 가장 작은 소리를 내는 데 필요한 힘이다.

이 수치는 $1cm^2$에 대하여 0.0002dynes, 혹은 $1cm^2$에 대한 10^{-16} watts의 힘에 해당한다. 1온스 무게의 물체가 땅에 떨어지지 않도록 하는데 드는 힘은 28,000dynes이다. 인간의 고막은 그 면적이 약 $1cm^2$이므로, 기준 수준에서 고막이 받는 압력은 1온스의 물체를 드는 힘의 1억 4천만 분의 1이라는 작은 힘에 불과하다. 이러한 압력을 받을 때 귀는 고작 $10^{-9}cm$ 가량 움직일 뿐이다. 이것은 수소 분자 지름의 1/10밖에 안 되는 진폭에 불과하다. 이렇게 해서 일단 기준음(reference sound)을 정해 놓은 다음에 소리의 크기를 이 기준음에 비교하여 기술하게 된다.

한편 고통을 느끼지 않고 인간이 들을 수 있는 가장 큰 소리의 출력은 기준음의 1조 배, 그러니까 진폭은 100만 배가 된다. 이처럼 소리 사이의 출력 차이는 엄청나다. 그렇기 때문에 그 차이를 보통의 수치로는 다루기 어려울 뿐만 아니라, 소리의 크기는 출력의 실제 수치보다는 소리들 간의 비율에 의존하기 때문에 음향학에서는 데시벨(decibel: dB)이라는 척도를 사용한다. 두 음의 데시벨 차이는 그 음들의 출력 비율의 상용대수(common logarithm)를 10배 한 수치이다. 그러나 이것은 생각만큼 복잡한 것이 아니다.

소리의 출력 비율	출력 비율의 상용대수	데시벨 차이
10 : 1	1	10
100 : 1	2	20
1,000 : 1	3	30

위에서 보듯 출력 비율의 상용대수를 계산하는 방법은 동그라미의 수를 세는 것이고, 그것의 데시벨은 그 수치에 10을 곱하면 된다. 이 방법을 다음 〈그림 4-18〉에 적용하면 인간이 견딜 수 있는 가장 큰 소리와 기준음 사이의 상용대수는 동그라미의 수가 13이므로 13이고, 그들 사이의 데시벨 차이는 130dB이라는 것을 알 수 있다.

〈그림 4-18〉에서 보듯 13개의 소리는 기하급수적으로 커지지만 그들 사이의 비율은 일정하다. 예를 들어 다섯번째 소리는 세번째 소리의 100배이며, 따라서 상용대수는 2이고, 데시벨 차이는 그것의 10배인 20이 된다. 마찬가지로 여덟번째 소리는 여섯번째 소리의 100배이며, 따라서 상용대수는 2이고, 데시벨 차이 역시 그것의 10배인 20이 된다.

결국 소리가 갖는 출력의 절대치는 그들 사이의 데시벨 차이가 같으면 소리 크기의 차이도 같다는 이야기가 된다. 이와 같이 데시벨 척도의 사용은 거추장스러운 수치를 불필요하게 만들며, 동시에 소리의 크기에 대한 상식적인 개념을 수치로 나타낼 수 있게 해준다.

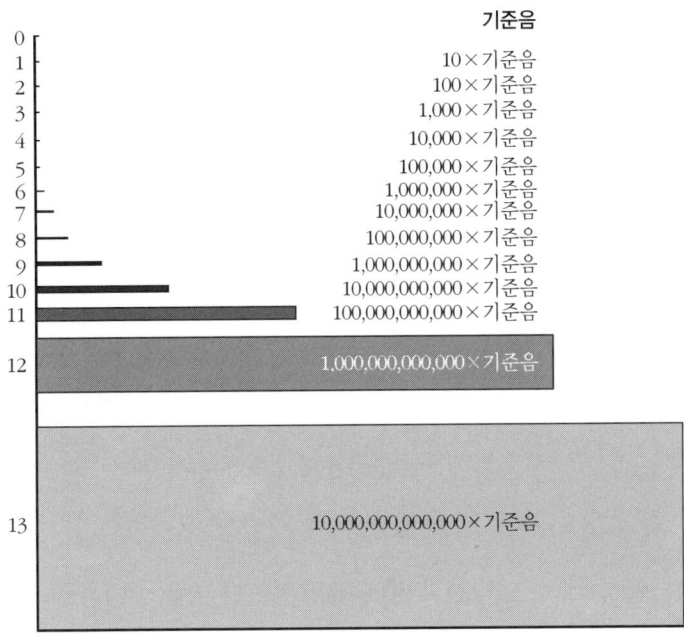

〈그림 4-18〉 소리의 출력비(Ladefoged, 1962, 83)

지금까지는 데시벨의 수치를 구하는 법에 대해서만 이야기했지만, 이 데시벨 수치가 우리의 일상생활에서 실제로 어떤 정도의 크기에 해당하는가를 다음에서 살펴보자.

0dB : 가까스로 들을 수 있는 소리

20dB : 4피트 가량 떨어져서 듣는 소곤거리는 소리

40dB : 도시의 밤의 소음

60~70dB : 3피트 가량 떨어져서 듣는 보통 대화

90dB : 10피트 가량 떨어져서 듣는 공기 착암기 소리

115dB : 2피트 가량 떨어져서 듣는 망치로 철판을 두드리는 소리

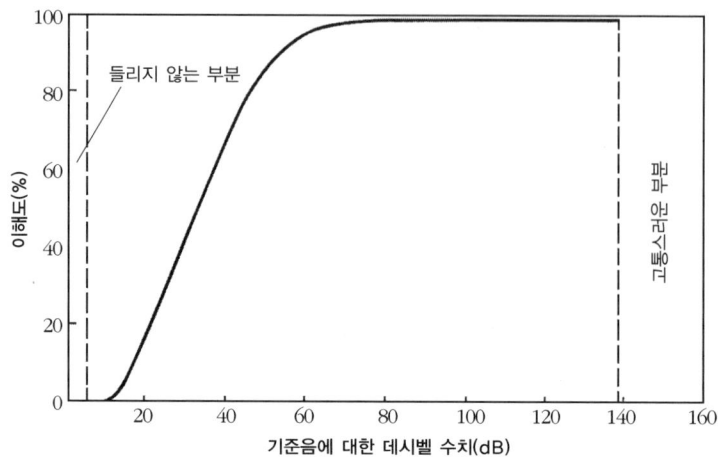

〈그림 4-19〉 데시벨과 이해도(Denes & Pinson, 1963, 138)

여기에서 알 수 있다시피 30~40dB정도면 말을 알아들을 수 있고, 알아듣는 정도는 고통을 느끼는 최대가청한계(the threshold of feeling)까지 상승한다. 〈그림 4-19〉는 데시벨로 나타낸 소리의 크기와 그에 대한 이해도(intelligibility)의 관계를 보여준다.

〈그림 4-19〉에서처럼 소리가 최소가청한계인 기준음보다 크기가 20dB이 높을 때에는 단음절어에 대한 이해도가 20% 미만이지만, 그것이 40dB만 되어도 65%로 높아지고, 80dB 이상의 넓은 범위에서는 거의 100%에 가까운 이해도를 보인다. 이해도는 자음과 모음이 똑같지 않은데, 자음보다는 모음이 보다 낮은 데시벨의 크기에서 알아들을 수 있다. 같은 자음 가운데서도 [p, f, θ] 등은 비교적 알아듣기 어려우며, 그 중에서도 [θ]가 가장 알아듣기 어렵다.

우리는 앞서 인간의 귀는 주파수의 변화에 매우 민감해서 주파수 1,000Hz 이하의 소리인 경우 3Hz만 달라져도 그 차이를 감지한다는 사실을 알았다. 그렇다면 소리의 크기에 대한 인간의 귀의 식별 능력은 어떠한가? 결론부터 말하자면 소리의 크기에 대해서는 소리의 높이에 대해서만큼 민감하지 않다.

　여러 가지 실험 결과를 통해 우리는 크기의 변화를 감지하는 우리의 능력이 듣는 소리의 크기에 따라 일정하지 않음을 알게 되었다. 예를 들어, 주파수의 높이 1,000Hz의 음을 5dB의 크기로 들을 때, 크기의 변화를 감지하기 위해서는 적어도 크기를 배로(100% 증가) 해야 하지만 같은 주파수의 음을 100dB로 들을 때에는 크기에 6%의 변화만 있어도 그 변화를 감지할 수 있다. 그렇다고는 해도 우리는 소리의 크기보다는 높이의 차이를 더 많이 식별할 수 있다. 크기를 일정하게(예를 들어 40phon 정도로) 하고 주파수만 바꾸는 경우 약 1,400개의 단순음을 식별할 수 있으나, 주파수를 일정하게(예를 들어 1,000Hz로) 고정시키고 소리의 강도만 변화시키는 경우 약 280개의 단순음만 식별한다. 그런 까닭인지는 몰라도 세계의 언어들은 강세(stress)보다는 성조(聲調; pitch)를 더 섬세하게 사용하고 있다.

　지금까지는 주파수와 강도 중 어느 하나를 고정시킨 상태에서 귀의 식별 능력을 알아보았다. 만약 양자를 동시에 변화시키는 경우 인간의 귀는 30~40만 개의 단순음을 식별할 수 있으며, 여기에 복합음까지 포함시키면 귀는 놀랄 만한 식별력을 가지고 있다는 것을 알 수 있다.

　소리의 크기가 주파수의 영향을 받듯이 소리의 높이도 진폭의 영향을 받는다. 이 현상은 아주 높거나 낮은 음에서 더욱 뚜렷하다. 소리의 높이가 1,500Hz 이상일 때 음의 진폭이 증가하면 소리가 커질 뿐만 아니라 더 높은 소리로 들린다. 반대로 1,500Hz 이하의 음의 진폭이 증가하면 소리는 더 낮게 들린다. 예를 들어 200Hz의 주파수를 가진 소리궂쇠를 울리면서 귀에 가까이 대면 소리가 현저하게 낮게 들린다.

한편 다음과 같은 실험도 가능하다. 즉 피실험자에게 주파수가 약간 다른 두 음을 교대로 들려주면서 그 음들의 크기를 조절하여 같은 높이로 들리게 할 수 있다. 이 같은 실험은 주파수의 차이를 크기로 메우는 것이 가능하다는 것을 보여준다.

이러한 실험 결과에도 불구하고 소리, 특히 복합음의 경우 높이에 대한 강도의 영향은 극히 미미하다. 이것은 음악가들에게 매우 다행스런 일이다. 만약에 소리의 크기가 주파수에 영향을 받는 것만큼 소리의 높이가 강도에 영향을 받는다면 악기로서 원하는 음을 내는 일이 여간 어렵지 않을 것이다.

지금까지 우리는 최소가청한계라는 말을 막연히 사용해왔다. 실제로 사람에 따라 그 한계가 같지 않을 것이다. 사람에 따라 귀가 밝은 사람과 어두운 사람이 있다. 〈그림 4-20〉은 미국 보건성(U. S. Public Health Service)에서 시행한 실험 결과이다.

〈그림 4-20〉에서처럼 주파수가 1,000Hz 음인 경우, 그 크기가 30dB만 되면 90%의 사람이 들을 수 있으나, 그 크기가 0dB이 되면 1% 미만의 사람만이 들을 수 있음을 보여주고 있다. 50% 곡선을 미국 사람들의 평균치라고 보면 될 것이다. 〈그림 4-20〉에서 맨 위의 선은 최대가청한계를 나타내는 곡선으로서, 소리가 이 정도로 커지면 사람들은 귀가 간지러워지는 등 불편을 느끼기 시작한다. 이때의 크기를 다시 100배로 하여 그것을 한참 동안 들으면 고막을 상하게 할 수도 있다.

인간의 귀는 소리의 모든 주파수와 강도에 대해 똑같은 반응을 보이지 않는다는 것을 알았다. 따라서 우리가 소리를 지각한다는 것은 많은 착각에서 이루어진다는 것 또한 알게 되었다. 마찬가지로 귀는 시간에

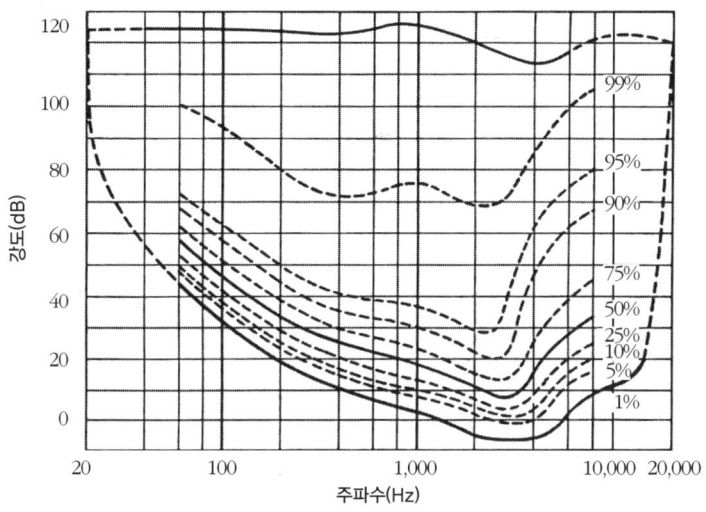

〈그림 4-20〉 미국인의 최소가청한계(Denes & Pinson, 1963, 77)

대해서도 정확한 반응을 보이지 못한다. 여러 가지 실험 결과를 통해 우리는 인간의 귀가 적어도 5/100초 안팎의 시간적 착오를 일으킨다는 것을 알 수 있었다. 이것은 상당히 큰 수치이다. 빠른 대화에서는 적어도 하나의 분절음(segment)을 발음하는 데 소요되는 시간이다. 그렇다고 이보다 빠른 소리를 지각하지 못하는 것은 아니다. 다만 이 시간보다 더 빨라지면 뇌는 그 시간 관계를 파악하지 못하게 될 뿐이다.

이렇게 되는 데에는 여러 가지 이유가 있을 것이다. 첫째, 달팽이관 안에서 서로 다른 구성 요소의 소리를 처리하는 데 소요되는 시간이 각기 다르다. 둘째, 이 소리들이 각기 전기 화학적인 신호로 바뀌어 신경 계통을 통해 뇌까지 가는 데 소요되는 시간이 다르다. 셋째, 뇌에서 이들을 처리하는 데 소요되는 시간이 같지 않을 것이기 때문이다.

인간의 귀가 시간에 대하여 어느 정도까지 둔감한가를 알아보기 위한 대표적인 실험은 시각의 잔상(殘像; after image)을 위한 실험을 방불케 하는 것이다. 영화를 볼 때 우리는 계속된 화면을 보고 있지 않다는 것은 잘 알려진 사실이다. 이것은 시각의 잔상을 이용한 것이다. 보통 영화의 경우 1초에 24개의 화면이 스크린에 나타난다. 이 말을 뒤집으면 스크린은 1초에 24번 캄캄해진다는 얘기가 된다. 마찬가지 현상이 소리의 지각에서도 볼 수 있다.

가령 우리가 헤드폰을 끼고 말소리를 들으면서 스위치를 조작하여 들려오는 소리를 1초 간격으로 켰다 껐다 하는 동작을 반복하면 어떻게 될까? 1초 동안 스위치가 끊긴 상태면 단어 하나를 못 들을 수가 있고, 따라서 문장을 이해하는 데 방해가 될 수도 있다. 그러나 이 같은 상황에서도 단음절어의 이해도는 40%나 되며, 만약 스위치의 끊어졌다 이어졌다 하는 횟수를 1초당 10번 이상으로 높이면 이해도는 90%까지 높아진다. 이 횟수가 1초당 10,000번이 되면 이해도는 100%가 된다.

소리의 길이를 바꾸면 어떤 음이 다른 음으로 지각될 수도 있다는 사실은 이미 지적한 바 있다. 즉 see와 같은 단어를 녹음하여 어두의 [s] 부분을 1/100초 정도로 짧게 자르면 전체가 tea처럼 들린다. 마찬가지 경우를 모음에서도 볼 수 있다. 예를 들어, object라는 2음절어를 합성하는 데 주파수는 일정하게 유지하면서 모음의 길이만 달리할 수 있다. 만약 첫 음절의 모음의 길이를 길게 하면 ah처럼 들리며 명사의 óbject가 되고, 두번째 음절을 길게 하면 첫번째 음절은 uh처럼 들려 동사의 objéct처럼 들린다. 우리는 object와 같은 단어를 명사와 동사로 식별해 듣는 것은 모음의 질과 강세의 차이 때문이라고 생각해왔으나, 모음의 길이가 주어진 모음을 다른 모음으로 들리게 한다는 것은 놀라운 발견이다.

  소리의 지각에 대한 지금까지의 논의는 이상적인 실험 조건에서 이루어지는 것을 전제로 진행해왔다. 그러나 실제로 일상에서 대화를 나누는 현장은 그런 이상적인 실험실과는 거리가 멀어서 어떤 형태의 잡음이 있게 마련이다. 이 잡음은 말소리에 대한 이해를 방해하게 되는데, 이 현상을 매스킹(masking)이라고 부른다.

  매스킹 효과는 잡음의 정도와 성질에 따라 달라진다. 만약에 매스킹을 일으키는 음이 단순음이면 매스킹 효과는 좁은 주파수대에 집중하여 넓은 주파수 폭을 가지는 말소리에 대해서는 별다른 영향을 미치지 못한다. 그러나 잡음이 넓은 주파수 폭을 갖는 경우 매스킹 효과는 커지게 된다. 어떤 말소리에 대한 가장 큰 매스킹 음은 다른 말소리이다. 그런 이유 때문에 두 사람의 말소리를 동시에 알아듣기 어려운 것이다.

  잡음의 강도가 커지면 매스킹 효과는 커진다. 반대로 잡음보다 말소리의 강도가 커지면 이해도는 높아진다. 말소리와 잡음의 강도 비율을 보통 SN ratio(signal-to-noise ratio)라고 한다. 여러 가지 실험 결과를 통해 말소리에 대한 잡음의 매스킹 효과는 그리 크지 않다는 것을 알게 되었다. 말소리의 강도가 잡음의 100배일 때, 즉 SN 비율이 100:1일 때 잡음은 말소리의 이해에 전혀 영향을 미치지 못한다. 만약에 SN 비율이 1:1일 때, 즉 말소리와 잡음의 크기가 같을 때에도 단어의 청취는 50%나 되며, 심지어는 말소리가 잡음보다 작더라도 일상 대화는 가능하다.

  말소리에 대한 잡음의 매스킹 효과가 별로 크지 않은 이유를 몇 가지 생각해볼 수 있다. 첫째, 인간의 청각 장치에는 귀가 두 개 있어 방향 감각이 매우 뛰어나다는 점이다. 따라서 말소리와 잡음이 들려오는 방향이 같지 않으면 이것을 바로 식별해낸다.

둘째, 인간의 청각 장치는 선별적으로 소리를 듣는 능력을 가지고 있다는 점이다. 그렇기 때문에 우리는 연회장에서 이루어지는 여러 대화 가운데서 어느 하나만을 골라 들을 수 있으며, 만약 그 대화보다 옆의 대화가 더 재미있으면 그쪽으로 관심을 돌릴 수도 있다. 마치 텔레비전의 채널을 돌려 방송국을 고르는 것과 마찬가지다.

이처럼 말소리 그 자체를 골라 들을 뿐만 아니라 같은 말소리 가운데서도 어떤 부분만을 골라 들을 수 있다. 강의를 열심히 듣고 있는 학생의 관심은 그 강의 내용에 집중되어 있겠지만, 음성학자가 다른 사람의 말을 듣고 있을 때의 관심은 딴 곳에 가 있을 것이다.

셋째, 우리의 말소리 속에는 상당한 양의 잉여성이 들어 있다는 사실이다. 그러므로 상당한 양을 듣지 못하더라도 이해에는 큰 지장이 없다. 그러나 이 잉여성의 문제는 비단 매스킹에만 국한된 문제가 아니라 소리의 지각 전반에 걸친 문제이므로 좀더 자세히 살펴볼 필요가 있다.

지금까지 우리는 말소리의 이해를 도와주는 음향음성학적인 단서가 하나가 아니라는 사실을 알았다. 심한 경우 파열음의 경우처럼 스펙트로그램에서 공백으로 나타나는 경우에도 추이라는 단서를 통해 지장 없이 알아들을 수 있었다. 어두나 어미의 자음이 있고 없음을 알기 위해서는 성대의 진동뿐만 아니라 VOT, 모음의 길이, 자음의 길이, 자음의 경연(硬軟) 등 여러 가지 단서들이 동시에 복합적으로 제시된다는 사실을 알았다. 그리하여 이들 복합 단서(multiple cues) 가운데서 어느 하나를 놓치더라도 다른 단서들의 도움으로 말소리를 이해할 수 있는 것이다. 그뿐만이 아니다. 소리의 끊어졌다 이어졌다 하는 횟수가 빨라지기만 하면 주어진 시간의 절반만 말소리를 듣고 있어도 말소리를 이해할 수 있고, 위에서 보았듯이 웬만한 잡음은 말소리의 이해에 지장을 주지 않는다.

　이처럼 우리의 말소리 속에는 잡음의 방해에도 불구하고 확실히 의사를 전달하기 위한 안전장치로 복합 단서가 들어 있게 마련이다. 복합 단서 가운데는 대략 다음과 같은 다섯 가지 형태의 단서를 생각해볼 수 있다.

　첫째는 음성학적 단서(phonetic cues)로서, 지금까지 논의된 음향학적이고 음성학적인 단서들이 여기에 속한다.

　두번째는 음운론적 단서(phonological cues)다. 예를 들어 영어에서는 어두에 [ŋ]가 오는 일이 없다든지, 어두에 자음이 셋 오면 첫 자음은 항상 [s]이며, 그 다음 자음은 [p, t, k] 중에서 어느 한 파열음이라는 등의 예상이다.

　세번째는 통사론적 단서(syntactic cues)다. 모든 언어에는 특유한 통사 규칙들이 있기 때문에 이에 대한 사전 지식이 많은 단서를 제공해준다. 예를 들어 영어의 He called me라는 문장을 말소리로 들었을 때, 설사 called의 [d]가 분명치 않다고 하더라도 그것은 들리게 마련이다. 왜냐하면 he call이란 통사 구조는 영어에서는 불가능하기 때문이다. 이것과 관련하여 키팔스키(Kiparsky, 1972)는 다음과 같은 재미있는 현상을 지적하고 있다. 미국의 어떤 방언 가운데는 동사의 과거형 어미 -ed를 생략하는 것이 있는데, 그 결과 keep의 과거형 kept는 [kep]가 된다. 그러나 같은 과거형이라 하더라도 heap의 과거형인 heaped는 어미의 -ed가 탈락하지 않아 [hip]로 발음되지 않고 반드시 [hipt]로 발음된다. 그 까닭은 무엇인가? 어미가 탈락하는 kept의 경우에는 모음이 [i]로부터 [ɛ]로 변해 있어서 설사 어미의 [t]가 들리지 않더라도 모음이 과거형이라는 것을 알려준다. 그러나 heaped의 경우는 그런 안전장치 없이 현재형과 과거형이 구별되는 것은 오로지 어미의 [t]뿐이므로, 이런 경우에는 어미가 탈락하지 않는 것이다.

네번째는 의미론적 단서(semantic cues)이다. 가령 어떤 문장이 I respect……라는 말로 시작된다면 respect 동사 뒤에 올 수 있는 목적어는 매우 한정된다.

다섯번째는 상황적 단서(circumstantial cues)이다. 어디에서 누구와 어떤 것에 대해서 이야기하고 있다는 것에 대한 지식이 우리의 말소리 이해를 크게 도와준다.

이렇게 보면 음파의 음성학적 단서라는 것은 많은 단서 가운데 하나에 불과하다는 것을 알 수 있다. 음성학적 단서 외에도 위에 열거한 많은 단서가 있기 때문에 무의미 단어(nonsense word)보다는 실제로 쓰이는 단어의 청취 성적이 더 좋으며, 또 단어보다는 문장에 대한 청취 성적이 더 좋은 것이다. 바꿔 말해서 순수한 귀의 훈련을 목적으로 할 때에는 무의미 단어를 사용하는 것이 좋다는 뜻이 된다. 이렇게 함으로써 음성학적인 단서 이외에 모든 다른 단서들을 배제할 수 있기 때문이다.

다음은 어떤 문장에서 모음을 모두 빼버린 것이다.

M*R* H*D * L*TTL* L*MB H*R FL**C* W*S WH*T* *S SN*W

영어를 할 줄 아는 사람이라면 이것이 Mary had a little lamb. Her fleece was white as snow라는 것을 알 수 있다. 다음은 모음뿐 아니라 자음도 일부 생략한 것이지만, 이해하는 데 큰 어려움은 없다.

S*M* W**DS *R* EA*I*R T* U*D*R*T*N* T*A* *T*E*S

(Some words are easier to understand than others.)

이러고 보면 많은 단어들이 음성학적 단서가 아주 부족해도 알아맞힐 수 있다는 것을 알 수 있다. 언어의 모든 면에는 잉여적인 요소가 들어 있어서 의사 전달을 확실하게 하기 위한 안전장치 구실을 하고 있다. 비행장의 관제탑에서 이착륙하려는 조종사에게 보내는 메시지는 90% 이상이 잉여적이다. 메시지 전달에 절대로 착오가 있어서는 안 될 이런 상황에서는 그만큼 안전장치를 확실히 해두는 것이다.

끝으로 양이효과(binaural effect)에 관해서 알아보겠다. 양이효과란 소리를 좌우 두 개의 귀로 들음으로써 생기는 여러 가지 효과다. 인간의 얼굴에 있는 기관 가운데 눈과 귀만이 쌍으로 되어 있어, 이것이 소리를 입체적으로 듣거나 사물을 입체적으로 보는 데 도움을 준다(비공은 둘이나 코는 하나다. 이 두 개의 비공이 후각에 어떻게 작용하는지는 분명치 않다).

두 개의 귀가 갖는 양이효과 가운데서 가장 중요한 것은 소리의 위치를 알아내는 기능이다. 이와 같은 기능은 귀에 들려오는 소리의 강도와 도착 시간이 모두 같지 않기 때문에 가능하다. 저음인 경우 10도만 위치를 바꿔도 알 수 있다. 이때 주로 이용하는 것은 소리의 도착 시간과 강도의 차이다. 다음과 같은 실험이 그 사실을 뒷받침해준다. 헤드폰을 양쪽 귀에 대고 소리를 들으면서 오른쪽 귀에 들려오는 소리를 왼쪽 귀에 들려오는 소리보다 수 ms 빠르거나 늦게 해본다. 만약 양쪽의 소리의 강도가 같을 경우, 오른쪽 귀에 들려오는 소리가 늦어짐에 따라 소리는 점차 왼쪽으로 이동하는 듯한 느낌을 받는다. 이때 오른쪽 귀에 들리는 소리의 강도를 높이면 소리는 다시 오른쪽으로 움직이는 듯한 착각을 하게 된다.

  소리의 위치를 알아내는 양이효과를 알아보기 위한 실험을 통해 우리는 다음과 같은 사실을 알 수 있다. 첫째, 소리의 위치에 대해 좌우를 혼동하는 일은 거의 없다. 둘째, 정면과 좌우는 약간의 오차를 제외하고는 혼동하는 일이 없다. 셋째, 정면을 축으로 했을 때, 소리의 위치를 이 축에 대한 각도로 알아낼 수 있다. 넷째, 위치의 판별은 정면 부근에서 가장 정확하며, 좌우의 귀를 연결하는 축의 선상에서 가장 부정확하다. 다섯째, 위치의 판별은 고음, 잡음, 말소리에 대해 더욱 예민하다. 여섯째, 정면의 축에 위치하는 두 개의 음은 혼동되기 쉽다. 일곱째, 동시에 두 개 이상의 소리의 위치를 판별할 수 있다. 여덟째, 위치의 판별은 소리의 위치와 상관이 없다.

  두번째의 양이효과는 관심을 가지는 소리에 대한 선별 능력이다. 이런 능력 때문에 커피숍이나 연회장에서 대화가 가능한 것이다. 텔레비전이나 라디오의 방송국을 선택할 수 있는 기능과 같다.

  세번째는 스테레오 효과다. 이것 때문에 우리는 전축을 들으면서 마치 현장에서 음악을 듣고 있는 듯한 느낌을 갖게 되는 것이다.

5 소리의 분류(음소론)

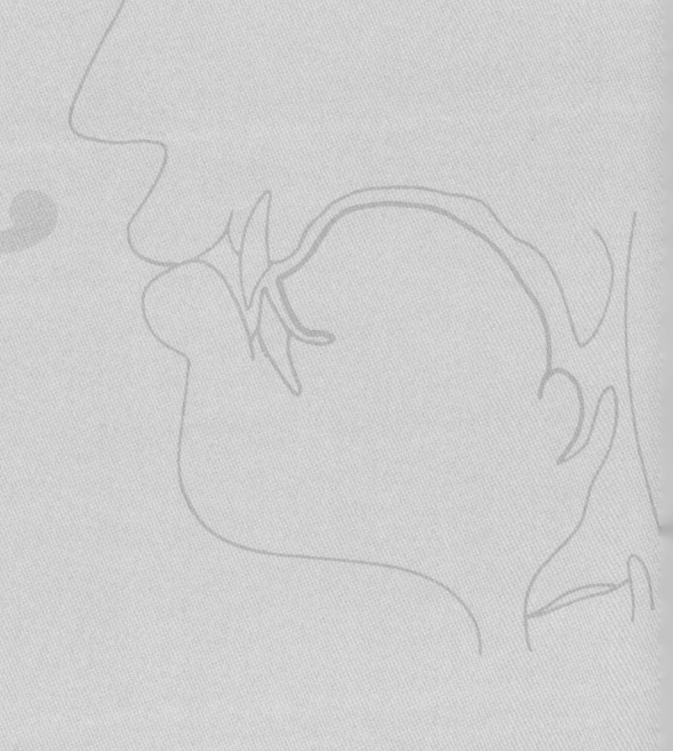

5.1 음소
Phoneme

가령 beat와 bead라는 한 쌍의 단어를 들었을 때 별개의 단어로 들리는 것은 어미의 자음 때문이라고 우리는 생각한다. 그러나 사실은 그렇지 않다. 앞으로 자세히 언급되겠지만, [t]나 [d]는 파열음으로서 허파에서 올라오는 공기를 입 안의 어떤 지점에서 막았다가 파열시켜서 얻어지는 소리인데, 이들이 beat나 bead의 경우에서처럼 어말에 오면 파열하지 않는 불파음(unreleased)이 된다. 만약에 [t]나 [d]를 조음하는 과정에서 파열하는 마지막 단계를 생략하게 되면 [t]와 [d]의 음성적인 차이는 거의 없어지고 만다. 그 대신 이들 앞에 있는 모음의 길이가 달라진다. 영어에서는 유성자음(voiced consonant) 앞의 모음이 자동적으로 길어지는 경향이 있으므로, bead의 모음이 beat의 모음보다 길게 발음된다.

그렇다면 beat와 bead의 차이는 어미의 자음 차이가 아니라 모음의 길이 차이라는 것을 알 수 있다. 그럼에도 우리는 이 두 단어가 듣는 이에게 다른 단어로 들리게 하기 위해 어미의 자음을 다르게 발음했다고 생각하고, 또 듣는 이도 이 두 단어를 다른 단어로 알아듣는 것은 어미의 자음 때문이라고 생각한다. 이것은 지각의 심리적 양상이 물리적인 것과 같지 않기 때문에 생기는 현상이다.

인간의 귀가 모든 물리적인 차이를 들을 수 없다는 것은 잘 알려진 사실이다. 귀의 착각은 생각보다 광범위하다. 한국어를 모국어로 하는 우리가 영어의 pop이라는 단어를 들었을 때 우리는 어렵지 않게 어두와 어미의 p음이 같지 않다는 것을 알게 된다. 어두의 p는 많은 공기를 동반하는 기식음(氣息音; aspirate)으로서 한국어의 'ㅍ'과 같은 소리이다. 이 같은 음을 [pʰ]라고 표기하기로 하자. 반면 어미의 p는 한국어에서 받침으로 쓰이는 'ㅂ' 같은 소리로서 앞서 언급한 불파음이다. 이 같은 음을 [p˺]라고 표기하기로 하자.

이처럼 두 개의 p가 전혀 다른 음임에도 정작 이 단어를 발음한 영·미국인은 이 두 개의 p가 꼭 같은 음이라고 착각한다. 한편 영어를 모국어로 사용하는 사람이 pool과 spool이라는 단어를 발음하는 것을 한국어를 사용하는 사람이 들었다고 하자. 우리에게 전혀 음성학적 소양이 없다고 해도 이 두 단어에 들어 있는 p음들은 전혀 같지 않다는 것을 곧 알게 된다.

첫번째 단어 pool의 p는 앞서 언급한 기식음 [pʰ]이고, 두번째 단어 spool의 p는 숨을 동반하지 않는 음으로서 한국어의 'ㅃ'에 가까운 음이다. 이 같은 음을 [p˭]라고 표기하기로 하자. 이 경우에도 영·미국인은 [pʰ]와 [p˭]의 차이를 듣지 못한다. 즉 그들은 [pʰ], [p˺], [p˭]를 모두 같은 음이라고 착각해서 듣는다. 따라서 이 음을 구별해서 표기하지 않고 모두 p라는 글자로 나타내는 것이다. 사실 식별하지도 못하는 음들을 위해 별개의 글자를 쓴다는 것은 의미가 없다.

다음으로 tool, stool, hat이라는 단어들을 보자. 앞서 살펴본 pool, spool, pop의 경우와 비슷한 현상을 발견할 수 있다. 첫번째 단어 tool의 경우, t는 많은 공기를 동반하는 기식음으로서 [tʰ]라고 표기할 수 있으며, 한국어의 'ㅌ'에 가까운 소리다. 두번째 단어 stool의 t는 공기를 거의 동반하지 않는 음으로 한국어의 'ㄸ'에 가까운 소리로 [t˭]라고 표기할 수 있다. 마지막 단어 hat의 t는 한국어에서 받침으로 쓰이는 'ㄷ'과 같은 소리로서 불파의 [t¬]이다.

끝으로 cool, school, rack의 세 단어에서도 같은 관계를 볼 수 있다. 첫번째 단어 cool의 k는 기식음 [kʰ]이며, 두번째 단어 school의 경우는 [k⁼], 마지막 단어 rack의 경우는 불파의 [k¬] 음이다.

여기에서 우리는 하나의 관계에 대해 알게 된다. 즉 p, t, k의 세 무성 파열음(voiceless stop)은 어두에 올 때에는 모두 기식음 [pʰ, tʰ, kʰ]로 발음되며, 이들이 어두의 s 뒤에 오면 모두 공기를 수반하지 않는 [p⁼, t⁼, k⁼]로 발음되고, 끝으로 이들이 어미에 오는 경우는 모두 불파의 [p¬, t¬, k¬]로 발음된다는 사실이다. 우리가 쉽게 p라고 생각하는 음은 적어도 [pʰ, p⁼, p¬]라는 세 가지 모양으로 발음된다는 것을 알 수 있다. 이때 우리는 /p/라는 음소는 [pʰ, p⁼, p¬]라는 세 개의 이음(異音; allophone)을 가지고 있다고 말하며, 음소는 / / 안에, 이음은 [ ]안에 넣어 표기한다. 마찬가지로 음소 /t/는 [tʰ, t⁼, t¬]라는 세 이음으로, /k/라는 음소는 [kʰ, k⁼, k¬]라는 세 이음으로 되어 있다. 이처럼 음소라는 것은 추상적·심리적 존재에 불과하며, 실제로 발음되는 것은 이음들이다.

우리는 영어의 경우 /p/라는 음소는 [pʰ, p⁼, p¬]라는 세 개의 이음을 가지고 있다는 것을 알았다. 이때 우리는 보다 정밀한 이음 표기가 가능한 데도 왜 추상적이고 막연한 음소라는 개념을 도입하는가를 물어야 한다. 다음과 같은 두 가지 이유를 생각할 수 있다.

첫째, 소리의 정밀한 표기나 기술에는 한이 없으므로 모든 정확한 표기는 부정확하다는 역설이 가능하기 때문이다. 앞서 어두에 파열음이 올 때 이들은 기식음으로 발음된다는 사실을 지적한 바 있다. 그러나 이때 동반하는 공기의 양까지 표기할 수는 없다. 어두에 오는 같은 파열음끼리도 기식의 정도가 같지 않다.

앞서 예를 든 세 단어 pool, tool, cool의 발음을 관찰해보면, 모두 어두의 파열음이 기식음이긴 하나 [p^h]가 가장 많은 공기를 동반하고, [k^h]가 가장 적은 공기를 동반한다는 것을 쉽게 알 수 있다. 기식의 정도를 10등급으로 나누어 이들을 각각 [p^{10h}], [t^{7h}], [k^{3h}] 등으로 표기할 수도 있다. 그러나 문제는 거기서 끝나지 않는다. 가령 같은 [p^h]라도 pool과 peel을 비교해보면, peel보다는 pool의 [p^h]가 더 많은 공기를 동반한다는 것을 알 수 있다. 이것은 각기 뒤에 오는 모음의 영향 때문이다. 문제가 이 정도라도 기식의 정확한 표기를 시도해볼 만하다.

그런데 지금까지 살펴본 것은 모두 언어학적 요인에 의한 변이(variation)들이다. 이 밖에 언어외적(extralinguistic) 요소도 생각할 수 있다. 같은 pool이라는 단어라도 이것을 발음하는 사람에 따라 [p^h]의 기식의 정도가 달라질 것이다. 성별에 따라 다를 것이며 연령에 따라서도 다를 것이다. 같은 나이, 같은 남자라도 성도의 구조나 폐활량에 따라 기식의 정도가 달라질 것이고, 같은 사람이라도 그 당시의 신체적인 조건, 감정의 상태, 전달하려는 메시지의 내용, 문장 안에서 pool이라는 단어의 위치, 사용하고 있는 방언, 그 사람의 교육 정도 등에 따라서도 기식의 정도가 달라질 것이다. 그러므로 인간은 절대로 같은 음을 두 번 다시 낼 수 없다는 명제를 얻게 된다. 우리가 사용하는 말소리를 엄격한 의미에서 정확히 표기하자면 무한한 수의 기호가 필요하다는 결론에 이르게 된다.

음소를 설정하는 두번째 이유는 이음들의 정확한 표기가 가능하더라도, 무한한 수의 이음 표기와 기술이 과연 필요한가에 대한 의문이다. 영어를 모국어로 하는 사람들은 음소 /p/의 세 이음 [pʰ, p⁼, pʾ]의 차이를 알지 못한다. 하물며 [pʰ]의 여러 가지 변이형의 차이는 도저히 알 수 없다. 이처럼 사용하는 사람이 알지 못하는 무한히 미세한 차이들을 기술해보아도 언어학적 의의가 없다.

인간이 똑같은 음을 두 번 다시 낼 수 없다는 명제가 맞는 것이라면, /p/에는 [pʰ, p⁼, pʾ]의 세 이음만이 있다는 것은 정확한 표현이 아니다. 정확히 말하자면 음소 /p/는 무한한 수의 이음으로 되어 있다고 해야 옳을 것이다. 그렇기 때문에 음소 /p/에는 '적어도' 세 개의 이음이 있다는 표현을 쓰는 것이다. 음소 /p/에는 [pʰ, p⁼, pʾ]의 세 개의 이음이 있다는 말은, /p/의 이음들을 크게 나누어 묶으면 그렇게 된다는 뜻에 불과하다.

[pʰ, p⁼, pʾ]의 세 이음은 음소 못지않게 추상적인 존재다. 추상이나 구체라는 개념은 철학적으로 볼 때 상대적 개념이며 절대적 개념이 아니다. Tree라는 단어가 주어졌을 때 우리는 선뜻 이것이 추상명사인지 구상명사인지 알 수 없다. Plant라는 단어에 비한다면 확실히 구상명사이지만 aspen(사시나무), chestnut(밤나무), elm(느릅나무) 등 구체적인 나무의 이름을 가리키는 명사에 비하면 추상명사라고 해야 옳다. 그러나 aspen(사시나무)도 실제로 존재한, 존재하는, 존재할 그 수많은 형형색색의 사시나무들을 생각할 때는 구상명사라고 하기가 어렵다.

음소와 이음에 대한 개념을 보다 확실하게 하기 위하여 양자의 관계를 다시 한 번 살펴보기로 하자.

첫째, 주어진 어떤 언어를 모국어로 사용하는 사람은 대개 그 언어의 주어진 음소의 이음들을 식별하지 못한다. 따라서 영어를 모국어로 하는 사람들은 [pʰ, p⁼, pʾ]나, [tʰ, t⁼, tʾ], [kʰ, k⁼, kʾ]를 식별하지 못한다. 이것은 한국어를 사용하는 우리들에게는 이해할 수 없는 일이지만, 거꾸로 이들 이음을 식별할 수 있다는 사실이 영·미국인에게는 신기하게 느껴질 것이다. 마찬가지로 영어를 사용하는 사람들은 한국어의 'ㅅ'과 'ㅆ'을 구별해 듣지 못한다. 'ㅅ'과 'ㅆ'은 영어의 경우 /s/라는 하나의 음소의 이음이기 때문이다. 'ㅅ'은 speak와 같은 단어에서, 'ㅆ'은 sound와 같은 단어에서 들을 수 있다.

둘째, 우리가 주어진 음들을 구별해서 들을 수 있는 것은 그것들이 우리의 모국어에서 별개의 음소를 이루고 있을 때에 한해서 가능하다. 한국인이 영어의 /m, n, ŋ/을 구별해서 듣는 것은 이 음들이 한국어에서도 별개의 음소를 이루고 있기 때문이다. 음소를 뜻의 차이를 가져오는 최소의 음성 단위라고 정의한다면, /m, n, ŋ/이 서로 바뀌어 뜻의 차이를 가져오는 예가 영어에 있듯이, 한국어에서도 /ㅁ, ㄴ, ㅇ/이 서로 바뀌어 뜻의 차이를 가져온다는 뜻이 된다.

영어의 /dim/ 'dim', /din/ 'din', /diŋ/ 'ding'은 어미의 자음만이 다르며, 한국어의 /kam/ '감', /kan/ '간(肝)', /kaŋ/ '강'도 어미의 자음만이 다를 뿐이다. /m, n, ŋ/이 영어와 한국어에서 모두 독립한 별개의 자음을 이루고 있으므로 상대방의 /m, n, ŋ/을 듣고 식별하는 데 지장이 없는 것이다. 만약에 /ŋ/을 독립한 음소로 가지고 있지 않는 언어를 모국어로 사용하는 사람들, 예를 들어 일본어나 러시아인들에게는 sin이나 sing이 똑같은 음으로 들릴 것이다. 마찬가지로 영·미국인들은 한국어의 '우'와 '으'를 구별하지 못하며, 한국인은 영어의 /s/와 /θ/를 구별해 듣지 못한다. 프랑스어에 [h] 음이 없는 것은 잘 알려진 사실이다. 따라서 이들은 [h]를 듣지 못하며, 프랑스 사람들에게는 '안(安) 선생'이나 '한(韓) 선생'이나 모두 같은 이름으로 들린다.

셋째, 주어진 음소의 이음들은 각기 나타나는 환경이 정해져 있으며, 그 환경에 주어진 음소가 나타나면 정해진 이음으로 실현된다. 이 사실을 이해하기 위해 /p/의 이음들을 다시 생각해보자. 앞서 언급한 pool 외에도 [pʰ]는 pen, point, pin 등에서도 나타난다. 우선 우리는 [pʰ]는 어두에서 나타난다고 말할 수 있다. 한편 [p˭]는 spool 외에도 spoon, speak, spark 등에서 나타나므로 [p˭]는 어두의 /s/ 뒤에 나타난다고 말할 수 있다. 끝으로 [p˺]은 pop 이외에 cap, lip, stop 등에서 볼 수 있으므로 어미에서 나타난다고 할 수 있다. 그런데 재미있는 현상은 이 이음들은 지금 기술한 환경에서만 나타나며, 절대로 그 환경이 겹치는 일은 없다는 사실이다.

이처럼 환경이 서로 겹치지 않도록 되어 있는 분포를 상보적 분포(complementary distribution)라고 한다. 이음들은 서로 상보적 분포 관계를 이루고 있으며, 만약 그렇지 않다면 그 음들은 한 음소의 이음이 아니라 별개의 음소이다. 한국어에서는 'ㅍ'과 'ㅃ'이 '풀', '뿔'에서 보듯 모두 어두에 올 수 있으므로 이들의 환경은 겹친다. 따라서 이들 자음은 별개의 음소이고, 한국 사람들은 그 음소들을 식별해 들을 수 있는 것이다. 반대로 영어에서 'ㅅ'과 'ㅆ'은 speak와 sound에서 보듯, 각기 자음 앞과 모음 앞이라는 서로 겹치지 않는 환경을 갖고 있으므로 이들은 한 음소 /s/의 이음이며, 영·미국인들에게 한국어의 '살'과 '쌀'은 똑같은 단어로 들릴 것이다.

한국어의 'ㄱ'은 [k], [g]라는 두 개의 음으로 실현되는데, [g]는 'ㄱ'이 모음 사이에 올 때, [k]는 그 밖의 환경에서 일어난다. '가시오'의 '가'와 '나가시오'의 '가'는 소리가 같지 않다. 전자는 [ka]이고 후자는 [ga]이다. [k]와 [g]는 이처럼 한국어에서는 상보적 분포를 이루고 있다. 따라서 한국 사람들은 [k]와 [g]를 식별하지 못한다. 그러나 [k]와 [g]를 별개의 음소로 가지고 있는 영·미국인이나 일본인에게는 '가시오'와 '나가시오'의 두 '가'는 분명히 다른 음으로 들린다.

 넷째, 이음은 각기 정해진 환경에서만 나타나지만, 일어나는 환경을 바꿔도 단어의 뜻에는 영향을 미치지 못한다.

 우리는 앞서 음소를 뜻의 차이를 가져오는 최소의 음성 단위라고 정의한 바 있다. 따라서 음소보다 더 작은 음성 단위인 이음은 뜻의 차이를 가져오지 못하는 것이다. 어두의 음소 /p/는 자동적으로 [pʰ]로 나타나지만, 이 자리에서 [pʰ]를 [p⁼]로 바꿔도 단어의 뜻에는 하등 차이가 없다. 즉 pen은 [pʰen]으로 발음해야 하지만, 이것을 [p⁼en]이라고 발음해도 단어의 뜻은 달라지지 않는다. 정확하지는 않지만 pen을 '펜' '뻰' 어느 쪽으로 발음해도 단어의 뜻은 달라지지 않는다. 이 경우 영·미국인들은 어딘지 모르게 외국인 말투(foreign accent)가 있다고 말할 것이다. 마찬가지로 spend의 경우 [sp⁼endˀ]라고 발음해야 하는 것을 [spʰendˀ]라고 발음해도 단어의 뜻은 달라지지 않는다. 즉 '스뻰드'처럼 발음해야 하는 것을 '스펜드'라고 발음해도 뜻은 같다. 끝으로 cap의 경우 [kʰæpˀ] 대신 [kʰæpʰ]라고 하든지, 심지어 [k⁼æpʰ]라고 발음해도 이 단어가 가리키는 대상은 같은 것이다.

5.2 음소의 설정

지금까지 우리는 왜 음소라는 새로운 개념을 도입해야 하는가에 대하여 알아보았다. 그리고 음소론과 음성학이 서로 해야 할 일의 성격에 대해서도 막연한 개념을 갖게 되었다. 음성학은 주어진 말소리에 대하여 얼마든지 정밀한 기술을 해도 좋으나, 음소론에서는 뜻의 차이를 가져오는 소리에 대해서만 기술하면 된다. 음소론에서는 분석의 대상이 되는 언어의 음소를 모두 알아내는 것이 가장 중요한 일이 되며, 음성학에서는 음소와 이음의 성격을 음성학적으로 기술하는 것이 중요한 일이 될 것이다.

지금까지의 많은 음성학 관련의 책들이 우리에게 영어의 음운 조직이나 음성 조직에 대해서 분명한 개념을 주지 못한 까닭은 음소와 이음에 대한 명확한 구분 없이 말소리에 대한 기술을 시도했기 때문이다. 그리하여 그 기술이 정밀하면 정밀할수록 더욱 혼란스러워졌다.

음소를 설정하는 작업은 어느 정도까지는 기계적이다. 그 가운데서도 가장 손쉽게 사용되는 방법은 최소 대립어(minimal pair)를 찾는 것이다. 두 개의 단어가 같은 자리에 있는 하나의 음 때문에 뜻의 차이가 생긴다면 이들은 최소 대립을 이룬다. 예를 들어 pen과 ten은 어두에 오는 자음만 다르고 나머지는 같다. 이 두 단어의 뜻의 차이가 바로 이 자음 하나의 차이에서 비롯되므로 이 두 단어는 최소 대립어이다. 마찬가지로 din과 dim에서는 어미의 자음만 다르고, 바로 그 자음의 차이가 두 단어의 뜻의 차이를 가져오므로 이들 또한 최소 대립어이다.

이상과 같은 두 쌍의 최소 대립어에 의해 우리는 /p/와 /t/, 그리고 /n/과 /m/이라는 네 개의 음소를 설정할 수 있다.

따라서 주어진 어떤 두 개의 음이 최소 대립어를 이루지 않는다면 이들은 별개의 음소가 아니라 하나의 음소의 이음이 된다. 예를 들어, /m/은 보통 위아래 입술을 붙여서 내는 소리지만 /f/를 발음할 때처럼 윗니로 아랫입술을 물고 낼 수도 있다. 음성기호로는 [ɱ]으로 표기하는 음인데, 영어에서는 [m]이 들어갈 곳에 [ɱ]이 들어가서 뜻이 달라지는 최소 대립어는 없다. 동시에 [ɱ]이 [n]과 최소 대립을 이루는 경우도 없다. 영어의 경우 [ɱ]은 symphony나 infant에서처럼 [f] 앞에서 일어나는 /m/이나 /n/의 이음이다. 따라서 symphony와 infant는 [f] 앞의 m과 n을 [ɱ]으로 발음하는 것이 자연스러운 발음이지만 이들을 각각 [m]과 [n]으로 발음해도 무방하다.

우리는 앞서 영어의 /k/는 [kʰ, k˭, k̚]와 같은 세 개의 이음으로 이루어져 있으며, 이들이 각기 나타나는 자리가 정해져 있어, 예를 들면 [kʰ]는 어두에만 나타난다는 사실을 알았다. 그러나 정확히 말해서 어두의 /k/는 하나의 [kʰ]만으로 실현되는 것이 아니다.

예를 들어 key와 car의 어두의 /k/를 잘 관찰해보면 이들이 똑같은 [kʰ]가 아니라는 것을 알 수 있다. key의 경우에는 혀가 경구개에 닿고, car의 경우에는 혀가 연구개에 닿는다는 것을 알 수 있다. 이것은 모두 /k/ 뒤에 오는 모음 때문에 생기는 차이다. /ki/와 /ka/를 천천히 교대로 발음해보면 이 차이를 분명히 알 수 있으며, /ki/나 /ka/를 소리내서 발음하기 직전의 혀의 모양을 관찰해보면 이 사실을 더욱 분명히 알 수 있다. 이처럼 다른 두 개의 [kʰ]가 영어에서는 최소 대립어 속에 나타나는 일이 없으며 따라서 별개의 음소를 이루지 못한다.

앞서 우리는 영어의 /l/에는 [l]과 [ɫ]의 두 가지가 있는데 전자는 light /l/, 후자는 dark /l/이라고 불린다는 사실을 알았다. 따라서 lull의 어두와 어미의 두 /l/은 그 음이 같지 않다. 그러나 영어에서 [l], [ɫ] 두 개의 음이 최소 대립어를 이루는 예는 없다. 따라서 이들은 별개의 음소를 이루지 못한다. 그러나 폴란드어에서처럼 이들을 별개의 음소로 사용하는 언어도 있다.

음소를 발견하는 손쉬운 방법이 최소 대립어를 찾아내는 것이기는 하나 그것이 항상 가능한 것은 아니다. [p]와 [t]의 최소 대립어를 찾기는 쉬울지 모르나 [dʒ]와 [ʒ], 또는 [θ]나 [z]의 최소 대립어는 찾을 수 없거나 또 찾기가 매우 어렵다. 그리하여 음소 설정을 위해 두번째로 많이 사용되는 중요한 방법은 주어진 음의 분포를 알아보는 방법이다. 만약 음의 분포가 서로 겹치지 않는 상보적 분포 관계에 있으면 이들은 같은 음소의 이음이며, 반대로 분포가 겹치게 되면 별개의 음소를 이룬다. 다음은 음소 /p/의 자세한 분포와 예를 든 것이다.

아래의 도표는 /p/의 세 이음의 분포가 서로 겹치는 일이 없는 완전히 배타적인 상보적 분포를 이루고 있음을 보여준다.

	#___, V___V́,	___ $\begin{vmatrix} t \\ k \end{vmatrix}$,	V́___V,	#s___,	___#
[pʰ]	pie appear				
[p˭]			open	spy	
[p˺]		captain			cap
	napkin				

(___는 주어진 음이 일어나는 환경을 나타내며, #는 단어 경계를 나타낸다. 따라서 #___는 어두, ___#는 어미를 나타낸다. V́는 강세가 오는 모

5. 소리의 분류(음소론) **151**

음을, V는 강세가 오지 않는 모음을 나타낸다.)

한편 한국어에서는 [k]와 [g]가 상보적 분포를 이루고 있다. [g]는 '아가' 등에서 볼 수 있듯이 모음 사이에서만 일어나고, [k]는 그 밖의 자리에서 일어난다. 따라서 한국어에서는 [k]와 [g]가 대립하는 최소 대립어를 찾을 수 없으며, 한국인은 [k]와 [g]의 차이를 식별하지 못한다.

음소를 발견하는 세번째 방법은 변이의 개념을 이용하는 것이다. 음소론의 변이에는 두 가지가 있다. 첫째는 자유 변이(free variation)이다. 어떤 음들에서 그 음이 일어나는 모든 환경을 공유하며 동시에 대립하지 않을 때(즉, 뜻의 차이를 가져오지 않을 때) 자유 변이의 관계에 있다고 말한다. 예를 들어 영어의 [t] 음은 치경에 설첨을 대고 낼 수도 있고 설단을 대고 낼 수도 있다. 그 어느 쪽으로 발음하든 뜻의 차이는 없다. 이것은 [t]가 발음되는 모든 경우에서 그렇다.

두번째 변이는 환경 변이(contextual variation)이다. 주어진 음소가 환경에 따라 다르게 나타나는 변이로서 다름 아닌 상보적 분포를 이루고 있는 변이를 가리킨다. 변이형들은 자유 변이건 환경 변이건 간에 뜻의 차이를 가져오지 않는다. 따라서 이 변이형은 한 음소의 이음들이다. 이 개념을 이용하여 주어진 음을 다른 음과 바꿔서 뜻이 달라지지 않으면 변이형은 하나의 음소에 속하는 이음이며, 뜻이 달라지면 별개의 음소를 이룬다. Pie의 어두 자음은 [pʰ], [p⁼] 어느 쪽으로 발음해도 뜻의 차이가 없으므로 이들은 같은 음소에 속한다. 마찬가지로 한국어의 '아가'는 [k], [g] 어느 쪽으로 발음해도 뜻의 차이가 없으므로 이들도 같은 음소에 속하는 이음이라는 것을 알 수 있다.

지금까지 우리는 음소를 발견하여 설정하는 수순(procedure)에 대해서 알아보았다. 음소의 설정이 위에서 본 것처럼 항상 쉬운 것은 아니다. 두 개의 음이 상보적 분포를 이룬다고 해서 반드시 같은 음소의 이음일 것이라는 보장은 없다. 예를 들어 영어의 [h]와 [ŋ]의 경우, [h]는 음절의 첫머리에만 나타나고, [ŋ]은 음절 끝에만 나타나므로 이것은 분명히 배타적인 상보적 분포를 이루고 있지만, 같은 음소의 이음이라고 할 수는 없다.

이와 같은 경우를 피하기 위해서 우리는 상보적 분포는 음성적 유사성이 있는 음들에 대해서만 알아보아야 한다는 조건을 붙여야 한다. 음소 /p/의 이음인 [pʰ, p⁼, p̚]는 모두 무성의 양순 파열음(bilabial stop)이라는 음성적 유사성을 공유하며, 한국어의 [k]와 [g]도 성대 진동을 제외한 모든 음성적 유사성을 공유한다.

그런데 상보적 분포를 보완하기 위해 등장하는 음성적 유사성이라는 것은 새로운 불씨를 안고 있다. 즉 얼마나 비슷해야 비슷하다고 할 수 있느냐의 문제이다. 왜냐하면 비슷하다든지 비슷하지 않다든지 하는 것은 다분히 주관적인 개념이며, 어떤 두 개의 음이 주어졌을 때 그들의 음성적 유사성에 대한 판단은 사용하고 있는 모국어에 따라 얼마든지 달라질 수 있기 때문이다. 예를 들어 [a]와 [æ]는 한국인에게는 전혀 다른 음이겠지만 일본 사람들에게는 비슷한 음으로 들릴 것이고, [s]와 [θ]는 영·미국인에게는 전혀 다른 음이겠지만 한국인에게는 비슷한 음으로 들릴 것이다. 이처럼 음성적 유사성이란 것은 객관적인 기준에 의해 정의할 수 없는 다분히 경험적으로 파악해야 할 개념이다.

문제는 여기에서 그치지 않는다. 설사 음성적 유사성을 객관적인 기준에 의해 정의한다 해도 다음과 같은 문제가 생긴다. 가령 여기에 A, B, C, D, E 다섯 개의 음이 있다고 하자. 이때 A는 B와 유사하고, B

는 C와, C는 D와, D는 E와 유사하다고 하자. 그러면 A와 E의 관계는 어떻게 되는 것인가? 혹은 A와 D, B와 E는 유사하다고 할 수 있는가? 독일어의 [x]와 [ŋ]의 관계가 그 전형적인 예다. 분명히 [x]는 [k]와 유사하다. 모두 무성의 연구개음이다. [x]는 마찰음이고 [k]는 파열음이라는 차이만 있을 뿐이다.

한편 [k]와 [g]가 유사한 것은 분명하고, [g]와 [ŋ]도 유사하다. 그러고 보면 [x]-[k]-[g]-[ŋ]의 관계가 성립된다. 이들 모두가 유사한가라는 질문은 대답하기가 곤란하다. 아무래도 [x]와 [ŋ]을 유사하다고 할 수는 없다. 그러나 [x]가 [g]와 유사한지도 쉽사리 단정짓기 어려운 문제다.

음소 설정의 중요한 방법의 하나로 사용되었던 자유 변이라는 것도 문제가 없지 않다. 어떤 음들이 일어나는 모든 환경을 공유하며 동시에 대립하지 않는 것을 자유 변이라고 했다. 일본어에서는 무성 파열음 /p, t, k/에서 기식(aspiration)의 유무는 전혀 뜻의 차이를 가져오지 않는다. 이것은 모든 환경의 무성 파열음에 대해 해당하는 말이다. '남자'에 해당하는 단어를 [otʰok⁼o]라고 발음하든, 또는 [ot⁼ok⁼o], [ot⁼okʰo], [otʰokʰo] 그 어느 것으로 발음해도 뜻은 마찬가지다. 이것을 우리는 [tʰ, t⁼]와 [kʰ, k⁼]가 각기 /t/, /k/라는 음소의 이음이며, 이들이 자유 변이의 관계에 있기 때문이라고 생각했다.

최근에 라보브(Labov)가 이끄는 사회언어학(sociolinguistics)의 일파에서는 자유 변이라는 개념 그 자체에 대해 강한 회의를 제기하고 있다. 자유 변이라는 것이 정말로 자유로우냐는 것이다. 다시 말해 그 차이 속에 전혀 언어학적 의의가 없느냐 하는 것이다. 이들은 이 변이형(variant)이 일어나는 시간, 장소, 그리고 빈도수 모두가 사회학적 의의가 있다고 생각한다. 이와 같은 의의의 포착은 우리 언어 능력(linguistic competence)의 일부이므로 완전한 문법은 이와 같은 언어 능력도 함께 기술해야 한다고 주장한다. 이런 제안이 의미하는 것은 진정한 의미의 자유 변이라는 것은 없으며, 그것들은 그들 나름대로 모두 여러 여건의 제약을 받고 있다는 것이다. 그리하여 우리는 '제약된 자유 변이'라는 모순된 개념에 이르게 된다.

다음으로 음소 설정의 어려움은 주어진 음을 하나의 음소로 보느냐 하는 점이다. 그 대표적인 예가 영어의 [tʃ], [dʒ], [ts], [dz] 등의 파찰음 (affricate)들이다. 대부분의 음성학자들은 [tʃ]와 [dʒ]를 하나의 음소로 보는 반면, [ts]와 [dz]는 두 개의 음소 결합으로 본다. 그래서 [tʃ]와 [dʒ]를 위해 음소론에서는 /č/와 /ǰ/라는 단일 기호를 사용하는 것이다.

우선 분명히 해두어야 할 것은 위의 네 파찰음에 대한 기호야 어떻든 이들은 음성학적으로는 분명히 두 개 음의 연속이라는 사실이다. 가령 /očo/라는 음의 연쇄(string)를 녹음하여 거꾸로 틀면 [očo]로 들리지 않고 [oʃto]로 들린다. 이것은 /očo/가 [otʃo]라고 생각할 때 가능한 결과다. 따라서 위의 네 음에 대한 논의는 음의 조직과 체계를 생각하는 음소론과 음운론을 위한 논의이며 결코 음성학을 위한 논의는 아니다.

음소의 설정을 위해 이런 경우에 많이 사용되는 것이 이른바 교환 테스트(commutation test)이다. 교환 테스트란 주어진 음소들이 대립하는지를 알아보는 테스트이다. 예를 들어 lamp와 ramp가 대립하는 것은 [l]과 [r]의 대립 때문이다. 따라서 우리는 /l/과 /r/이라는 두 음소를 설정하게 된다. 다음으로 ramp와 cramp가 대립하는 것은 후자에 있는 [k]가 전자에는 없기 때문이며, 이런 경우 우리는 [k]가 Ø(제로)

5. 소리의 분류(음소론) **155**

와 대립한다고 말하고 /k/를 독립한 음소로 설정한다.

한편 ramp와 amp는 [r]의 유무로 대립하므로 /r/을 독립한 음소로 설정할 수 있다. 다음과 같은 경우도 교환 테스트의 한 예다. stray라는 단어가 주어졌을 때 어두의 자음군을 /s/+/t/+/r/의 셋으로 나누는 데, 이것은 어두의 /s/를 없애도 tray라는 단어가 되고, 또 /s/와 /t/를 없애도 ray라는 단어가 되며, /r/을 없애도 stay라는 단어가 되기 때문이다.

이 같은 교환 테스트를 [tʃ]에 적용하면 어떻게 되는가? 우선 chip [tʃip]와 ship[ʃip]는 [t]의 유무로 대립한다. 한편 chip[tʃip]과 tip[tip]은 [ʃ]의 유무로 대립한다. 그러고 보면 /t/, /ʃ/는 훌륭히 별개의 음소로 설정할 만하고, 따라서 /č/라는 음소를 따로 설정할 필요가 없을 듯하다.

문제는 [tʃ]의 짝인 [dʒ]에 있다. 만약에 음소 /č/를 /t/와 /ʃ/의 두 음소의 결합이라고 볼 때 /ǰ/와는 동형성(pattern congruity)의 마찰이라는 문제가 생긴다. 앞서 [tʃip]의 경우, 어두의 자음군 /t/와 /ʃ/는 tip과 ship이라는 단어에서 볼 수 있듯 모두 어두에 올 수가 있었다. 그러나 [dʒ]의 경우는 그렇지 못하다. 만약 gyp을 [dʒip]라고 분석한다면 dip[dip]처럼 [d]는 어두에 올 수 있지만 *[ʒip]은 가능하지 않다. 이것은 영어에서 [ʒ]와 [ŋ]만은 어두에 올 수 없는 음운 조직상의 이유 때문이다.

따라서 [ʒ]가 어두에 오기 위해서는 항상 그 앞에 [d]가 와야 한다는 특별한 제약이 생긴다. 이것은 거꾸로 말해 [d]와 [ʒ]는 별개로 생각해서는 안 되고 하나의 단위로 생각해야 한다는 것을 의미한다. 그리하여 [dʒ]를 /ǰ/라는 하나의 음소로 생각할 수 있는데, 그렇게 되면 이것의 짝인 [tʃ]도 /č/라는 하나의 음소로 간주해야 한다.

다음으로 [ts]와 [dz]의 두 파찰음을 생각해보자. 이것은 영어에서 명사의 복수형이나 동사의 3인칭 단수 어미에서 볼 수 있다. 어미가 [t]로 끝나면 [s]가 붙어 [ts]로, 어미가 [d]로 끝나면 [z]가 붙어 [dz]가 된다. 영어에서 hats를 /hæts/의 네 개의 음소로, hands를 /hændz/의 다섯 개 음소로 나누는 데 별 저항감을 느끼지 않는다. 그러나 독일어에서 [ts]는 Zimmer[tsimə] 'room' 등에서 볼 수 있듯 하나의 글자로 표기되며 하나의 음소로 취급된다. 영어의 경우 [ts], [dz]는 [č], [ǰ]의 경우와는 달리 모두 교환 테스트에 합격하며, 또 동형성의 문제도 없다. 가령 mats[mæts] 같은 단어가 주어졌을 때, [mæt] 'mat' [mæs] 'mass' 등에서 보듯 [t]나 [s] 어느 하나가 없어도 단어로서 성립한다. lends[lendz]에서도 [lend] 'lend' 나 [lenz] 'lens' 에서 보듯 교환이 가능하다. 따라서 [ts]와 [dz]는 영어에서는 하나의 음소로 설정할 필요가 없다.

끝으로 방언에 따른 음소 체계의 차이가 음소 설정에 어려움을 더해 준다. 가령 [sɛt]라는 음의 연쇄가 주어졌을 때, A라는 방언을 사용하는 사람은 이것을 sat로, B라는 방언을 사용하는 사람은 이것을 set라고 듣는다고 하자. A, B 두 방언이 같은 수에 같은 종류의 모음을 가지고 있다면 음소 체계의 설정은 더욱 어려워진다. 문제는 여기서 끝나지 않는다. 같은 방언을 사용하는 두 사람의 음소 체계나 음소 조직도 완전히 똑같지 않다. 그래서 우리는 개인 방언(idiolect)이란 술어를 도입하는 것이다. 그러나 개인 방언이란 술어도 정확하지 않다. 우리는 경우에 따라 그 경우에 알맞은 말을 사용하는 것이다. 이상적으로 말해서 정확한 음소 분석이란 어느 주어진 경우에 어느 주어진 개인이 사용하는 말의 분석에만 해당된다.

　이로써 '영어의 음소 체계', '한국어의 음소 체계' 따위의 말이 얼마나 막연한 개념을 나타내는가를 쉽게 짐작할 수 있다. '영어의 음소 체계'라고 해도 사용하는 나라, 지방, 개인, 사용하는 경우에 따라 다를 것이기 때문이다. 시대를 달리하면 음소 체계와 음소 조직이 달라지는 것은 말할 것도 없다. 고대 영어(Old English)에는 /ž/(=[ʒ]) 따위의 음은 없으나, 지금과는 달리 /n/ 앞에 /k/가 올 수 있어 지금의 know에 해당하는 단어는 cnāwan[knaːwan]이었다.

5.3 음소와 외국어 교육

　　　　　　　　　　　음소를 분석하고 설정하는 일은 외국어를 배우고 가르치는 데 있어 우리에게 많은 것을 시사해준다. 가령 한국어를 모국어로 사용하는 사람이 외국어 학습에서 겪게 될 어려움을 미리 알기 위해서는 우선 모국어인 한국어와 목표 언어(target language), 예를 들어 영어의 음소 체계를 비교해보아야 한다. 쉽게 생각할 수 있는 것은, 목표 언어에는 있고 모국어에는 없는 음소의 습득에 어려움을 느낄 것이라는 점이다. 이를테면 /b, d, g, z, f, v, č, ǰ, ž, š, θ, ð/ 등의 정확한 발음에 어려움을 느낄 것이다.

　그러나 이것은 너무나 피상적인 관찰이다. /b, d, g/는 비록 한국어에서는 독립한 음소로 존재하지 않지만, 몇 차례 언급한 것처럼 모음과 모음 사이라는 환경에서는 이음으로 존재한다. 다시 말해 /b, d, g/가 모음과 모음 사이에 오는 abide, ado, ago와 같은 단어의 발음에는 한국 학생들이 전혀 어려움을 느끼지 않는다. 짐작건대 /b, d, g/의 발음이 어려워지는 것은 bide, do, go처럼 이것이 어두에 오거나, cab, head, bag처럼 어미에 오거나, obtain, admit, ignore처럼 다른 자음 앞에 오는 경우이다. 모국어의 영향 때문에 한국 학생들은 bide, do, go의 어두의 자음을 무성음으로 잘못 발음하게 된다. 이때 bide, do, go의 정확한 발음을 들려주고 이것을 정확히 반복시키려는 노력은 무의미하다. 차라리 abide, ado, ago를 먼저 따라 발음하게 한 다음 abide, ado, ago의 어두의 모음은 입 속에서만 발음하게 하고 나머지만 큰 소리로 발음하게 하면 어렵지 않게 정확한 발음을 익히게 된다. 그렇게 되면 어두의 /b, d, g/에 대해서도 귀가 예민해지고, 나중에는 어두의 모음을 입속에서 발음하는 시늉을 하지 않고서도 bide, do, go를 정확하게 발음하게 된다.

영어를 처음 배우는 한국 학생들에게 가장 어려운 발음 중의 하나가 /θ/나 /ð/일 것이다. 위아래 이 사이에 혀를 가볍게 물고 이와 혀 사이에서 공기를 마찰시켜서 내는 소리이고 또 그렇게 하도록 학생들에게 가르친다. 그러나 말처럼 쉽지 않다는 것은 누구나 알 것이다. /θ/는 한국어와 전혀 무관한 발음인 것처럼 생각되고 있으나 실은 학교에 들어가기 전의 한국 어린이들은 거의가 /s/ 대신 /θ/를 사용하고 있다는 것을 알 수 있다.

예를 들어, 어린이들은 '나 밥 먹었어'의 뒷부분을 [məgəssə]라고 발음하지 않고 [məgəθθə]라고 발음한다. 이것은 조금만 주의해서 들으면 곧 알 수 있다. /θ/는 /s/보다 주파수도 낮고 발음하는 데 소요되는 에너지도 적으므로 어린이들이 /s/보다 발음하기 쉬운 /θ/를 먼저 사용하는 것은 어떤 의미에서는 당연하다고 볼 수 있다. 어린이들은 학교에 들어가서는 점차 /θ/를 /s/로 바꿔 가는데, 개중에는 3, 4학년이 될 때까지 바꾸지 못하는 어린애들도 있다. 이들은 '혀 짧은 소리'를 쓴다는 말을 듣는다.

영어의 /θ/란 결국 한국어의 /s/를 혀 짧은 소리로 발음한 것이다. 한국어의 /ㅅ/ 음소의 두 이음인 [θ]와 [s]는 상보적 분포를 이루고 있는 셈인데, 그 분포는 환경을 달리하는 분포가 아니라 일어나는 시기를 달리하는 분포이다. 학생들에게 영어의 /θ/를 가르치는 가장 경제적인 방법은 그들이 어릴 적에 사용하던 [məgəθθə]를 한 번 반복시키고, 그때의 /θ/를 영어 단어로 발음시키는 일이다.

한국어를 배우는 영·미국인이 경험하게 될 어려움은 한국어와 영어의 음소를 비교해보면 알 수 있다. 'ㅂ, ㅍ, ㅃ' 등의 구별이 어려울 것임을 쉽게 짐작할 수 있다. 그 가운데서도 'ㅃ'의 발음이 가장 어려울 것이다. 'ㅍ'과 'ㅃ'을 구별해서 듣지 못하는 그들에게 단순히 듣고 따라서 발음하게 하는 것은 아무 소용이 없다. 우리는 /p/가 어두의 /s/ 뒤에 올 때 한국어의 'ㅃ'에 가까운 소리가 되는 것을 알고 있다. 만약 '뿔'이라는 한국어를 가르칠 때에는 먼저 /spul/이라는 음의 연쇄를 발음시킨 다음 어두의 /s/는 입 속에서 발음하게 하면 비교적 쉽게 '뿔'의 발음을 가르칠 수 있다.

영·미국인이 어려워하는 한국어의 'ㅅ'과 'ㅆ'도 마찬가지다. 영어의 /s/는 한국어의 'ㅅ'과 'ㅆ'에 해당하는 이음을 가지고 있다. 'ㅅ'은 자음 앞에서, 'ㅆ'은 모음 앞에서 나타나므로 이 분포를 이용하면 이 두 음의 차이를 가르치는 데 도움이 될 것이다. 영어에서 'ㅅ'과 'ㅆ'의 분포로 볼 때 영·미국인이 한국어의 '쌀'과 같은 단어를 발음하는 데 별 어려움이 없을 것이다. 문제는 '살'과 같은 단어의 발음이다. 이때는 우선 /spend/ 같은 단어에서 [s]음의 느낌을 체득하도록 한 다음에 그 [s] 뒤에 모음을 붙이도록 하는 것이 좋다.

한국 학생들이 일본어를 배울 때 가장 어려워하는 것이 이른바 탁음이라고 불리는 자음의 유성음이다. 한국 학생들이 일본어의 [koma] '팽이'와 [goma] '깨'를 혼동하는 것은 당연하다. 한국어 /ㄱ/의 이음 [g]는 모음 사이에서만 나타나므로 [goma]처럼 어두에 오면 듣기도 어렵고 발음하기도 어렵다. 물론 [ago] '턱' 처럼 [g]가 모음 사이에 오는 단어의 발음은 어렵지 않다. 따라서 [goma]를 가르치는 가장 좋은 방법은 우선 /ogoma/와 같은 음의 연쇄를 반복 연습시키다가 어두의 모음만을 입 속에서 발음하게 하는 것이다. 모음 사이에서 자음이 유성음화하는 것은 /kurokami/ '흑발(黑髮)' 같은 단어를 [kurogami]로 잘못 발음하는 원인이 된다. /kurokami/를 정확하게 발음하려면 /kuro/와 /kami/ 사이에 간격을 두고 발음하여 각각의 음에 주의하면서 그 간격을 좁혀 나가는 것이다.

한국어를 배우려는 일본 학생들이 겪는 어려움은 일본어를 배우는 한국 학생의 어려움에 비할 바가 아니다. 일본 학생들이 발음할 수 없는 한국어의 음소보다는 발음할 수 있는 음소를 세는 것이 더 빠르다. 게다가 일본어에서는 음절 구조의 심한 제약이 있다. 예를 들어 음절 끝에 올 수 있는 비음은 /N/뿐이다. 따라서 일본 학생들은 한국어의 '김', '강' 따위를 발음하지 못한다. 그래서 그들은 '김치'를 [kimuči]라고 발음한다.

그런데 일본어의 /N/은 그 뒤에 오는 자음에 따라 여러 가지의 이음으로 바뀐다. 가령 [nihombaši] '일본교(日本橋)', [nihontoo] '일본도(日本刀)', [nihoŋgo] '일본어(日本語)' 따위를 보면 뒤에 오는 자음 여하에 따라서 음절 끝에 [m], [n], [ŋ]이 모두 올 수 있음을 알 수 있다. 비음과 자음은 조음점(point of articulation)이 같으므로 [m]은 /p, b, m/ 앞에서, [n]은 [t, d, n] 앞에서, [ŋ]은 [k, g, ŋ] 앞에서 일어난다.

따라서 '김치'의 발음을 못하는 일본 학생들도 '김포'의 발음은 정확히 할 수 있다. 그러므로 '김치'의 발음을 가르치기 위해서는 먼저 '김포'의 발음부터 시작하여 '김포'의 '김'만을 따로 떼서 발음하도록 연습시키고 난 뒤에, '김'에다 '치'를 연결해서 발음하는 연습을 하면 된다.

어떤 외국어를 배울 때 발음상의 어려움은 모국어와 목표 언어의 음소 비교에서 끝나지 않는다. 모든 언어에서는 이 음소들이 서로 부딪칠 때 여러 가지 음운 현상들을 보이게 되며, 이 음운 현상들이 언어마다 같지 않으므로 여러 가지 복잡한 일들이 생긴다. 예를 들어 한국어에는 /n/이 뒤에 오는 /l/에 완전 동화되어 [l]이 된다. 그러므로 '삼천리'는 '삼철리'로 발음된다.

따라서 한국 학생들이 외국어를 배울 때 /-nl-/의 결합을 /-ll-/로 잘못 발음하리라는 것을 짐작할 수 있다. 대부분의 경우 영어의 /oʊnlɪ/ 'only'는 [oʊllɪ]로, /wel noun/ 'well-known'은 [welloun]으로 잘못 발음한다. 이처럼 외국어 학습에서는 모국어와 목표 언어의 단순한 음소 비교만으로는 짐작하기 어려운 여러 문제들이 생기게 된다.

5.4 모음과 자음
Vowel and Consonant

주어진 언어의 음소가 정해지면 모든 음소를 모음과 자음 어느 하나로 분류한다. 그런데 지금까지 음성학자들은 명확한 기준도 없이 소리들을 모음과 자음으로 나누거나, 혹은 여러 개의 기준을 그것도 서로 상충하는 기준을 사용하여 소리를 분류하였다. 경우에 따라 사용하는 기준이 달라지므로 자연히 분류하는데 혼란을 초래하였다. 그 결과 반자음 혹은 반모음이라는 어리둥절한 술어를 도입하게 된 것이다. 주어진 음이 음성학적으로는 모음이지만 자음의 기능을 다할 때, 혹은 그 반대의 경우에 이 같은 술어를 사용한 것이다.

/y/와 /w/는 그 음성학적 특징은 모음이지만 다른 모음들처럼 음절핵(syllable nucleus)이 되지 못한다. /y/와 /w/의 자음적 기능은 /y/나 /w/로 시작되는 단어 앞에서의 정관사와 부정관사의 쓰임을 봐도 알 수 있다. 알다시피 정관사 the는 모음 앞에서는 [ði]나 [ðɪ]로 발음되며, 부정관사 a는 모음 앞에서 an으로 바뀐다. 그러나 이들은 /y/나 /w/로 시작되는 yacht나 watch 같은 단어 앞에서 여전히 [ðə]로 발음되고 또 a로 쓰인다. 한편 [l]과 비음은 음성학적으로는 자음이지만 middle[mɪdl]이나 button[bʌtn] 등에서 보듯 음절핵이 될 수 있으므로 모음의 구실을 한다고 말할 수 있다.

지금까지 소리를 모음과 자음으로 분류하는 데 주로 사용된 기준은 조음적(articulatory), 음향적(acoustic), 맥락적(contextual)인 것이었다.

차례대로 이 기준들을 검토해보겠다.

우선 모음과 자음을 구별하는 데 가장 많이 사용된 조음적 기준은 저해(obstruction)이다. 즉 허파에서 올라오는 공기가 성도 어딘가에서 저해를 받으면 자음이라는 기준이다. 그러나 이 기준은 충분치 않다. 파열음인 경우에는 문제가 없다. 그러나 계속음(continuant)의 경우에는 문제가 된다. 왜냐하면 같은 계속음 가운데서도 어떤 것은 마찰음으로 분류되고, 다른 것은 모음으로 분류되기 때문이다. 혀의 좌우 접촉, 또는 공기가 빠져나오는 통로의 협소함 등도 기준이 되기는 어렵다. 모음 [i]는 자음 [l]보다 훨씬 혀의 좌우를 접촉시켜 발음하며, [l]을 발음할 때의 공기의 통로보다 협소하기 때문이다.

다음으로 생각할 수 있는 조음적 기준은 협착(narrowing)이다. 이것도 위에서 언급한 저해의 경우와 마찬가지로 소리들을 모음과 자음으로 나누는 협착의 정도를 정의할 수가 없다.

두번째는 음향적 기준 가운데서 주로 사용되는 공명도(sonority)와 마찰(friction)이 있다. 공명도에 대해서는 당연히 모음이 자음보다 더 울린다고 생각되어 왔다. 그러나 여기서도 이것이 모음과 자음을 명쾌하게 분리하는 기준이 될 수 없다는 것을 알 수 있다. 모음 가운데서도 [i] 같은 음은 울림의 정도가 매우 약한 대신 일반적으로 자음으로 알려진 성절 자음(成節子音; syllabic consonant; sonant)인 [l] 따위는 공명도가 매우 크다. 공명도라는 것은 결국 정도의 문제이지 있고 없음의 문제는 아니다.

음향적 기준 가운데 두번째는 마찰이다. 공기의 흐름이 방해를 받아 그 결과 마찰을 일으키는 음을 자음으로 간주해왔다. 마찰은 이처럼 모음과 자음을 구분하는 방해의 정도를 알아보는 하나의 기준으로 생각되었다. 그러나 마찰 역시 정도의 문제이다. 모음 가운데서도 협모음(狹母音)은 발음할 때 마찰이 들리며, [r] 같은 음은 발음할 때는 전혀 마찰이 들리지 않는다. 공명도와 마찰은 무성모음(voiceless vowel)을 모음의 범주에서 제외시켰던 바로 장본인이다.

　마지막으로 맥락의 기준을 살펴보기로 하자. 맥락이라고 하면 주로 음절 안에서의 역할, 또는 음운 체계 안에서 다른 음들과의 맥락 속에서 이루어지는 역할들이 고려되었다. 즉 어떤 주어진 음이 음절 안에서 어떤 구실을 하는가에 따라 모음과 자음으로 구분하는 것이다. 음절핵을 형성하면 모음이고 그렇지 않은 것은 자음으로 분류된다.

　흔히 음의 상대적 힘(relative force)을 주어진 맥락에서 검토하여 모음과 자음을 분류하기도 한다. 그 결과 따로 떼어 놓고 보면 모음으로 분류될 것이 맥락 속에서 다른 음과 상대적인 힘의 비교에서 자음으로 분류되기도 한다. [y]나 [w] 같은 무마찰 계속음(frictionless continuant)은 고모음(high vowel) [i]나 [u]처럼 조음되므로 모음으로 분류하는 것이 마땅하다. 그러나 이들은 앞뒤에 오는 모음에 비해 숨소리가 상대적으로 약하므로 자음으로 분류된다. 이들이 반모음(semivowel)이라는 어색한 이름으로 불리는 것은 이들을 명쾌하게 분류하지 못한 우리의 엉거주춤한 태도를 보여주는 것이다.

　맥락을 분류의 기준으로 삼는 예는 바로 이 반모음에서 볼 수 있다. 앞서 언급한 것처럼 [y]나 [w]로 시작하는 단어 앞에서 관사는 자음으로 시작되는 단어 앞에서처럼 [ə]와 [ðə]가 쓰이며, [ən]이나 [ði]는 쓰이지 않는다. 흔히들 이 같은 사실 때문에 [y]와 [w]를 자음으로 분류하는데, 이것은 음을 조음적·음향학적 기준을 무시하고 맥락만을 가지고 분류한 대표적인 예이다. 맥락만을 고려할 때, [I], [U], [r]은 모음 앞에서는 자음으로, [aɪ], [aʊ], [aɚ] 등에서 보듯 모음 뒤에 오면 비성절 모음(nonsyllabic vowel)으로 분류된다.

　마찬가지로 악명 높은 것에 [h]가 있다. 음성학적으로 [h]는 모음을 성대의 진동 없이 숨소리로 내는 무성모음이며, 음성학적으로 정밀하게 표기하려면 무성모음으로 표기해야 한다. 그러나 많은 음성학자들이 [h]를 모음으로 분류하지는 않는다. 그 까닭은 [h]는 주로 다른 자음들처럼 모음 앞에 나타나며, 영어의 경우 음절 끝이나 모음 뒤의 맥락에서 나타나는 일이 없기 때문이다.

　이 같은 분류상의 혼란을 정리하기에 앞서 우리는 음성학과 음운론이 해야 하는 일의 성격을 규정하고 구분할 필요가 있다. 음성학에서는 주어진 어떤 음을 그 음이 일어나는 맥락에 대한 언급 없이 자신의 기준만으로 기술해야 한다. 한편 음운론에서는 주어진 어떤 음이 전체 음운 체계에서 차지하는 위치와 기능, 다른 음들과의 관계 등을 근거로 그 음을 기술하게 된다. 이 두 가지를 구분하지 못하면 음성학과 음운론에서는 서로 상대방에 의지하고 상대방에서 출발하는 악순환이 생길 뿐이다.

　파이크(Pike, 1943)가 모음류(vocoid)와 자음류(contoid)라는 새로운 술어를 도입한 것은 위와 같은 정신에서였다. 그는 맥락적 기준을 음운론적인 것으로 보고 조음적·음향적 기준만을 음성학적인 것으로 간주하였다. 그리하여 소리들을 순수하게 음성학적인 기준만으로 분류한 것을 모음류 또는 자음류라고 한다. 주어진 음은 그것이 어떤 언어, 어떤 음운 조직에 속하든 항상 모음류나 자음류 가운데 어느 하나에만 속하게 된다. 그러나 음은 그것들이 속하는 언어의 음운 체계와 나타나는 위치에 따라 다시 모음과 자음으로 분류될 것이다. [l]라는 음은 음성학적으로 모음류이지만, 만약에 CV라는 하나의 음절 구조만을 갖는 언어에서 [Ia]와 같은 맥락에 나타난다면 자음으로 분류될 것이다. 이처럼 모음과 자음의 분류는 소리 그 자체의 고유한 특성에 의한 것이 아니라 맥락에 의해 정해진다.

파이크는 모음류를 다음과 같이 정의한다. 첫째, 공기가 입으로 나오는 구강음(oral sound)이어야 한다. 둘째, 공기가 혀의 측면이 아니라 혀의 중앙으로 나와야 한다. 셋째, 마찰이 없는 공명음(resonant)이어야 한다. 이 세 가지 요건을 모두 만족시키면 모음류이고 그렇지 못하면 자음류이다.

영어에서 [m]은 공기가 코로 나오므로 비음이며, 구강음이 아니므로 모음류가 아니다. 한편 [l]은 구강음이지만 공기가 혀의 좌우 측면으로 빠져나오므로 모음류가 아니다. [s]를 발음할 때는 공기가 혀의 중앙으로 나오지만 마찰이 있으므로 이것도 모음류가 아니다. 이와 같은 기준을 적용하면 모음류에는 종래의 모음(유성, 무성, 속삭이는 소리)과 [y], [w], [h], [r]이 모음류로 분류되고 나머지는 자음류가 된다.

파이크의 분류는 종래의 분류 방법에 비하면 매우 과학적이고 정연한 분류이다. 종래의 분류는 그것이 음성학에서 출발한 분류라고 하더라도 부지불식간에 음운론적인 맥락이라는 기준에 얽혀 늘 자가당착에 빠지곤 했다. 그런데 생성음운론에서는 음성학과 음운론을 교묘히 결합시킨 새로운 분류가 행해지고 있다. 생성음운론에서는 모음이나 자음이라는 종래의 모순된 분류나, 혹은 음운론적 고려를 배제한 모음류, 자음류라는 분류도 택하지 않고, 이 두 가지를 모두 고려한 [±vocalic], [±consonantal]이라는 자질을 사용하고 있다. 이 자질에 대해 촘스키와 할레(Chomsky & Halle, 1968)가 다음과 같이 정의하고 있는데,

이것은 조음적인 정의라고 할 수 있다.

　모음성(vocalic) : 구강을 [i]나 [u]를 발음할 때 이상 좁히지 않고, 또 자연스러운 성대의 진동을 동반해서 내는 소리들. 이 두 개의 조건 가운데 어느 하나라도 어기면 비모음성(nonvocalic)의 음이다.
　자음성(consonantal) : 구강에 적어도 마찰음을 낼 때보다는 더 좁은 저해를 가해 만들어지는 소리들. 저해 없이 나오는 소리는 모두 비자음성(non-consonantal)의 음이다.

　주어진 음이 모음성의 자질을 가졌으면 [+vocalic], 비모음성의 자질을 가졌으면 [−vocalic]으로 표시하며, 마찬가지로 자음성의 자질을 가졌으면 [+consonantal], 비자음성의 자질을 가졌으면 [−consonantal]로 표시한다. 여기서 한 가지 주의할 점은 어떤 음이 비모음성이라고 해서 자음성은 아니며, 반대로 비자음성이라고 해서 자동적으로 모음성의 자질을 갖는 것은 아니다.
　다시 말해서 어떤 음이 모음성이면서 자음성일 수가 있고, 반대로 모음성, 자음성 자질을 모두 갖지 않을 수도 있다. 그리고 보면 [±voc]와 [±cons]의 두 자질로서 네 개의 조합이 가능하며, 그것들은 각기 우리가 흔히 말하는 모음, 자음, 유음(流音; liquid), 전이음(轉移音; glide)을 나타낸다.

	V	C	L	G
voc	+	−	+	−
cons	−	+	+	−

이처럼 두 개의 자질을 가지고 네 개의 음을 분류하고 있다. 이 같은 분류에는 여러 가지 주장이 있다. 그 하나는 모음과 자음은 공유하는 자질이 하나도 없으므로 음운적으로 항상 대립할 것이라는 주장인데, 이것은 자연 언어(natural language)에서 증험적으로 증명된다. 또 다른 주장은 모음과 유음이 모음성의 자질을 갖는다는 점에서 공통점이 있고, 반대로 자음과 유음은 자음성의 자질을 갖는다는 점에서 공통점이 있다.

유음은 모음성의 성격과 자음성의 성격을 모두 가지고 있는데, 영어에서 모음 앞에 오는 [l]은 자음이며, bottle[bátl]에서처럼 음절핵을 이루는 성절 자음으로 쓰인 [l]은 모음 구실을 한다. 이뿐만 아니라 전이음은 모음성과 자음성의 자질을 모두 가지고 있지 않다는 점에서 모음 또는 자음과 공통점을 갖는다.

생성음운론에서 자질에 의한 소리의 분류가 갖는 묘미는 그 자질이 철저히 음성학적이면서 오히려 소리의 음운론적인 특성을 기술하고 있다는 데 있다. (자질에 대한 더 자세한 설명은 田相範, 〈生成音韻論〉(서울: 塔出版社, 1980^2)이나 Chomsky & Halle, 田相範 역, 〈영어의 음성 체계〉(서울: 翰信文化社), 전상범, 〈음운론〉(서울 : 서울대학교출판부, 2004) 등을 참조하기 바람.)

6 모음

6.1 기본 모음
The Cardinal Vowels

흔히 모음은 자음에 비해 정보 전달량이 적다고 생각되어 왔다. 어떤 주어진 문장의 모음을 모두 생략해도 많은 경우에 그 문장의 뜻을 짐작할 수 있으나, 거꾸로 자음을 모두 생략하면 그 문장의 뜻을 짐작하는 일은 거의 불가능하다. 언어에 따라서는 모음을 전혀 표기하지 않는 것도 있다. 모음은 자음에 비해 조음되는 방법이 단순하다. 자음의 조음을 위해서는 여러 조음기관이 동원되고 또 조음되는 방법도 매우 다양해서 자음은 서로 분간하기 쉽다. 반면 모음은 비교적 좁은 범위 안에서 거의 유일한 조음기관인 혀의 미묘한 움직임과 모양에 의해 구별되므로, 모음 상호간의 차이는 자음 간의 차이만큼 크지 않다.

이처럼 분명치 않은 모음에 많은 정보량이 주어지지 않은 것은 다행한 일이며, 또 그렇게 될 수밖에 없다. 모음은 자음에 비해 훨씬 불안정하며, 어떤 언어의 자음의 수와 종류에 대해서는 의견의 일치를 보는 음성학자들이 모음에 대해서는 좀처럼 의견을 모으지 못하는 것은 그런 이유 때문이다. 한국어에서도 '외'나 '위'의 발음은 이미 흔들리기 시작한 지 오래됐으며, 대부분의 경우 '외([ö])(cucumber)'와 '왜([wæ])(why)'를 구별하지 못하고, '위([ü])'는 [wi]로 발음되고 있다.

이러고 보면 모음은 언어에서 별로 요긴하지 않은 존재처럼 보이지만 모음은 그 나름대로 역할이 있다. 무엇보다도 중요한 것은 모음은 목소리의 운반체라는 점이다. 바로 이 사실 때문에 모음은 다음에 열거하는 기능을 갖게 된다.

첫째, 사람마다 다른 말소리의 음질(quality)은 모음이 나타내주는 것이다. 우리가 목소리에 의해 사람을 알아보는 것은 모음에 의해 가능하다. 둘째, 말소리의 강도(intensity)도 주로 모음에 의해 구별된다. 셋째, 소리의 고저(pitch)도 모음이 나타내는 것이다. 속삭이는 소리를 내면서 소리의 높낮이를 바꿔 보려고 한다면 이 사실을 알 수 있다. 따라서 강세와 고저가 중요한 역할을 하는 억양(intonation)은 전적으로 모음에 의해 표현되는 것이다. 넷째, 말의 속도도 주로 모음에 의해 차이가 난다. 물론 자음도 중복자음(geminate consonant)으로 발음하면 길어지기는 하지만 자음의 길이란 한계가 있는 것이고, 모음만큼 길이의 변화가 다채롭지 못하다. 다섯째, 사람마다 가지고 있는 말투도 주로 모음에 의해 표출된다. 듣는 사람에게 긴장감을 주는 스타카토(staccato)의 말투, 미국 남부 사람들을 다른 지방 사람들과 구별하는 느린 말투(drawling), 그 밖의 경련 투(jerky)의 특징은 모음이 없다면 나타나지 않을 특징들이다. 여섯째, 방언의 차이는 주로 모음의 차이다.

이처럼 모음은 자음과는 다른 종류의 정보 전달에 이바지한다. 자음이 전달하는 정보가 주지적(主知的)이라면 모음이 전달하는 정보는 주정적(主情的)이라고 할 수 있다.

지금까지 모음을 분류하고 기술하는 데 주로 사용된 기준은 다음의 세 가지이다.

첫째는 혀의 높이(tongue height)에 의한 분류로, 주어진 모음을 발음할 때 혀의 몸체(the body of the tongue) 가운데서 가장 높은 부분의 높이를 가리킨다. 그 높이에 따라 고모음(high vowel), 중모음(mid vowel), 저모음(low vowel)으로 나뉜다. 경우에 따라서 폐모음(close vowel), 반폐모음(half-close vowel), 반개모음(half-open vowel), 개모음(open vowel)으로 나뉜다. 개구도는 혀의 높이와는 별개의 것이지만 이 둘은 거의 일치한다. 즉 혀의 높이가 낮아질수록 개구도는 커지고, 높이가 높아질수록 개구도는 좁아진다. 그리하여 고모음은 폐모음이며, 저모음은 개모음이다.

  두번째 기준은 혀의 전후 위치(the degree of backness)이다. 혀의 가장 높은 부분이 구개(palate)의 어느 부분에 인접했는가에 따라 전설모음(front vowel), 중설모음(central vowel), 후설모음(back vowel)으로 나뉜다. 이상 두 가지는 혀의 위치(tongue position)에 의한 분류이다.

  세번째는 입술의 모양(lip positon)에 의한 분류로, 입술의 둥글기에 따라 원순모음(rounded vowel)과 평순모음(unrounded vowel)으로 나뉜다.

  모음에는 다음과 같은 몇 가지 부차적 성질이 있다. 첫째는 모음의 길이(length)에 의한 구분으로, 단모음(short vowel)과 장모음(long vowel)으로 나뉜다. 두번째는 구강 근육, 특히 혀의 긴장도(tension)에 의한 분류인데, 긴장모음(tense vowel)과 이완모음(lax vowel)으로 구분된다. 셋째는 비음화(nasalization)가 되거나 안 되거나에 따른 구분이다. 모음을 발성하면서 동시에 연구개(soft palate)를 내려 공기가 구강과 비강으로 동시에 나오게 해서 얻는 모음은 비(음화)모음(nasalized vowel)이다. 넷째는 성대의 진동 유무에 의한 분류로, 유성모음(voiced vowel)과 무성모음(voiceless vowel)으로 나뉜다. 영어에서도 환경에 따라 모음이 무성음화할 수가 있다. 다섯번째는 혀의 권설(捲舌; retroflection) 유무에 의한 분류로, 혀끝을 경구개를 향해 말아 올려 조음해서 얻는 소리이다.

모음의 세 가지 분류 가운데 눈으로 직접 관찰할 수 있는 것은 세번째 기준인 입술의 모양뿐이다. 그리고 이들 기준 모두가 유무로 양분되는 것이 아니라 정도의 차이를 나타내는 것이다. 이를테면 고모음은 절대 수치에 의해 정의할 수는 없다. 고모음을 혀가 경구개로부터 5mm 이내의 높이에서 조음되는 것이라고 정의하는 따위는 다음과 같은 몇 가지 이유 때문에 불가능하다.

첫째, 입 안의 혀의 위치를 mm단위로 정확히 판정한다는 것은 불가능하다. 둘째, 설사 그것이 가능하다고 해도 그 같은 노력은 무의미하다. 구강의 크기는 사람에 따라 다르기 때문이다. 혀가 주어진 음을 조음해내는 것은 혀의 절대적 위치 때문이 아니라 상대적 위치에 의해 가능하기 때문이다. 따라서 여러 사람이 같은 [i]라는 음을 조음할 때 경구개에서 혀까지의 거리는 구강의 크기에 따라 모두 다를 것이다. 셋째, 모음의 조음을 위한 혀의 역할은 매우 중요하지만 혀만이 모든 일을 도맡아 하는 것이 아니기 때문이다. 혀의 위치가 주어진 모음의 조음을 위한 자리에서 조금 빗나가더라도 다른 조음기관이 그것을 메워준다.

모음을 기술할 때 흔히 사용되는 방법 가운데 주어진 음을 다른 나라의 모음에 비교하는 방법이 있다. 이를테면 어떤 음이 영어의 map이라는 단어의 모음과 동일한 모음이라는 식의 기술이다. 이 같은 방법도 무의미하다. 영어의 map이 가지고 있는 모음을 어떤 객관적 기준에 의해 기술할 수 있다면 그런 방법도 무방할 것이다. 그렇지 않다면 분명히 정의할 수 없는 음에 다른 음을 비교한다는 것은 무의미할 수밖에 없다. 여기에다 map이라는 단어가 방언에 따라 발음이 달라진다는 어려움이 있다.

모음의 기술에 불가피한 이런 어려움들을 극복하기 위하여 제안된 것이 존즈의 이른바 기본 모음(cardinal vowels)이다. 그가 제안한 기본 모음 체계(cardinal vowel system)는 실제로 존재하는 자연 언어의 모음을 기술할 때 비교의 준거로 사용되는 일종의 좌표이다. 따라서 기본 모음 체계는 어떤 언어와도 무관하다. 프랑스어와 스페인어의 모음 체계가 기본 모음 체계에 가장 가깝다고는 하지만 물론 동일한 것은 아니며, 더구나 영어의 모음 체계와는 전혀 무관하다. 존즈가 기본 모음 체계를 제안한 것은 앞으로 어떤 모음을 기술할 때 그것을 기본 모음에 비교해서 기술하려는 데 그 목적이 있다. 기본 모음 체계는 지도의 경도나 위도 같은 것이다.

〈그림 6-1〉은 존즈가 제안한 제1기본 모음(primary cardinal vowels)으로, 그는 다음과 같은 과정에 따라 제1기본 모음을 설정하였다. 즉 여덟 개의 모음 중 [i]와 [ɑ]는 조음학적으로, 나머지는 청각적으로 얻어진 것이다. 기본 모음 (1)을 위해

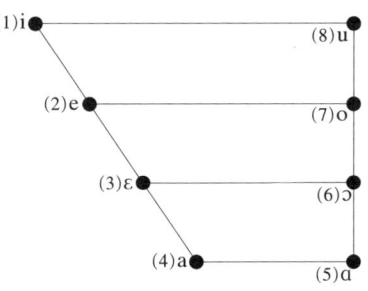

〈그림 6-1〉 제1기본 모음

서는 입술은 평순으로 하고, 혀를 마찰음이 들리지 않는 한 될 수 있는 대로 높게, 그리고 앞으로 내서 조음한다. 그 이상 높이면 마찰이 일어나 유성 경구개 마찰음(有聲硬口蓋摩擦音) [y]가 된다. 이 음은 물론 영어나 그 밖의 언어의 [i]와 비슷하지만 그것들보다는 더 극단적인 음이다. 보통의 [i]와 구별하기 위하여 [i̠]와 같은 기호를 사용한다. 한편 입술은 평순도 원순도 아닌 중립의 모양으로 마찰이 일어나지 않을

6. 모음 **177**

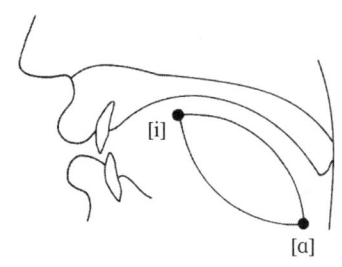

정도로 혀를 낮게, 그리고 뒤로 당겨서 내는 소리가 기본 모음 (5)인 [ɑ]음이다.

그 이상 혀를 낮추거나 뒤로 당기면 유성 인강 마찰음(有聲咽腔摩擦音)인 [ʕ]가 된다. 구강 내에서 모음을 조음하기 위해

〈그림 6-2〉 모음 조음 구역

서 혀가 차지하는 구역은 〈그림 6-2〉에서처럼 비교적 좁다. 〈그림 6-2〉는 기본 모음 [i]와 [ɑ]의 위치를 보여준다.

기본 모음 (1)과 (5)를 위와 같은 방법으로 얻고 난 다음 다른 기본 모음을 얻기 위해 우선 (1)과 (5) 사이를 청각적으로 등거리(equidistant)가 되게 나눈다. 기본 모음 (2), (3), (4)를 위해서는 혀를 가능한 한 앞에서, 기본 모음 (6), (7), (8)을 위해서는 가능한 한 뒤에서 조음한다. 〈그림 6-3〉이 그 관계를 보여준다.

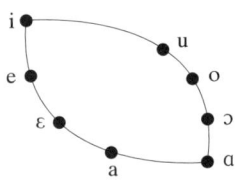

〈그림 6-3〉 구강 안에서 기본 모음의 위치

〈그림 6-4〉는 〈그림 6-3〉을 보다 알기 쉽게 나타낸 것이다. 〈그림 6-4〉를 보다 교육적인 목적에 맞게 알기 쉽게 바꾼 것이 우리가 흔히 보게 되는 이른바 모음사변형(母音四邊形; vowel quadrilateral)이라고 불리는 〈그림 6-1〉이다.

기본 모음 [i]와 [ɑ]를 제외한 나머지 모음들을 청각적으로 정의한 것은 매우 현명하다. 조음학적인 정의의 어려움에 대해서는 이미 언급한 바 있다. 그러나 결과적으로 기본 모음 [a]와 [u]는 조음학적으로도

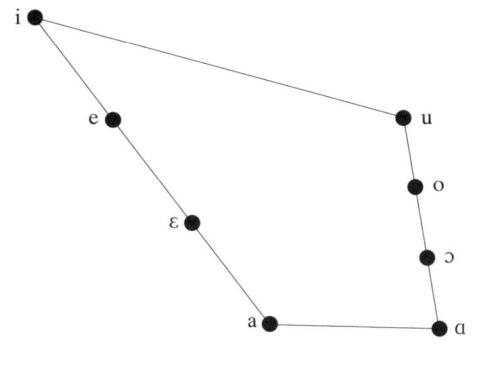

〈그림 6-4〉 제1기본 모음도

정의할 수 있다. [a]는 모음 가운데서는 혀를 가장 낮게 그리고 가장 앞으로 내서 조음하는 음이며, [u]는 혀를 가장 높이, 가장 뒤로 당겨서 내는 음이다. 이처럼 기본 모음 체계는 인간이 낼 수 있는 모음의 한계를 보여준다. 따라서 자연 언어의 모든 모음은 〈그림 6-4〉의 테두리 안의 어느 지점에서 조음될 것이다.

기본 모음 (1)에서 (5)로 갈수록 입술 모양은 평순에서 중립의 상태가 되며, (5)에서 (8)로 갈수록 원순성이 더해진다. 편의상 (1)~(5)까지는 평순모음, (6)~(8)은 원순모음이라고 할 수 있으며, 더 정확히 하려면 [a]와 [ɑ]는 중립순모음(中立脣母音)이라고 해도 좋다.

존즈가 제안한 기본 모음 체계는 국제음성학협회(IPA: International Phonetic Association)의 인정을 받은 것으로, 영어의 표기를 위해서 사용되는 음성기호는 기본 모음에 가장 가깝다. 중요한 예외는 fat와 같은 단어의 모음을 위해 영어 음성학자들은 기본 모음의 [ɛ]나 [a] 대신 고대 영어에서 사용된 [æ]를 사용한다.

기본 모음 체계가 자연 언어의 모음의 기술과 학습을 위해서 편리하다는 점은 충분히 알았지만, 그렇다고 해서 전혀 문제가 없는 것은 아니다. 우선 기본 모음은 설명만으로는 배울 수 없다. '청각적 등거리 (auditory equidistance)'라는 것이 듣기처럼 배우기 쉬운 것도 아니다. 정확한 기본 모음을 배우는 유일한 길은 존즈에 의해 훈련된 일단의 음성학자들 밑에서 공부하거나, 아니면 존즈가 녹음한 테이프를 입수하여 발음을 따라하면서 귀가 밝은 사람에게 교정을 받는 것이다.

또 하나의 문제점은 〈그림 6-4〉가 과연 혀의 높이를 나타내는가, 아니면 음향적 특성을 나타내는가의 문제이다. 많은 음성학자들이 〈그림 6-4〉는 혀의 가장 높은 부분을 나타내

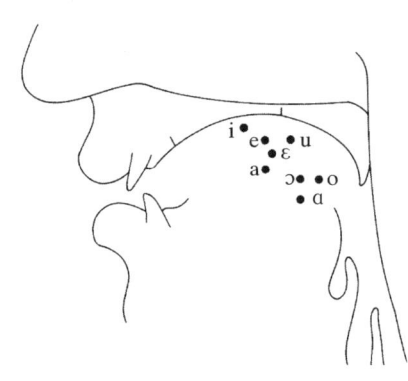

〈그림 6-5〉 기본 모음의 혀의 높이

는 것으로 이야기해왔다. 그러나 불행하게도 실제로 기본 모음을 조음할 때 혀의 높이를 기록해보면 〈그림 6-5〉와 같이 된다. 그러므로 〈그림 6-1〉이나 〈그림 6-4〉는 실제 혀의 높이를 나타내는 것이 아니다. 기본 모음을 조음할 때 뇌가 발성기관에 내리는 지시의 내용이다. 추상적이고 심리적인 세계에 속하는 것이다. 이런 이유 때문에 혀의 높이(tongue height)

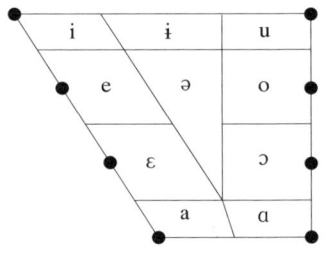

〈그림 6-6〉 각 기본 모음의 조음 영역

라는 용어 대신에 모음의 높이(vowel height)라는 용어를 사용하는 사람도 있다.

〈그림 6-1〉이 혀의 높이를 나타낸다고 해서 기본 모음이 〈그림 6-1〉에서와 같이 어느 한 지점에서만 조음되는 것은 아니다. 해당 지점을 중심으로 어느 정도의 구역에서 조음될 것이다. 〈그림 6-6〉이 각 기본 모음의 조음 영역을 보여준다.

한편 〈그림 6-7〉은 이들 기본 모음을 분류한 것이다.

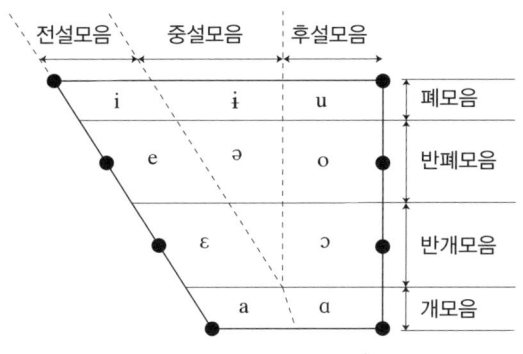

〈그림 6-7〉 기본 모음의 분류

존즈는 여덟 개의 제1기본 모음에 다시 열 개의 모음을 첨가하여 이것을 제2기본 모음(secondary cardinal vowels)이라고 하였다. 좁은 의미의 기본 모음은 제1기본 모음 여덟 개만을 가리키며, 넓은 의미의 기본 모음은 제2기본 모음까지를 포함한 열여덟 개의 모음을 가리킨다. 제2기본 모음 (9)에서 (16)까지는 모두 제1기본 모음과 조음점은 같으나 입술의 모양이 반대다. 제1기본 모음의 경우 (1)에서 (8)로 가는 동안 입술 모양은 평순에서 점차 원순으로 바뀌었으므로 제2기본 모음의 경

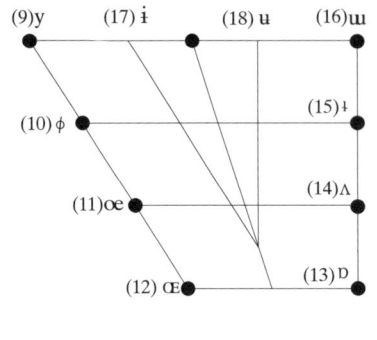

〈그림 6-8〉 제2기본 모음

우에는 그 반대로 (9)에서 (13)으로 갈수록 원순에서 평순으로 바뀐다. 그러나 편의상 (9)에서 (13)까지를 원순모음, (14)에서 (16)까지를 평순모음이라고 한다. 〈그림 6-8〉이 제2기본 모음 체계를 보여준다.

기본 모음 (9)와 (16)의 중간 지점에서 조음되는 두 개의 중설모음을 설정하고 있는데, (17)번 [ɨ]는 평순모음이고, (18)번 [ʉ]는 원순모음이다. 경우에 따라서는 (10)과 (15) 사이에도 평순, 원순의 구별에 따라 (19)번 [ə], (20)번 [ɵ]를 설정하거나, 마찬가지로 (11)번과 (14)번 사이에도 (21)번 [ɜ], (22)번 [ɞ]를 설정하는 경우가 있다.

〈그림 6-9〉는 제1, 2기본 모음을 함께 나타낸 것이며, 원순모음은 괄호로 나타냈다. 기본 모음 (14)번 [ʌ]는 영어를 기술하는 데 사용되는 음성 기호 [ʌ]와는 별개의 것이다. 한편 (12)번 [Œ]는 자연 언어에는 존재하지 않는 음이다.

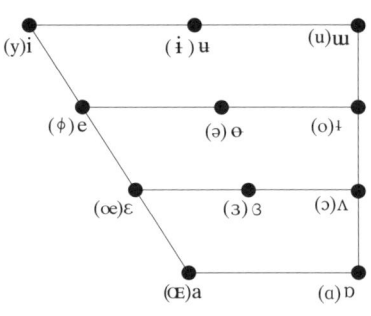

〈그림 6-9〉 제1,2기본 모음

6.2 모음의 분류와 표기

모음은 자음에 비해 그 분석에 본질적인 어려움이 있다. 앞서 방언의 차이는 주로 모음의 차이라는 점을 지적한 바 있다. 마찬가지로 영국 영어와 미국 영어의 차이도 주로 모음의 차이이며, 개인 방언의 차이도 주로 모음에 의해 생긴다. 이것에 비한다면 자음의 차이는 거의 없다고 해도 과언이 아니다. 소리의 분류와 분석에 있어 음성학자들 사이에 가장 의견 일치를 보기 어려운 것이 모음이며, 학자에 따라 분류의 체계가 달라지는 것도 바로 이 모음에서다. 분류와 분석의 일치는 고사하고 우선 모음은 그 음소의 수에서조차 음성학자들 사이에 일치를 보지 못하고 있다. 이것은 분석하려는 대상의 이질성 때문이기도 하지만, 동질적인 특정한 방언을 분석하는 경우에도 그 결과는 마찬가지다. 이것은 모음이 자음에 비해 관용도(latitude)가

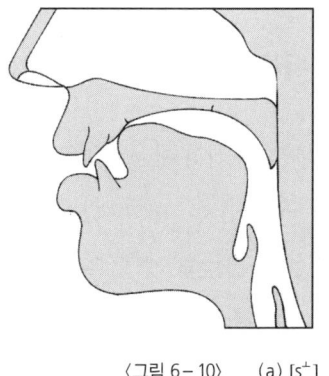 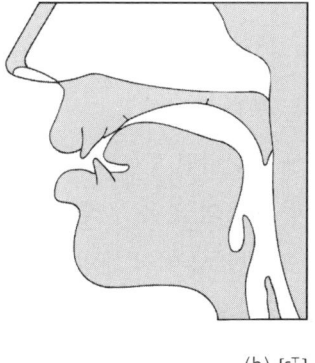

〈그림 6-10〉　(a) [sˠ]　　　　　　　(b) [sˤ]

좁기 때문이다.

 가령 예를 들어 영어의 /s/를 조음하는 정상적인 혀의 위치는 〈그림 6-10〉(a)이지만 〈그림 6-10〉(b)와 같은 혀의 모양으로 조음해도 훌륭한 /s/음이 된다. 〈그림 6-10〉(a)는 혀끝을 올려서 조음한 것이고, 〈그림 6-10〉(b)는 혀끝을 내려서 조음한 것이다. 한편 /s/는 〈그림 6-11〉의 두 그림에서처럼 구개음화하거나 순음화하기도 하지만 영어에서는 모두 /s/로 받아들여진다.

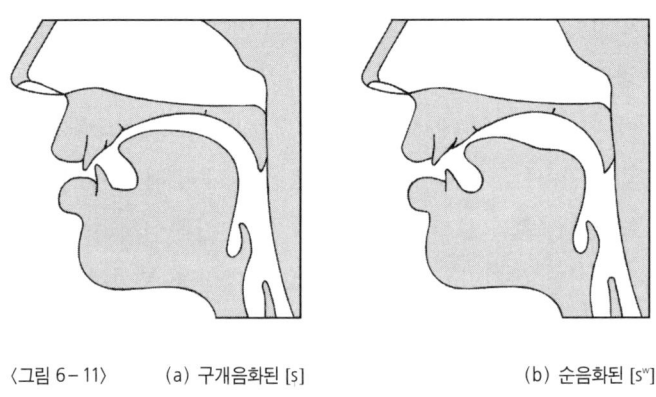

〈그림 6-11〉 (a) 구개음화된 [s]   (b) 순음화된 [sʷ]

 〈그림 6-12〉(a)와 (b)의 밝은 [l]과 어두운 [ɫ]도 자음의 관용도를 보여주는 좋은 예이다.

 자음에 비한다면 모음의 관용도는 매우 작다. 이것은 앞서 〈그림 6-2〉에서처럼 모음의 조음 구역이 좁은 데에 그 원인이 있다. 이와 같이 좁은 테두리 안에서 여러 개의 모음을 조음해야 하므로 각 모음에 주어지는 범위는 더욱 좁아지게 된다. 따라서 혀를 조금만 움직여도 딴 모음이 되는 것이다.

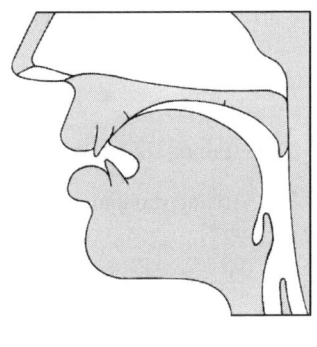 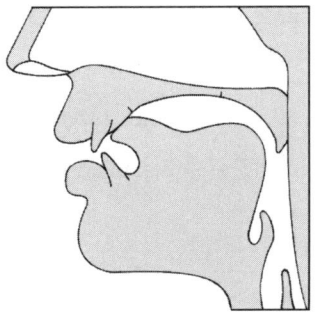

〈그림 6-12〉 (a) 밝은 [l]   (b) 어두운 [ɫ]

　이처럼 안정감이 없는 모음이 자음에 비해 적은 정보 전달량을 갖는 것은 당연하다. 만약에 모음을 조음할 때에 〈그림 6-10〉, 〈그림 6-11〉, 〈그림 6-12〉의 두 그림이 보여주는 것만큼 혀를 움직인다면 전혀 다른 음소의 모음이 될 것이다. 모음은 자음에 비해 조음 위치가 차지하는 면적이 좁다는 것 외에도, 자음과는 달리 모음엔 한 가지 조음 방법밖에 없다는 사실이 모음을 식별하기 어렵게 만든다.

　모음이 본질적으로 지니고 있는 이와 같은 어려움 때문에 모음에 관해 기술하는 일과 그 설명을 이해하는 일은 어려워진다. 그러나 어려움은 여기에서 끝나지 않는다. 철자와 발음이 일치하지 않는다는 영어의 특성 때문에, 또 이 같은 특성을 무시한 표기 방법들 때문에 모음에 관한 이해는 더욱더 어려워진다. 이러한 문제는 글자와 음이 일대일로 대응하는 언어에서는 존재하지 않는 것이다.

　맨 먼저 알아볼 이론가 중에서 존즈는 금세기에 가장 중요한 영어 음성학자일 뿐만 아니라 세계 음성학계에도 큰 공헌을 한 학자이다. 그는 스위트(Sweet)의 전통을 이어받았으며, 그 전통은 다시 김슨

(Gimson)으로 이어진다. 존즈는 모음을 다음과 같이 분류하였다.

모음 ┌ 순정모음(pure vowel)
　　 └ 이중모음(diphthong) ┌ 하강 이중모음(falling diphthong)
　　　　　　　　　　　　　└ 상승 이중모음(rising diphthong)

순정모음　　　　　iː　i　e　æ　ɑː　ɔ　ɔː　u　uː　ʌ　əː　ə
　　　　　　　　　1　2　3　4　5　6　7　8　9　10　11　12

이중모음(하강)　　ei　ou　ai　au　ɔi　iə　ɛə　ɔə　uə
　　　　　　　　　13　14　15　16　17　18　19　20　21

이중모음(상승)　　ĭə　ŭə　ŭi
　　　　　　　　　22　23　23

　존즈는 열두 개의 순정모음 가운데서 [iː]와 [i], [ɔː]와 [ɔ], [uː]와 [u], [əː]와 [ə]를 별개의 음소로 인정할 필요가 없음을 주장하고, 이들은 각기 단모음 음소가 길고 짧은 음장소(音長素; chroneme)와 결합하여 얻어진 것이라고 생각한다. 즉 [iː]는 음소 /i/에 장음장소(長音長素)가 결합한 것이고, [i]는 음소 /i/에 단음장소가 결합한 것이라는 주장이다.
　이처럼 [iː]와 [i]가 /i/로, [ɔː]와 [ɔ]가 /ɔ/로, [uː]와 [u]가 /u/로, [əː]와 [ə]가 /ə/로 줄어 영어의 순수 모음 음소는 /i, e, æ, ɑː, ɔ, u, ʌ, ə/의 여덟 개로 줄게 된다. 존즈는 *An Outline of English Phonetics*(1922)의 2판에서 [i, ɔ, u, ə] 대신에 [ĭ, ɒ̆, ŭ, ə̆]라고 쓰든지, [i, u]에 대해서는 [ɪ, ʊ]와 같은 기호를 사용할 가능성에 대해 언급하고 있다. 한편 [iː]나 [uː]를 위해서는 [ii]나 [ɪi], 혹은 [ùu]나 [ʊu]를 사용할 수 있다고 말하

고 있다. 그러나 결국 그는 [iː]와 [i], [uː]나 [u]를 양적인 차이로 처리한 것이다. 존즈는 fill, feel, full, fool의 네 단어를 /fil/, /fiːl/, /ful/, /fuːl/로 표기한다.

현대 영국의 음성학을 대표하는 김슨은 스위트와 존즈의 전통을 이어받았다. 음소 표기의 목적을 정서법(正書法; orthography)과 언어 교육, 그리고 영어의 여러 종류의 발음 비교에 두고 있는 김슨은 존즈와 동일한 표기에서 출발하면서도 존즈보다는 더 음성학적 사실에 중점을 두고 있다. 이와 같은 그의 태도가 1943년에 김슨으로 하여금 유명한 "Implications of the phonemic/chronemic grouping of English vowels"라는 논문을 쓰게 하였다. 존즈의 음장소를 비판한 이 글에서 그는 다음과 같은 두 가지 의문을 제기하고 있다.

첫째, 음장의 차이(chronemic distinction)가 있다손치더라도, 그것이 영어에서 중요한 것인가? 중요하다고 하더라도 질적인 차이와 어느 쪽이 더 중요한가? 영어의 경우 fill과 feel, full과 fool에 포함된 모음들 사이에는 양적인 차이와 질적인 차이가 모두 존재한다는 데 이의가 없다. 문제는 양적인 차이와 질적인 차이에서 어느 쪽이 더 중요한가 하는 점이다. 둘째, 양적인 차이를 인정한다손치더라도 존즈가 생각한 것처럼 iː/i, uː/u, ɔː/ɔ와 같은 모음의 대립이 과연 적절한 것이냐 하는 점이다.

이와 같은 물음에 답하기 위해서 그는 음성학적 훈련이 없고 언어학적 지식이 거의 없는 사람들을 상대로 여러 가지 실험을 실시했다. 음질과 음장의 차이 가운데 어느 것이 더 중요한가를 알기 위해 짝으로 되어 있는 단어의 모음의 음질을 일정하게 하고 길이만을 바꿔 피실험자의 반응을 보기도 하고, 또는 어떤 단어의 모음의 음질이나 길이를 바꿔 가면서 어떤 단어를 발음하고 있는지 맞춰 보도록 하였다.

복잡한 실험의 결과를 한마디로 말하자면, 음질을 바꾸는 것보다는 길이를 바꾸는 쪽이 영향이 적다는 것이다. 이 같은 실험의 결과 김슨은 양을 중요시한 존즈의 분석에 의심을 품고 질의 중요성을 강조한다. 그리하여 그는 다음과 같은 표기의 차이를 그의 음운 체계에 도입하였다.

i → ɪ   u → ʊ   ɔ ← ɑ   ə → ɜ

동시에 음성학적으로 긴 모음을 위해서는 /ː/를 남겨 놓았다. 그 결과 /iː, uː, ɑː, ɔː, ɜː/ 다섯 개의 장모음이 존재하게 된다. 이 경우 존즈처럼 iː - ɪ, uː - ʊ, ɔː - ɒ, ɜː - ə를 상호 관계가 있는 것으로 생각할 필요는 없다. 다시 말해 /i/나 /iː/ 같은 음소는 존재하지 않는다.

다음은 영국의 표준어라고 할 수 있는 이른바 용인 발음(received pronunciation)의 모음에 대한 김슨의 분석 결과다.

7 단모음   / ɪ, e, æ, ɒ, ʊ, ʌ, ə/
5 장모음   / iː, uː, ɑː, ɔː , ɜː/
8 이중모음   ([ɪ]로 끝나는 것) / eɪ, aɪ, ɔɪ/
            ([ʊ]로 끝나는 것) / əʊ, aʊ/
            ([ə]로 끝나는 것 / ɪə, ɛə, ʊə/

존즈가 순정모음이라고 부른 단모음과 장모음의 조음 위치는 〈그림 6-13〉과 같다. 김슨에 의하면 fill, feel, full, fool의 네 단어는 각기 /fɪl/, /fiːl/, /fʊl/, /fuːl/로 표기된다.

미국 언어학자들 중에서도 구조언어학자들이 미국 영어를 기술하는 데 많이 사용한 음운 체계에는 이른바 파이크 체계(Pike system)와 앞으로 설명할 트래거-스미스 체계(Trager-Smith system) 두 가지가 있다.

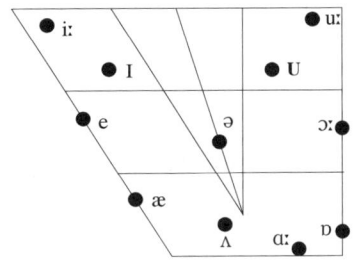

〈그림 6-13〉김슨의 RP 모음사변형

파이크는 어느 하나의 음운 체계로 모든 형태의 방언을 기술하는 것은 무리라고 생각하고, 그가 몸담고 있던 미시간 대학 주변의 특정 방언을 기술하기 위해 다음과 같은 음운 체계를 제안하였다.

		Front	Central	Back	
High	close	i		u	tense
	open	ɪ		U	lax
Mild	close	e	ə	o	tense
	open	ɛ			lax
Low	close	æ		ɔ	tense
	open		a		lax

위의 열한 개의 음소 가운데서 /i, e, u, o/는 음성학적으로는 복합음이며 나머지는 단순음이다. /i, e, u, o/는 각기 beat, bait, boot, boat 등에서 볼 수 있는 음소들로서, 존즈 같으면 /iː/, /ei/, /uː/, /ou/로 표기할 것이며, 김슨은 /iː/, /eɪ/, /uː/, /əu/로 표기할 음소이다. 파이크도 이들이 음성학적으로 복합적이라는 점을 인정하여 이 네

6. 모음 **189**

음소를 음성학적으로 각기 [iˑ], [eˑ], [uˑ], [oˑ]로 표기한다. 이중모음은 세 개만을 인정하며 [aⁱ], [aᵘ], [oⁱ]처럼 표기한다. 파이크에 의하면 fill, feel, full, fool은 각기 /fɩl/, /fil/, /fʊl/, /ful/로 표기된다.

이처럼 파이크는 /i/와 /ɩ/, /u/와 /ʊ/의 차이를 개구도와 긴장도의 차이로 보았다. 마찬가지로 /e/와 /ɛ/는 개구도와 긴장도의 차이다. 존즈, 김슨 그리고 앞으로 설명할 트래거-스미스가 모두 이중모음으로 취급하는 fate와 같은 단어의 모음을 파이크가 /e/라는 하나의 음소로 취급한 것은 그가 분석한 특정 방언에서 이것이 단순모음(monophthong)으로 발음되는 경향이 있다는 사실과도 관계가 있다.

일반적으로 긴장모음의 이중모음화(breaking)는 미국 영어에서보다는 영국 영어, 특히 남부의 영국 영어에서 더욱 뚜렷하다. 강세가 없는 경우 vacation의 첫 음절의 모음처럼, 미국 영어에서 /e/는 대개 단순모음이거나 단순모음 뒤에 약한 후전이음(off-glide)을 동반하여 [eˑ]로 발음한다.

Fill과 feel, full과 fool의 모음 차이를 양적인 차이가 아니라 질적인 차이로 파악하고 있다는 점에서 파이크와 김슨은 같다고 할 수 있다. 그러나 질적인 차이는 영국 영어에서보다는 미국 영어에서 더 크므로, 이들의 차이를 질적인 것으로 파악한 점에서는 파이크의 분석이 보다 타당하다고 할 수 있다.

끝으로 미국 영어를 기술하는 데 가장 많이 사용되고 있는 트래거-스미스의 음운 체계를 살펴보자. 이들의 분석은 *An Outline of English Structure*(1951)에 자세히 나와 있다. 이들은 파이크가 미국 영어의 어느 한 특정 방언의 분석만을 목적으로 했던 것과는 달리, 그들은 모든 형태의 미국 영어를 분석할 수 있는 음운 체계를 제안하고자 하였다.

그들은 음절핵을 위해서 다음과 같은 아홉 개의 음소와 그 뒤에 각각 /y, w, h/의 세 전이음(轉移音; glide)이 올 수 있는 것으로 생각하여 총

	Front	Central	Back
High	i	ɨ	u
Mild	e	ə	o
Low	æ	a	ɔ

+/y, w, h/

36개(9+(9×3)=36)를 제안한다.

트래거-스미스의 모음 체계를 파이크의 것과 비교할 때 가장 눈에 띄는 것은 트래거-스미스의 체계가 훨씬 균형 잡혀 있다는 사실이다. 상하 좌우를 각각 3등분하고, 그 모든 자리를 하나씩의 음소가 차지하고 있다. 파이크의 모음 체계처럼 빈 곳이 없다. 이 사실이 바로 그들의 장점인 동시에 단점이 된다. 9등분한 모든 자리를 하나씩의 음소로 메우려는 노력은 첫째, 필요하지도 않은 음소를 할당할 수 있으며, 둘째, 필요한 음소의 수가 그 이상일 때, 예를 들어 10이나 11이 될 때, 이 모음 체계를 불충분한 것으로 만든다.

트래거-스미스의 모음 체계 가운데서 가장 많은 시비를 받은 음소가 중설 고모음인 /ɨ/이다. 이 음소의 변별 기능을 보여주는 예는 just라는 단어가 'only'의 뜻으로 쓰인 경우이다. 예를 들어 Just a minute라든가, 혹은 He's just a man, He just came 등에서 들을 수 있는 just의 모음이다. 그리하여 They're just judges라는 문장에서 just가 'fair'의 뜻으로 사용되었을 때에는 /ə/의 음가를 갖지만, 'merely'나 'only'의 뜻일 때는 /ɨ/의 음가를 갖는다는 것이다. 그러나 사람에 따

라서는 모든 경우에 just를 /ə/로 발음할 수도 있으며, /i/의 변별 기능을 보여주는 예가 위에 열거한 정도뿐이어서 /i/는 기능 부담량 (functional load)이 매우 적은 음소이다.

/o/와 /ɔ/는 기본 모음의 경우에서도 그랬듯이 개구도의 차이가 있다. 한 가지 주의할 점은 대개의 경우 /o/와 /ɔ/가 변별 기능을 다하면서 공존하는 경우는 드물다는 사실이다. 사람에 따라서 그리고 방언에 따라서 /o/와 /ɔ/ 중 어느 하나만을 가지며, 또 이들이 동시에 존재하는 경우는 자유 변이일 뿐이다. 이것은 트래거-스미스가 이 모음 체계를 어느 특정한 개인이나 방언의 분석을 위해 고안한 것이 아니고, 모든 형태의 영어에 대한 포괄적 분석을 목적으로 했기 때문에 생긴 결과다.

끝으로 한 가지 덧붙일 것은, 그들은 [ə]와 [ʌ]를 하나의 음소의 이음으로 파악하고 있다는 점이다. 즉 [ə]는 강세가 없는 자리에, 그리고 [ʌ]는 강세가 있는 자리에만 나타난다는 전형적인 상보적 분포를 이루고 있기 때문에 이들을 별개의 음소로 취급하지 않고 하나의 음소로 묶어 놓았다. 따라서 [ə]와 [ʌ]가 한 방언 안에서 변별 기능을 갖게 되면 그들의 모음 체계는 부족하게 되어 그 균형미를 잃게 된다. 영국 영어 (요크셔와 랭커셔를 제외한)에서는 [ʌ]가 약세의 자리에 나타나는 수가 있다. 예를 들면 híccough[híkʌp], uphold[ʌphəuld] 등이 그렇다. 우리가 분석의 대상을 미국 영어에만 국한시키는 한 이것은 문제가 되지 않는다.

트래거-스미스가 다른 학자들과 뚜렷이 차이나는 것은 이중모음의 분석에서다. Fill, feel, full, fool을 그들은 /fil/, /fiyl/, /ful/, /fuwl/ 로 표기한다. Fill과 feel의 모음은 여러 가지 면에서 차이가 난다는 것은 이미 지적한 바 있다. 존즈는 그 차이들 가운데서 음장을 중요시하여 feel과 fill의 모음을 각기 /i/, /iː/로 표기했고, 김슨은 음질을 중요시하여 그 모음을 각기 /I/, /i/로 표기했으며, 파이크는 긴장도와 개구도를 중요시하여 각기 /ɩ/와 /i/로 표기하였다. 여기에 대해 트래거-스미스는 feel의 모음을 조음하는 경우에 조음기관이 고정돼 있지 않고 움직인다는 사실을 중요시하여 feel을 /fiyl/이라고 표기하였다. fill의 경우에는 조음기관의 움직임을 볼 수 없으므로 그대로 /fil/이라고 표기한다. 긴장모음은 대개 장모음화하거나 이중모음화하는 경향이 있다. 더구나 트래거-스미스가 살았던 미국의 동부 지방에서 이 경향이 특히 심하다는 것은 주목할 필요가 있다. 그런 점에서 그들의 분석은 영국 영어에 더욱 적합하다고 할 수 있다.

/y/나 /w/를 각각 /i/나 /u/보다 더 높고 더 앞이나 뒤에 오는 위치라고 할 때, /iy/라는 음소의 결합이 뜻하는 것은 /i/에서 조음을 시작하여 /y/쪽을 향해 미끄러져 간다는 것을 의미한다. 마찬가지로 fate 같은 단어의 음절핵을 트래거-스미스는 /ey/라고 표기한다. 즉 /e/에서 조음을 시작하여 /y/쪽으로 조음기관을 움직여 간다는 분석이다. 따라서 이 같은 분석에 의하면 say/sey/라는 단어를 녹음했다가 거꾸로 틀면 yes/yes/가 된다는 결론이 된다. 이것은 실험에 의해 증명된 바 있다. /yes/의 /y/가 전이음이듯이 /sey/의 /y/도 전이음이다.

한편 존즈는 say의 모음을 /ei/로, 김슨은 /eɪ/로, 파이크는 /e/로 표기한다. 존즈와 김슨의 경우 두 개의 표기기호는 각 조음기관의 출발 지점과 도착 지점을 나타낸다. 즉 /ei/나 /eɪ/는 각기 /e/에서 조음을 시작하여 /i/나 /ɪ/에서 조음을 끝낸다는 뜻이다. 이와는 달리 트래거-스미스의 경우 /ey/의 /y/는 조음기관이 움직여 가는 방향만 보여줄 뿐 도착 지점을 나타내는 것은 아니다.

다음의 〈그림 6-14〉는 이른바 이중모음이 두 모음을 차례로 발음하는 것이 아니라는 것을 보여준다.

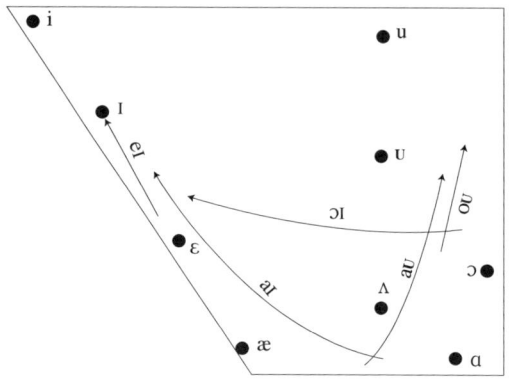

〈그림 6-14〉 미국 영어 이중모음의 음가 (Ladefoged, 1975, 194)

이 그림에 의하면 [aɪ]와 같은 이중모음의 끝부분은 [ɪ]에 훨씬 못 미치는 곳에서 끝나 있는 것을 알 수 있다.

트래거-스미스의 마지막 전이음 /h/는 모음사변형의 중앙을 향해 가거나 같은 모음을 보다 길게 발음하는 것을 의미한다. 음성학적으로는 [ɪə]나 [ɑː]가 될 idea나 calm의 모음은 각기 /aydih/, /kahm/으로 표기된다. /y/로 끝나는 전향 이중모음(fronting diphthong)이나 /w/로 끝나는 후향 이중모음(retracting diphthong)과는 달리 /h/로 끝나는 이중모음은 내향 이중모음(centering diphthong)이거나 장음 중 어느 하나로 해석된다. 이 점이 /h/가 /y/나 /w/와 다른 점이다. /h/가 갖는 이같은 두 개의 기능을 /ə/와 /h/로 나누어 나타내는 것도 한 가지 방법일 것이다. 이것이 바로 트래거-스미스 이후의 많은 학자들이 제안한 것이다. 그렇게 되는 경우 idea는 /aydiə/로, calm은 /kahm/으로 표기될 것이다.

다음은 트래거-스미스가 제안한 서른여섯 개의 음절핵과 그에 해당하는 예와 설명이다.

/i/ pit

/e/ pet

/æ/ pat

/ɨ/ just (부사) (RP에서는 /ə/)

/ə/ cut (RP와 미국 뉴잉글랜드 지방에선 /a/)

/a/ cot (RP와 미국 뉴잉글랜드 지방에선 /ɔ/)

/u/ put

/o/ home (뉴잉글랜드 지방에서)

/ɔ/ wash (RP, 뉴잉글랜드 지방 등에서)

/iy/ bee

/ey/ bay

/æy/ pass (미국 동남부에서)

/ɨy/ bee (필라델피아와 런던 방언에서)

/əy/ bird (뉴욕과 남부 해안 지대에서)

/ay/ buy

/uy/ buoy (push를 /puyš/로 발음하는 사람도 있다)

/oy/ boy

/ɔy/ wash (push를 /puyš/로 발음하는 사람)

/iw/ few (구식 발음. 신식은 /fyuw/)

/ew/ house (버지니아 연안 지방)

6. 모음 **195**

/æw/ house (미국 동부와 남부에 널리 퍼져 있는 발음)

/ɨw/ moon (필라델피아의 일부 지방)

/əw/ go (RP)

/aw/ house

/uw/ do

/ow/ go

/ɔw/ law (미국 동남부)

/ih/ dear

/eh/ dare

/æh/ bad

/ɨh/ fur (뉴잉글랜드 지방)

/əh/ fur

/ah/ far

/uh/ poor

/oh/ pour

/ɔh/ paw (미국의 북부와 중서부)

끝으로 미국 영어의 분석에 가장 널리 사용되고 있는 케니언(Kenyon)의 모음 체계에 대해 알아보자. 그의 모음 체계는 1950년에 간행된 *American Pronunciation*(10판)과 노트(Knott)와의 공저인 *A Pronouncing Dictionary of American English*(1953)에서 볼 수 있다.

〈그림 6-15〉는 그의 모음사변형이다. 이 그림에서 보듯 그는 열일곱 개의 단모음을 설정하였다. 여기에 /aɪ, aʊ, ɔɪ, ju, ɪu/의 다섯 개의 이중모음을 따로 설정한다. 그는 존즈와는 달리 fill과 feel, 그리고 full

과 fool의 모음 차이를 양적인 것으로 보지 않고 질적인 것으로 보았다. 그 점에서는 파이크의 분석과 일치한다. 그러나 트래거-스미스와는 달리 복합적인 것으로는 보지 않는다.

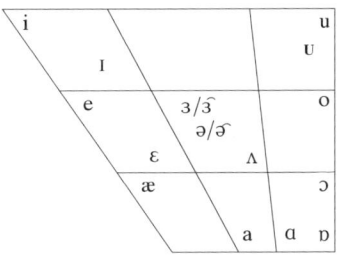

〈그림 6-15〉 케니언의 미국 영어 모음의 사변형

이 같은 결과는 분석 태도의 차이에도 원인이 있으나, 케니언이 분석의 대상으로 삼은 일반 미국 영어가 트래거-스미스의 고향인 미국 동부 영어와의 차이에도 원인이 있을 것이다. 그들은 트래거-스미스의 /ey/와 /ow/를 /e/나 /o/, 혹은 /eɪ/나 /oʊ/로 표기한다. 한편 그는 존즈의 /iə, ɛə, uə/를 /ɪr, ɛr, ʊr/로 표기하며, 존즈의 /ɑ:, ɔ:/는 철자에 r이 있으면 /ɑr, ɔr/로 표기했다.

그의 분석에는 몇 가지 문제가 있다. 첫째는 /ju/와 /ɪʊ/의 문제다. Fuse라는 한 단어를 /fjuz/, /fɪʊz/ 두 가지로 표기하는 것을 보면 이들은 자유 변이형인 듯하다. 둘째, 미국 영어에선 [ə]와 [ʌ]가 강세의 유무에 따라 상보적 분포를 이루고 있으므로 동일 음소의 이음으로 보는 것이 마땅하다. 셋째, 케니언은 far, fear, for, fair, sure 등을 각기 /fɑr/, /fɪr/, /fɔr/, /fɛr/, /ʃʊr/ 등 모음+r로 표기하므로 fur도 /fɜ/로 표기하지 말고 /fɜr/로 표기해야 마땅하다.

이처럼 케니언의 분석은 음소와 이음을 구분하지 못한다거나, 시종 일관 하나의 원칙을 따르지 못하는 등의 결점이 있다. 그럼에도 케니언의 분석은 오늘날 음성학에서 가장 많이 사용되고 있는 분석 가운데 하나다. 트래거-스미스의 분석이 보다 논리적이고 경제적이기는 하나 hear를 /hih/로 표기하는 그들의 분석과 표기는 음성학에서 사용하기에는 너무 거칠다고 해야 할 것이다. 그러고 보면 케니언은 존즈의 결점을 보완하고 트래거-스미스의 분석을 보다 음성학에 접근시킨 분석이라고 할 수 있다. 다시 말해 존즈와 트래거-스미스 사이에 위치하는 중용의 분석이라고 할 수 있다. 그의 분석이 널리 애용되는 이유의 하나이며, 이 책에서도 그의 표기를 따르기로 한다.

비교의 편의를 위해 아래의 여러 학자들의 표기 체계를 열거해 놓았다.

Key Word	Kenyon	Trager-Smith	Jones	Gimson	Pike	Fries	Ward	Prator-Robinett
beat	i	iy	iː	iː	i	i	i	iy
bit	ɪ	i	i	ɪ	ɩ	ɪ	ɪ	ɪ
bait	e	ey	ei	eɪ	e	e	eɪ	ey
bet	ɛ	e	e	e	ɛ	ɛ	ɛ	ɛ
bat	æ	æ	æ	æ	æ	æ	æ	æ
father	ɑ	a	ɑː	ɑː	a	a	ɑ	a
bother	ɒ	a	ɔ	ɒ	a	a	ɒ	a
bought	ɔ	ɔh	ɔː	ɔː	ɔ	ɔ	ɔ	ɔ
boat	o	ow	ou	əu	o	o	ou	ow
book	ʊ	u	u	ʊ	ʊ	ʊ	ʊ	ʊ
boot	u	uw	uː	uː	u	u	u	uw
but	ʌ	ə	ʌ	ʌ	ə	ə	ʌ	ə
ago	ə	ə	ə	ə	ə	ə	ə	ə
bite	aɪ	ay	ai	aɪ	aⁱ	aɪ	aɪ	ay
bout	aʊ	aw	au	ɑʊ	aᵘ	aʊ	aʊ	aw
boy	ɔɪ	ɔy	ɔi	ɔɪ	oⁱ	ɔɪ	ɔɪ	ɔy

bird   ɜ/ɝ   ər   əː   ɜː   r   ər   əː   ər
better ə/ɚ   ər   ə   ə   r   ər   ə   ər

음소의 이음들을 표기하기 위해서는 보다 정밀한 표기 방법이 필요하다. 그와 같은 목적을 위해 첨가부호(diacritics)가 사용된다. 다음과 같은 부호들은 보통 음성기호의 오른쪽 어깨 위에 표시한다.

[˔]~[^]	보다 고모음	[e˔]~[e^]	
[˕]~[ˇ]	보다 저모음	[e˕]~[eˇ]	
[˖]~[˂]	보다 전설모음	[u˖]~[u˂]	
[˗]~[˃]	보다 후설모음	[i˗]~[i˃]	
[ʾ]	보다 원순모음	[aʾ]	
[ʿ]	보다 평순모음	[uʿ]	
[-]~[¨]	중설모음	[ɨ]~[ï]	
[~]	비모음	[ɔ̃]	
[·]	조금 길게	[æ·]	
[ː]	길게	[æː]	

6.3 음장
Vowel Length

영어에서 모음의 길이가 변별적이 아니라는 사실은 이미 여러 사람에 의해 지적되어 왔다. 모음의 길이는 그 모음이 나타나는 환경에 의해 자동적으로 결정되는 이음적 차이 (allophonic difference)일 뿐이다. 일반적으로 영어의 모음은 무성자음 앞에서보다 유성자음 앞에서 더 길게 발음되는 것으로 알려져 있다.

〈그림 6-17〉의 스펙트로그램이 그 차이를 보여준다. Sad의 모음이 sat의 모음보다 거의 배가 길다. 그러나 〈그림 6-17〉에서 cap과 cab의 두 스펙트로그램을 비교해보면 cap과 cab의 모음 길이의 차이는 〈그림 6-16〉이 보여준 sat와 sad의 경우만큼 크지 않음을 알 수 있다.

〈그림 6-16〉과 〈그림 6-17〉에서 우리는 유성자음 앞에 오는 모음이 무성자음 앞에 오는 모음보다 더 길게 발음된다는 사실에는 변함이 없으나 뒤에 오는 유성자음의 성격에 따라 모음의 길이에 차이가 있다는 것을 알 수 있다.

이 문제에 대한 가장 상세한 연구는 하우스와 페어뱅크스(House and Fairbanks, 1953)의 "The influence of consonant environment upon the secondary acoustical characteristics of vowels"라는 논문이다. 그들은 모음의 길이를 그것들이 변화가 일어나는 환경에 따라 몇 단계로 나누고 있다.

우선 /p/나 /k/ 앞에 오는 모음은 그 길이가 아주 짧아서 대개

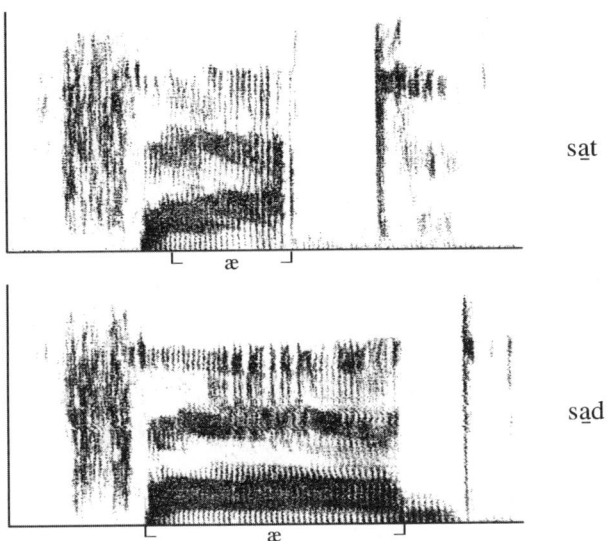

〈그림 6-16〉 sat와 sad의 스텍트로그램 (Shen, 1966, 102)

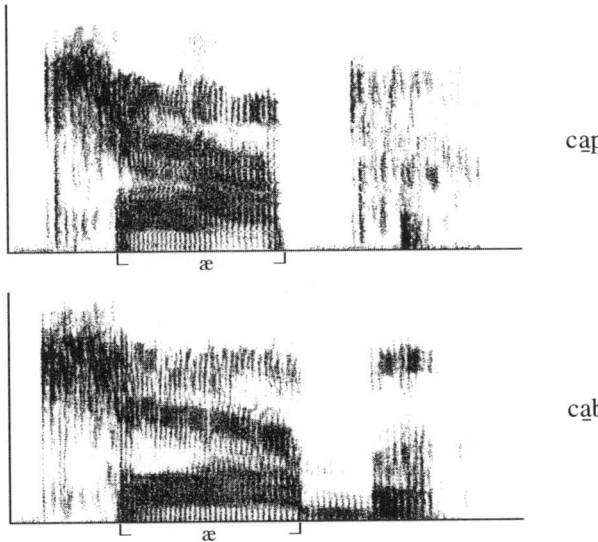

〈그림 6-17〉 cap과 cab의 스펙트로그램 (Shen, 1966, 101)

6. 모음 **201**

160ms(millisecond; 1/1,000초)의 길이로 발음된다. 둘째, 뒤에 오는 자음이 /t, d, s, z, θ, ð, n, l/ 따위의 치아음(dental)인 경우에는 여기에 다시 20ms가 더해져서 180ms의 길이가 된다. 셋째, 뒤에 오는 자음이 계속음(continuant)인 경우에는 다시 35ms가 길어진다. 넷째, 뒤에 오는 자음이 유성음이면 다시 80ms가 더 길어지며, 반대로 뒤에 오는 자음이 비음이면 여기에서 10ms 짧아진 수치가 이 모음의 길이가 된다.

모음의 길이에 대한 이 복잡한 계산 방법을 이해하기 위해 예를 들어 보자. 가령 /z/ 앞에 오는 모음의 길이는 얼마나 되는가? 우선 /p/나 /k/ 앞의 모음이 갖는 길이 160ms에 /z/가 치아음이므로 여기에 다시 20ms를 더해야 하고, 또 /z/가 계속음이므로 다시 35ms를 더해야 하고, 끝으로 /z/가 유성음이므로 여기에 다시 80ms를 더해 /z/ 앞에 오는 모음의 길이는 (160＋20＋35＋80＝) 295ms가 된다.

한편 /n/ 앞에 오는 모음의 길이는 어떻게 되는가? /n/은 /p/나 /k/ 앞의 모음이 갖는 길이 160ms에 /n/이 치아음이므로 여기에 다시 20ms, 유성자음이므로 80ms를 더해주어야 하지만, /n/이 비음이기 때문에 여기에서 10ms를 빼야 하므로 총계는 (160＋20＋80-10＝) 250ms가 된다. 물론 모든 경우에 모음의 길이가 이처럼 정확한 수치를 갖는 것은 아니지만, 지금까지 막연하게 유성자음 앞의 모음은 길다고만 하던 것을 자세히 길이를 구분짓고, 또 그 길이를 가늠하는 길잡이를 제공했다는 점에서 그들의 연구는 매우 가치 있다고 하겠다.

영국 영어의 모음의 길이에 대한 연구로는 위이크(Wiik, 1965)의 *Finnish and English Vowels: A Comparison with Special Reference to the Learning Problems Met by Native Speakers of Finnish Learning English*가 있다. 〈그림 6-18〉은 그의 연구 결과 가운데서 여

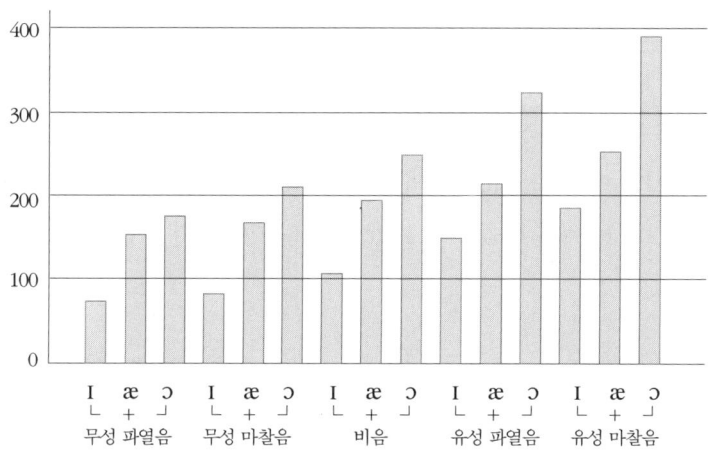

〈그림 6-18〉 위이크(1965)의 모음의 길이 비교 (Wiik, 1965, 114)

러 환경에서의 /ɪ/, /æ/, /ɔ/의 길이만을 발췌한 것이다.

〈그림 6-18〉을 하우스와 페어뱅크스의 연구 결과와 비교해보면, 이들의 연구 결과가 대체로 일치하는 것을 알 수 있다. 다만 하우스와 페어뱅크스의 경우, 모음의 길이는 전적으로 그것이 놓인 환경에 의해 결정되는 것으로 생각한 데 비해, 위이크는 모음 그 자체도 고유한 길이의 차이를 갖는다고 보는 점이 다르다.

모음의 길이는 이처럼 그 모음의 음질, 그리고 뒤에 오는 자음의 성격에 따라 달라지는 것 외에도 그 모음이 처해 있는 환경에 따라서 길이가 달라진다. 대개 다음 다섯 가지 경우 모음은 더 길어진다.

첫째, 강세가 오는 모음은 그렇지 않을 때보다 더 길어진다. 둘째, 긴장모음은 이완모음보다 더 길다. 셋째, 절의 끝에 오는 경우가 그렇지 않은 경우보다 더 길다. 예를 들어 He should go에서 go의 모음이 He should go home의 go의 모음보다 길다. 넷째, 강세가 없는 음절 앞에 올 때보다는 어말이나 어말의 자음 앞에 올 때가 더 길다. 예를 들어 see나 seat의 모음이 seeing의 모음보다 길다. 다섯째, 뒤따르는 비음이나 유음 뒤에 유성자음이 올 때 비음이나 유음 뒤에 무성자음이 오는 경우보다 길다. 즉 crumble의 모음이 crumple의 모음보다, songs의 모음이 songstress의 모음보다, killed의 모음이 kilt의 모음보다 길다.

6.4 전설모음
Front Vowels

/i/

Beat와 같은 단어에 나타나는 모음이다. 프랑스어의 vivre나 독일어의 Biene 등의 모음도 같은 모음이다. /i/는 모든 모음 가운데서 가장 높은 모음이다. /u/도 분류상 고모음이라고 불리지만 혀의 실제 높이는 /i/보다 훨씬 낮다. /i/는 기본 모음의 [i]보다 조금 낮고 조금 뒤로 물러간 위치에서 조음된다. 영국 영어와 미국 영어의 차이는 거의 없다. 굳이 차이를 말한다면 영국 영어의 /i/가 미국 영어의 /i/보다 조금 더 앞에서, 조금 더 높은 자리에서 조음된다는 정도다.

/i/는 긴장모음이며 평순음이다. 입은 거의 닫힌 상태이며, 입의 양쪽을 뒤로 젖힐 정도의 평순음이다. 설첨과 설단은 경구개보다 조금 낮은 자리에 경구개의 둥근 천장에 평행하게 놓여 있으며, 긴장된 혀

의 좌우는 윗어금니에 강하게 밀착된다. 한편 목젖은 위로 젖혀져 공기가 비강으로 들어가는 것을 막는다. 영어보다는 프랑스어나 독일어의 /i/가 보다 높고 보다 앞자리에서 조음되는 보다 긴장된 음이다.

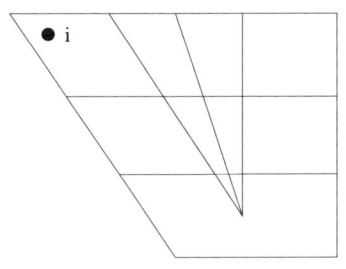

〈그림 6-19〉/i/의 조음 위치

/i/는 대개 강세가 오는 자리에서 들을 수 있으며, east/ist/는 /i/가 어두에서, seat/sit/는 어중에서, see/si/는 어말에서 일어남을 보여준다. /i/는 강세를 받으면 장모음이 된다. 경우에 따라 강세가 오지 않는 /i/를 들을 수가 있는데 이때는 단모음이 된다.

미국 영어에서 /i/는 이중모음이 되는 경향이 있다. 특히 강세가 와서 길어지는 경우에 그렇다. /i/가 이중모음이 된다는 것은 이완된 상태에서 시작하여 끝부분으로 가면서 보다 앞으로, 보다 위로 향하면서 긴장모음화하는 것이다. 트래거-스미스가 /i/를 /iy/라고 표기하는 것은 그런 이유 때문이었다. 음성학적으로는 [ɨi]라고 표기할 수 있을 것이다. /i/의 조음을 관찰하면 처음과 끝부분의 음질이 같지 않다는 것을 금방 알 수 있다. 영어에 비하면 프랑스어나 독일어의 /i/는 처음과 끝이 꼭 같은 순수 모음이다. [ɨi]는 영어에서 변별적이 아니므로 음소 /i/로 표기한다.

/i/는 강세가 오는 자리에 나타나는 것이 보통이다. 그러나 경우에 따라서는 약세의 자리에서도 /i/를 관찰할 수가 있다. Pity, city, pretty, happy 등 어말의 모음은 /I/로 발음되기도 하지만 대부분의 미국 사람들은 /i/로 발음한다. 그러나 이때의 /i/는 보다 짧고, 보다 낮

고, 보다 이완된 /i/이다. 이것을 [i̯]로 표기할 수 있을 것이다.

위티그(Wittig, 1956, 167)는 /ɪ/ 대신 /i/가 사용되는 이런 현상은 20세기에 들어와서 시작된 것이라고 한다. City나 pretty의 발음을 들어보면, 끝의 모음이 첫번째보다 더 높다는 것을 알 수 있다. 이 같은 어말의 /i/는 그 뒤에 접미사가 오는 경우에도 유지된다. 예를 들어 pitying, pitied, pities는 각기 /pítiŋ/, /pítid/, /pítiz/로 발음된다. 따라서 candied/kǽndid/와 candid/kǽndɪd/는 최소 대립어를 이루게 된다.

이 같은 차이는 taxis와 taxes, posies와 poses, Rosies와 roses에서도 볼 수 있다. 짝지어진 첫번째 단어의 끝은 /i/, 두번째 단어의 어미는 /ɪ/로 발음된다. 그러나 접미사가 자음으로 시작되는 경우에는 이완의 /i/가 대개 /ə/로 바뀐다. pitiful, citified, citizen, happily는 각기 /pítəfəl/, /sítəfaɪd/, /sítəzən/, /hǽpəli/가 된다. 그러나 -ness나 -less 앞에서는 /i/가 그대로 유지되어 pitiless나 happiness는 /pítilɪs/와 /hǽpinɪs/가 된다.

/i/의 이중모음화 현상은 영국 영어에서도 볼 수 있다. 이중모음화의 정도는 RP에서는 별로 크지 않고, 그 표기는 [ii]로 할 수 있을 것이다. 한편 리버풀이나 버밍엄의 방언에서는 [ɪi]로, 런던이나 그 밖의 방언에서는 [əi]로 발음된다. 〈그림 6-20〉은 그 관계를 보여준다. 어미에서 /i/를 이중모음화하지 않고 순수 모음으로 발음하는 것은 현학적인 발음의 표시다.

/i/는 한국 학생들이 발음하기에도 큰 어려움이 없다. 물론 한국어에서 /i/는 이중모음화하지 않는다. 그러나 영·미국어의 이중모음화를 지나치게 흉내내면 천한 방언으로 들리게 되므로 조심해야 한다.

그보다 중요한 것은 모음의 길이일 것이다. 영어에서 어두와 어미의 유성자음은 대개 무성자음화하거나 또는 불파(不破; unreleas ed)로 끝나기 때문에 seize나 cease, bead나 beat가 구별되는 것은 어미의 자음이 아니라 모

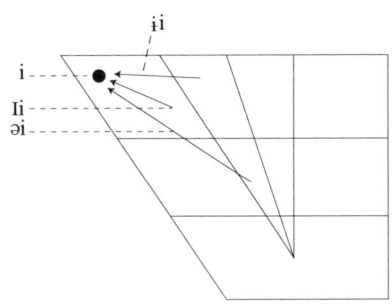

〈그림 6-20〉 영국 영어에서 /i/의 이중모음화
(Gimson, 1970², 100)

음의 음장이다. 이때 주의할 점은 /i/가 단모음으로 발음되는 경우에도 여전히 긴장모음이어서 /ɪ/와는 음질적으로 구별된다는 사실이다. 길이로만 본다면 bead[biːd], beat[bit], bid[bɪd], bit[bɪt]의 순서로 짧아질 것이다. Beat와 bid는 거의 길이가 같다.

|| 예 || [iː]   tree, cheese, be, these, reason, sea, leave, field,
                seize, receive, machine, police, feed, marine,
                key, shield
        [i]   seat, feet, beef, reach, piece, lease, people, meat
        [iː]-[i] bead-beat, seize-cease, leave-leaf,
                liege-leach, Eden-eaten

/ɪ/

Bit와 같은 단어에 나타나는 모음이다. 독일어의 Fisch도 같은 모음을 갖는다. 그러나 프랑스어에는 /ɪ/가 없다. 프랑스어에서는 /i/와

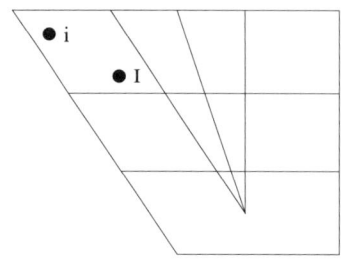

〈그림 6-21〉 /I/의 조음 위치

/I/가 자유 변이의 관계에 있어서 영어의 seat와 sit를 혼동한다. 영어를 배우는 프랑스 학생이 Hit the ball을 Heat the ball이라고 한다든지, It does not fit를 It does not feet라고 잘못 발음하는 것은 그 까닭이다.

/I/는 /i/와 조음하는 방법은 비슷하나 /i/보다는 덜 평순이며, 혀의 좌우를 /i/처럼 강하게 윗어금니에 대지는 않는다. 혀의 근육도 덜 긴장되고, 목젖도 /i/ 때만큼 높이 올라가지는 않지만 비강으로의 통로는 완전히 차단된다. /i/보다는 더 입을 벌리고 이완된 상태에서 발음하기 때문에 /i/ 때보다는 더 많은 공기가 나오게 된다. /I/는 강세가 오는 경우 itch나 witch에서 보듯, 어두나 어중에 나타날 수 있으나 강세를 받으면서 어미에 나타나는 일은 없다. 강세를 받지 않는 경우는 모든 자리에서 일어날 수 있다. Event, private, city가 각기 강세가 없는 /I/가 어두, 어중, 어미에 나타나는 예이다.

미국 영어에서 음소 /I/는 [I] 이외에 [ɨ]라는 이음을 갖는다. [ɨ]는 흔히 'barred i'라고 불리는 것으로서 트래거-스미스는 이를 독립한 음소로 설정하고 있다. [ɨ]는 중설 고모음으로서 입술은 [I]와 [U]의 중간인 중립순(中立脣)이며 이완모음이다. /I/에 대해서 [ɨ]를 사용하는 것을 비표준적이며 부주의한 발음이라고 하는 사람도 있으나, [ɨ]는 구어체에서는 말하는 사람의 교육 수준에 상관없이 널리 사용되므로 비표준, 혹은 부주의한 발음이라는 말을 쓸 수 없을 정도이다. [ɨ]는 모든 방언에서 교육받은 사람들의 말에서 들을 수 있다.

[ɨ]는 sister, thing, fist, fish, chips 등에 나타나는 발음이다. Children을 [čɨldrɨn]으로 발음하는 사람들도 많으며, me[mɨi]나 see[sɨi]를 [mɨi]나 [sɨi]로, tune[tyun]이나 new[nyu]를 [tɨun]이나 [nɨu]로 발음하기도 한다. 또 많은 사람들이 -lC(뒤에 [l]이 오고 그 뒤에 자음이 오는 환경)에서는 [ɨ]를 쓰기도 한다. 예를 들면 silver, milk, build 따위이다. In, his, with, its, if, this, is 등의 기능어(function word)가 강세가 없는 경우 [ɨ]로 발음된다. 어미 -es와 -ed도 흔히 [ɨ]나 [ə]로 발음된다. catches나 batted의 어미는 [I], [ɨ], [ə] 어느 것으로 발음해도 된다.

미국 영어에서 [ɨ]의 기능 부담량은 매우 작지만 경우에 따라서는 [ɨ]를 [I]와 구별해서 사용하는 사람도 있다. 대부분의 사람들에게 finish와 Finnish는 동음이의어(homophone)이지만, 사람에 따라서는 finish의 첫음절을 [ɨ]로, Finnish의 첫음절을 [I]로 발음하여 구별하는 수가 있다. 그런 사람들에게는 [ɨ]는 독립한 음소로 설정되어야 한다.

영국 영어에서 bit의 모음은 미국 영어보다 훨씬 다양하다. 김슨은 RP를 세 가지로 분류하고 있다. 첫째는 일반적 RP(General RP)로서, 가장 흔히 쓰이는 형태의 RP이며 BBC 영어가 대표적인 것이다. 둘째는 보수적 RP(conservative RP)로서, 나이 든 세대와 특정한 사회계층의 사람들에 의해 전통적으로 사용되는 RP이다. 셋째는 진보적 RP(advanced RP)이다. 이것은 주로 상류계급의 젊은이와 특정 직업에 속하는 사람들이 쓰는 형태의 RP로서 조금 과장하면 현학적으로 들린다. 김슨은 이 진보적 RP가 결국 RP가 나아갈 방향을 가리키며, 이것이야말로 미래 RP의 모습이라고 말한다.

이렇게 RP를 셋으로 분류할 때 〈그림 6-22〉에서처럼 보수적 RP는 일반적 RP보다 더 높은 자리에서, 진보적 RP에서는 /e/와 /ɛ/의 중간

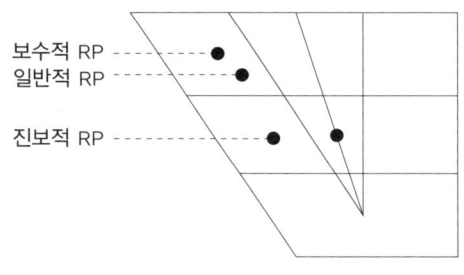

〈그림 6-22〉 RP에서 bit 모음의 조음 위치
(Gimson, 1970², 102)

에서 조음된다는 것을 알 수 있다. /ɪ/만을 놓고 볼 때 영국 영어의 모음은 하강 추세에 있다는 것을 알 수 있다.

강세가 없는 경우 /ɪ/는 /ə/와 교체하는 수가 있다. -less, -ness, -ate, -age 등의 어미에서 그렇다. 예를 들어 useless, goodness, private, village 등의 마지막 음절은 /ɪ/, /ə/ 어느 쪽이라도 좋다. 한편 possible, problem, interesting, believe 등의 단어에서도 교체를 볼 수 있다. 이들은 각기 /pɔ́sɪbl, prɔ́blɪm, íntrɪstɪŋ, bɪlív/로, 혹은 /pɔ́səbl, prɔ́bləm, íntrəstɪŋ, bəlív/로 표기해도 좋다. 또한 /ɪ/가 나란히 놓이는 /-ɪtɪ, -ɪtɪv/ 와 같은 어미에서도 강세가 없는 처음 /ɪ/가 /ə/와 교체하는 경향을 볼 수 있다. 예를 들어 vanity, sincerity, primitive, positive 등에서 말미 제2 음절(penultimate)의 음은 i라는 철자에도 불구하고 /ə/에 의해 대체되어 vanity는 /vǽnətɪ/로, primitive는 /prímətɪv/로 읽힌다.

이러한 현상은 증가 추세에 있으며, 특히 강세가 없고 /ɪ/와 /ə/의 교체에 의해 뜻의 변동이 일어나지 않는 경우에 그렇다. 그러나 /ɪ/가 /ə/ 와 교체돼 뜻의 차이가 일어나는 effect-affect, illusion-allusion, except-accept 등에서는 그런 교체가 일어나지 않는다. /ɪ/는 he, she, been 등의 약형(weak form)에서 본래의 /i/ 대신 쓰인다.

/ɪ/는 한국 학생들에게 무척 어려운 음이다. 한국어에는 짧은 /i/는 있지만 /ɪ/는 없다. 한국어의 '이'는 /ɪ/에 비해 훨씬 높고 훨씬 더 긴장

된 음이다. 한국 학생들에게는 /i/와 /ɪ/의 구별도 쉽지 않다. Bead와 bid, beat와 bit의 식별도 훈련을 요한다. 한국 학생들에게 가장 흔한 잘 못은 /ɪ/를 /i/로 발음하는 것이다. Give him his pen을 [giv him hiz pɛn]이라고 발음하지 않도록 해야 한다.

예	[ɪ]	sit, fifth, with, rich, rhythm, symbol, city, needed, wicked, expect, careless, houses, ladies, village, fish, women
	[iː] − [ɪ]	feel − fill, seen − sin, bead − bid, lead − lid, deed − did
	[i] − [ɪ]	least − list, reach − rich, sheep − ship, week − wick, feet − fit, leap − lip, heat − hit, seek − sick, peep − pip
	[iː] − [i] − [ɪ]	seed − seat − sit, league − leak − lick, seized − ceased − cyst

/e/

Bait와 같은 단어에 나타나는 모음이다. 프랑스어의 armée나 독일어의 gehen에서 강세를 받는 모음도 /e/이다. 그러나 /i/의 경우에도 그랬듯이, 영어의 /e/는 프랑스어나 독일어의 /e/와 같은 순수 모음이 아니다. 대부분 영어의 /e/는 이중모음화하는 경향이 있으며, 이 현상은 특히 영국 영어에서 심하다. 존즈나 김슨 등은 이 음을 완전한 이중모음으로 다루고 있다. 미국 영어를 다루는 트래거-스미스도 이 음을

6. 모음 **211**

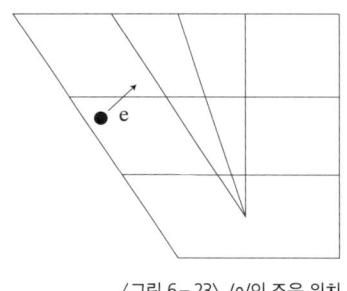

〈그림 6-23〉 /e/의 조음 위치

/ey/라고 분석하고 있다.

앞으로 자세히 언급되겠지만 음소 /e/는 단순모음과 이중모음의 경계에 있는 음이라고 할 수 있다. 이러한 성격의 /e/를 단순모음으로 취급하는 까닭은 적어도 미국 영어에서만은 [e]와 [eɪ]가 변별적이지 않기 때문이다. Gate는 [get]으로 읽히거나 [geɪt]로 읽히거나 뜻의 차이가 없다.

/e/는 다음에 기술될 /ɛ/와 마찬가지로 전설 중모음이다. /i/나 /ɪ/보다 개구도가 더 커지며, 따라서 /i, ɪ/보다는 덜 평순음이다. 목젖은 비강으로의 통로를 막지만 /i/만큼 높이 올라가지도 않고 긴장하지도 않는다. 혀의 모양은 /i/와 같으나 /i/ 때보다는 구개에서 더 많이 떨어져 있다. /i/나 /ɪ/가 /e/보다는 더 전설음이다. 혀의 좌우 가장자리는 윗어금니에 가볍게 닿는다.

미국 영어에서 /e/는 아직도 단순모음적인 데가 남아 있기는 하지만 영국 영어에서는 완전히 이중모음으로 취급되어 /ei/나 /eɪ/로 표기되며, 대부분의 경우 미국 영어에서도 이중모음으로 발음되려는 경향이 있다. 특히 강세를 받거나, 유성자음 앞이나 어말에 올 때 그렇다. Made, gave, they 등은 모두 [meɪd], [geɪv], [ðeɪ] 등으로 읽힌다. 다만 강세를 받지 않거나 무성자음 앞에 오는 chaotic이나 vacation의 첫째 모음의 경우는 비교적 순수한 /e/라고 볼 수 있다. 이와 같은 환경에서 /eɪ/의 두번째 요소인 [ɪ]는 현저하게 낮아져 [e]에 가까워져 [eɪ]는 [ee], 즉 [e:]가 되는 것이다. 그러나 /e/가 [e]로 구현되는 일이 거의 없다는 사실에 비추어 이 책에서도 /e/를 [eɪ]로 표기하며, 마찬가지 이유로 앞으로 기술될 /o/도 [oʊ]로 기술하기로 한다.

미국 영어의 /e/가 학자들에 따라 단순모음 또는 이중모음으로 분류되는 데에는 그럴 만한 이유가 있다. 우선 미국 영어의 /e/가 이중모음 [eɪ]로 발음되는 경우에도 영국 영어에 비해 조음기관의 움직임과 음질의 변화가 극히 작아 단모음에 매우 가깝다.

파이크(1947)는 그의 동료들이 Summer Institute of Linguistics of Glendale, California에서 10년간 미국 영어를 모국어로 하는 사람들에게 음성학을 가르친 경험을 말하고 있다. 그는 [aɪ, ɔɪ, aʊ]가 두 개의 요소로 이루어져 있다는 것을 이해시키는 것은 별문제가 없었으나, [eɪ]나 [oʊ]가 두 개의 요소로 구성되어 있다는 것을 이해시키기 위해서는 이들의 자연스러운 발음을 청각적으로만 인식시켜서는 안 되고, 입술의 움직임을 관찰시키는 따위의 시각에 호소하는 방법에 의지하든지, 아니면 이들을 과장해서 발음할 필요가 있었음을 말하고 있다. 이것으로 미루어 짐작하건대 적어도 청각적으로는 [eɪ]가 [aɪ]나 [ɔɪ], [aʊ]와 같은 이중모음과는 같지 않다는 것을 알 수 있다.

/e/가 이중모음이라는 것을 보여주는 증거가 있다. 앞서 프랑스어나 독일어의 /e/는 순수 모음이라는 점을 지적했었다. 그런데 프랑스어나 독일어를 배우는 미국 학생들이 armée나 gehen의 /e/를 흔히 이중모음으로 잘못 발음한다. 이것은 미국 학생들에게 프랑스어나 독일어를 가르쳐 본 사람은 누구나 경험하는 것이다.

/e/가 미국 영어에서 이중모음화하는 정도는 그것이 나타나는 환경에 따라 다르다. 강세를 받지 않는 경우는 vacation의 첫 음절에서 보듯 거의 순수 단모음의 상태를 유지한다. 그러나 강세를 받고 무성자

음 앞에 오면 make[meᶦk]에서 보듯 가벼운 후전이음(off-glide)으로 끝난다. 만약에 강세를 받는 /e/가 어말에 오거나 유성자음 앞에 오면 완전한 이중모음이 된다. They[ðeɪ]나 gave[geɪv]가 그 예이다. 이 이중모음화 현상은 동쪽의 대서양 연안에서 더욱 뚜렷하다.

영국 영어의 /eɪ/는 미국 영어의 [eɪ]보다 훨씬 다양하다. 〈그림 6-24〉에서 보듯 /eɪ/의 출발점은 기본 모음의 [e]에서부터 [ɛ]까지 넓은 범위에 걸쳐 있다. [eɪ], [eǐ], [ɛî], [ɛɪ], [ɛ̆ɪ] 등이 일반적 RP에서 관찰되는 이음들이다.

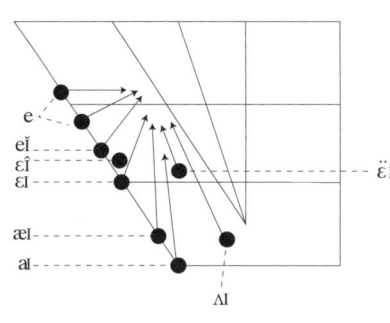

〈그림 6-24〉 영국 영어의 /eɪ/의 이음들
(Gimson, 1970², 127)

영국 영어에서 전설의 이중모음은 /eɪ/와 /aɪ/ 뿐이다. 따라서 뜻의 혼동만 일어나지 않는 한 /eɪ/는 비교적 넓은 자리를 차지할 수 있다. 그러나 출발점이 [ɛ]보다 낮으면 방언이라고 존즈는 말하고 있다. 런던 방언에서는 출발점이 [æ], [a], [ʌ] 등의 저모음이다. 그리하여 day, change, way 등의 단어는 각기 [dæɪ], [čæɪnǰ], [wæɪ], 혹은 [daɪ], [čaɪnǰ], [waɪ] 등으로 읽힌다. 이런 경우 /eɪ/의 이음인 [aɪ]는 기존의 /aɪ/와 의미상 혼동을 일으키게 된다. 이 같은 혼동을 피하기 위해 본래의 /aɪ/는 런던 방언에선 기본 모음의 [ɑ]나 [ɒ]로 바뀌게 된다. 그리하여 fight나 night는 각기 [fɒɪt]나 [nɒɪt]로 읽힌다. 그 결과 Fate[faɪt]와 fight[fɒɪt]는 여전히 차이를 유지하게 된다.

미국 영어의 /e/는 [e], [eᶦ], [eɪ] 중 어느 것으로 발음해도 무방하다. 한국 학생들에게 가장 무난한 발음은 [eɪ]일 것이며, 이것은 동시에 RP의 발음이기도 하다. 이때 [eɪ]의 [e]를 너무 긴장해서 발음하지 않아야 하며, 혀는 기본 모음의 [e]와 같은 높이를 유지해야 한다. 입은 너무 많이 벌리지 않도록 해야 한다. 한편 [eɪ]의 끝부분은 모든 이중모음이 그렇듯이 가벼운 전이음으로 끝내야 하며, 절대로 한국어의 '이'로 끝내서는 안 된다. 다른 대부분의 이중모음과는 달리 [eɪ]의 끝부분은 거의 [ɪ]에 이른다.

‖ 예 ‖	[e]	chaotic, vacation, real estate
	[eⁱ]	great, steak, break, make, late, eight, safe, face, freight
	[eɪ]	day, may, ray, made, game, gaze, they, weigh, lady, rail, sail, mail, pail, fail, bay, obey
	[eⁱ] − [eɪ]	plate−played, race−ray, waist−way, safe−save

/ɛ/

Bet와 같은 단어에 나타나는 모음이다. 프랑스어의 père나 tête, 독일어의 Träne나 Herz의 모음도 같은 /ɛ/이다. 영어의 /ɛ/는 단모음으로만 쓰이고 장모음인 경우가 거의 없는데 반해, 프랑스어나 독일어의 /ɛ/는 장모음으로도 쓰인다. 프랑스어의 bête와 bette, 독일어의 Träne와 trenne는 음질의 차이 없이 음장의 차이에 의해서만 구별된다.

Bet의 모음은 미국 영어에서는 흔히 /ɛ/로 표기되지만 영국 영어에서는 /e/로 표기된다. /e/는 미국 영어에서 흔히 이중모음으로 나타나

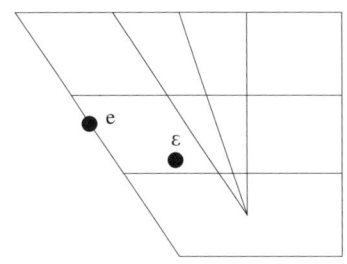

〈그림 6-25〉 영·미국 영어에서 bet 모음의 조음 위치

는 것이다. 이 이중모음화는 영국 영어에서는 더욱 광범위하여 영국 영어에서는 미국 영어의 /e/를 완전히 /eɪ/라는 이중모음으로 취급한다는 점은 이미 지적한 바와 같다. 미국 영어의 /ɛ/와 영국 영어의 /e/는 〈그림 6-25〉에서 보듯, 그 조음 위치는 같지 않으나 이 /ɛ/는 어느 다른 모음보다도 이음이 다양하고 그 모두가 뜻의 차이를 가져오지 않으므로 여기서는 편의상 /ɛ/로 묶기로 한다.

Bet의 모음은 〈그림 6-25〉에서 알 수 있듯이 미국 영어에 비해 영국 영어가 보다 높고 보다 전설의 위치에서 조음된다. /ɛ/는 /e/의 조음에서 긴장과 길이를 빼고 입을 조금 더 벌리면 된다. /ɛ/가 긴장모음이나 장모음으로 나타나는 일은 없다. /ɛ/를 조음하기 위해서는 입술은 평순, 혹은 중립순으로 한다.

한편 혀의 좌우 가장자리는 윗어금니에, 혀끝은 아랫니에 가볍게 닿게 한다. 목젖은 /e/ 때와 비슷한 정도로 올라가 비강으로의 통로를 막는다. 혀의 모습도 /e/와 비슷하나 위 표면이 전반적으로 더 낮다. 따라서 구강의 크기는 더 커지며, 공기 배출량도 더 많다. /ɛ/는 강세에 상관없이 어두와 어중에 나타날 수 있으나 어미에 나타나는 일은 극히 드물다.

영국 영어에서 /ɛ/의 이음은 기본 모음 [e]에서부터 [ɛ̞]까지 널리 퍼져 있다. 우선 일반적 RP의 /e/는 기본 모음 [e̝]에 가까운 자리에서 조음되는데, 그 까닭은 일반적 RP에서는 /æ/가 기본 모음의 [ɛ]의 바로 아래에서 조음되기 때문에 /æ/와 거리를 두기 위해 높은 자리에서 조음되는 듯하다. 그러나 이보다 더 높여서 기본 모음의 [e]에서 조음하면 그것은 지나치게 세련된 발음으로 들린다.

한편 진보적 RP에서는 /ɛ/가 내향적 이중모음이 되는 경향이 있는데, 이것은 대개 체하는(affected) 발음으로 받아들여진다. Men, said, get 등이 [meᵊn, seᵊd, geᵊt] 등으로 발음되는 경우이다. 이 이중모음화 현상은 런던 방언에서도 들을 수 있는데, 거기에서는 bed나 leg 따위를 [beᶦd, leᶦg] 등으로 발음한다. 〈그림 6-26〉이 그 관계를 보여준다.

/ɛ/는 한국어의 '에'와 '애'의 중간에서 나는 소리로서 '애'에 더 가깝다. 한국 학생은 /e/나 /ɛ/를 모두 '에'로 발음하는 경향이 있으며, 또 이 모두를 긴

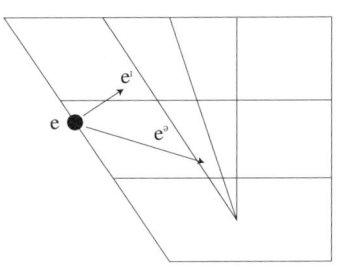

〈그림 6-26〉 영국 영어에서 /ɛ/의 이음들

장모음으로 발음하는 경향이 있다. 그러나 다행히 뜻의 차이는 일어나지 않는다. 한국 학생들은 대부분 /e/를 이중모음으로 발음하기 때문이다. 그러나 정확하고 명확한 발음을 위해서는 /e/와 /ɛ/를 구별해서 발음하도록 연습해야 할 것이다.

▮예▮ [ɛ]　　set, bed, went, red, zest, dead, head, breath, deaf, cleanse, any, many, Thames, said, says, bury, meant, friend [ɛ]-[eɪ] get-gate, debt-date, sell-sale, edge-age, pepper-paper, tell-tale, met-mate, chest-chased, wreck-rake, test-taste, led-laid, red-raid

/æ/

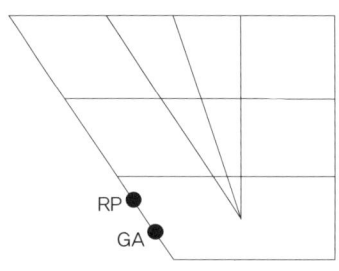

〈그림 6-27〉 /æ/의 조음 위치

Bat와 같은 단어에 나타나는 모음이다. 프랑스어와 독일어에는 /æ/가 없다. 대체로 영국 영어의 /æ/가 미국 영어의 /æ/보다 조금 높은 위치에서 조음된다. 혀의 높이는 기본 모음 [ɛ]와 [a]의 중간 어느 지점이며, 혀끝은 아랫니에 닿는다. 입술은 평순 내지 중립순이며 입은 영어의 모음 가운데 가장 많이 벌려서 발음한다. 'Short' *a*라고 불리는 /æ/는 대개의 경우 이완모음으로 발음되지만, 모음이 길어지는 환경에 나타나면 긴장모음화한다. 다른 모음과 마찬가지로 목젖은 위로 올라가 비강의 통로를 막는다. /æ/는 대개 강세를 받는 자리에 나타나며 어말에는 나타나지 않는다.

미국 영어에서 /æ/는 여러 모음과 교체한다. 특히 r이나 rr 앞에서 /æ/, /ɛ/, /e/의 교체는 광범위하여 이것만 가지고도 말하는 사람의 고향을 알아맞힐 수 있을 정도다. Mary, carrot, sparrow, Harry 등의 단어들은 대서양 연안과 남부에서는 /æ/로 발음되나, 나머지 지역에서는 /æ/와 /ɛ/가 모두 사용되며, /ɛ/를 더 많이 사용한다. 이 경우 이 단어들은 처음부터 /ɛ/로 표기하는 것이 마땅하다.

이보다 더 중요한 /æ/의 이음은 [a]이다. 이것은 정확히 말해 /æ/와 /ɑ/의 중간에서 조음되는 소리로서, 많은 사람들에게는 [ɑ⁺]처럼 들리기도 한다. 이것은 뉴잉글랜드의 동부에서만 들을 수 있는 단순모음으로, /aɪ/, /aʊ/ 같은 이중모음에서는 그 첫머리에서 들을 수 있다. 단순모음으로 사용된 [a]는 ask[æsk] 같은 단어에 나타나는 모음의 이음으로 기억하면 된다.

동부 뉴잉글랜드에서는 path, ask, last와 같은 단어에서 [æ, a, ɑ] 모두를 들을 수 있으나 [æ]가 증가하는 추세에 있다. 이 지역에서 [a]와 [ɑ]는 자유 변이의 관계에 있다. 개중에는 [ɑ]를 쓰지 않고 cat를 [æ]로, ask는 [a]로, pot는 [ɒ]로 발음하는 사람도 있다. 어쨌든 동부 뉴잉글랜드를 제외한 미국 전역에서 ask가 [a]로 발음되는 예는 찾아보기 힘들다. 만약 있다면 그것은 체하는 발음이다. [a]가 ask 같은 단어에서 [æ]와 자유롭게 교체하는 곳은 동부 뉴잉글랜드뿐이다.

18세기까지만 해도 father의 첫째 모음은 미국에서는 고대 영어에서와 마찬가지로 /æ/로 발음되었다. 그러던 것이 오늘날처럼 /ɑ/로 바뀐 것이다. 동부 뉴잉글랜드 지방의 [a]는 /æ/→/ɑ/의 이행이 완전히 이루어지지 않은 상태라고 할 수 있다. Calm이나 psalm 같은 단어는 미국 어디에서나 /ɑ/로 발음되지만 동부 뉴잉글랜드 지방에서는 [a], [ɑ] 모두가 사용된다.

다음은 영국 영어와 미국 영어의 차이를 확실히 보여주는 예이다. 주어진 두 가지 발음 가운데 첫번째가 미국 발음이고 다음이 영국 영어의 발음이다.

grass	[græs]	[grɑːs]	last	[læst]	[lɑːst]
glass	[glæːs]	[glɑːs]	fast	[fæst]	[fɑːst]
class	[klæs]	[klɑːs]	past	[pæst]	[pɑːst]
pass	[pæs]	[pɑːs]	vast	[væst]	[vɑːst]
brass	[bræs]	[brɑːs]	blast	[blæst]	[blɑːst]
laugh	[læf]	[lɑːf]	mast	[mæst]	[mɑːst]
half	[hæf]	[hɑːf]	task	[tæsk]	[tɑːsk]
calf	[kæf]	[kɑːf]	basket	[bǽskɪt]	[bɑ́ːskɪt]
path	[pæθ]	[pɑːθ]	mask	[mæsk]	[mɑːsk]
bath	[bæθ]	[bɑːθ]	flask	[flæsk]	[flɑːsk]
demand	[dɪmǽnd]	[dɪmɑ́ːnd]	craft	[kræft]	[krɑːft]
command	[kəmǽnd]	[kəmɑ́ːnd]	draft	[dræft]	[drɑːft]
advance	[ədvǽns]	[ədvɑ́ːns]	raft	[ræft]	[rɑːft]
chance	[čæns]	[čɑːns]	shaft	[šæft]	[šɑːft]
dance	[dæns]	[dɑːns]	master	[mǽstɚ]	[mɑ́ːstə]
glance	[glæns]	[glɑːns]	caster	[kǽstɚ]	[kɑ́ːstə]
plant	[plænt]	[plɑːnt]	plaster	[plǽstɚ]	[plɑ́ːstə]
grant	[grænt]	[grɑːnt]	castle	[kǽsl]	[kɑ́ːsl]

영국 영어에서 /æ/는 단순모음과 이중모음으로 사용되며, 그 이음도 다양하다. 〈그림 6-28〉이 그 관계를 보여준다.

일반적 RP에서 /æ/는 기본 모음 [ɛ]의 조금 밑에서 조음된다. 그러나 /ɛ/를 기본 모음 [e] 근처에서 발음하는 세련된 RP에서는 /æ/를 기본 모음 [ɛ] 근처에서 발음한다. 한편 영국 남부 지방의 어린애들 사이에서 /æ/를 기본 모음의 [a] 근처에서 발음하는 것을 들을 수 있다. Map, hat, cap 등이 각기 [map], [hat], [kap] 등으로 발음하는 것이 그 예이다.

/æ/를 발음할 때 주의할 점은 /æ/가 한국어의 '애'와 같지 않다는 점이다. '애'는 /æ/보다 /ɛ/에

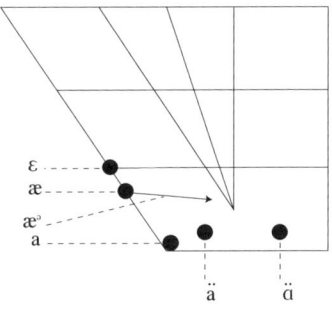

〈그림 6-28〉 영국 영어에서 /æ/의 이음들
(Gimson, 1970², 106)

가깝다고 할 수 있다. /æ/를 발음할 때, 특히 미국 영어의 /æ/를 발음할 때에는 입을 한껏 벌릴 필요가 있다.

　예　[æ]　　sat, hand, lamp, glad, bag, hat, stand, scratch
　　　[æ]-[ɛ]　sat-set, had-head, sad-said, man-men,
　　　　　　　vary-very, than-then, mat-met, pat-pet,
　　　　　　　mass-mess, shall-shell, marry-merry,
　　　　　　　ran-wren, Dad-dead, bad-bed, bag-beg,
　　　　　　　lad-led

6.5 후설모음
Back Vowels

/u/

Boot와 같은 단어에 나타나는 모음이다. 미국 영어와 영국 영어의 차이는 별로 없다. 프랑스어의 rouge나 독일어의 gut와 같은 모음이다. 그러나 영어의 /u/가 이중모음화하는 경향이 있는데 반해 프랑스어나 독일어의 /u/는 순수 모음이며, 영어보다는 더 입술을 오므리고 혀를 뒤로 당겨서 내는 소리이다. 독일어의 /u/는 거의 기본 모음의 [u]에 가까운 소리로서, 영·미국인들이 들으면 깊은 소리로 들린다. 독일 사람들이 How do you do?를 발음하는 것을 들으면 영·미국인들의 발음보다 훨씬 더 목 안의 깊은 곳에서 나는 듯한 인상을 받게 된다.

/u/는 긴장모음으로서 혀의 뒷부분을 올리며, 기본 모음 [u]보다는 조금 앞자리에서, 그리고 조금 낮은 데에서 조음된다. 입술은 둥글게 하며, 앞으로 약간 삐죽 내민다. 입은 거의 닫힌 상태이며, 혀의 좌우 가장자리는 아무 데도 닿지 않으며, 혀끝은 안으로 들어가 있고, 설근은 인강 쪽

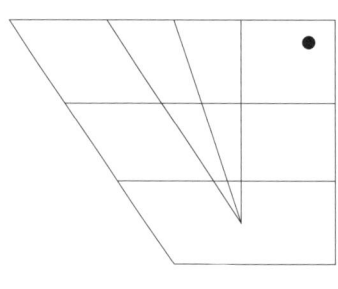

〈그림 6-29〉 /u/의 조음 위치

으로 당겨져 그 사이에 좁은 통로를 이룬다. 이 통로는 영어의 어떤 모음의 경우보다 좁다. 혀의 표면은 둥글게 위로 올라가 입천장과 평행을 이루어 구강의 크기도 작다.

/u/는 미국 영어와 영국 영어에서 모두 이중모음화하는 경향이 있다. 특히 강세를 받거나 어말에 오는 경우에 그렇다. /i/나 /u/에서 흔히 볼 수 있는 이중모음화 현상 때문에 트래거-스미스는 이들을 각기 /iy/와 /uw/로 분석했던 것이다. 이중모음화한 /u/는 [ʊu]나 [uw]로 표기할 수 있다. Moon, choose, rude, two 등의 단음절어는 항상 강세를 받으므로 대개 [mʊun], [čʊuz], [rʊud], [tʊu]로 읽힌다.

미국 영어에서는 /u/가 다음에 언급될 /ʊ/와 교체하는 경우가 있다. Roof, room, soot 따위의 단어에서 /u/와 /ʊ/가 교체하는데, 우리는 교체가 일어난다는 것을 알 뿐, 어떤 방언에서 어떤 음성적 환경에서 일어나는지는 알지 못한다. 영국 영어에서도 같은 현상이 일어난다. 한 단어가 /u/와 /ʊ/로 교체하는 경우, /ʊ/는 대개 나이 많은 사람들의 말에서 발견된다. 같은 방언에서 한 단어가 /u/나 /ʊ/로 교체한다는 점에 비추어, 이 교체가 나이와 관계가 있다는 가정을 해볼 수 있을 것 같다.

미국 영어에서 /u/의 또 하나의 중요한 이음은 중설음화한 [u˖]이다. [ɨu]나 [u]로 표기해도 좋다. Blue나 flew는 [blɨu], [flɨu], 혹은 [blu], [flu]로 발음된다. 이 현상은 미국 전역에서 발견되며, 경우에 따라서는 같은 사람이 [u]와 [u] 모두를 사용한다. 이것은 교육 정도와 무관하다. Tune, new, duty, suit, enthuse 같은 단어들을 교육받은 미국인들은 [u˖, yu, ɪu] 가운데 어느 하나로 발음한다. 이들은 /u/의 이음이라고는 할 수 없고, 별개의 음소로 취급되어야 한다.

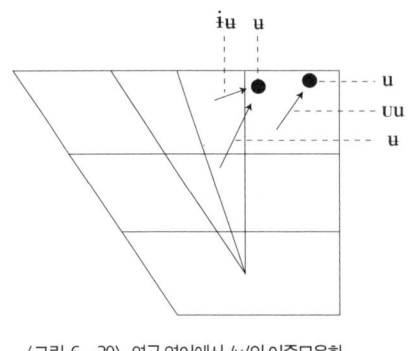

〈그림 6-30〉 영국 영어에서 /u/의 이중모음화
(Gimson, 1970², 119)

영국 영어에서도 /u/는 강세를 받거나 어말에 오는 경우 이중모음화한다. 미국 영어와 마찬가지로 [Uu]나 [uw]로 표기할 수 있다. 런던 방언에서는 보다 중설음으로 시작하여 [əu]나 [ɨu]로 발음된다. 이처럼 /u/를 완전한 평순음으로 발음하는 것이 런던 방언의 특징이다. Moon, choose, rude 등은 [məun, čəuz, rəud], 혹은 [mɨun, čɨuz, rɨud] 등으로 발음된다. 〈그림 6-30〉이 그 관계를 보여준다.

영국 영어에서 /u/의 또 하나의 중요한 이음은 중설음화한 [u]이다. 이 음은 특히 런던 부근에서 증가하고 있다. [u]의 사용은 런던 방언의 한 특징이다. 미국 영어와 영국 영어에서 모두 [u]의 이음이 발견되는 것은 영어에서는 /i/와 /u/ 사이에 아무 모음도 없고, 더구나 기본 모음 [y]에 해당하는 음도 없어 /u/를 중설음화 해서 발음해도 별로 뜻의 차이를 가져오지 않기 때문이다. 한편 /u/의 중설음화가 tune[tyun]처럼 /u/ 앞에 /y/가 오는 경우에 더 잘 일어나는 것은 /u/가 /y/의 구개음적인 성격에 끌려 중설음이 되기 때문이다.

미국 영어에서처럼 영국 영어에서도 /u/가 /ʊ/와 교체하는 경우가 있다. 특히 남부 지방에서 room, broom, groom 따위의 단어들에서 /u/와 /ʊ/가 교체하는데, 앞서 언급한 대로 /ʊ/는 주로 나이 든 사람의 말에서 발견된다. 그러나 [u]가 더 흔한 발음이다.

한편 roof, hoof, tooth가 [u]로 발음되기도 한다. /u/는 한국 학생들이 발음하기에 별 어려움이 없다. 다만 영어의 /u/가 한국어의 '우'보다 더 높은 자리에서, 더 입술을 앞으로 내밀고 조음해야 하는 긴장모음이라는 점을 기억하면 된다. /u/가 이중모음화하는 것을 흉내낼 필요는 없다. 잘못 모방하거나 지나치게 모방하면 비표준적인 천한 말로 들릴 수 있기 때문이다.

예	[uː]	food, noon, moon, spoon, two, blue, who, move, lose, through, rude, tomb, canoe, true, rule, soon, shoe, too
	[uˑ]	boot, fruit, hoof, group, hoop, root, loop, goose
	[uː]−[uˑ]	shoe−shoot, rude−root, lose−loose, brew−brute

/ʊ/

Book과 같은 단어에 나타나는 모음이다. 독일어의 mutter의 첫음절은 /ʊ/이다. 프랑스어에는 /u/만 있고 /ʊ/는 없다. /ʊ/는 대개 어중에 나타나며 어두나 어말에 나타나는 일은 거의 없다. 문장 끝에 약세의 to가 올 때 /ʊ/를 들을 수 있다. /ʊ/와 /u/의 관계는 /ɪ/와 /i/의 관계와 같다. /u/는 긴장음인 데 비해 /ʊ/는 이완모음이다. /i/에 비해 /ɪ/가 보다 낮고 보다 중설의 음이었던 것처럼 /ʊ/는 /u/에 비해 보다 낮고 보다 중설의 위치에서 발음된다. 모음사변형에서 /i/와 /ɪ/의 위치는 /u/와 /ʊ/의 위치에 대해 대칭 관계를 이룬다.

/ʊ/는 /u/보다는 오히려 기본 모음 [o]에 더 가까운 위치에서 조음된

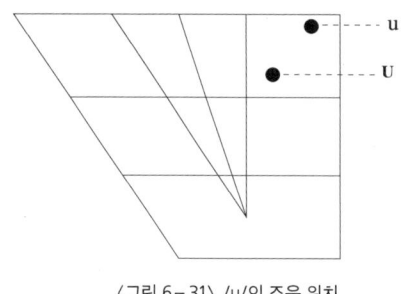

〈그림 6-31〉 /ʊ/의 조음 위치

다. /u/와 조음 방법은 비슷하나 /u/보다 혀나 입술의 근육이 더욱 이완되어 있으며, /u/보다는 덜 원순모음이다. 거의 중립순에 가깝다. 이때 입술의 모양을 더욱 평순으로 하면 /ɔ/가 되든지 /ʌ/가 된다. Book 같은 단어를 본래의 입술 모양보다 더욱 평순으로 발음하면 buck가 된다. 입술은 비교적 닫힌 상태이다. 혀의 좌우 가장자리는 어금니에 닿지 않으며, 혀끝은 대개 아랫니에서 뒤로 물러난 자리에 있다.

미국 영어와 영국 영어의 차이는 없으나 미국 영어의 /ʊ/가 영국 영어보다 조금 더 입을 벌린 상태에서 발음된다. 미국 영어와 영국 영어를 가릴 것 없이 -oo-의 철자를 가진 단어에서 /ʊ/가 /u/와 교체된다는 사실은 앞서 지적한 바 있다. Room, coop, hoof, root, groom 따위의 단어는 /u/, /ʊ/ 어느 것으로 발음해도 무방하나 대개는 /u/로 발음된다. 이에 대한 우리의 지식은 매우 빈약하여 이렇다 할 일반적인 기술을 할 수 없다. 미국 영어에서 /ʊ/는 별다른 이음을 갖지 않는다. 그 점은 영국 영어에서도 마찬가지다.

/ʊ/는 /ɪ/와 마찬가지로 한국어에는 없기 때문에 한국 학생들이 발음하기 어려운 음 가운데 하나이다. 짐작할 수 있다시피 /ʊ/ 대신에 /u/를 사용하여 book[bʊk]이나 took[tʊk]를 [buk]나 [tuk]로 잘못 발음하게 된다. /ʊ/는 한국어의 '우'보다는 낮은 데에서 조음되며, 오히려 '우'와 '어'의 중간에서 조음되는 소리다. 한국어의 '우'는 /u/와

/u/의 중간에서 나는 소리이다. /u/를 조음하기 위해서는 발성기관을 이완시키고 입술은 중립순으로 긴장을 풀고 짧게 발음하도록 연습해야 한다.

‖ 예 ‖ [ʊ]   put, full, cushion, butcher, good, push, could, hook, wool, wood, took, foot, brook, bull, wolf, bosom, look

[ʊ]−[u]   full−fool, pull−pool, soot−suit, look−Luke, would−wooed, should−shoed, hood−who'd

/o/

Boat와 같은 단어에 나타나는 모음이다. 프랑스어의 côte나 saule, 그리고 독일어의 Sohn이나 wohl의 모음도 /o/이다. 그러나 대체로 프랑스어나 독일어의 /o/가 영어의 /o/에 비해 보다 높은 자리에서, 보다 뒤에서, 보다 긴장되게 조음되는 소리이며, 영어의 /o/처럼 이중모음이 되지 않는 순수 모음이다.

/o/는 기본 모음의 [o]보다 조금 낮고 조금 앞의 위치에서 조음되며 입술은 /u/보다는 못하지만 비교적 원순음이다. 입술은 앞으로 삐죽 나오기도 하고 나오지 않기도 한다. 설근은 인강 쪽으로 당겨져 혀와 인강 사이에 좁은 통로를 만들며, 혀끝은 아랫니에 닿기도 하고 닿지 않기도 한다. /e/와 마찬가지로 /o/는 영·미국어에서 이중모음이 되는 경향이 있다. 미국 영어에서는 강세를 받거나 어말에 올 때, 그리고 영국 영어에서는 대부분의 경우에 이중모음이 된다.

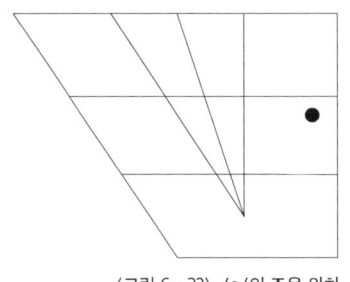

〈그림 6-32〉 /o/의 조음 위치

이런 까닭에 /o/를 존즈는 /ou/로, 김슨은 /əu/로 분석했으며, 트래거-스미스는 /ow/로 표기한 것이다. 그러나 미국 사람들은 말할 것도 없고 영국 사람들도 /o/가 이중모음이라는 것을 알지 못한다. 가령 Oh!라고 한 번만 발음하면 이때 입술이 움직인다는 것을 알지 못한다. 그러나 Oh! Oh! Oh!를 빨리 반복해서 발음해보면 입술이 가만히 있지 않고 닫혔다 열렸다 하는 것을 알게 된다.

미국 영어에서도 /o/는 대부분의 경우에 이중모음화한다. 특히 go처럼 어말에 오거나 road처럼 강세를 받으며 유성자음 앞에 올 때에는 완전히 이중모음화하여 [ou]가 되고, coat처럼 강세를 받으며 무성자음 앞에 올 때에는 가벼운 후전이음[u]로 끝나 coat는 [koᵘt]가 된다. Obey처럼 강세를 받지 않거나 lifeboat처럼 부차 강세(secondary stress)가 오는 경우에 한해 단순모음의 [o]로 나타난다. 그러나 [o]나 [ou]는 변별성이 없기 때문에 이들을 하나의 음소로 묶는 것이 마땅하다.

미국 영어에서는 대부분의 경우 hoarse[hors]와 horse[hɔrs]를 구별한다. 마찬가지로 four[for] - for[fɔr], oral[órəl] - aural[ɔ́rəl], mourning[mórnɪŋ] - morning[mɔ́rnɪŋ], boarder[bórdər] - border[bɔ́rdər]를 구별한다. 그러나 이들을 똑같이 [ɔ]로 발음하는 경향이 전국적으로 번지고 있다. 다만 남부에서만 이 두 음을 고집 세게 구별하고 있다.

미국 영어에서 강세가 없는 어말의 /o/는 지금까지 통일된 기술을 보지 못했던 부분이다. Tomato, potato, follow, fellow, window, piano, mellow 등의 마지막 모음이 [o] 대신 [ə]로 발음되는 경우가 많다. 특히 window pane, tomato plant 등의 합성어에서는 어말의 [o]는 [ə]가 되며, 단독으로 사용되는 경우에도 비표준어와 교육받지 못한 사람의 말에서 어말의 [ə]를 들을 수 있다. 이것은 교육받은 사람들 말에서도 흔히 들을 수 있다.

영국 영어의 /ou/에는 [əu]와 [ou]라는 중요한 두 개의 이음이 있는데, [əu]가 보다 일반적이며 [ou]는 보수적인 RP에서 사용된다. 체하는 경우 [ëu]가 사용되기도 한다. 그리하여 go나 road는 각기 [gëu]와 [rëud]가 된다. 한편 런던 방언에서는 [ʌu]가 사용되어 [gʌu]와 [rʌud]가 된다. 그러나 스코틀랜드에서는 기본 모음 [o]에 가까운 단순모음 [o]가 사용되어, go와 road는 각기 [go]와 [rod]가 된다. 〈그림 6-33〉이 그 관계를 보여주고 있다.

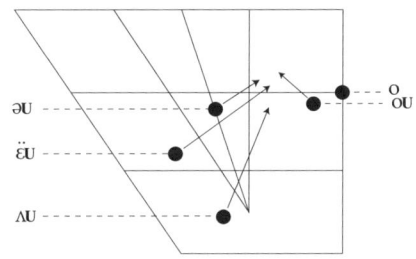

〈그림 6-33〉 영국 영어에서 boat 모음의 여러 가지 발음(Gimson, 1970², 134)

미국 영어에서와 마찬가지로 영국 영어에서도 /ou/가 강세를 받지 못하면 이중모음의 성격을 잃고 단순모음이 된다. November, obey, molest 등의 첫 음절은 [o], [ou], [ə]의 세 가지로 교체한다. 미국 영어에서와 달리 window나 fellow의 어말을 [ə]로 발음하는 것은 부주의하거나 비표준적인 발음으로 간주된다. [əu]를 [ə]로 발음하는 사람에겐 ferment와 foment, hypertension과 hypotension이 각기 [fəmént]

와 [háɪpətènšn]으로 동음이의어가 된다. 영국 영어에서 boat 같은 단어의 모음이 여러 가지로 발음된다는 것은 I don't know 같은 간단한 문장이 지역과 성분에 따라 다음과 같이 사용되는 것으로도 알 수 있다. 즉 [aɪ doʊnt noʊ], [aɪ dəʊnt nəʊ], [aɪ dont no], [aɪ dʌʊnt nʌʊ], [aɪ dëʊnt nëʊ], [aɪ dɔʊnt nɔʊ] 등이다.

한국 학생들은 /o/를 발음하는 경우 이것이 이중모음이라는 것을 너무 강하게 인식해서 한국어의 '오우'로 잘못 발음하는 경향이 있다. 이것은 한국에서 간행된 사전들이 모두 존즈식(IPA식)에 따라 /o/를 /oʊ/라고 표기한 것이 그 이유이기도 하다.

그러나 /o/가 이중모음이 되어 [oʊ]가 된다는 것은 다른 모든 이중모음처럼 [o]에서 시작하여 [ʊ]에서 끝난다는 것을 의미하지 않는다. 이것은 [o]에서 시작하여 [ʊ]쪽을 향해 가다가 갑자기 소리가 약해져 [ʊ]를 향해 가던 도중에 끝난다는 것을 의미한다.

이중모음을 발음할 때 필요한 에너지는 첫부분에서 거의 다 소모되므로 [ʊ]를 위해서 별로 에너지가 남지 않는다. 그렇기 때문에 많은 경우 [əʊ]는 [ɜː]와 혼동되어 goal과 girl이 같은 단어로 들리기도 하는 것이다. 따라서 [oʊ]의 첫부분만을 강하게 발음하고 뒤를 약하게 끝내는 것이 /o/를 정확히 발음하는 요령이다. 한편 [oʊ]의 [o]는 한국어의 '오'보다는 더 높은 자리에서 비교적 구강 근육을 긴장해서 내는 소리이다.

| 예 | [o] | obey, lifeboat, November, molest |
| | [oʊ] | coat, most, oak, boat, toast, soap, both, choke, vote |

[oʊ]	so, old, blow, know, though, toe, road, soul, zone, show, tone, cold, roll, sow, home, holy, slow, bowl, foe
[əʊ] − [ɜ]	foe − fur, own − earn, goal − girl, oath − earth, coat − curt, foam − firm
[əʊ] − [ɔ]	so − saw, pose − pause, bold − bald, boat − bought, choke − chalk, low − law, coast − cost, don't − daunt
[əʊ] − [ɜ] − [ɔ]	foe − fur − four, woke − work − walk, coat − curt − caught, coal − curl − call

/ɔ/

Bought와 같은 단어에 나타나는 모음이다. 프랑스어의 sol이나 독일어의 Sonne의 모음도 /ɔ/이지만 독일어의 /ɔ/는 기본 모음의 [ɔ]와 같은 자리에서 조음되며, 프랑스어의 /ɔ/는 독일어의 조음 위치보다 더 중설 쪽에 가까운 위치에서 조음된다. 〈그림 6-34〉에서처럼 /ɔ/의 조음 위치가 미국 영어와 영국 영어에서 차이를 보인다.

미국 영어에서 /ɔ/는 방언에 따라 길이, 원순의 정도, 그리고 긴장도가 서로 다르다. 그러나 대개는 강세를 받거나 어말에 오는 경우 장모음화하거나 [ɔə], [ɔʊ] 등으로 이중모음화하는 경향이 있으며, 긴장도는 긴장모음과 이완모음의 중간이라고 할 수 있다. /ɔ/는 어두, 어중, 어말에 모두 나타날 수 있다. Autumnal에서처럼 /ɔ/가 강세를 받지 않을 때에는 [ɔ]로 발음되지만, law에서처럼 강세를 받으면서 어말

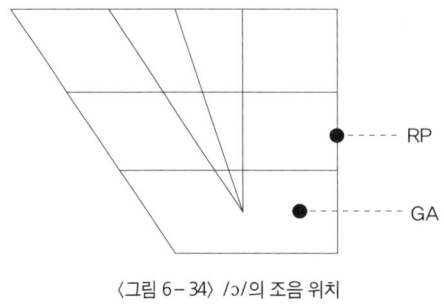

〈그림 6-34〉 /ɔ/의 조음 위치

에 오든지 gone에서처럼 유성자음 앞에 오면 장모음이거나 아니면 [ɔə]와 같은 이중모음이 된다. 그런 까닭에 김슨은 /ɔ/를 /ɔː/로, 트래거-스미스는 /ɔh/로 표기하는 것이다. 그러나 [ɔː], [ɔə], [ɔ]의 구별이 영어에서는 변별적이지 않기 때문에 이들을 한데 묶어 /ɔ/ 음소의 이음으로 취급하는 것이 좋다.

미국 영어에서 /ɔ/가 /ɑ/나 [ɒ]와 교체하는 일은 흔히 있는 일이다. [ɔ]와 [ɒ]의 구별이 비변별적이기 때문에 [ɔ]와 [ɒ]의 교체는 더욱 흔하다. 그러므로 foreign, gone, wash 등의 단어는 [ɔ]나 [ɑ], [ɒ] 가운데 어느 하나의 음으로 발음된다. 뉴잉글랜드와 뉴욕 시, 그리고 이른바 상류 사회에서는 fought, called, Laura, thought 등의 단어를 [fɒt], [kɒld], [lɔ́rə], [θɒt] 등으로 발음하기도 하는데, 과잉 정정(hypercorrection)의 예로 받아들여진다. 또한 이들은 four와 for, mourning과 morning, boarder와 border를 모두 [ɔə]나 [ɔɚ]로 발음한다. 이 경향은 전국적으로 번져 있다.

영국 영어에서 /ɔ/를 기술하는 데 있어 존즈와 김슨은 다른 경우에서처럼 커다란 태도의 차이를 보이고 있다. 가령 cot과 caught라는 단어를 존즈는 /kɔt/, /kɔːt/로 표기한 데 비해, 김슨은 /kɒt/, /kɔːt/로 표기한다. 존즈는 그 차이를 양의 차이로 보고, 김슨은 질의 차이로 보고 있다. 김슨은 현대의 일반적 RP에서 cot와 caught, offal과 awful은 그 음량의 차이가 없다고 말한다. 존즈도 [ɔː]와 [ɔ]의 교체를 인정하고 있으며, 다음과 같은 단어의 예를 들면서 예전엔 [ɔː]가 흔히 쓰였으나 지금은 [ɒ]가 더 흔하다고 말하고 있다. 예로 든 단어들은 off, often, Australia, salt, false, gone, cross, lost 등이다.

미국 영어에서처럼 영국 영어에서도 /ɔ/는 대부분 단순모음으로 사용된다. 그러나 미국 영어에서처럼 뒤에 유성자음이나 철자 r이 올 때 이중모음화하여 [ɔə]가 된다. 그러므로 sore[sɔə]와 saw[sɔ], floor[flɔə]와 flaw[flɔ], course[kɔəs]와 cause[kɔz]와 court[kɔət]와 caught[kɔt] 등은 각기 모음이 다르다.

그러나 많은 경우에 점차 [ɔ]가 예전의 [ɔə]를 대치하고 있다. before, door, soar, four, sore, more와 같은 단어들은 아직도 보수적 RP와 지역 방언에서 [ɔə]로 발음되고 있지만, 점차 [ɔ]가 이들을 대치하고 있다. 벌써 많은 사람들이 sore와 saw, 그리고 court와 caught, borne과 born, hoarse와 horse를 구별하지 못한다. 보수적 RP에선 짝지어 놓은 단어들 가운데 처음 것을 [ɔə]로, 두번째 것을 [ɔ]로 발음해서 구별한다.

한국어에는 영어의 /o/와 /ɔ/에 해당하는 음소가 따로 없으므로 한국 학생들은 /o/, /ɔ/ 모두를 '오'로 발음하기 쉽다. 그러나 한국어의 '오'는 /o/와 /ɔ/의 중간에 해당하는 음이므로, 영어의 /ɔ/는 한국어의 '오'를 발음할 때보다 입을 더 벌리고 입을 더 오므리면서 입 안의 깊은 곳에서부터 약간 긴장된 음으로 조음해야 한다. 특히 미국 영어의 /ɔ/를 발음할 때는 적어도 손가락 둘을 나란히 겹친 크기가 입 안으로 들어갈 정도로 입을 많이 벌려야 한다. 미국 영어의 /ɔ/는 여러모로 /o/와 다음에 기술할 /ɑ/의 중간음이다.

|| 예 || [ɔ]   saw, lawn, jaw, yawn, dawn, all, talk, salt,

[ɔ] – [oʊ]　water, thought, author, stalk, chalk, gnaw, draw
　　　　　called – cold, saw – sew, law – low,
　　　　　naught – note, bought – boat, call – coal,
　　　　　daunt – don't, Shaw – show, want – won't,
　　　　　cost – coast, hall – hole, lawn – loan,
　　　　　flaw – flow, ball – bowl, Paul – pole,
　　　　　stall – stole, pause – pose, awe – owe,
　　　　　clause – close, tall – toll, walk – woke,
　　　　　caught – coat, ought – oat, raw – row,
　　　　　jaw – Joe, gnaw – know

/ɑ/

　Father 또는 bother 같은 단어의 첫 음절의 모음이다. 프랑스어의 pâte, 독일어의 Gras의 모음이 이에 해당한다. 미국 영어에서는 father 나 bother 모두 /ɑ/로 표기해도 좋으나, 영국 영어에서는 보통 father 는 /ɑ/로, bother는 /ɒ/로 분석한다. [ɒ]는 미국 영어에서도 들을 수 있으나 [ɑ]나 [ɔ]와 교체하며, 또 이들과는 비변별적이라 독립한 음소로 간주할 필요가 없다.

　/ɑ/는 후설모음 가운데서 가장 낮은 모음이며 입술은 중립순 내지 평순이고, 혀와 어금니의 접촉은 없다. 입은 비교적 크게 벌려서 조음하며, 목젖은 위로 올라가 비강으로 통하는 통로를 차단하지만 목젖 그 자체는 이완된 상태에 있다.

　/ɑ/의 긴장도에 대해서는 /æ/나 /ɔ/의 경우처럼 의견이 일치하지

않으며, 장단에 대한 의견 또한 일치를 보지 못하고 있다. 케니언(1950[10], 84)은 /ɑ/가 그것이 나타나는 환경에 따라 크게 달라진다고 말함으로써 그 길이가 불안정함을 시사하고 있다. 그러나 cop[kɑp], hot[hɑt],

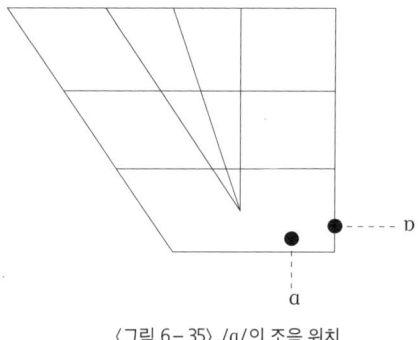

〈그림 6-35〉 /ɑ/의 조음 위치

pot[pɑt]과 같은 단어를 cup[kʌp], hut[hʌt], putt[pʌt] 같은 단어들과 비교해보면 대체로 [ɑ]가 [ʌ]보다 길다는 것을 알 수 있다. /ɑ/와 /ʌ/는 모두 같은 환경에 있으므로 환경이 그 길이에 영향을 미쳤다고 말할 수 없다. Father, calm, yard 등은 미국 영어와 영국 영어에서 모두 /ɑ/로 표기되며, 이런 경우에는 대개 길게 발음된다. box, lock, stop처럼 영국 영어에서는 [ɒ]로, 미국 영어에서는 [ɑ]로 표기되는 단어들은 대개 짧게 발음되는 듯하다. 앞서 언급했던 것처럼, /ɑ/는 18세기 말에야 비로소 미국 영어에 들어왔으며, 전에는 /æ/가 사용되었다.

/ɑ/는 미국 영어에서 대부분의 경우 [ɑ]로 발음된다. Box, stop, wander, watch 등은 [ɑ]로 발음되는 것이 보통이다. 따라서 father – fodder, carter – cotter, card – cod 등은 음질에 관한 한 동일하다. 이들이 구별이 된다면 길이와 r의 유무에 의한 것이다.

그러나 중서부와 서부에서는 water, watch, wasp, want, wash 같이 wa-가 들어 있는 단어에서 [ɑ] 대신 [ɒ]나 [ɔ]가 사용된다. 한편 남부에서는 [ɑ]와 [ɔ], 뉴잉글랜드와 뉴욕 시에서는 [ɑ]와 [ɒ]가 사용되기도 한다. 철자에 o가 들어 있는 hot, cod, knob, stop, pot, top, forest, on, doll, golf 같은 단어에서도 [ɑ], [ɒ], [ɔ]가 교체된다.

미국 영어에서 [ɑ], [ɒ], [ɔ]의 교체는 너무 복잡하여 그 모두를 기술할 수는 없다. 다만 이들이 교체하는 경우 [ɑ]가 보다 보편적이라는 사실은 알아 둘 필요가 있다. 그리고 [ɒ]는 대부분의 사람에게는 독립한 음소가 아니라는 것을 알아 두면 된다. 사람에 따라서는 balm, calm은 [ɑ]로, bomb, lot는 [ɒ]로, law, fall은 [ɔ]로 구별해서 발음하기도 한다. 물론 그들에게는 [ɒ]가 독립한 음소이다.

영국 영어에서 /ɒ/는 미국 영어에서는 /ɑ/로 분석된다. 그러나 영국 영어의 /ɒ/가 모두 미국 영어의 /ɑ/에 해당하는 것은 아니어서 long, dog, cough 등은 미국 영어에서도 /ɔ/로 표기한다.

영국 영어에서는 많은 경우에 /ɒ/가 /ɔ/와 교체한다. off, cloth, cross 등에서 /ɒ/와 /ɔ/ 모두를 들을 수 있다. 그러나 대체로 /ɔ/는 보수적 RP에서, 그리고 /ɒ/는 젊은 세대의 말에서 들을 수 있다.

한국 학생들은 [ɑ]를 한국어의 '아'로 발음하기 쉽다. 그러나 영어의 /ɑ/는 한국어의 '아'보다 후설음이므로 '아'보다는 훨씬 더 입속의 깊은 곳에서 나오는 소리이다. 그리고 '아'보다는 훨씬 이완된 모음이므로 조음할 때 구강 근육의 긴장을 빼야 한다.

[ɒ]는 [ɑ]보다 한국 학생들에게는 더 어려운 모음이다. [ɒ]는 [ɑ]와 [ɔ]의 중간음이므로 [ɔ]보다는 입을 더 벌려야 하지만 덜 원순음이다. 배우고자 하는 대상이 미국 영어일 때는 [ɒ]는 무시해도 좋다.

|예| [ɑː]　　father, calm, palm, psalm, balm
　　　[ɑ]　　yacht, box, philosophy, top, hot, got, doctor, lot, pot, chop

[ɑ] – [ɔ] not – naught, odd – awed, cot – caught,
yon – yawn, rot – wrought, hock – hawk,
sod – sawed, nod – gnawed, chock – chalk,
collar – caller, body – bawdy, Don – dawn,
tot – taught, ah – awe, Pa's – pause

/ɒ/

Dog와 같은 단어가 영국 영어와 미국 영어의 일부에서 갖는 음이다. 프랑스어나 독일어에는 없는 음이다. 〈그림 6-36〉에서 볼 수 있듯이 기본 모음 [ɑ]와 거의 같은 위치에서 조음되는 후설 이완 저모음으로서 [ɑ]보다는 입술을 약간 더 둥글게 해야 하므

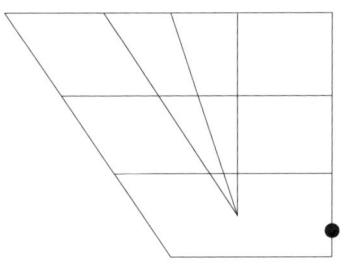

〈그림 6-36〉 /ɒ/의 조음 위치

로 기본 모음 13 [ɒ]와 거의 같은 음이다. 혀와 어금니와의 접촉은 없다. 어말이나 개음절에는 나타나지 않는다.

　미국 영어에서 [ɒ]는 특정 지역이나 계층에만 국한된 것이 아니라 전국적으로 발견되는 음이지만 비교적 북부 방언에서 많이 사용된다. 그러나 이 지역 사람들이 모두 [ɒ]를 사용하는 것은 아니다. [ɒ]는 다음에서 보듯 /ɑ/나 /ɔ/와 교체하며, 이 경우 [ɒ] 대신 /ɑ/나 /ɔ/ 음소를 사용해도 무방하므로 미국 영어에서는 [ɒ]를 독립한 음소로 설정할 필요가 없다.

[ɒ]는 대개 o의 철자를 가진 단어에서 나타나는데, 우선 [ɒ]가 /ɑ/와 교체하는 단어들은 다음과 같다. Hot[hɑt], stop[stɑp], orange[ɑ́rınǰ], forest[fɑ́rıst], horrible[hɑ́rəbl], fond[fɑnd], hop[hɑp], knob[nɑb], watch[wɑč], lodge[lɑǰ], mock[mɑk], log[lɑg], frog[frɑg] 등이다.

다음으로 [ɒ]가 /ɔ/와 교체하는 단어들은 다음과 같다. cough[kɔf], dog[dɔg], awful[ɔ́fəl], wall [wɔl], ought[ɔt], cloth[klɔθ], off[ɔf], cross[krɔs], laundry [lɔ́ndri], toss[tɔs], lost[lɔst] 등이다.

미국 영어에서 [ɒ]의 위치는 매우 불안정하여 독립한 음소의 자격을 갖지 못하지만, 만약에 일정하게 다음과 같이 단어를 구별한다면 [ɒ]를 독립한 음소로 인정해야 할 것이다. 즉 balm[bɑm] – bomb[bɒm], calmer[kɑ̀mə] – comma[kɒ̀mə], Pa'd[pɑd] – pod[pɒd], father[fɑ́ðə] – fodder[fɒ́də], froth[frɒθ] – fraud[frɔd], hog[hɒg] – hawk[hɔk] 등이다.

이러한 몇몇 예에도 불구하고 [ɒ]가 독립한 음소가 되지 못하는 것은 미국 영어에서 /ɑ/와 /ɔ/의 거리가 영국 영어에서 /ɑ/와 /ɔ/의 거리보다 훨씬 가깝다는 데 있다. 따라서 /ɑ/와 /ɔ/의 중간음인 [ɒ]는 /ɑ/나 /ɔ/와 구별되기가 어려운 것이다.

영국 영어에서는 미국 영어에서와 달리 /ɒ/는 dock, watch, stop 등의 단어를 위해서 독립한 음소로 설정되어야 한다. 철자상 o 뒤에 /f, θ, s/ 같은 마찰음이 오는 off, cloth, cross 같은 단어들에서 /ɒ/를 들을 수가 있다. 보수적 RP에서는 이들 단어에 /ɔ/를 사용하고, 이것에 사회적 권위를 부여하지만, /ɒ/는 젊은이들이 주로 사용하며 점차 그 사용 범위가 확대되고 있는 반면 /ɔ/는 점차 세력을 잃고 있다. 전에는 dog나 god을 [dɔ·g]나 [gɔ·d]로 발음했지만 지금은 거의 없어지고 대신 /ɒ/가 사용된다. [dɔ·g]나 [gɔ·d]는 지금은 천한 발음으로 여겨진다.

  미국 영어만을 배우려는 한국 학생은 [ɒ]음에 대해 신경을 쓸 필요가 없다. 그러나 영국 영어를 배우려는 학생들은 /ɒ/음을 터득해야 한다. 그 요령은 기본 모음 [ɑ]를 발음하면서 입술을 약간 둥글게 하는 것이다. 혹은 기본 모음 [ɔ]를 발음하면서 입술의 모양은 그대로 두고 아래턱을 될 수 있는 대로 밑으로 내리는 것이다. /ɒ/는 [ɔ]와 [ɑ]의 중간 음이라는 것을 기억해야 한다.

|| 예 || [ɒ]   dog, dock, holiday, sorry, gone, was, what, swan, want, watch, quality, cough, trough, knowledge, because, sausage, laurel, Austria, Australia, cauliflower

     [ɒ] – [ɑ]   lodge – large, cot – cart, cough – calf, impossible – impassable

     [ɒ] – [ɔ]   cod – cord, don – dawn, stock – stalk

6.6 중설모음
Central Vowels

중설모음에 몇 개의 음소를 인정해야 하는가 하는 문제는 모음의 분류 가운데서도 가장 어려운 문제이다. 가장 많은 수의 중설모음을 설정한 것은 케니언으로서, [ɜ, ɝ, ɚ, ə, ʌ, a]의 여섯 개를 제시하고 있다. 이 가운데서 [a]는 [aɪ]나 [aʊ] 따위의 이중모음의 일부분으로서만 사용되므로 단순모음의 중설모음은 [ɜ, ɝ, ɚ, ə, ʌ]의 다섯이 된다.

[ɝ]는 fur나 bird에서처럼 철자상 모음 뒤에 r이 오는 단어에 대한 미국 영어의 발음을 기술하기 위한 것이고, [ɜ]는 이들 단어의 영국 영어에서의 발음, 또는 미국에서 r이 발음되지 않는 지역의 발음을 기술하기 위한 것이다. [ɚ]도 better나 father의 마지막 음절처럼 모음 뒤에 r이 오는 경우를 위한 것인데, [ɜ]가 항상 강세가 있는 음절에만 나타나는 것과는 반대로 [ɚ]는 항상 약세의 음절에만 나타난다. 한편 [ə]는 better나 father의 영국 영어의 발음을 나타내거나 again의 첫 음절, sofa의 마지막 음절의 음을 나타내기 위한 것이지만 [ɚ]의 경우처럼 항상 약세의 음절에만 나타난다. [ʌ]는 sun이나 ton 같은 단어에 나타나는 모음이다.

케니언의 다섯 개의 중설모음 [ɜ, ɝ, ɚ, ə, ʌ]를 트래거-스미스는 각기 /ǝr, ǝh, ǝr, ǝ, ǝ/로 분석해 놓았다. 모음의 수만 보면 다섯 개의 모음을 하나로 줄인 것이다. [ɜ, ɝ, ʌ]는 강세 음절에서만, [ɚ, ə]는 약세 음절에서만 나타난다는 것은 이들이 상보적 분포를 이룬다는 뜻이다. 그들은 바로 이 점에 착안하여 이들을 하나의 음소로 묶었다. Bird나 better와 같은 단어를 그들은 미국 영어를 위해서는 /bərd/와 /betər/로, 영국 영어를 위해서는 /bəhd/와 /betə/로 표기할 것이다.

존즈와 김슨은 케니언과 트래거-스미스의 중간이다. 케니언의 [ɜ, ɜ, ɚ, ə, ʌ]를 존즈는 [əː, ə, ʌ]의 세 가지로, 김슨은 [ɜː, ə, ʌ]로 분석하였다. 이것은 존즈와 김슨이 분석한 영국 영어에서는 모음 뒤의 r이 발음되지 않으므로 케니언의 [ɜ]와 [ɚ]는 처음부터 그들에게는 필요 없는 것이고, 그러고 보면 그들과 케니언 사이에는 차이가 없다고 말할 수 있다. 다만 존즈의 [əː]와 [ə]가 케니언에서는 [ɜ]와 [ə]가 되므로, 한쪽에서는 강세의 유무가 음량의 차이만을 가져온 것으로 분석하고 있다. 존즈의 [əː]와 [ə]는 김슨에게서는 [ɜː]와 [ə]로 바뀌었다. 이것은 존즈와 김슨의 모음 체계를 비교하면 당연히 기대되는 결과다. Beat와 bit의 모음 차이를 존즈는 음량의 차이로 보고 /iː/와 /i/로 표기한 것을, 김슨은 음량과 음질 모두의 차이로 보고 각기 /iː/와 /ɪ/로 표기했던 것이다. 그리하여 김슨은 존즈의 /əː/와 /ə/를 /ɜː/와 /ə/로 표기하게 된 것이다.

지금까지의 분석 결과를 종합하면 다음과 같다.

	Trager-Smith	Kenyon	Jones	Gimson
bird(GA)	/bərd/	/bɜd/		
bird(RP)	/bəhd/	/bɜd/	/bəːd/	/bɜːd/
better(GA)	/bétər/	/bétɚ/		
better(RP)	/bétə/	/bétə/	/bétə/	/bétə/

cup(GA/RP) /kəp/   /kʌp/   /kʌp/   /kʌp/

본서에서는 bird, better, but과 같은 단어들이 미국 영어에 나타날 때에 각기 /bɜrd/, /bétər/, /bət/로 표기하며, 영국 영어에 나타날 때에는 각기 /bɜd/, /bétə/, /bʌt/로 표기한다. 미국 영어에 나타나는 [ɜ, ɚ, ə]의 세 음은 서로 상보적 분포를 이룬다. 우선 [ɜ]와 [ʌ]는 강세가 있는 음절에만 나타나고, [ɚ]는 약세의 음절에만 나타난다. 한편 [ɜ]는 뒤에 /r/이 오는 경우에 /ə/가 실현된 모양이며, [ʌ]는 그렇지 않은 환경에서 /ə/가 실현된 것이다.

미국 영어와 달리 영국 영어에 나타나는 [ɜ, ə, ʌ]의 세 음절은 완전한 상보적 분포를 이루지 못한다. 왜냐하면 [ɜ]와 [ʌ]는 강세 음절에만, [ə]는 약세 음절에만 온다는 점에서는 구별되지만 [ɜ]와 [ʌ]의 분포를 구별할 수는 없기 때문이다. 따라서 이것을 구분하기 위한 새로운 음소의 설정이 필요하다. 만약에 미국 영어에서처럼 /ə/ 하나만을 사용한다면 bird와 bud가 모두 /bəd/라는 동일한 모양을 갖게 되어 그 구별이 불가능하기 때문이다.

우리는 미국 영어를 위해 다음 세 가지 이음 규칙을 생각할 수 있다. 첫번째 규칙은 /ə́r/→[ɜ]이다. 즉 /ə/가 강세를 받고 그 뒤에 /r/이 올 때 [ɜ]가 된다는 것이다. 이 규칙에 의해 /bərd/는 [bɜd]가 된다. 두번째 규칙은 /ər/→[ɚ]로서 약세의 /ə/ 뒤에 /r/이 오면 [ɚ]가 되어 /bétər/는 [bétɚ]가 된다. 마지막 규칙은 /ə́/→[ʌ]로서 강세의 /ə/가 [ʌ]가 되어 /bət/은 [bʌt]이 된다. /ə/와 /ʌ/의 두 음소를 구별하는 영국 영어를 위해서는 /ə́/→[ɜ]의 규칙 하나만 있으면 된다.

/ə/

지금까지 보아온 대로 영어의 음소는 그것이 나타나는 환경에 따라 여러 가지 이음을 갖는다. sofa의 마지막 음절, 혹은 again의 첫 음절에 나타나는 [ə]는 〈그림 6-37〉에서처럼 모음사변형의 한가운데서 조음된다. 높지도 낮지도 않으며, 앞도 뒤도 아닌 자리에 혀

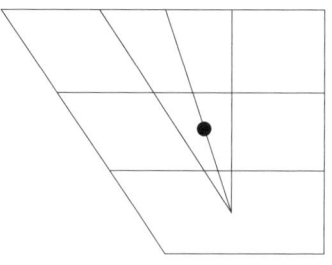

〈그림 6-37〉 /ə/의 조음 위치

가 자연스럽게 쉬고 있는 상태에서 조음된다. 이런 이유 때문에 [ə]는 애매모음(obscure vowel), 중립모음(neutral vowel), 자연모음(natural vowel) 등으로 불리기도 하며, 흔히 헤브라이어의 [ə]음의 호칭을 따라 schwa[šwɑ]라고 불린다.

[ə]는 중설모음이므로 혀의 가장 높이 올라가는 부분은 중설 부분이다. 프랑스어의 besoin이나 leçon의 첫째 음절, 독일어의 alle나 findet의 마지막 음절이 [ə]음이다. 영어의 [ə]는 약세 음절에서만 나타나며, 대개의 모음이 강세를 받지 못해 발음이 애매해질 때에 [ə]가 되는데, 이 같은 현상은 다른 나라 언어에서도 흔히 찾아볼 수 있는 현상이다.

[ə]는 어두, 어중, 어말 모든 위치에 나타난다. About, enemy, sofa가 그 예이다. [ə]는 대부분의 모음이 강세를 받지 못할 때의 음이므로 영어에서는 가장 많이 사용되는 음이기도 하다. 방언에 따라서는 [ə]가 유일한 약세 모음이기도 하다. 그리하여 believe, exact, houses, sifted와 같은 단어들의 약세 음절들이 그런 방언에서는 모두 [ə]로 발음된다.

미국 영어에서 /ə/ 뒤에 철자상 r이 올 때 /ə/는 [ɚ]로 실현된다. Bird의 모음, better의 마지막 모음이 미국 영어에서는 [ɚ]로 실현된다. [ɚ]는 이른바 권설모음(retroflex vowel)이라고 하여 모음을 발음하면서 r의 색채를 첨가해서 내는 음이다. 다시 말해서 모음과 r을 동시에 발음하는 것이다. 그러기 위해서는 혀끝이 입천장을 향해 말려 올라가 혀의 밑부분이 입천장과 평행하게 된다. 물론 [ɚ]는 모음이기 때문에 혀가 입천장에 닿아서는 안 된다. 혀와 어금니의 접촉도 없으며 입은 조금만 벌리는 평순음이다.

/ə/가 bird에서처럼 강세 음절에 오면 길어지며 긴장모음이 된다. [ɜ]로 표기된다. 한편 미국 영어에서처럼 [ɜ]에 r색채가 더해지면 [ɝ]가 된다. [ɜ]와 [ɝ]는 케니언(1950[10], 199)의 말처럼 [ə]나 [ɚ]와 조음 위치는 같고 음장과 긴장도만 다르다. [ə]와 [ɚ]가 약세 음절에만 나타나듯이 [ɜ]와 [ɝ]는 강세 음절에서만 나타난다. [ə]와 [ɜ]는 영국 영어와 미국 영어의 무 r지역(동부와 남부 방언)에서만 쓰이고, [ɝ]와 [ɚ]는 일반적으로 미국 영어에서만 쓴다.

역사적으로 볼 때 고대 영어(700~1100년)와 중세 영어(1100~1500년) 동안에는 모음 뒤의 r은 모두 발음되었다. 그러던 것이 현대 영어로 들어서면서 모음과 r 사이에 [ə]가 들어오게 되어 stir 같은 단어는 [stɪər]가 되고, 이어서 모음은 새로 삽입된 [ə]에 완전 동화하여 [ə]가 되었다. 그 뒤에 권설음 r은 앞에 있는 모음을 권설모음으로 만들고 스스로는 사라졌다. 영국 영어와 미국 영어의 북부와 남부 방언에서는 이 r색채마저 없어졌다. 이때가 18세기 무렵이다. 따라서 일반 미국 영어는 18세기 영국 영어의 모습이라고 말할 수 있다. 많은 경우에 영국 영어는 진보적이고 미국 영어는 보수적이다.

미국 영어에서는 지금까지 언급한 대로 중부 방언에서는 [ɜ]와 [ɚ]가, 북부와 남부 방언에서는 [ɜ]와 [ə]가 사용된다. 방언에 상관없이 [ɜ]나 [ɜ]가 어말에 올 때 [ʌ]가 되는 수가 있다. 예를 들어 stir나 spur가 [stʌ]나 [spʌ]가 된다. 한편 [ɜ]가 [ɜr]로 되는 경우가 있어 hurry[hɜ́i]가 [hɜ́ri]로 발음되기도 한다. 또 [ə]는 많은 경우에 약세 음절에 나타나며, 이 자리에서 흔히 쓰이는 [ɪ]나 [ɨ] 대신 [ə]가 쓰이는 경우가 있다.

예를 들어 -ed, -es, -'s와 같은 어미에서 [ə]가 쓰이는 것은 흔히 볼 수 있는 현상으로서, [ɪ] 대신 [ə]가 쓰이는 현상은 영국 영어에서도 볼 수 있으나 미국 영어에서 훨씬 더 많이 쓰인다. Hated, roses, dresses, Jone's 등의 어미는 [ɪ] 대신 [ə]로 읽어도 좋다. [ə]는 어미에서뿐만 아니라 다음과 같이 개음절에 나타나는 경우에도 [ɪ] 대신 쓰인다. 즉 testify[tɛ́stəfaɪ], Tennyson[tɛ́nəsən], codify[kóʊdəfaɪ] 등이 있다. 이 현상은 특정 방언에서만 일어나는 현상이 아니며, 아직 일반화할 수도 없다.

[ɜ]나 [ɜ]는 긴장 장모음이므로 다른 긴장 장모음처럼 이중모음화하는 경향이 있다. 가장 흔한 것은 [ɜə]로 이중모음화하는 것이지만 뉴욕 시의 [ɜɪ]의 이중모음화는 유명한 현상이다. 그러므로 bird, third, learn 등은 각기 [bɜɪd], [θɜɪd], [lɜɪn] 등으로 발음된다. 물론 이 같은 발음은 비표준적인 것이긴 하나, 이것이 뉴욕 시에만 국한된 것도 아니며 또 교육을 받지 못한 사람에게만 국한된 것도 아니다.

영국 영어에서도 [ɜ]는 강세 음절에, [ə]는 약세 음절에 사용된다. 따라서 foreword[fɔ́wɜ̀d]와 forward[fɔ́wəd]는 최소 대립어가 되지 못한다. 마지막 음절의 음질만 다른 것이 아니라 강세도 다르기 때문이다. 이처럼 [ɜ]와 [ə]는 각기 강세 음절과 약세 음절에만 나타나는 상보적 분포 관계에 있다. 그리하여 김슨(1970², 122)도 [ə]를 [ʒ]의 이음으로 취급할 수 있을 것이라고 말하고 있다.

[ə]의 발음은 한국 학생에게는 그리 어려운 것이 아니다. 다만 한국어의 '어'가 영어의 /ə/보다는 조금 더 뒤에서 나는 소리이며, 한국어의 '어'는 /ə/보다는 더 긴장된 소리라는 점에 유의하면 된다. [ʒ]나 [ɚ]는 약간의 연습을 필요로 한다. 그러나 우리에게 정작 어려운 문제는 [ə]의 조음법이 아니라 언제 [ə]를 발음하는가이다. 이 점이 한국 학생들이 틀리기 쉬운 부분이기도 하다. 그 중요한 이유는 [ə]는 특정한 철자를 갖지 않고 어떤 모음이든지 강세를 받지 않으면 [ə]가 되기 때문이다. 그리하여 doctor, consider, particularly 등의 단어는 각기 [dáktɚ], [kənsídɚ], [pɚtíkjulɚli] 등으로 발음해야 할 것을 철자대로 [dáktɔr], [kɔnsídər], [patíkjularli] 등으로 잘못 읽는다. [ə]를 정말 약하게 발음하기 위한 가장 좋은 연습 방법은 [ə]를 생략하고 발음하는 것이다. 예를 들어 miserable, consequence, preferable, afterwards, successful, sufficient, comfortable 등의 단어를 각기 [mízrbl], [kánsıkwns], [préfrbl], [æftrwrdz], [sksésfl], [sfíšnt], [kʌmftbl] 등으로 읽는 것이다.

이 방법은 한국 학생들에게 매우 효과가 있다. [ə]의 약한 발음과 관련해서 끝으로 한 가지 주의해야 할 것은 them, have, and, can, shall, was, from, but 등의 기능어가 약형으로 쓰일 때 반드시 [ə]를 사용해야 한다는 점이다. 이 단어들은 한국 학생들이 가장 많이 틀리는 발음이기도 하다. 이 기능어들은 강형으로 쓰이는 경우보다는 약형으로 쓰이는 경우가 더 많다는 것을 기억해 둘 필요가 있다.

예	[ɜ] — [ɜ]	bird, first, girl, her, serve, err, earth, heard, turn, church, nurse, word, world, work, worse, purr, journey, courtesy
	[ɚ] — [ə]	better, perceive, father, feather, bachelor, tailor, doctor, sailor, tutor, baker, teacher, liar, sulphur, particular
	[ə]	*a*bout, gentlem*a*n, dung*e*on, poss*i*ble, parli*a*ment, *o*blige, d*oe*s, tort*oi*se, fam*ou*s, s*u*pply
	[ɜ:] — [ɜ]	cur — curt, heard — hurt, surge — search, purrs — purse, Thursday — thirsty, serve — surf

/ʌ/

But과 같은 단어에 나타나는 모음이다. 프랑스어나 독일어에는 없다. 영국 영어에 나타나는 /ʌ/의 조음 위치가 〈그림 6-38〉에서처럼 존즈(1957⁸, §334)와 김슨(1970², 108)에서 그 위치가 다르다. 미국 영어에 대해

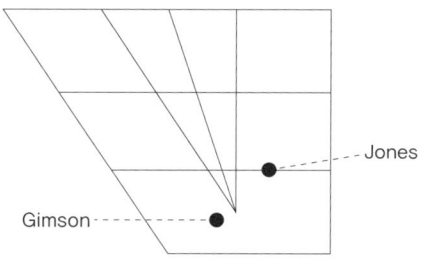

〈그림 6-38〉 영국 영어의 /ʌ/의 조음 위치

말하자면, 케니언(1950¹⁰, 206)은 자기의 /ʌ/ 발음은 존즈가 기술한 것보다 조금 위며 훨씬 앞쪽에서 조음되는 분명한 중설모음이라고 말하고 있다. 브론스타인(1960, 174)은 /ʌ/가 평순 중설 저모음이며 /ɒ/와

/ɔ/에 매우 가깝다고 말하고 있다. 다만 /ɒ/나 /ɔ/에 비해 보다 앞자리인 중설모음의 영역에서 조음되는 것이 다르다고 말한다.

아무튼 /ʌ/는 비원순모음이라는 점이 중요하며, 항상 어느 정도의 강세를 받지만 대개 짧게 발음되는 이완모음이다. 턱은 어느 정도 벌려야 하며, 혀와 윗어금니의 접촉은 없다. /ʌ/는 어말의 개음절에는 나타나지 않는다. utter[ʌ́tɚ]와 hurry[hʌ́ri], cup[kʌp]은 어두와 어중에 /ʌ/가 나타난 예들이다.

미국 영어에서는 pert, bird, curt 등의 단어를 각기 /pərt/, /bərd/, /kərt/로 분석 표기하지만, r을 발음하지 않는 영국 영어에서는 r을 표기하지 않는다. 그럴 경우 pert, bird, curt는 putt, bud, cut과 모음의 음질에 의해서만 구별된다. 미국 영어에서도 이러한 차이를 관찰할 수 있다. 그러나 미국 영어에서는 그와 같은 모음의 차이가 모음 뒤에 있는 r 때문이라고 생각할 수 있다. 이런 까닭에 /ʌ/를 영국 영어를 위해서만 독립한 음소로 설정한 것이다. /ʌ/가 없다면 pert나 putt 모두 /pət/로 표기될 것이다. /ʌ/를 사용함으로써 우리는 pert, bird, curt와 putt, bud, cut를 각기 /pət/, /bəd/, /kət/와 /pʌt/, /bʌd/, /kʌt/로 구별할 수 있다. 미국 영어에서 이들은 각기 /pərt/, /bərd/, /kərt/와 /pət/, /bəd/, /kət/로 표기된다.

미국 영어에서 [ʌ]는 [ɜ]나 [ɝ]와 교체하는 경우가 많다. worry와 같은 단어는 [wʌ́ri], [wɜ́i], [wɝ́ri] 등 여러 가지로 발음된다. Was, wasn't, of, from, what 등의 기능어는 보통 [wɑz, wɑznt, ɑv, frɑm, wɑt]로 발음하는 것이 보통이지만, 가끔 [wʌz, wʌznt, ʌv, frʌm, wʌt]로 발음되는 것을 듣게 된다. 후자의 발음은 비표준적인 것이며 교육받은 사람은 쓰지 않는 발음이다.

영국 영어에서 /ʌ/는 변종이 별로 많지 않다. 〈그림 6-39〉에서 볼 수 있듯이 일반적인 RP에 비해 보수적인 RP에서는 기본 모음 [ɔ]에 가까운 자리에서, 런던 지방에서는 기본 모음 [a]에 가까운 자리에서 조음되는 /ʌ/가 있다.

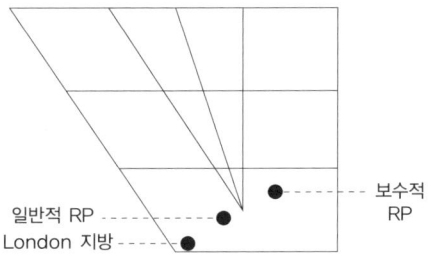

〈그림 6-39〉 영국 영어에서 /ʌ/의 변종
(Gimson, 1970², 108)

/ʌ/는 한국 학생들에게 어려운 발음 가운데 하나다. 한국어의 '어'를 '아'를 발음할 때만큼 입을 벌리고 발음하면 가장 /ʌ/에 가까운 음을 얻을 수 있다. 존즈(1957⁸, §340)도 /ʌ/는 [əː]와 [ɑː]의 중간음이라고 말하고 있다.

‖예‖ [ʌ]　　　　　sun, cut, dull, son, come, done, month, color, monkey, mother, nothing, Monday, onion, London, oven, country, southern, couple, enough, young, blood, flood, does, cover, nourish

[ʌ] – [ɑ]　　　　cut – cot, fund – fond, wonder – wander

[ʌ] – [ɜ]　　　　cut – curt, fun – fern, tough – turf, bun – burn

[ʌ] – [ɑr]　　　　cut – cart, bun – barn, much – march

[ʌ] – [æ] – [ɑr]　much – match – march,

bun – ban – barn, hut – hat – heart

지금까지 모음들의 조음을 기술하면서 개구도와 턱벌림을 따로 언급했던 것은 이 양쪽의 관계가 생각처럼 단순하지 않기 때문이다. 〈그림 6-40〉은 퍼켈(Perkell, 1969)에서 옮겨 온 것으로, 양쪽이 완전히 일치하는 것은 /u/와 /æ/ 뿐이라는 것을 알 수 있다.

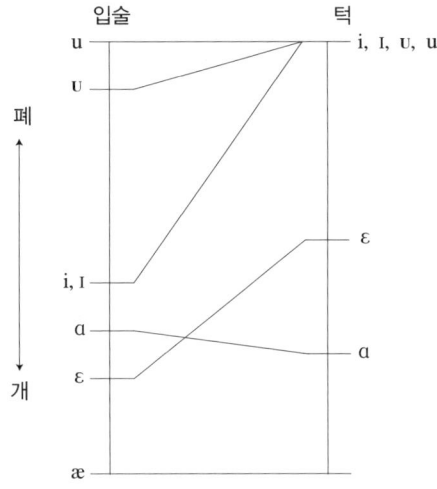

〈그림 6-40〉 미국 영어에서 단순 모음의 입술과 턱의 간격(Perkell, 1969, Fig. 3.45)

〈그림 6-41〉은 미국 영어와 영국 영어의 음질을 비교한 것이다. 각기 울달(Uldall, 1971)과 김슨(1970^2)이 기술한 것을 겹쳐 놓은 것이다.

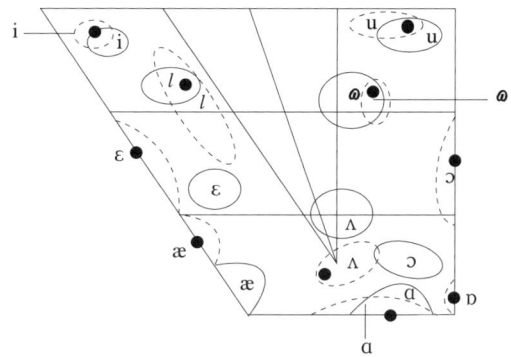

〈그림 6-41〉 영·미국 영어 단순모음의 조음 위치 비교
······영국 영어(Gimson, 1970²)
── 미국 영어(Uldall, 1971)

6.7 이중모음
Diphthongs

Dawn – down, fit – fight, saw – soy 등 짝으로 된 단어들을 발음해보면 dawn, fit, saw 등의 모음을 발음할 때에는 조음기관이 움직이지 않는 반면 down, fight, soy 등의 경우에는 움직이는 것을 알 수 있다. 짝지어 놓은 단어 중 첫 단어들은 [dɔn], [fɪt], [sɔ]로 표기되며, 두번째 단어들은 [daʊn], [faɪt], [sɔɪ]로 표기된다. 전자를 단순모음이라고 부르는 데 비해 후자를 이중모음(diphthong)이라고 부른다.

이중모음이란 본래 '두 음'이라는 뜻이지만, 정확히 말해 한 음절 안에서 계속해서 미끄러져 가는 하나의 음이다. 가령 house라는 단어의 음절핵이 [aʊ]라고 한다면, 이것은 [a]와 [ʊ]라는 두 모음의 결합이라는 뜻이 아니고, [a]가 발음되는 조음 위치에서 출발하여 [ʊ]의 조음 위치를 향해 그 두 음의 최단 경로를 미끄러져 가듯 발음하라는 뜻이다. 이때 [a]는 출발점이지만 [ʊ]는 종착점이 아니라 지향점의 역할을 한다. 이것은 [aɪ]나 [ɔɪ]도 마찬가지다.

[aʊ]가 두 개의 음이라는 인상을 주지 않는 것은 소리의 에너지가 두 음에 고루 퍼져 있는 것이 아니라 어느 한 음에 집중되어 있는 까닭이다. [aʊ]의 경우 강세는 대부분 [a]에 가고 [ʊ]는 매우 약하게 발음된다. 이처럼 강세가 앞에 모여 뒤로 갈수록 기운이 약해지는 두고형(頭高型)의 이중모음을 하강 이중모음(falling diphthong; diminishing diphthong)이라고 부른다. 반대로 강세가 뒤에 와서 뒤로 갈수록 기운이 강해지는 미고형(尾高型)의 이중모음을 상승 이중모음이라고 부른다. [yu] 등이 그 예이다.

[aʊ]나 [wi]에서 강세가 오는 [a]와 [i]를 음절 주음(音節主音; syllabic)이라고 부르고, 강세가 없는 [ʊ]와 [w]를 음절 부음(音節副音; non-syllabic)이라고 부른다. 한편 [wi]의 [w]처럼 이중모음이 시작되는 부분에 오는 음절 부음을 전전이음(前轉移音; on-glide)이라고 부르며, [aʊ]의 [ʊ]처럼 이중모음이 끝나는 부분에 오는 음절 부음을 후전이음(後轉移音; off-glide)이라고 부른다.

하강 이중모음은 어떤 방향으로 전이가 이루어지는가에 따라, 즉 후전이음이 어떤 음인가에 따라 다음의 세 가지로 나뉜다. 첫째는 [aɪ]처럼 [i]쪽을 향해 전이해가는 이중모음들로서 전향 이중모음(fronting diphthong)이라고 부른다. 전향 이중모음은 시작하는 음보다 더 높이, 더 앞을 향해서 전이하게 된다. 둘째는 [aʊ]에서와 같이 [u]쪽을 향해 전이하는 이중모음으로서 후향 이중모음(retracting diphthong)이라고 부른다. 이 이중모음은 시작하는 음보다 더 높이, 더 뒤를 향해서 전이하는 음들이다. 셋째는 내향 이중모음(centering diphthong)으로 [ɛə]나 [ɪɚ]처럼 후전이음이 [ə]나 [ɚ]인 이중모음들이다. 전향, 후향, 내향 이중모음은 각기 [i], [u], [ə] (또는 [ɚ])를 제외한 어떤 모음으로도 시작할 수 있으나 내향 이중모음의 경우에는 [ɪɚ, ɛɚ, ɑɚ, ɔɚ, ʊɚ] 등에서 보듯 대개 이완모음으로 시작한다. 하강 이중모음은 [aɪ], [əʊ], [ɔɪ]에서 보듯 모두 이완모음으로 끝나는데, 이점이 [wi]처럼 긴장모음으로 끝나는 상승 이중모음과 다른 점이며, 이것은 마땅히 기대할 수 있는 결과이기도 하다.

우리는 앞서 음소 /e/와 /o/는 긴장모음으로 미국 영어에서 흔하고, 영국 영어에서는 거의 모든 경우에 이중모음화한다는 사실을 언급한 바 있다. 그리고 음소 /e/와 /o/는 미국 영어에서 이중모음화가 선택적이므로 단순모음으로 발음될 때와 이중모음으로 발음되는 경우는 서로 변별성이 없다는 점도 지적한 바 있다.

미국 영어에서 /e/는 [e], [eᶦ], [eɪ]의 세 가지로 교체하므로, gate는 [get], [geᶦt], [geɪt] 어느 것으로 발음해도 상관없다. 이와 같은 이중모음을 불완전 이중모음(incomplete diphthong; partial diphthong)이라고 하고, 그렇지 않은 보통의 이중모음을 완전 이중모음(complete diphthong; full diphthong)이라고 한다. 양쪽의 차이는 불완전 이중모음의 경우에 전이가 후전이음까지 다다르지 않아도, 다시 말해서 후전이음을 생략해도 뜻의 차이를 가져오지 않는다. 예를 들어 snow나 day 같은 단어는 [snoʊ]나 [sno], [deɪ]나 [de] 어느 쪽으로 발음해도 된다. 그러나 fight[faɪt], cow[kaʊ], soy[sɔɪ]와 같은 단어들의 후전이음을 생략한다면 fart, car, saw와 혼동될 것이다.

    이론적으로는 어떤 모음이나 다른 모음과 결합하여 이중모음을 만들 수 있으므로 그 수는 무한할 수 있다. 브론스타인(1960, 194)은 40개 이상의 이중모음이 존재한다고 말한다. 그러나 이중모음에 대한 우리의 지식은 아직 충분치 않으므로 그 정체는 알 길이 없다. 전통적으로 영어에서는 하강 이중모음만을 음성학에서 취급해왔다. 여기에서도 그 전통에 따라 /y, w, r/ 등으로 시작하는 상승 이중모음은 이들 전이음들을 취급하는 데서 따로 다루겠다.

    하강 이중모음 가운데서 영·미국어에 공통으로 존재하는 것은 /eɪ, oʊ, aɪ, aʊ, ɔɪ/이다. 하강 이중모음 가운데서 /iə, ɛə, ʊə/의 세 내향 이중모음을 존즈(1957⁸, §378ff.)는 영국 영어에서 인정하고 있다. 한편 미국 영어를 위해 케니언(1950¹⁰, 208ff.)은 /ir, ɪr, er, ɛr, ær, ɑr, ɔr, or, ʊr/의 아홉 개의 r이중모음을 설정하고 있다. 본서에서는 영국·미국 영어에 공통되는 /eɪ, oʊ, aɪ, aʊ, ɔɪ/ 다섯 개의 이중모음 가운데 앞서 /e/와 /o/ 음소 부분에서 다룬 이른바 불완전 이중모음 /eɪ/와 /oʊ/를 제외한 나머지 세 개만을 다루기로 한다. 이 셋만이 바로 파이크가 인정한 이중모음이란 점은 앞서 언급한 바 있다.

    전통적으로 반모음은 전전이음으로만 쓰이고 후전이음으로는 쓰지 않는 것이 일반적이지만, 트래거-스미스는 후전이음은 전이의 지향점이란 생각 아래 하강 전이음도 모음+전이음으로 분석하였다. 참고를 위해 대표적인 표기를 아래에 적어 놓았다. 두 가지 표기를 제시한 것은 각기 미국 영어와 영국 영어를 나타낸 것이며, 괄호 안은 단순모음으로 취급되는 것이다.

	본서	Trager-Smith	Kenyon	Jones
beat	(i)	iy	(i)	(iː)
bait	eɪ	ey	(e)	ei
bite	aɪ	ay	aɪ	ai
boy	ɔɪ	ɔy	ɔɪ	oi
boot	(u)	uw	(u)	(uː)
boat	oʊ	ow	(o)	ou
bout	aʊ	aw	aʊ	au
beer	ɪər/ɪə	ir/ih	ɪr	iə
bear	ɛər/ɛə	er/eh	ɛr	ɛə
bar	ɑr/ɑ	ar/ah	ɑr	(ɑː)
bird	ər/ə	ər/əh	(ɜ)	(əː)
board	ɔr/ɔ	ɔr/ɔh	ɔr	(ɔː)
poor	ʊər/ʊə	ur/uh	ʊr	uə
we're	iər/iə	iyr/iyh	ir	iə
they're	eər/eɪə	eyr/eyh	er	eiə
born	or/ɔ	or/oh	or	(ɔː)

/aɪ/

Bite와 같은 단어에 나타나는 이중모음이다. 미국 영어와 영국 영어

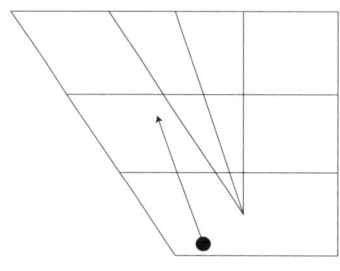

〈그림 6-42〉 /aɪ/의 조음 위치

의 차이는 거의 없으나 영국 영어의 이중모음은 미국 영어에 비해 혀의 움직임이 많다는 차이가 있다. /aɪ/의 시발점인 [a]는 기본모음 [a]에 가까운 중설모음이다. 영·미국 영어 모두 /aɪ/의 변종은 시발점인 [a]의 위치 때문에 생긴 것이다. [æ]에서 [ɑ]까지에 걸치는 폭넓은 위치에서 시작된다. 대부분 혀는 [ɪ]까지 다다르지 못하고 대개 [ɛ]나 [e] 정도에서 끝난다.

미국 영어에서 [aɪ]의 가장 큰 변종은 [ɑɪ]이다. 그 밖에 특이한 변종으로서는 동부 버지니아와 캐나다 일부에서 [aɪ]가 무성자음 앞에서는 [ʌɪ]나 [ɜɪ]로, 유성자음이나 어말에서는 [aɪ]로 발음되는 경우가 있다. 따라서 life는 [lʌɪf]로, lives는 [laɪvz]로 발음된다. 또 남부 방언에서는 /aɪ/가 [a, ɑ, aⁱ, aᵊ] 등으로 발음되기도 해서 five나 time은 각기 [fa·v]나 [faᵊv], [ta·m]이나 [taⁱm], [taᵊm]으로 발음된다.

이처럼 이중모음 대신 단순모음을 사용하는 경향은 교육 정도가 낮아짐에 따라 증가한다. 또한 이것은 흑인 영어(Black English)의 한 특징이기도 하다. 한편 I'm 또는 I'll 같은 축약형(contracted form)에서는 /aɪ/는 대개 [ɑ:]로 발음되어 I'm[ɑ:m], I'll[ɑ:l]과 같은 발음이 된다. 이것은 교육 정도에 상관없이 미국 전역에서 들을 수 있는 발음이다.

영국 영어에서 /aɪ/의 출발점은 [æ]에서 [ɑ]에 이르기까지 광범위하며, 심지어 [ɜ]도 있다. 우선 언급해야 할 것은 런던 방언이다. 여기서는 보통 /eɪ/로 발음되는 것을 [aɪ]로 발음하기 때문에, 보통 /aɪ/로 발음되는 것은 [ɒɪ]나 [ɑɪ]로 발음된다. 예를 들어 today, way, change 따위는 각기 [tədáɪ], [waɪ], [čaɪnǰ]로 발음되며, night, fight, light 등은 각기 [nɒɪt], [fɒɪt], [lɒɪt] 등으로 발음된다. 이것이 런던을 처음 방문하는 사람들을 놀라게 하는 칵크니(Cockney) 방언이다.

런던의 빅토리아 역에서 기차표를 사려면 판매원은 으레 "[čip daɪ rɪtən?]" 하고 물어 온다. 그래도 못 알아들으면 "[wʌn waɪ]?" 하고 되묻는다. 영국에서는 당일 왕복권은 편도권에 조금만 더 보태면 살 수 있는 혜택이 있어 "Cheap day return?" "One way?" 라고 묻는 것이다. 이 말을 알아듣고 고액권을 내면 "Have you got small [čaɪnǰ]?" 라고 묻는다. 잔돈이 있느냐는 뜻이다.

한국 학생들이 /aɪ/를 발음할 때는 다음 두 가지만 주의하면 된다. 첫째, /aɪ/를 한국어의 '아이' 로 발음해서는 안 된다는 점이다. 한국어의 '아이' 는 두 개의 모음이 나란히 놓여 두 개의 음절을 이루고 있는 모음연접(母音連接: hiatus)의 예이다. 따라서 /aɪ/를 발음하기 위해서는 '아' 를 강하게 읽고 '이' 를 약하게, 그리고 빨리 발음하다가 도중에 끊으면 된다.

둘째, /aɪ/의 [a]는 한국어의 '아' 와 조음 위치가 같지 않다는 점이다. [a]는 '아' 보다 더 전설모음에 가깝다.

|| 예 || [aɪ]   time, write, bite, climb, cry, dry, by, high, light, fight, height, die, lie, pie, tried, dye, aisle, while, quite, child, vine

/aʊ/

Bout와 같은 단어에 나타나는 이중모음이다. 영·미국어의 차이는 거의 없다. /aɪ/의 경우보다는 출발점이 후설에 가깝다.

미국 영어에서 /aʊ/의 대표적 변종은 [aʊ], [ɑʊ], [æʊ]이다. [æʊ]는 남부 방언에서 교육의 유무에 상관없이 사용된다. [æʊ]는 이른바 양키 영어의 표시이기도 하다. 한편 /aɪ/의 경우처럼 동부 버지니아와 캐나다 일부에서는 무성자음 앞에서는 [æʊ], 유성자음 앞이나 어말에선 [ʌʊ]를 사용한다. 그리하여 house는 단수형 house가 [hæʊs]로, 복수형 houses가 [hʌ́ʊzɪz]로 발음된다.

영국 영어에서 /aʊ/의 쓰임은 미국 영어에서와 비슷하다. 다만 런던 방언에서는 [ɛʊ]나 [æʊ]가 사용되어 now[nɛʊ]와 no[nəʊ]가 비슷하게 들리며, 진보적 RP에서는 /əʊ/의 첫부분을 길고 강하게, 그리고 뒷부분을 짧고 약하게 발음하여 거의 [aː]처럼 발음하기도 한다. 그 결과 loud와 lard가 거의 비슷하게 들린다.

한국 학생들이 /aʊ/를 발음할 때 주의할 점은 /aɪ/의 경우와 같다. /aʊ/를 '아우'처럼 두 음절로 읽어서는 안 된다.

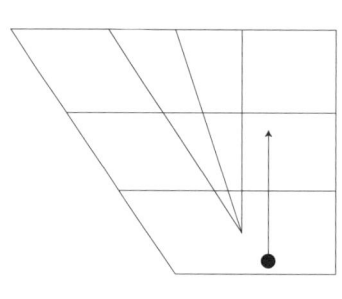

〈그림 6-43〉 /aʊ/의 조음 위치

■예■ [aʊ] house, sound, out, cow, town, allow, how, loud, about, mouse, mouth, plow, flower, doubt, bough, foul

/ɔɪ/

Boy와 같은 단어에 나타나는 이중모음이다. 영·미국 영어의 큰 차이는 없다. 미국 영어에선 /ɔɪ/가 [ɒɪ]가 될 수 있다. [ɔɪ], [ɒɪ] 어느 쪽으로 발음해도 상관없다. 가끔 말이 빨라지는 경우 /ɪ/ 앞의 /ɔɪ/가 [ɔ·]나 [ɔʲ]로 단순모음화하는 수가 있다. 그리하여 boil이나 spoil 같은 단어는 [bɔ·l], [spɔʲl] 등으로 발음된다.

영국 영어에서 보수적 RP에서는 [ɵɪ]로 발음되기도 한다. 한편 런던 방언에서는 /ɔɪ/의 출발점이 보다 위로 올라가서 기본 모음 [o] 가까이까지 가는데, 이것은 buy의 /aɪ/를 [ɒɪ]로 발음하는 관계상 boy와 buy를 혼동시키지 않기 위한 방편이다.

/ɔɪ/의 발음도 지금까지 /aɪ/와 /aʊ/를 발음하는 요령으로 하면 된다. /aɪ/나 /aʊ/의 끝이 /ɪ/나 /ʊ/에 다다르지 않았듯이 /ɔɪ/의 끝도 /ɪ/에 다다르지 않는다.

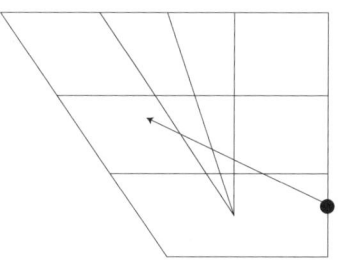

〈그림 6-44〉 /ɔɪ/의 조음 위치

▌예▐ [ɔɪ]   boy, toy, noise, voice, boil, point, joint, choice, hoist

다음은 미국 영어와 영국 영어에서 이중모음의 음질을 비교한 것이다. 각기 울달(1971)과 김슨(1970²)에 기술된 것을 모아서 겹쳐 놓은 것

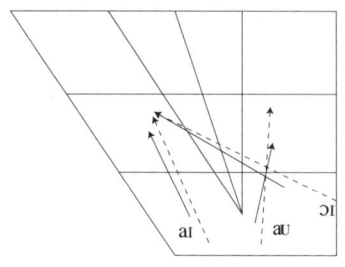

〈그림 6-45〉 영·미국 영어 이중모음의 조음 위치 비교
······ 영국 영어(Gimson, 1970²)
—— 미국 영어(Uldall, 1971)

이다. 미국 영어에 비해 영국 영어의 이중모음이 조음기관의 더 많은 운동을 요한다는 것을 주목할 필요가 있다.

끝으로 연습을 위해 지금까지 다루지 않은 이중모음을 미국 영어와 영국 영어로 구별하여 예만 제시하겠다.

          미국 영어   영국 영어

/iər/   we're   /iə/   dear, fierce, idea,
/ɪər/   beer, hear, peer,   here, weird
       queer, fear, here   /ɛə/   care, fair, chair,
/eər/   they're   bear, wear
/ɛr/   there, care, air   /uə/   poor, tour, moor
/ær/   there, care, air
/ɑr/   star, far, heart
/ɔr/   house, morning
/or/   hoarse, morning
/ʊər/   poor, tour, moor

6.8 삼중모음
Triphthongs

/eɪ, aɪ, ɔɪ, aʊ, oʊ/ 뒤에 [ə]나 [ɚ]가 오는 경우 삼중모음(triphthong)이라고 불린다. 대개 음절 주음이 가운데 오고 좌우에 음절 부음이 온다. Mayor[meɪɚ], fire[faɪɚ], foyer[fɔɪɚ], power[paʊɚ], blower[bloʊɚ] 등이 그 예이다. 그러나 영어에서는 다음 두 가지 이유 때문에 삼중모음을 인정하기 어렵다.

첫째, 삼중모음은 가운데 음을 음절 주음이라고 할 수 없다. [aɪɚ]나 [aʊɚ]에서 [ɪ]나 [ʊ]를 음절 주음이라고 할 수 없기 때문이다. [ɪ]나 [ʊ]는 오히려 좌우에 있는 [a]나 [ɚ]보다 약한 음이다.

둘째, 삼중모음은 대개 이중모음+[ɚ]([ə])로 나뉜다. 가령 fire는 [fáɪ-ɚ]로, power는 [páʊ-ɚ]의 두 음절로 나뉜다. 이때 흔히 [aɪ]와 [ɚ] 사이에는 [y]가, [aʊ]와 [ɚ] 사이에는 [w]가 나타나서 fire는 [fáɪyɚ]로, power는 [páʊwɚ]가 되는데, 이것은 대개 교육받지 못한 사람의 발음으로 생각되고 있다.

7 자음

7.1 자음의 분류와 표기

자음은 모음에 비해 전달하는 정보의 양이 더 많다. 비근한 예로 어떤 주어진 문장의 모음은 모두 생략해도 그 뜻을 알 수 있는 경우가 있으나 자음을 모두 생략하면 그 뜻을 알기 어렵다. 다음처럼 어떤 문장에서 자음을 빼버리면 그 문장의 뜻을 짐작하기가 어렵다.

[-ə-ɛ-ɪ-- ɪ- -ə --ʌ-i ə- --i- -au--- æ---ə -aɪ-- -u-- -ə -ɪ--ɪ-e-- -ə-.]

그러나 같은 문장에서 다음과 같이 모음을 모두 빼고 나도 그 뜻을 알기 어렵지 않다.

[f-n-t-ks -z ð- st-d- -v sp-č s--ndz -nd ð-s--nz y-zd t- r-pr-z-nt ð-m.]

힘들이지 않고 이것이 다음과 같은 문장에서 온 것임을 알 수 있다.

Phonetics is the study of speech sounds and the signs used to represent them.

모음이 자음에 비해 정보 전달량이 작으므로 당연히 모음의 청각상의 관용도는 크다. 정확히 발음하지 않더라도 문맥이 그 뜻을 보충해주기 때문이다. 한국어에서 '모래(sand)'와 '모레(the day after tomorrow)'는 분명히 최소 대립어이고, 이때 이 두 단어의 뜻의 차이는 전적으로 모음의 차이에서 비롯된다. 그러나 '내일 모레'의 경우에는 설사 '내일 모래'라고 잘못 발음해도 뜻의 전달에는 큰 지장이 없다. 한국인 중에 '왜(why)'와 '외(cucumber)'를 구별해서 발음하는 사람은 거의 없을 것이다.

역사적으로 볼 때 자음보다는 모음이 더 큰 변화를 겪는다. 정보 전달량이 큰 자음이 변한다면 세대 간의 의사소통이 불가능해질 것이다. 방언들 사이의 차이가 자음보다 모음에서 더 큰 것도 모음의 정보 전달량이 작기 때문이다. Last, demand, hot, stop 같은 단어들이 미국 영어와 영국 영어에서 각기 다른 모음으로 발음되면서도 영국 사람과 미국 사람이 서로 의사소통을 할 수 있는 것은 정보 전달에서 모음의 기능 부담량이 작기 때문이다. 만약에 위의 단어들을 모음은 그대로 두고 자음만 바꾼다면 미국 영어와 영국 영어는 서로 별개의 언어가 될 것이다.

모음의 청각상의 관용도가 큰 것에 비해 자음은 조음상의 관용도가 크다는 점을 앞서 지적한 바 있다. 조음기관이 사뭇 다른 두 개의 위치에서 내는 음이 번번이 한 음소의 이음으로 받아들여진다. 즉 그 음들을 모국어로 사용하는 사람들은 그 음의 차이를 알지 못한다. 모음을 조음할 때에 조음기관의 위치를 조금만 바꾸어도 전혀 다른 음이 되는 것과는 매우 대조적이다. 이것은 정보 전달량이 많으면 많을수록 그것에 비례해 잉여성도 커져야 한다는 일반적 언어 원칙의 한 예인 듯하다.

이러고 보면 자음만이 중요하고 모음은 별로 중요하지 않은 듯하지만 사실은 그렇지 않다는 점도 이미 지적한 바 있다. 모음은 독립하여 발음해서 말소리가 될 수 있는 반면, 자음만 독립하여 발음해서는 말소리가 되지 않는다. 자음이 말소리가 되기 위해서는 반드시 모음과 함께 발음해야 한다. 영어로 자음은 '같이 소리 난다'는 뜻의 'consonant'라는 이름으로 불리며, 한자로는 어머니에게 아이〔子〕가 업히듯 모음에 업혀서 나는 소리라고 하여 자음이라고 불리는 것이다.

자음의 조음을 기술하기 위해서는 다음과 같은 질문에 대한 해답을 알아보아야 한다.

첫째, 조음에 필요한 공기는 폐에서 만들어지는가, 아니면 다른 곳에서 만들어지는가(폐장(肺臟; pulmonic 혹은 비폐장(非肺臟; non-pulmonic)).

둘째, 기류는 밖으로 나오는가, 아니면 안으로 빨려 들어가는가(배기류(排氣流; egressive 혹은 흡기류(吸氣流; ingressive)).

셋째, 성대가 진동하는가, 혹은 진동하지 않는가(유성(voiced), 혹은 무성(voiceless)).

넷째, 연구개는 위로 올라가 공기가 비강으로 가는 것을 막고 있는가, 아니면 밑으로 내려와 공기가 코로 나오게 하는가(구강(oral), 혹은 비강(nasal)).

다섯째, 어떤 위치에서 어떤 조음기관에 의해 폐쇄와 협착이 이루어지는가(조음점(point of articulation)).

여섯째, 조음점에서 폐쇄와 협착의 방식은 어떤 것인가(조음 방법(manner of articulation)).

위의 물음에 대한 해답을 순서대로 놓으면 주어진 음에 대한 음성학적인 명칭이 된다. 예를 들어 [z]는 (1) 폐장 (2) 배기 (3) 유성 (4) 구강 (5) 설단 치경 (6) 마찰음이다.

그러나 대개 영어의 자음을 기술할 때 이처럼 여섯 가지 모두를 언급하지는 않는다. 우선 정상적인 상태에서 영어의 음은 모두 폐장기류기구(肺臟氣流機構; pulmonic airstream mechanism)에 의해 이루어지므로 폐장, 비폐장의 구별에 대해서는 언급하지 않는다. 마찬가지로 정상적인 상태에서 영어의 모든 음은 배기류음이므로 배기, 흡기의 구별도 언급하지 않는다.

그러나 3장에서 언급했듯이 언어에 따라서는 인강기류를 사용하는 언어도 있으며, 또 흡기를 사용하는 언어도 있다. 영어를 사용하는 사람들도 놀라거나 갑자기 심한 고통을 당했을 때, 또는 울 때 흡기로 발음하는 수가 있다. 한편 동정이나 못마땅함을 나타내기 위해서 tut-tut이라고 표기되는 흡착 폐쇄음(혀 차는 소리)은 흡기의 구강기류음이다. 비음에 대해서는 보통 비강음이라고 기술하지 않으며, 마찬가지로 비음이 아닌 자음은 모두 구강음이므로 이것도 생략한다.

끝으로 이른바 공명자음(sonorant consonant), 혹은 무마찰자음(frictionless consonant)이라고 불리는 비음, 설측음, 전이음도 영어에서는 모두 유성음이므로 이들을 정의할 때 유무성의 구별은 하지 않는다. 공명자음 이외의 자음을 정의하기 위해서는 최소 다음의 세 가지 요소가 필요하다. 첫째, 유무성의 구별, 둘째, 조음점, 셋째, 조음 방법이다. 예를 들어 [s]는 무성 설단 치경 마찰음이 되며, [ŋ]는 후설 연구개 비음이 된다.

자음의 정의를 위한 첫번째 요소인 유무성의 구별은 성대 진동의 있고 없음에 의해 이루어진다. 공명자음을 제외한 영어의 자음들은 무성자음과 유성자음으로 나뉜다. /p, t, k, f, θ, s, š, č/ 등의 무성음은 각기 /b, d, g, v, ð, z, ž, ǰ/ 등의 유성음을 짝으로 갖는다. 어떤 음이 무성음인지 유성음인지 알아보는 길은 간단하다. 손바닥으로 양쪽 귀를 가볍게 막고 /s/와 /z/를 교대로 발음해보면 손바닥에 진동을 교대로 느낄 수 있다. 이보다 더욱 간단한 방법은 손바닥을 울대뼈(Adam's apple) 위에 대고 무성음과 유성음을 발음해보면 성대의 진동을 직접 손바닥으로 느낄 수 있다.

　유성음이란 주어진 음을 조음하는 동안 성대의 진동이 있는 음을 뜻하지만 영어의 경우 실제로 조음의 전 과정을 통해 성대의 진동이 있는 경우는 드물다. 가령 /b/나 /v/ 같은 음이 어두에 오면 조음되는 과정의 전반은 무성음으로 나온다. 정밀하게 기술하자면 각기 [b̥b]와 [v̥v], 혹은 [pb]와 [fv]로 표기될 수 있다(발음기호 밑의 ◦는 해당 음이 무성음으로 조음되는 것을 뜻하며, ⌒는 두 음을 하나의 음으로 조음하라는 표시다).

　유성자음이 어말에 오면 조음되는 과정의 후반은 무성음이 되어 위의 음들은 각기 [bb̥]와 [vv̥] 혹은 [bp]와 [vf]로 정밀 표기할 수 있다. Buy a nice rug와 같은 문장은 [b̥baɪ ə naɪs rʌgg̥]처럼 발음된다. 이 점이 프랑스어와 영어가 크게 다른 점이다. 프랑스어의 유성자음은 그 조음되는 전 과정을 통해서 성대가 진동한다. 프랑스어의 /b/와 영어의 /b/를 비교해보면 프랑스어가 영어보다 훨씬 탁하게 들린다. 영어에서처럼 유성자음이 부분적으로 무성음화하는 현상을 부분 무성음화(partial devoicing) 현상이라고 부른다. 어말에 오는 유성자음을 부분 무성음화시키지 않으면 rug 같은 단어는 [rʌg̥]처럼 들린다. 그렇다고 어말의 유성자음을 완전 무성음화(complete devoicing)시키면 이것은 외국 사람의 말투가 된다. 명사의 복수나 동사의 3인칭 단수를 나타내는 [-z]를 [-s]로 발음하여 days와 같은 단어를 [deɪs]라고 발음하는 것은 외국인들의 잘못된 발음이다.

  3장에서 자음을 구강 근육의 긴장도에 따라 경자음(硬子音: fortis consonant)과 연자음(軟子音: lenis consonant)으로 나눈다는 사실을 언급한 바 있다. 경자음은 연자음에 비해 조음에서 보다 많은 기류를 사용하며, 구강의 근육을 보다 긴장시켜 내는 소리이다. 영어의 경우 대개 무성자음은 경자음이며 유성자음은 연자음이다. 이와 같은 현상이 생긴 이유는 간단하다. 유성음을 조음하기 위해서는 성대를 진동시켜야 하므로, 허파에서 올라오는 공기 에너지의 많은 부분이 성대를 진동시키는 데 소비되기 때문이다.

  경자음은 연자음에 비해 일반적으로 더 길다. 위에서 보았듯이 유성자음은 어두나 어말에 오는 경우, 부분 무성음화하는 경향이 있어서 성대의 진동 유무가 무성자음과 유성자음을 구별하는 데 큰 구실을 못하는 경우가 있다. 이때 그 자음의 연경(軟硬)의 구별은 그 음의 판별에 도움이 된다. /s/와 같은 경자음이 그것의 연자음인 /z/보다 더 길게 조음된다는 것을 알기 위해서 said와 zed 같은 단어를 발음해보면 알 수 있다.

  그런데 loose와 lose 같은 단어를 비교해보면 /s/와 /z/의 조음 길이가 다를 뿐만 아니라 그 앞의 모음의 길이도 같지 않다는 것을 알 수 있다. 여러 차례 지적한 것처럼 유성자음 앞에 오는 모음이 무성자음 앞에 오는 경우보다 더 길다. 모음과 자음의 길이는 다음과 같이 정리될 수 있다.

  첫째, 경자음(무성자음)은 연자음(유성자음)에 비해 길다. 둘째, 유성자음 앞에 오는 모음은 무성자음 앞에 오는 모음보다 길다. 따라서 Take a cap now라는 문장과 Take a cab now라는 문장은 그 전체의 길이가 거의 같다. Cap은 cab에 비해 모음은 짧지만 자음은 더 길기 때문이다. 굳이 구별을 하라면 cab의 전체 조음 시간이 cap보다 조금 길 따름이다.

다시 살펴보겠지만 cap과 cab의 어말 자음 /p/와 /b/는 모두 불파음(不破音; unreleased)이고 무성음이기 때문에, 이 두 단어의 식별은 /p/와 /b/에서 성대 진동의 있고 없음에 의해서가 아니라 자음과 모음의 음장의 차이에 의해서 식별된다.

자음의 정의를 위한 두번째 요소는 조음 위치다. 허파에서 올라오는 기류가 자음이 되기 위해서는 어떤 형태로든지 방해를 받아야 하는데, 그 방해받는 장소를 조음점이라고 부른다. 조음점은 허파에서 올라오는 공기가 만나게 되는 최초의 관문인 성문(glottis)에서부터 공기가 구강을 떠나는 마지막 관문인 입술에 이르기까지 이론적으로는 무수히 존재할 수 있다.

조음점을 이야기할 때는 흔히 움직이는 조음기관과 움직이지 않는 조음기관을 구별하여, 전자를 능동 조음기관(active articulator), 후자를 조음점이라고 지칭한다. 능동 조음기관에는 아랫입술, 혀, 연구개, 목젖, 성대가 여기에 속하며, 조음점에는 윗입술, 윗니, 치경, 경구개, 연구개가 여기에 속한다. 연구개는 능동 조음기관으로도 쓰이고 조음점으로도 쓰이는데, 영어 자음의 조음에서는 조음점으로 더 중요하다.

자음을 정의할 때에는 먼저 조음기관을 밝히고 그 뒤에 조음점을 기술한다. 능동 조음기관만 가지고 조음했을 때에는 능동 조음기관만 밝힌다. 영어의 자음을 위해서는 적어도 다음과 같은 여덟 개의 조음점에 대해 언급할 필요가 있다.

(1) 양순음(兩脣音; bilabial) : /p, b, m, w/

(2) 순치음(脣齒音; labio-dental) : /f, v/

(3) 설치음(舌齒音; apico-dental) : /θ, ð/

(4) 설단 치경음(舌端齒莖音; apico-alveolar) : /t, d, s, z, n, l, r/

(5) 전설 치경 경구개음(前舌齒莖硬口蓋音; fronto-alveopalatal) : /š, ž, č, ǰ/

(6) 전설 경구개음(前舌硬口蓋音; fronto-palatal) : /y/

(7) 후설 연구개음(後舌軟口蓋音; dorso-velar) : /k, g, ŋ/

(8) 성문음(聲門音; glottal) : /h/

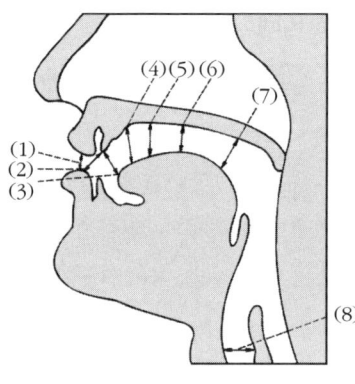

〈그림 7-1〉 자음의 조음점
(Denes & Pinson, 1963, 52)

그런데 전통적으로 자음을 정의할 때에는 위의 정의보다는 더 간단한 것을 사용한다. 예를 들어 (3)번을 보통 치아음이라고만 하는데, 그 까닭은 이러한 조음점에 올 수 있는 것은 혀의 끝부분밖에 없기 때문이다. 후설이나 설근은 그 구조상 이 자리에 오지 못한다. 따라서 대부분의 경우 조음기관을 밝힐 필요가 없다. 〈그림 7-1〉을 보면 각 조음점에 올 수 있는 능동 조음기관이 제한되어 있음을 알 수 있다.

이와 같은 점을 감안할 때 위의 여덟 개의 조음점은 다음과 같이 고쳐 쓸 수 있다.

(1) 양순음(bilabial) : /p, b, m, w/

(2) 순치음(labio-dental) : /f, v/

(3) 치아음(dental) : /θ, ð/

(4) 치경음(alveolar) : /t, d, s, z, n, l, r/

(5) 경구개 치경음(palato-alveolar) : /š, ž, č, ǰ/

(6) 경구개음(palatal) : /y/

(7) 연구개음(velar) : /k, g, ŋ/

(8) 성문음(glottal) : /h/

첫번째 양순음은 아랫입술을 능동 조음기관으로, 윗입술을 조음점으로 해서 내는 소리이다.

둘째 순치음은 아랫입술을 능동 조음기관으로, 윗니를 조음점으로 해서 내는 소리로서 윗니로 아랫입술을 가볍게 물고서 내는 소리이다. 이와 반대되는 결합, 즉 아랫니로 윗입술을 물고 내는 소리는 어떤 언어에도 없다.

세번째 치아음은 혀끝을 윗니에 대고 내는 소리로, 영어 /θ, ð/의 경우 아랫니도 혀끝에 닿으므로 혀끝이 위아래 이 사이에 끼는 꼴이 되어 치간음(inter-dental)이라고 부르기도 한다. 사람에 따라서는 혀끝은 윗니에 대지 않고 위아래 이 사이로 쑥 내밀기도 한다. 어느 쪽으로 발음하든 상관없다.

네번째 치경음은 설단을 치경에 대고 내는 소리이다. 치경은 치조돌기(gum ridge)라고도 불리며, 윗니 뿌리 바로 뒤의 울퉁불퉁한 곳을 말한다. 치경음은 모든 언어에 있으며, 모든 언어의 자음에서 치경음의 수가 가장 많다.

다섯번째 경구개 치경음은 설단을 치경의 뒷부분에 대고 동시에 전설을 경구개에 가까이 대고 조음하는 소리이다. 혀를 /s/와 /š/를 발음할 때처럼 하고 숨을 들이마시면, /s/의 경우에는 설단과 치경 부분이 시원해지는 데 비해 /š/의 경우에는 설단과 치경의 뒷부분, 더 정확히 말해 치경과 경구개의 연결 부분이 시원해지는 것을 느낄 수 있다. 그리고 /s/보다 /š/의 경우 시원해지는 혀의 부분이 더 넓다는 것을 알 수 있다. 경구개 치경음(palato-alveolar)을 치경 경구개음(alveo-palatal)이라고도 한다.

여섯번째 경구개음은 설단을 경구개에 대고 내는 소리이다. Hew 같은 단어의 첫머리 자음이 경구개음이다. Hew를 천천히 발음하기 시작하다가 첫머리 자음 부분에서 혀의 움직임을 멈추고 숨을 들이마시면 전설과 경구개 부분이 시원해짐을 알 수 있다.

일곱번째 연구개음은 후설을 연구개에 대고 내는 소리이다.

끝으로 성문음은 두 성대가 진동을 일으키지 않을 정도로 가까이 하거나 혹은 아주 맞붙여서 내는 소리이다.

지금까지 설명한 여덟 개의 조음점은 영어의 자음을 기술하기 위한 것들이고, 다른 언어의 자음들을 위해서 또 다른 조음점을 언급해야 하는 것은 말할 것도 없다.

자음의 정의를 위한 세번째 요소는 조음 방법이다. 자음은 허파에서 올라오는 공기가 방해를 받아서 생긴 음인데, 조음 방법이란 그 방해의 방식에 관한 것이다. 학자들에 따라 여러 가지 분류 방법이 있으나 다음과 같은 분류가 가장 무리 없는 방법일 것 같다. 우선 프랜시스(Francis, 1958, 70f.)는 허파에서 올라오는 공기가 방해를 받는 정도에 따라 소리를 다음의 셋으로 나눈다.

첫째는 조음기관을 밀착시켜 공기의 차단이 완전하게 이루어지는 경우로 파열음과 파찰음이 여기에 속한다. 둘째는 조음기관을 거의 맞닿을 정도로 가깝게 해서 그 사이를 공기가 비집고 나오면서 소리를 내는 경우로 마찰음이 여기에 속한다. 셋째는 조음기관을 공기의 흐름을 차단하거나 소음을 일으킬 정도로 밀착시키지 않고 내는 소리로, 이른바 공명음이라고 불리는 것들이다. 모음, 전이음, 비음, 설측음(lateral)이 여기에 속한다.

 이 분류는 자음만을 위한 것이 아니지만, 공명음에서 모음만을 제외한다면 자음에 대한 분류로 볼 수 있다. 다음은 김슨(1970^2, 150ff.)의 분류로, 그는 폐쇄(closure)나 협착(stricture)에 의해서 조음되는 자음을 Group A로 묶었는데, 여기에는 파열음, 파찰음, 마찰음이 속한다. 한편 Group B에는 비마찰음(non-fricative) 혹은 전이음이라고 불리는 비음, 설측음, 전이음 등이 속한다. 브론스타인(1960, 60f.)은 자음을 파열음과 계속음으로 나누고, 계속음을 다시 마찰음과 무마찰자음(frictionless consonant)으로 나눈다. 한편 무마찰자음이란 김슨의 비마찰음과 같은 것으로 비음, 설측음, 전이음이 여기에 속한다.

 본서에서는 자음을 순정자음(true consonant)과 공명자음(sonorant consonant)으로 대별하고, 순정자음에는 파열음, 마찰음, 파찰음이 속하는 것으로 보고, 공명자음에는 비음, 설측음, 전이음이 속하는 것으로 보아 다음과 같이 분류한다.

A. 순정자음
(1) 파열음 : /p, b, t, d, k, g/
(2) 마찰음 : /f, v, θ, ð, s, z, š, ž, h/
(3) 파찰음 : /č, ǰ/

B. 공명자음

(4) 비음 : /m, n, ŋ/

(5) 설측음 : /l/

(6) 전이음 : /y, w, r/

첫번째 파열음은 허파에서 올라오는 공기를 허파 이외의 어떤 지점에서 일단 완전히 막아 공기의 압력이 높아진 다음에 갑자기 파열시켜 얻는 소리이다. 논리적으로는 성문에서 입술까지의 모든 지점에서 공기를 차단했다가 폭발시킬 수 있으나, 영어의 경우 파열음은 양순, 치경, 연구개의 세 군데에서 얻어진다. 물론 이것은 음소로서의 자음에 한정된 이야기이고, 이음의 파열음은 이외의 위치에서도 일어난다. 파열음의 조음에서 중요한 부분은 공기의 폐쇄이며, 폐쇄가 진행되는 동안은 아무 소리도 나지 않으므로 파열음은 소리라고 부르기가 어렵다.

두번째 마찰음은 조음기관을 조음점에 거의 밀착시켜 공기가 지나가는 통로를 좁게 하여 그 통로를 지나가는 공기를 조음기관과 마찰시켜서 얻는 소리이다.

세번째 파찰음은 전반은 파열음으로 시작하여 후반은 마찰음으로 끝나는 소리이다. 공기의 흐름을 차단하여 구강의 공기 압력을 높이는 것까지는 파열음과 같으나, 파열음처럼 일시에 공기를 파열시키지 않고 마찰음 때처럼 시간을 끌면서 공기를 내보내서 얻는 소리이다.

네번째 비음은 파열음 때처럼 구강의 어떤 지점에서 공기의 흐름을 차단하고 연구개를 밑으로 내려 공기가 비강을 통해 나가게 하여 얻는 소리이다. 영어에서는 공기가 구강과 비강 중 어느 한쪽으로만 빠져나갈 수 있지만, 프랑스어의 비모음(nasal vowel)의 경우처럼 공기가 구강과 비강으로 동시에 빠져나갈 수도 있다.

다섯번째 설측음은 구강의 중심부에서 공기의 흐름을 차단하여 공기가 혀의 좌우로, 혹은 좌우 어느 한쪽으로 빠져나가게 해서 얻는 소리이다.

마지막 여섯번째 전이음은 때로 반모음이라고도 불리는데, 그 까닭은 전이음을 조음의 관점에서만 보면 모음에 속하기 때문이다. 파이크의 모음류에 속한다. 그러나 전이음의 기능은 보통 자음과 같다. 전이음은 어느 한 지점에서 조음이 시작되면 조음기관이 그 자리에 머물러 있지 않고 곧 뒤따르는 음으로 미끄러진다. 영어의 전이음 /y, w, r/ 은 각기 /i, u, ə/의 조음 위치에서 약하게 조음이 시작되면 곧 뒤에 오는 모음의 조음 위치로 이동한다.

모음의 경우와 마찬가지로 자음의 표기도 학자들에 따라 조금씩 다르다. 다음은 표기상의 차이가 많이 나는 자음들에 대한 대표적인 학자들의 표기를 제시해 놓은 것이다.

본서, Fries	Trager-Smith	Pike, Nida	Bloch-Trager	Jones, Kenyon	Thomas	Bronstein
ð	ð	đ	ð	ð	ð	ð
š	š	š	š	ʃ	ʃ	ʃ
ž	ž	ž	ž	ʒ	ʒ	ʒ
č	c	č	tš	tʃ	tʃ	tʃ
ǰ	j	ǰ	dž	dʒ	dʒ	dʒ
y	y	y	y	j	j	j

hw	hw	hw	hw	hw	ʍ	ʍ
hy	hy	hy	hj	hj	ç	hj

위의 일람표에서 보는 표기의 불일치를 성격상 다음의 두 가지로 나눌 수 있다. 첫째는 단순히 편의를 위해 종전과는 다른 기호를 사용하는 경우이다. 종전의 /ð, ʃ, ʒ/ 대신에 /đ, š, ž/ 따위의 기호를 사용하는 것은 ð, ʃ, ʒ은 워드 프로세서가 나오기 이전의 타자기에 글자가 없는 반면 đ, š, ž은 타자기에 이미 있는 /d, s, z/에 첨가부호만을 사용해서 나타낼 수 있다는 편리한 점이 있다.

미국의 구조언어학은 주로 미시간 대학을 중심으로 일어났고, 당시의 출판물은 대부분 타자로 친 원고의 사진판이었으므로 프리즈, 트래거, 스미스, 파이크, 나이다, 블로흐 같은 구조언어학자들이 위와 같은 기호를 사용한 것을 충분히 이해할 수 있다.

두번째는 해석상의 차이 때문에 다른 기호를 사용하는 경우다. 그 대표적인 것이 /č/와 /ǰ/의 사용이다. 본서에서도 이 기호를 사용하는데, 그 이유는 다음과 같다.

첫째, /č/와 /ǰ/의 사용은 /음소/ 기호의 원칙에 맞는다. /č/는 보통 [tʃ]로, /ǰ/는 [dʒ]로 표기되며, 이들이 음성학적으로 두 자음의 복합체라는 데 하등의 이의가 없다. 그러나 이 기호는 영어에서 각기 하나의 음소로 취급되어야 한다는 점은 5장에서 밝힌 바 있다. Hats나 lads의 어말에서 들을 수 있는 /-ts/나 /-dz/의 자음군도 음성학적으로는 /č/나 /ǰ/처럼 파찰음이지만, 영어의 음운 구조상 각기 두 개의 음소 결합체로 보아야 한다.

그러나 독일어의 Zimmer[tsimə] 'room'에 나타나는 [ts]는 하나의 음소이다. 비슷한 예로 독일어의 Pferd[pfert] 'horse' 에 나타나는 [pf]는 독일어에서는 하나의 음소이지만 영어에서는 두 개의 음소이다. [tʃ]와 [dʒ]가 각기 영어에서 하나의 음소라면 하나의 기호로 표기하는 것이 마땅하다. 경우에 따라 이들이 복합음으로 된 하나의 음소라는 점을 강조하기 위하여 t와 ʃ를 합쳐 tʃ로, 또 d와 ʒ를 합쳐 dʒ로 쓰기도 하지만 이것은 미봉책에 불과하다.

/č/와 /ǰ/를 사용하는 두번째 이유는 chair, tear(v.), share 같은 최소 대립어의 관계 때문이다. 이 세 단어를 종전대로 표기하면 /tʃɛər/, /tʃɛər/, /ʃɛər/가 되는데, 이 경우 chair가 tear나 share와 최소 대립어를 이루는 것은 각기 ʃ와 ø, t와 ø의 대립으로 설명한다. 이것이 반직감적인 설명이라는 것은 말할 필요도 없다. 만약 위의 세 단어를 /čɛər/, /tɛər/, /šɛər/라고 표기하면 이들이 최소 대립어를 이루는 것은 /č/, /t/, /š/의 세 음소 때문임을 알 수 있다.

세번째 이유는 교육적(pedagogic)인 것이다. 많은 사람들이 존즈식 표기를 사용하고 있는 우리나라 학생들이 adjust나 adjoin 같은 단어들을 잘못 읽는 것을 목격한 경험이 있을 것이다. 각기 [ədʒʌ́st]와 [ədʒɔ́in]으로 표기된 이 단어들을 학생들은 번번이 여섯 개의 음소로 읽는다. 즉 '어드쟈스트'와 '어드죠인'으로 잘못 읽는 것이다. 이것은 /əǰʌ́st/와 /əǰɔ́ɪn/으로 표기하는 경우 생길 수 없는 잘못이다. [skɔ́rtʃɪŋ]과 [kɔ́rtʃɪp]으로 표기된 것을 각기 어떻게 읽어야 하는가? 이들이 각기 scorching과 courtship의 발음기호라는 것을 알기 위해서는 상당한 영어 지식이 있어야 한다.

/č/, /ǰ/, /š/, /ž/를 사용하는 마지막 네번째 이유는 현대 음운론, 특히 그 중에서도 생성음운론에서 이 음성기호를 사용하고 있다는 사

실이다. 따라서 앞으로 이 방면의 공부를 해야 할 경우에는 새로운 기호를 익혀 두는 것이 좋다. 어쨌든 종전의 기호들은 지금까지 사용해왔다는 것 외에 그것들을 고집해야 할 아무런 이유도 없다.

다음은 영어의 자음 요소를 도표화한 것이다.

조음 방식		조음점	양순음 Bilabial	순치음 Labio- dental	치아음 Dental	치경음 Alveolar	경구개 치경음 Palato- alveolar	경구개음 Palatal	연구개음 Velar	성문음 Glottal
파열음	vl		p			t			k	
Plosive	vd		b			d			g	
마찰음	vl			f	θ	s	š			h
Fricatives	vd			v	ð	z	ž			
파찰음	vl						č			
Affricates	vd						ǰ			
비음 Nasals	vd		m			n			ŋ	
측음 Lateral	vd					l				
전이음 Glides	vd		(w)			r		y	w	

vl=voiceless; vd=voiced

7.2 파열음
Stops; Plosives

파열음의 조음은 다음 세 단계로 이루어져 있다. 첫째는 폐쇄 개시 단계(closing stage)이다. 이 기간에 능동 조음기관은 조음점에 밀착하여 허파에서 올라오는 공기를 차단한다.

두번째는 폐쇄 단계(hold stage, 혹은 compression stage)로서, 이 기간에 허파는 계속해서 공기를 올려보내 허파에서 차단점까지 공기의 압력은 점차 높아진다.

세번째는 폐쇄 해제 단계(release stage, 혹은 explosion stage)이다. 이 마지막 단계에서 능동 조음기관이 조음점에서 급속히 떨어지며 구강 안의 압축된 공기가 밖으로 빠져나가게 한다. 이때의 폭발음을 파열음

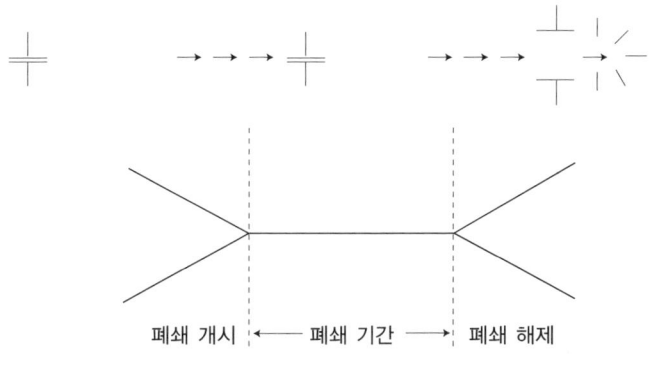

〈그림 7-2〉 파열음의 조음 단계

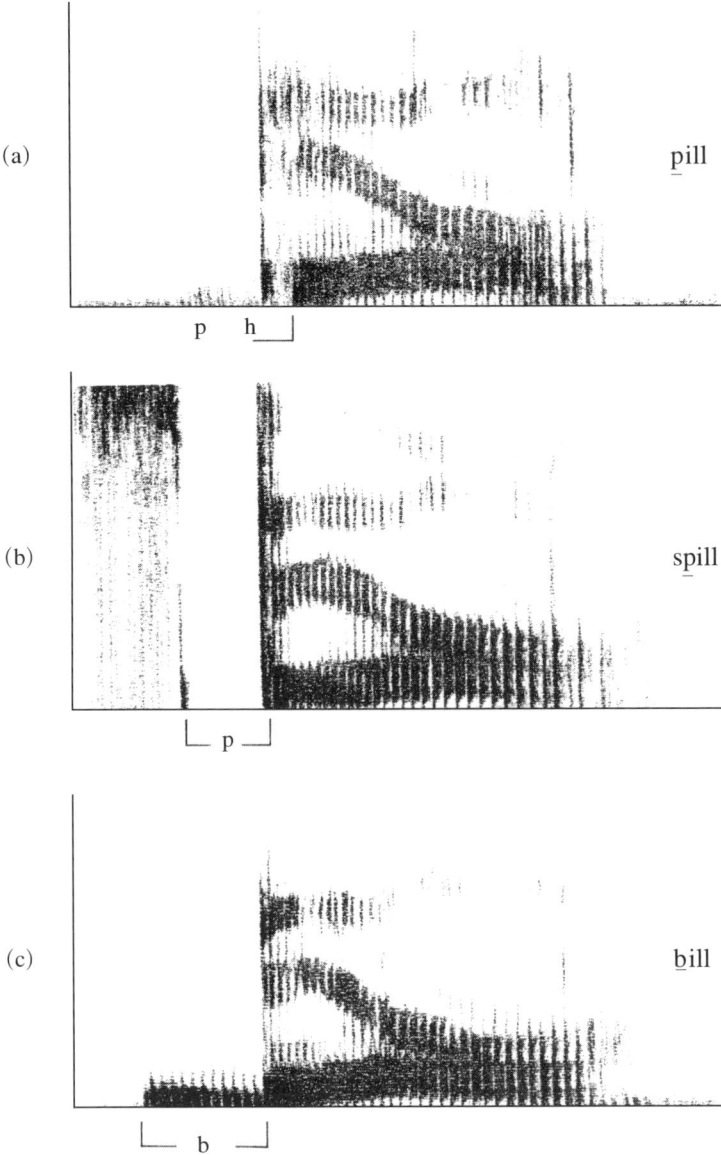

〈그림 7-3〉 양순 파열음의 스펙트로그램(Shen, 1966, 92)

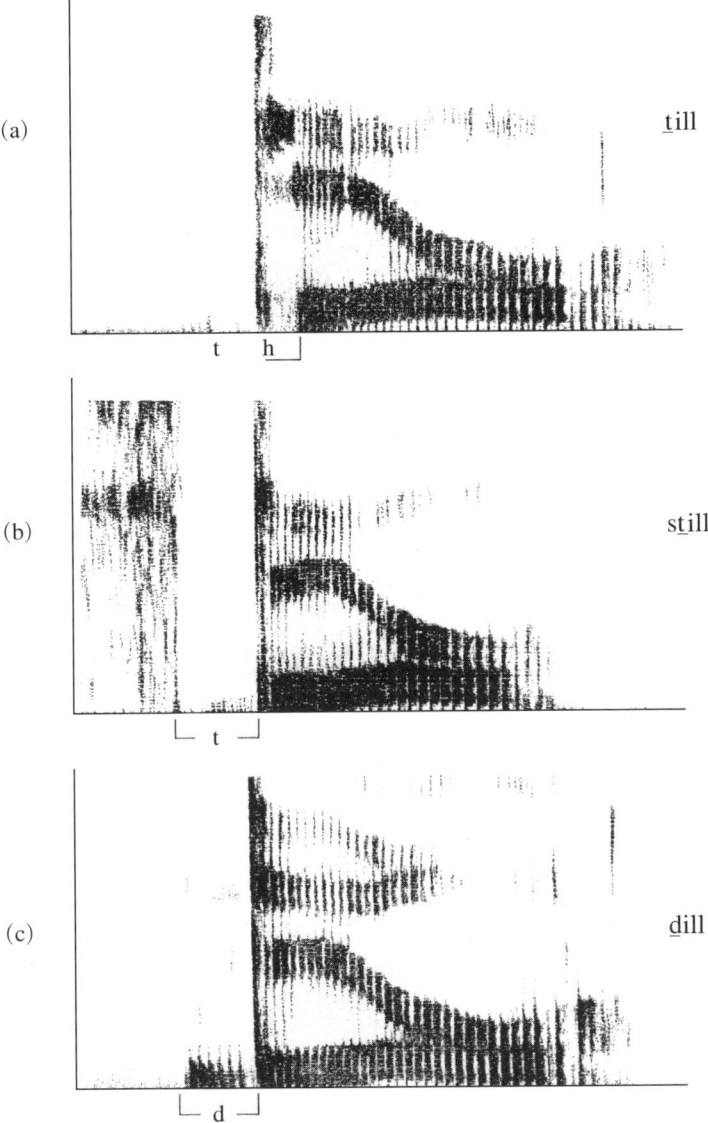

〈그림 7-4〉 치경 파열음의 스펙트로그램(Shen, 1966, 93)

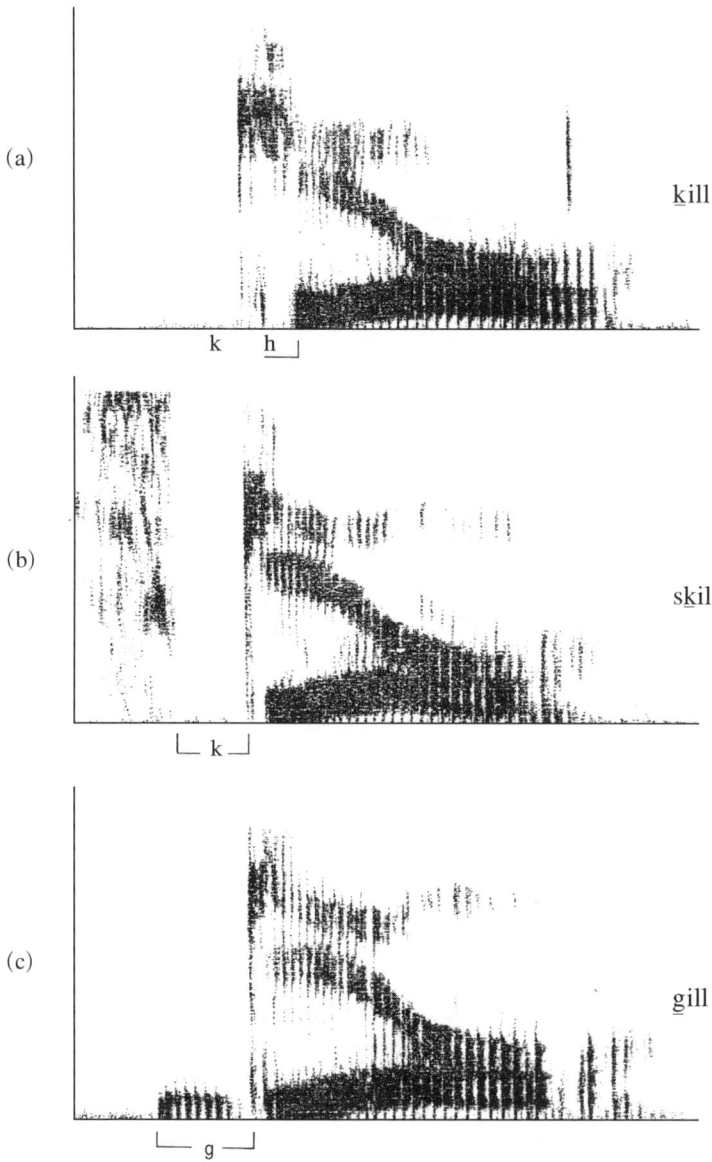

〈그림 7-5〉 연구개 파열음의 스펙트로그램(Shen, 1966, 94)

이라고 한다. 이 관계를 그림으로 나타내면 〈그림 7-2〉처럼 된다.

이 세 단계 가운데서 가장 중요한 것은 두번째의 폐쇄 단계이다. 파열음의 가장 큰 특징도 이 폐쇄 단계에서 나타난다고 할 수 있다. 유성 파열음의 경우 폐쇄 단계에서도 성대의 진동은 있으나 매우 약하다. 그 진동은 폐쇄 해제 단계까지 계속된다. 그러나 무성 파열음의 경우 폐쇄 단계에서 모든 조음기관은 정지된 상태를 유지한다. 청각적으로는 침묵의 상태이며, 스펙트로그램상에서도 공백으로 나타난다. 따라서 세 개의 무성 파열음 /p, t, k/는 그들 자체의 스펙트로그램만으로는 전혀 구별이 안 된다. 〈그림 7-3〉에서 〈그림 7-5〉까지 참조해주기 바란다. 그 점에서는 유성 파열음 /b, d, g/도 마찬가지다. 〈그림 7-3〉, 〈그림 7-4〉, 〈그림 7-5〉의 (c)에서 보듯 /b, d, g/ 자체의 스펙트로그램만으로는 서로 구별하기가 어렵다.

파열음의 조음에서 폐쇄 단계가 가장 중요한 까닭은, 많은 파열음이 폐쇄 개시 단계나 폐쇄 해제 단계는 없다 하더라도 폐쇄 단계만은 모두 갖고 있으며, 폐쇄 개시 단계나 폐쇄 해제 단계는 각기 전전이음과 후전이음의 양상을 띠어 앞뒤 음과 구별이 잘되지 않지만 폐쇄 단계만은 그렇지 않기 때문이다.

〈그림 7-6〉은 ago의 조음을 단계별로 나타낸 것이다. 〈그림 7-6〉에서 보듯 /g/의 폐쇄 개시는 /ə/와 구분짓기 힘들며, /g/의 폐쇄 해제도 뒤에 오는 /o/와 구분짓기 곤란하다. 단 연구개는 ago의 조음이 시작되자마자 닫혀 공기가 비강으로 가는 것을 막으며, ago의 조음이 끝나면 다시 내려와서 정상적인 호흡을 하게 한다.

파열음의 조음 과정에서 가장 재미있고 다채로운 부분은 폐쇄 해제 단계이다. 여러 가지 다른 양상의 해제 단계들을 차례로 살펴보겠다.

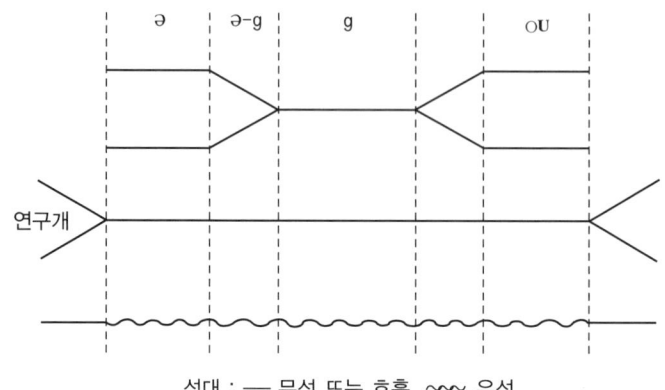

〈그림 7-6〉 ago의 조음

첫째로, pie 같은 단어의 /p/는 해제 단계에서 상당히 많은 양의 공기를 동반한다. 이 단어를 발음하면서 얇은 종이를 입 앞에 놓으면 종이가 펄럭이는 것을 볼 수 있다. 음성기호로는 [pʰ]처럼 [ʰ]를 함께 표기한다. 이 기호를 기식음이라고 하며, 반대로 숨소리를 동반하지 않는 음을 비기식음(unaspirate sound)이라고 한다. 기식음의 경우 폐쇄 해제 바로 뒤에 일순간 무성(voicelessness)의 순간이 있다. 〈그림 7-3〉, 〈그림 7-4〉, 〈그림 7-5〉의 (a)와 (b)를 비교해보면 알 수 있다.

앞서 지적했듯이 유성 파열음이 어두에 오는 경우 부분적으로, 혹은 전적으로 무성음화하기 때문에 pie와 buy를 어두 자음의 유무성으로 구별해내기는 어렵다. /p/는 경음인 데 반해 /b/는 연음이므로 /b/의 폐쇄 해제가 더 부드럽다. 그러나 그보다 더욱 중요한 것은 /p/의 경우 폐쇄가 해제되고 난 뒤 모음이 시작되기 직전에 기식(aspiration)을 나타내는 무성의 공백이 있다는 사실이다. 기식의 파열음은 강세가 있는 모음 앞에 나타난다. 이것은 /p/뿐만 아니라 /t/나 /k/에도 해당된다. 그러나 기식의 정도는 /p/>/t/>/k/의 순서로 약해진다. /p/의 경우에는 폐쇄점이 양순이므로 입 안 가득히 공기를 축적했다가 폭발시킬 수 있으나, /t/의 경우에는 폐쇄점이 치경이고, /k/는 연구개이므로 저장되는 공기의 양이 적다. 그리고 이들은 폐쇄 해제점이 바로 폐쇄점이어서 입 속 깊은 곳에서 파열이 일어나 기식의 정도가 약하게 느껴지는 것이다.

두번째는 spy에서처럼 파열음이 어두의 /s/ 뒤에 오는 경우로서 이 때에는 거의 기식을 동반하지 않는다. 뒤에 강세 모음이 오는 경우에도 마찬가지다. 얇은 종이를 입 앞에 대고 pie와 spy를 교대로 발음할 때, 만약 이들의 발음이 정확하다면 spy의 경우에는 종이가 거의 움직이지 않아야 한다. 음성기호는 [p⁼]처럼 [⁼]를 해당 기호의 오른쪽 어깨 위에 표시한다.

이 현상은 tie나 sty, kin과 skin 등의 비교에서도 알 수 있듯이, /p/ 이외에 다른 파열음도 마찬가지다. [p⁼], [t⁼], [k⁼]는 각기 한국어의 'ㅃ', 'ㄸ', 'ㄲ'를 약하게 발음하는 것과 같다. 따라서 한국 사람들은 기식의 파열음과 비기식의 파열음을 쉽게 그리고 정확히 구분한다.

그러나 이들을 같은 음소의 이음(異音)으로 사용하고 있는 영·미국인들은 그 차이를 잘 모른다. 그 차이를 극명하게 보여주기 위해서는 spy, sty, sky의 세 단어를 발음하여 녹음한 뒤 이들 단어에서 /s/에 해당하는 부분만 가위로 잘라 내고 다시 앞뒤를 연결해서 들려주면 pie, tie, kie와는 사뭇 다른 인상을 받게 된다. 영·미국인들은 이 경우 /s/가 잘린 spy, sty, sky를 각기 buy, die, guy로 들을 것이다. 이것은 어두에서 무성 파열음과 유성 파열음의 구별이 성(聲)의 유무가 아니라

7. 자음 **287**

기식의 유무에 의해 좌우된다는 것을 보여주는 좋은 증거다.

세번째 폐쇄 해제 방법은 전혀 해제를 하지 않는 것이다. 즉 파열음의 조음 3단계에서 마지막 단계를 생략하는 것이다. 이 현상은 cap의 /p/처럼 파열음이 어말에 오거나, 또는 apt의 /p/처럼 파열음 뒤에 다른 파열음이 오는 경우다. 정밀 표기를 위해서는 [p̚]처럼 해당 기호의 오른쪽 어깨 위에 [̚]를 함께 표시하고 이를 불파음이라고 부른다. 불파라고는 하지만 전혀 공기를 밖으로 내보내지 않는 것은 아니다. 언제까지나 입 안의 공기를 그대로 둘 수는 없기 때문이다. 공기는 내보내되 파열음이 생기도록 갑자기 내보내거나, 혹은 마찰음이 생기도록 강하게 내보내는 것이 아니라, 부드럽게 천천히 소리 나지 않게 내보낸다. 불파의 파열음은 불완전 파열음(incomplete plosive)이라고도 불린다.

그런데 이처럼 어말의 파열음이 폐쇄 해제 단계가 없는 불완전 파열음으로 끝나는 경우 rap, rat, rack 같은 단어의 식별은 가능할 것인가? 얼른 생각하기에 어말에서의 파열이 없으면 이 단어들은 모두 똑같이 들릴 것 같지만, 이들은 모두 지장 없이 다른 단어로 식별된다. 그 까닭은 비록 어말의 자음에서는 식별이 불가능하지만 어말의 자음이 그 앞의 모음의 조음에 영향을 미쳐 그 모음에 의해 식별이 가능하기 때문이다. 특히 그 가운데서도 모음의 끝나는 부분이 각기 다르게 된다.

가령 pip, tit, kick이라는 세 단어를 발음해보자. Tit의 경우 혀끝은 이 단어를 조음하는 모든 과정을 통해 항상 위에 올라와 있다. 한편 pip와 kick의 경우 혀끝은 아랫니 뒤에 있고, kick의 경우 줄곧 위에 올라와 있는 것은 후설이고, pip의 경우 입술의 모양이 모음 전체에 영향을 준다. Bib, did, gig 같은 유성 파열음도 마찬가지다. 자음의 조음 위치가 모음의 조음 위에 겹치게 되는 것이다.

네번째, 어말의 파열음 뒤에 다른 파열음이 오면 어말의 파열음은 뒤에 오는 파열음에 흡수되고 만다. 이 흡수의 정도는 어말에 오는 파열음과 그 뒤에 오는 파열음이 동일 기관음(homorganic sound)일 때 더욱 심하다. 동일 기관음이란 조음에 사용되는 조음기관과 조음점은 같고 조음 방법만 다른 음을 말한다. [p, b, m], [t, d, n], [k, g, ŋ] 등은 각기 동일 기관음이다. 예를 들어 apt는 /p/의 파열을 위해 입술이 벌어지기 전에 /t/의 폐쇄가 이미 시작되어 입술이 벌어져도 파열이 일어나지 않는다. 〈그림 7-7〉은 /p/와 /t/의 조음의 상호 관계를 보여주며, 〈그림 7-8〉은 이때의 조음기관의 형태를 보여준다.

어말의 파열음과 뒤에 오는 파열음이 동일할 때, 즉 중복자음일 때에는 흡수가 완전히 이루어져 폐쇄 기간만 길어진다. Top people은 /p/+/p/, sub-bass는 /b/+/b/, at table은 /t/+/t/, good dog은 /d/+/d/, book case는 /k/+/k/, big girl은 /g/+/g/의 중복자음

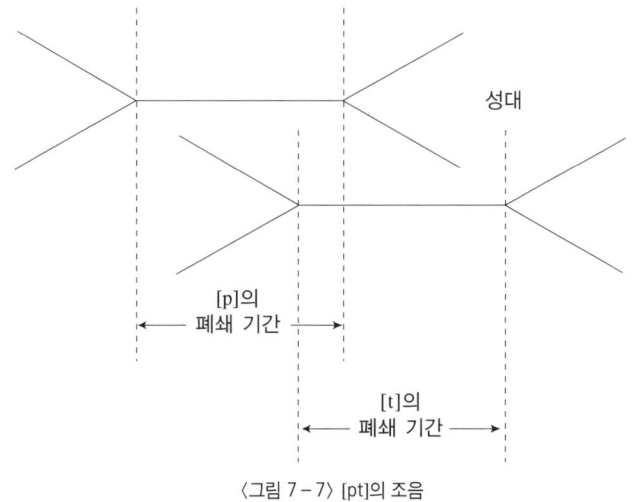

〈그림 7-7〉 [pt]의 조음

의 예들이다. White teeth와 why teeth가 구별되는 것은 물론 why의 모음이 white의 모음보다 길다는 것도 있으나, 그보다는 white teeth의 경우 [t]의 폐쇄 기간이 why teeth의 그것보다 길기 때문이다.

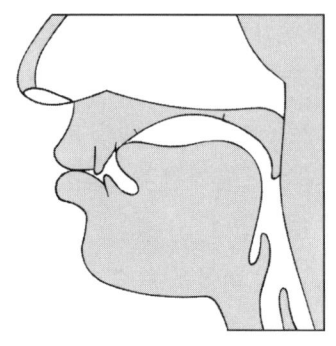

〈그림 7-8〉 [pt]의 조음

어말의 파열음과 그 뒤에 오는 파열음이 동일 기관음일 때는 그렇지 않은 경우보다 첫 파열음은 많이 흡수된다. Top boy는 /p/+/b/, rob pearls는 /b/+/p/, white dog은 /t/+/d/, red table은 /d/+/t/, background는 /k/+/g/, big car는 /g/+/k/의 예이다. 만약에 어말의 파열음과 그 뒤에 오는 자음이 동일 기관음이 아닐 때 흡수의 양은 훨씬 적어진다. Dropped는 /p/+/t/, white post는 /t/+/p/, good boy는 /d/+/b/, rubbed는 /b/+/d/, locked는 /k/+/t/, post-card는 /t/+/k/, red car는 /d/+/k/의 예이다. 이때 어말 파열음의 흡수를 무리하게 막으려고 하면, hat처럼 어말 파열음이 무성음일 때에는 [hætʰ] 같은 기식음이 되며, had처럼 어말 파열음이 유성음일 때에는 그 뒤에 [ə]가 가볍게 붙어 [hædə]가 된다. 독일어에서는 Akt 'act'에서처럼 파열음이 연속했을 때 영어에서와는 달리 이들을 모두 파열시킨다.

지금까지는 어말 파열음의 폐쇄 해제 단계가 뒤에 오는 파열음에 흡수되는 현상만을 알아보았다. 이 흡수는 뒤에 오는 파열음의 폐쇄 개시 단계에도 적용된다. 따라서 세 개의 파열음이 나란히 놓이는 경우, 가운데 파열음은 첫 단계와 마지막 단계가 각기 앞뒤의 파열음에 흡수되어 폐쇄 단계밖에 남지 않는다. 예를 들어 /p/+/t/+/b/의 연속인 wept bitterly, /k/+/t/+/d/의 연속인 locked door, /g/+/d/+/b/의 연속인 jogged by에서 각기 가운데 있는 파열음은 폐쇄 단계, 즉 침묵으로만 나타난다. 한편 worked나 slipped에서처럼 /k/나 /p/ 뒤에 오는 과거형 어미 /t/도 앞의 파열음에 흡수되어 시제는 문맥에 의해 이해되는 경우가 많다.

다섯번째로 언급해야 할 폐쇄 해제는 비강 파열(nasal plosion)이다. 이것은 어떤 파열음 뒤에 그 파열음과 동일 기관의 비음이 오는 경우에 생기는 현상이다. 예를 들어 hidden/hídn/이라는 단어를 발음할 때 /d/와 /n/은 동일 기관음이기 때문에 /d/의 폐쇄 해제와 /n/의 폐쇄 개시가 겹치게 된다. /d/의 폐쇄 동안에 공기는 /n/의 조음을 위해 연구개가 내려오고, 비강으로의 통로가 열리면서 비강으로 파열음이 빠져나간다.

비강 파열은 hidden에서 보듯, 한 단어 안에서 일어나기도 하고 madness처럼 음절 경계를 사이에 두거나, red nose에서처럼 단어 경계를 사이에 두고 일어나기도 한다.

지금까지는 /d/+/n/의 관계만을 보아 왔는데, 비강 파열은 이외에도 cotton이나 eaten에서 보듯 /t/+/n/에서, topmost나 ship money의 /p/+/m/에서, cabman이나 submit의 /b/+/m/에서, bacon이나 chicken의 /k/+/ŋ/에서, organ의 /g/+/ŋ/에서도 볼 수 있다. 빠른 회화체에서 open이나 seven 같은 단어를 [óupm̩], [sɛvm̩]처럼 읽으면 비강 파열이 일어난다. 비강 파열 대신 파열음 뒤에 [ə]를 첨가하여 hidden이나 sudden 따위를 [hídən], [sʌ́dən]으로 읽으면 외국 사람 말투로 간주된다. 파열음과 뒤에 오는 비음이 cheap nuts, rub now, postman, bad man, black magic, big man에서처럼 동일 기관음이 아닐 때에는 파열은 연구개가 내려오고 비음을 위한 새로운 폐쇄가 이루어진 뒤까지 미루어진다.

　독일어나 프랑스어에서는 비음 앞의 파열음은 대개 구강 파열을 한다. 특히 파열음과 비음이 동일 기관음이 아닌 경우에 그렇다. 독일어의 Knabe 'boy'에서 어두의 /k/는 분명하고 강하게 구강 파열을 한다. 17세기 말까지만 해도 영어의 knave, knight 등 어두의 kn-은 모두 발음되었다. 어두의 k가 n 앞에서 소실된 것은 짐작하건대 비강 파열의 탓일 것이다. 비강 파열을 일으키는 파열음은 구강 파열의 경우보다 그 인상이 훨씬 약해지기 때문이다. 정밀 표기를 위해서는 [dᴺ]처럼 해당 기호의 오른쪽 어깨 위에 [ᴺ]를 곁들여 나타낸다.

　여섯번째로 다루어야 할 파열은 설측면 파열(舌側面破裂; lateral plosion)이다. 비강 파열과 비슷한 것으로서 /t/나 /d/가 동일 기관 설측음 앞에 오는 경우, 파열이 혀의 좌우 설측면에서 일어나는 현상이다. 예를 들어 middle 같은 단어를 발음해보면, 혀의 위치는 /d/와 /l/을 조음하는 동안 움직이지 않고 같은 자리에 머물러 있는 것을 느낄 수 있다. 정밀 표기를 위해서는 [dᴸ]처럼 [ᴸ] 표를 곁들여 나타낸다.

　일곱번째는 폐쇄 해제를 단시간에 해서 파열음을 얻는 대신 시간을 끌어 마찰음을 얻는 것이다. 즉 파열음과 마찰음의 조음을 합친 것으로 파열음을 조음할 때처럼 폐쇄를 시작해서 일정 기간의 폐쇄 단계를 거친 뒤 구강의 공기를 마찰시켜 내보낸다. 영어에서는 /č/와 /ǰ/가 여기 속하는데, 이들은 파찰음으로서 뒤에서 따로 취급될 것이다.

　끝으로 /p, t, k/ 등의 경음 파열음과 /b, d, g/ 등의 연음 파열음이 어떻게 해서 식별되는가를 살펴보겠다. 앞서 지적했듯이, /b, d, g/ 등의 유성 파열음이 어두나 어말에 오면 부분적으로 혹은 거의 전체가 무성음화하여 유무성의 구별은 이들을 식별하는 데 별 도움이 되지 않는다는 점을 되풀이해둘 필요가 있다. Pie/buy처럼 /p/와 /b/가 어두에 오는 경우, 이들이 구별되는 것은 유무성의 차이보다는 오히려 기식의 유무에 의해 구별된다.

그러나 sacking/sagging에서처럼 어중에서 강세가 있는 모음 뒤에 올 때에는 성의 유무가 중요한 동시에 /k/와 /g/의 폐쇄 기간의 차이도 단서가 된다. 일반적으로 경음의 폐쇄 기간이 연음보다 길다. /k/가 /g/보다는 더 많은 지식을 동반하지만 그 차이는 크지 않다. 끝으로 site/side의 경우처럼 /t/와 /d/의 구별이 어말에 오면, 유무성의 구별이나 기식의 유무는 도움이 안 된다. 여기서는 파열의 단단함과 부드러움의 구별이 도움이 되며, 그보다는 /t/와 /d/ 앞의 모음의 길이가 더욱 중요한 단서가 된다. 모음은 무성자음 앞에서보다 유성자음 앞에서 훨씬 더 길기 때문이다. 이러고 보면 /p, t, k/와 /b, d, g/는 본래 유무성의 구별보다는 그에 부수되는 다른 특징에 의해서 구별되는 것을 알 수 있다.

다음에 파열음을 차례로 살펴보겠다.

/p/

/p/는 무성 양순 파열음(voiceless bilabial stop)이다. /p/를 조음하기 위해서는 연구개를 올려 비강으로 통하는 통로를 막고 동시에 위아래 입술로 허파에서 올라오는 공기를 막는다. 허파에서 계속해서 올라오는 공기는 구강의 공기 압력을 높이며 일정한 폐쇄 기간이 지난 뒤 입

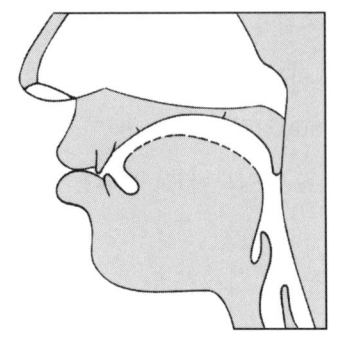

〈그림 7-9〉 /p/와 /b/의 조음

술이 열리면서 밖으로 파열한다. 입술이 닫혀 있는 동안 허파에서 올라오는 공기는 열려 있는 성문을 지나게 되므로 성대의 진동은 없다.

공기의 파열은 입을 통해 나가는 구강 파열이 보통이지만 /p/ 뒤에 동일 기관음의 비음 /m/이 오면 비강 파열을 일으키고, /p/ 뒤에 설측음이 오면 설측면 파열을 일으킨다. /p/가 조음되는 동안 혀는 늘 /p/ 다음에 오는 음의 조음을 위한 자세를 취하고 있는 것이 보통이다.

가령 pea라는 단어를 발음해보면, /p/의 조음이 시작되기 전부터 혀는 이미 /i/의 조음을 위한 자세를 취하고 있음을 알 수 있다. 한편 paw의 경우에는 /ɔ/를 위한 자세를 취하고 있으며, play의 경우에는 혀끝이 /l/의 조음점인 치경에 닿아 있는 것을 알 수 있다. 따라서 /p/의 파열은 정확히 말해 뒤에 오는 음에 따라 서로 달라지게 된다.

/p/는 pie의 경우처럼 강세가 있는 모음 앞에서는 기식음이 되며, 어두의 /s/ 뒤에 올 때에는 spy의 경우처럼 무기음이 되고, perhaps의 경우처럼 /p/가 약세 모음 앞에 왔지만 어두에 올 때에는 pie만큼은 아니지만 약한 기식음이 된다. 약한 기식의 /p/는 [pʻ]로 표시한다. 한편 어말에 올 때에는 cap의 경우처럼 불파의 [p¬]로 발음되는 것이 보통이지만, 여기에서는 [pʻ], [p⁼], [p¬] 어느 것으로 발음해도 좋다. 이 세 이음은 자유 변이음(free variants)이다.

/p/는 cupful에서처럼 뒤에 순치음 /f/가 오면 [f]가 되든지 아니면 양순 마찰음 [ɸ]가 된다. [ɸ]는 위아래 입술을 가볍게 물고 뜨거운 것을

식힐 때 '후' 하듯이 공기를 입술 사이로 마찰시키면서 내보내 얻는 음이다. Cupful은 [kʌfful] 혹은 [kʌɸful]이 된다. 한편 /p/ 뒤에 오는 유음과 전이음은 무성음이 된다. 그 예로 play, pray, pure, tap with 등이 있다.

끝으로 /p/에 대해 언급해야 할 것은 잉여음(excrescence)으로서 /p/ 음이다. 예를 들어 something이나 dreamed 같은 단어는 많은 경우에 [sʌmpθɪŋ], [drɛmpt]처럼 발음된다. 본래 있지 않던 /p/가 잉여음으로 들어가는 것이다. 잉여음 /p/는 위에서 보듯 /m/과 무성자음 사이에 생기는데, 이것은 /m/을 발음하기 위해서 연구개를 내렸던 것을 다음의 무성자음을 발음하기 위해서 올리는 것이, /m/의 조음을 위해서 닫았던 입술을 열기 전에 이루어지면서 생긴 음이다.

현대 영어의 empty는 고대 영어의 ǽmtiġ[ǽ:mtɪy]가 중세 영어의 emty로 변했던 것에서 온 것이며, 고대 영어나 중세 영어에 없던 바로 이 잉여의 /p/가 굳어버린 것이다. 오늘날의 glimpse도 본래의 모양은 glymse였다.

|| 예 || [pʰ]   pin, pill, pain, appear, impatient, play, pray, pew
        [p̄]   spin, spill, Spain, spear, splay, spray, spew
        [pʻ]   perhaps, perceive, patrol, peculiar, pedantic
        [p˥]   cheap, lip, lap, shape, lisp, pulp, pump, upward
        [p˩]   captain, topcoat, wiped, top boy, top girl, top dog
        [pᴺ]   topmost, halfpenny, happen, cheap meat, open
        [pᴸ]   apple, couple, please, plan, simple, temple

/b/

/b/는 유성 양순 파열음(voiced bilabial stop)이다. /p/와 조음점 및 조음 방법은 같으나 /p/가 무성음인데 반해 /b/는 유성음이며, /p/가 경음인데 비해 /b/는 연음이고, /b/는 기식의 이음을 갖지 않는다.

/b/는 어두나 어말에서는 부분적으로, 혹은 전적으로 무성음이 되며, 모음 사이에 올 때에만 비교적 완전한 유성음으로 발음되지만 이때에도 무성음으로 발음되는 수가 있다. 따라서 /p/와 /b/의 구별은 우리가 흔히 생각하는 성대 진동의 유무에 의해서가 아니라 단단함과 부드러움의 차이, 기식의 유무의 차이, 앞에 오는 모음의 길이 따위에 의해서 구별된다.

/p/와 마찬가지로 /b/도 뒤에 순치음 /v/가 오면 같이 /v/가 되든지 아니면 유성 양순 마찰음(有聲兩脣摩擦音) [β]가 된다. [β]는 [ɸ]의 유성음으로서, 위아래 입술을 가볍게 물고 공기를 입술 사이로 마찰시켜서 내는 소리다. 중세 한국어의 'ㅸ'가 [β]의 음가를 가졌다고 알려져 있다. Obvious는 [àvvɪəs]나 [áβvɪəs]로 발음된다.

/m/과 유성자음 사이에 잉여의 /b/가 들어가는 것은 잉여의 /p/ 경우와 같다. 현대 영어의 slumber는 고대 영어의 slumerian에서 온 것으로, 본래 있지 않던 /b/는 잉여의 /b/가 굳어진 것이다. /b/가 비강 파열을 한다든지 설측면 파열하는 것은 /p/의 경우와 같다.

/b/는 한국 학생들에게 아주 어려운 음이다. 한국어의 'ㅂ'은 모음 사이에서만 유성음으로 발음되고 나머지 자리에서는 무성음이므로, /b/가 모음 사이에 오는 oboe 같은 단어는 별문제가 없으나 나머지 자리의 /b/에 한국어 'ㅂ'을 사용하면 메마른 느낌의 발음이 된다. 물론

영어의 /b/는 프랑스어와는 달리 어두나 어말에서는 완전한 유성음은 아니지만 한국어의 'ㅂ'으로 대신하면 영어답지 않은 발음이 된다. Bet 같은 단어에서 어두의 /b/를 정확히 발음하는 방법은 우선 abet와 같은 단어를 발음하다가 어두의 /ə/는 마음속에서 발음하고 나머지만 발음하는 것이다.

‖예‖	[b]	rubber, labor, harbor, husband, symbol, obey
	[b̬b]	big, boast, banana, begin, blow, brain, beauty
	[bb̥]	rib, ebb, sob, robe, lobster, abstain
	[b˺]	obtain, rubbed, subconscious, sob bitterly, object
	[bᴺ]	submerge, ribbon, cabman, submit, submissive
	[bᴸ]	bubble, blow, table, cable, blue, noble
	[p]−[b]	post − boast, peach − beach, dapple − dabble, sopping − sobbing, simple − symbol, cup − cub, rope − robe, plead − bleed, pray − bray, pack − back, mopped − mobbed, peg − beg, pill − bill, pin − bin, push − bush, pad − bad

/t/

/t/는 무성 치경 파열음(voiceless alveolar stop)이다. 많은 언어가 /t/를 가지고 있지만 영어의 /t/는 치경음이라는 점에서 다른 나라의 언어와 다르다. 독일어나 한국어의 /t/는 윗니 바로 뒤에 혀끝을 대고 내는 소리이며, 스페인어나 프랑스어의 /t/는 윗니에 혀끝을 대고 내는 소리

이다.

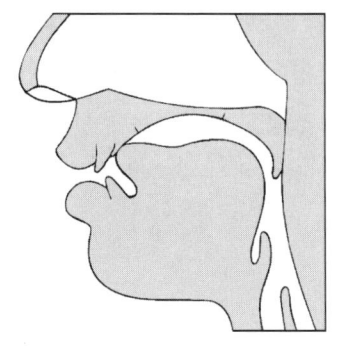

〈그림 7-10〉 /t/와 /d/의 조음

영어의 /t/를 조음하기 위해서는 연구개를 올려 비강에 이르는 통로를 막고, 동시에 혀끝을 치경에 대고 혀의 좌우를 윗니의 좌우에 놓아 허파에서 올라오는 공기가 밖으로 나가지 못하게 한다. 이렇게 폐쇄된 동안 허파에서는 계속해서 공기가 올라와 구강의 공기 압력이 높아지며, 그 압력이 일정한 수준에 달했을 때 혀끝을 갑자기 떼면서 공기가 밖으로 파열되게 한다. 허파에서 공기가 올라오는 동안 성문은 열려 있으며 성대의 진동은 없다.

/t/는 /p/처럼 강세 모음 앞에 올 때 기식음 [tʰ]가 된다. 그러나 기식의 정도는 [pʰ]만 못하다. [pʰ]의 경우에는 폐쇄점이 입술이기 때문에 구강 전체에 공기를 하나 가득히 채웠다가 파열시키므로 파열하는 공기의 양도 많고 또 그 파열이 입 밖에서 일어나므로 분명히 들리지만, [tʰ]의 경우에는 폐쇄점이 치경이기 때문에 그만큼 폐쇄되는 구강의 크기도 작으며, 또 파열이 입 안에서 이루어지므로 파열된 공기가 입 안에 부딪쳐 그만큼 힘이 약해진다. 마찬가지로 /k/의 파열 이음인 [kʰ]의 파열은 [pʰ]나 [tʰ]보다 작다. [tʰ]의 파열은 [pʰ]만 못하지만 tie 같은 단어를 발음하면서 입 앞에 손을 대보면 [tʰ]가 기식음인 것을 분명히 느낄 수 있다.

/t/는 sty에서 보듯 어두의 /s/ 뒤에 오면 비기식음 [t˭]가 되며, cat에서처럼 어말에 오면 [tʼ]~[t˭]~[t˺]가 자유로이 교체한다. 그러나 이 위치에서 가장 흔한 이음은 불파의 [t˺]이다. 불파의 [t˺]는 어말뿐만

아니라 /t/ 뒤에 다른 파열음이 오는 경우에도 일어난다. Outdo, nightcap, outpost, suit-case 등이 그 예이다.

/t/는 다음과 같은 환경에서 약한 기식음 [tʻ]가 된다. 첫째, /t/가 약세 모음 앞에 올 때(city, yesterday, fitting, liberty), 둘째, 어말에 오며 다음 단어가 강세 모음으로 시작될 때(fight over, white elephant), 셋째, /t/가 성절 자음(成節子音) [l] 앞에 올 때(bottle, beetle) 등이다.

한편 /t/는 다음과 같은 환경에서는 유성음 [t̬]가 된다([ˬ]는 유성음을 나타낸다). 첫째, 모음 사이에 오며 뒤에 오는 모음이 약세 모음일 때(butter, get, another), 둘째, 모음과 성절 설측음 [l] 사이에 올 때(beetle, subtle), 셋째, /l/과 모음 사이에 올 때(altogether, consulted), /n/과 약세 모음 사이에 올 때(twenty, wanted), 다섯째, 약세 모음 사이에 올 때(at another place, it is) 등이다.

보다 일반적으로 말해 /t/가 유성음 사이에 오고 뒤에 강세 모음이 오지 않으면 유성자음 [t̬]가 된다. 이때 우리가 마땅히 제기해야 할 의문은 이처럼 /t/가 유성음화하면 본래의 /d/와 혼동되지 않겠는가 하는 점이다. 예를 들어 bitter와 bidder, atom과 Adam, latter와 ladder 등을 혼동하지 않겠느냐는 것이다. 그러나 짐작과는 달리 대개 혼동은 일어나지 않는다. 그것은 다음과 같은 몇 가지 이유에 기인하는 듯하다.

첫째, [t̬] 앞에 오는 모음은 /d/ 앞에 오는 모음에 비해 짧다. 둘째, [t̬]는 /d/에 비해 폐쇄 기간이 1.5배 가량이나 길다. 셋째, [t̬]의 경우 혀끝이 /d/의 경우보다 더 단단히 치경에 밀착되어 있다. 이 유성의 [t̬]는 미국 영어의 경우 교육을 많이 받지 못한 사람들 말에서 거의 항상 발견할 수 있으며, 교육을 받은 사람들 말에도 상당히 광범위하게 퍼져 있다.

이 가운데서도 특히 /t/가 모음 사이에 오거나 모음과 성절의 [l] 사이에 오면 더욱 약화되어 설탄음(舌彈音; flap sound)이 된다. 이 같은 현상은 미국 영어의 특징이며, 영국에서는 남서부에서만 들을 수 있는데, 미국 영어의 영향으로 증가 추세에 있다.

설탄음이란 한국어의 '사람'의 'ㄹ'처럼 혀끝으로 치경을 빠르게 한 번 쳐서 내는 소리로 혀끝을 여러 번 진동시키면 연탄음(連彈音; trill)이 된다. 설탄음의 IPA 기호는 [ɾ]이나 [ř], [D] 등이다.

/t/가 설탄음이 되는 예는 butter, bitter, botom, beetle, better 등이다. 앞으로 다시 언급할 기회가 있겠지만, /d/도 같은 환경에서 설탄음이 된다. 그럴 경우 latter나 ladder, 심지어는 pottage와 porridge도 혼동될 듯하다. 그러나 실제로는 혼동되지 않는다. 혼동을 막아 주는 가장 큰 음성적 특징은 이들 단어에 나타나는 [ɾ] 앞의 모음 길이의 차이다. The wounded lamb is bleating과 The wounded lamb is bleeding은 혼동되지 않는다.

/t/는 뒤에 /θ/나 /ð/ 등의 치아음이 오면 이에 동화되어 치아음이 되며 [t̪]로 표시한다. Eighth, hit the ball, put the book 등이 그 예이다. 또 twist 등에서 볼 수 있듯 /t/ 뒤에 /w/가 오면 /t/가 /w/에 동화되어 [tʷ]가 된다. 한편 /w/도 무성음 /t/에 동화되어 무성음화해서 [w̥]가 된다.

/t/는 미국 영어에서 발음이 부주의해지는 경우 twenty에서 보듯 /n/과 약세 모음 사이에서 소실되는 수도 있다. 이 밖에 center, want to, winterize 등이 그 예이다. 또 /t/는 성절의 [n]이나 [l] 앞에 올 때 성문 파열음 [ʔ]에 의해 대치되는 수가 있다. 성문 파열음이란 성대를 밀착시켜 성문을 폐쇄하고 성문하 공기 압력(聲門下空氣壓力; subglottal air pressure)을 높였다가 성문을 갑자기 열어주어 성문에서 파열을 일으키게 하는 음이다. 성문은 무거운 짐을 든다고 상상하면 닫힌다. /t/가 [ʔ]가 되는 예는 mitten[míʔn̩], kitten[kíʔn̩], center[sɛ́nʔə], mountain[máʊnʔn̩], bottle[báʔl̩], settle[sɛ́ʔl̩] 등이다. 이것은 대개 교양이 없는 사람의 발음으로 여겨진다. /t/가 /ʔ/가 되는 현상은 영국 영어에서 한층 더 광범위하다.

/p/처럼 /t/ 뒤에 동일 기관 설측음 /l/이 오면 설측면 파열을 일으켜 [tˡ]이 된다. Bottle이 그 예이다. /t/를 조음하기 위해 혀끝을 치경에 대는데, /t/의 파열을 혀끝을 치경에서 떼면서 일으키게 하는 대신 혀끝은 그냥 두고 혀의 좌우를 내리면서 공기가 파열되게 한다. 한편 /t/ 뒤에 동일 기관 비음 /n/이 오면 bitten에서 보듯 비강 파열을 일으켜 [tᴺ]이 된다.

다음으로 언급해야 할 것은 잉여음 [t]이다. /n/과 무성자음 사이에 본래 없던 /t/가 삽입된다. 그리하여 prince와 prints가, mince와 mints가, sense와 cents가 같아진다. /n/의 조음을 위해서는 연구개로 구강 통로를 막고 혀끝을 치경에 대며, 이런 상태에서 다음의 무성자음, 예를 들어 /s/를 조음하기 위해서는 혀를 떼는 것과 동시에 연구개를 올려야 하는데, 혀를 미처 떼기 전에 연구개를 올리면 /t/가 된다. 잉여음 /t/는 다른 잉여음처럼 점차 미국 영어에서 용납되는 경향이 있다.

한국 학생들이 /t/를 발음할 때 주의할 점은 /d/처럼 영어의 /t/가 한국어의 'ㅌ'이나 'ㄷ'보다 훨씬 더 안쪽에서 조음된다는 점이다. 혀끝을 치경에 대고 조음하도록 해야 한다. 기식음 [tʰ]는 한국어의 'ㅌ'과 비슷하며, 어두의 /s/ 뒤에 나타나는 비기식음 [t˭]는 한국어의 'ㄸ'을 약하게 발음한 것과 같다. 한편 어말의 불파음 [t̚]는 받침으로 쓰이는 'ㄷ'이나 'ㅌ'과 같다. 치아음 [t̪]는 자연스런 동화 작용의 결과이므로 따로 연습하지 않아도 되며, [t̪]는 바로 한국어의 'ㅌ' 음이기도 하다. 나머지 이음들은 한국어에 없으므로 따로 연습해야 한다.

예 [tʰ] tea, take, tall, tone, attend, obtain, try, between, tune

[t̪] steak, stain, stone, stay, steer, state, storm, story

[t̚] beat, boat, late, past, sent, halt, tuft, rushed, act, fetched

[t̚] outpost, hatpin, football, white tie, that dog, white chalk, great joke

[tˈ] butter, letter, after, taxation, entry, antler

[tᴺ] bitten, cotton, mutton, eaten, button, not now

[tᴸ] little, cattle, atlas, at last

[ʔ] mountain, center, mutton, bitten, button, bottle, cattle, kettle

[ɾ] latter, writer, bitter, butter, city, water

/d/

/d/는 유성 치경 파열음(voiced alveolar stop)이다. /t/와 조음점 및 조음 방법은 같으나 /t/가 무성음인데 반해 /d/는 유성음이며, /t/가 경음인데 반해 /d/는 연음이고, /d/에는 기식의 이음이 없다.

/d/도 다른 파열음들과 마찬가지로 강세 모음 앞에서는 파열이 강하지만 그렇지 않은 데서는 약해진다. Déntal과 depósit의 두 /d/를 비교

해보면 파열의 정도가 같지 않다는 것을 알 수 있다. /d/가 sad에서처럼 어말에 오거나 bed-time에서처럼 다른 파열음 앞에 오면 불파의 [d̚]가 된다.

한편 /d/는 sudden에서처럼 뒤에 비음이 올 때 비강 파열을 일으키며, handle에서처럼 뒤에 설측음이 오는 경우 설측면 파열을 일으킨다. /d/는 뒤에 치아음 /θ/가 오면 동화하여 치아음의 [d̪]가 된다. width, breadth 등이 그 예다. /d/도 부주의한 발음에서 /n/과 약세 모음 사이에서 소실될 수 있다. Wonderful, blinding, land of plenty 등이 그 예이다.

끝으로 /n/과 유성자음 사이에 잉여음 /d/가 나타날 수 있다. Fans, gains, fins, sins 등은 [fændz], [geɪndz], [fɪndz], [sɪndz]로 발음된다. 그 결과 bans와 bands는 발음이 같아진다. 어두와 어말에서 부분적으로 무성음화하는 것은 다른 유성 파열음의 경우와 같다.

한국 학생들이 영어의 /d/를 발음할 때는 다음 두 가지를 조심해야한다. 첫째, 한국어의 'ㄷ'은 치아음이지만 영어의 /d/는 치경음이라는 점이다. 둘째, 한국어의 'ㄷ'은 모음 사이에서만 유성음화하고 나머지 자리에서는 무성음임에 비해 영어의 /d/는 근본적으로는 유성음이라는 점이다.

예	[d]	leader, order, adorn, hiding, London, under, middle
	[d̥]	do, dog, double, date, dry, dwindle, duke, dumb, dull
	[dd̥]	bid, mad, road, rubbed, bend, old, loved, bathed,

	kid
[dˀ]	red car, good dog, bed time, head boy, head girl, bad pain, good judge, good cheese
[dᴺ]	sudden, hidden, redness, midnight, goodness
[d̪]	width, breadth, He did the job
[ɾ]	ladder, bidder, rider, seeding, saddle
[t] – [d]	town – down, latter – ladder, waiting – wading written – ridden, metal – medal, fated – faded sat – sad, wrote – road, kilt – killed bent – bend, train – drain, tune – dune

/k/

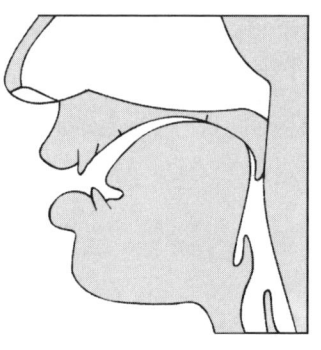

〈그림 7-11〉 /k/와 /g/의 조음

/k/는 무성 연구개 파열음(voiceless velar stop)이다. /k/를 조음하기 위해서는 연구개를 올려 비강에 이르는 통로를 막고, 후설 부분을 연구개에 밀착시켜 허파로부터 공기의 흐름을 차단해야 한다. 이렇게 해서 폐쇄가 이루어진 뒤에도 허파로부터 계속해서 올라오는 공기는 폐쇄점까지의 공기의 압력을 높이게 되고, 일정한 폐쇄 기간이 지난 뒤 폐쇄를 갑자기 해제하여 파열음을 얻게 된다.

입술의 모양은 인접한 음의 영향을 받게 되는데, keen이나 geese에서처럼 뒤에 평순모음이 오면 평순이 되고, cool이나 goose에서처럼 뒤에 원순모음이 오면 약한 원순이 된다. 혀의 모양도 인접한 음에 따라 많이 달라진다. 가령 keep, coop와 같은 두 단어를 발음해보면, keep의 /k/는 조음점이 연구개와 경구개의 경계이지만, coop의 경우는 조음점이 연구개임을 알 수 있다. 혀는 /k/의 폐쇄가 시작되자마자 각각 뒤에 오는 모음을 위한 조음 위치로 간다.

/k/도 강세 모음 앞에 오면 기식음 [kʰ]가 되며, sky에서처럼 어두의 /s/ 뒤에 오면 무기의 [k˭]가 되고, liking에서처럼 약세 모음 앞에 오면 약한 기식음 [kʻ]가 되고, sick에서처럼 어말에 오면 [kʻ], [k˭], [k̚] 등이 자유로이 교체한다. 여기에서는 불파의 [k̚]가 가장 대표적인 음이다. [k̚]는 act에서처럼 뒤에 다른 파열음이 오는 경우에도 나타난다.

/k/는 뒤에 동일 기관 비음이 오는 경우가 드물지만 bacon의 경우 발음이 [béɪkᴺŋ]이 되어 비강 파열을 일으키며, tackle에서처럼 뒤에 설측음이 오면 설측면 파열을 일으킨다. /k/ 뒤에 전이음이나 유음이 오면 이들 전이음과 유음은 무성음이 된다. 그러나 /k/ 뒤에 /w/나 /y/가 오는 경우 /k/도 이들에 동화한다. 그러므로 quest는 [kʷw̥ɛst]가 된다.

한편 영국 영어에서는 다른 무성 파열음처럼 어말이나 다른 자음 앞에서 성문 파열음 [ʔ]가 /k/로 교체하는 경우가 많다. 그리하여 back은 [bæʔk]나 [bæʔ]으로 발음된다. 특히 런던 방언에서는 [ʔ]가 완전히 /k/를 대치하여 back door는 [bæʔ doə]로 발음된다. 그러므로 type, tight, tike는 문맥으로밖에 구별할 수 없는 경우가 많다.

끝으로 /ŋ/과 무성자음 사이에 잉여음 /k/가 나타나는 경우가 있다. 예를 들어 length는 [leŋkθ]로 발음된다. 그 밖에 lengthen, strength, strengthen 등의 예가 있다.

지금까지 파열음이 잉여음으로 나타나는 예들을 보아 왔는데, 이들이 나타나는 환경을 정리해보면 다음과 같다.

$$\emptyset \rightarrow \begin{Bmatrix} p \\ b \end{Bmatrix} / m \text{ —— } \begin{Bmatrix} \overset{\circ}{C} \\ \underset{\vee}{C} \end{Bmatrix}$$

$$\emptyset \rightarrow \begin{Bmatrix} t \\ d \end{Bmatrix} / n \text{ —— } \begin{Bmatrix} \overset{\circ}{C} \\ \underset{\vee}{C} \end{Bmatrix}$$

$$\emptyset \rightarrow \begin{Bmatrix} k \\ g \end{Bmatrix} / \eta \text{ —— } \begin{Bmatrix} \overset{\circ}{C} \\ \underset{\vee}{C} \end{Bmatrix}$$

즉 잉여음은 동일 기관 비음과 성(聲)의 유무를 같이하는 자음 사이에 타나난다는 것을 알 수 있다. 지금까지 잉여음 현상을 해당 파열음의 항목에서 따로 언급해왔지만, 이것은 사실 하나의 현상이다. 생성음운론에서는 이런 경우에 하나의 규칙으로 이 현상을 나타낸다.

/k/는 한국어의 'ㅋ'과 매우 흡사한 음이므로 한국 학생들이 발음하기에 가장 쉬운 자음 중 하나일 것이다.

예 [kʰ] come, car, kin, occur, incur, according, cry, clean, quick

[k⁼] sky, skin, school, skate, scold, skip, scream

[k̚] leak, rock, duck, choke, sick, kick, back, sack, rack

[k̚] doctor, factor, dictate, actor, detective, black cat, thick dusk, black board, dark grey, look pretty, make boxes [k˙]　income, talking, biscuit, anchor, thicket, equal

[kᴺ]　awaken, bacon, acknowledge, thicken, picnic, chicken, look nice

[kᴸ]　buckle, clean, close, sickle, circle, class, pickle, ankle

/g/

/g/는 유성 연구개 파열음(voiced velar stop)이다. /k/와 조음점 및 조음 방법은 같으나 /k/가 무성음인데 반해 /g/는 유성음이며, /k/가 경음인데 반해 /g/는 연음이고, /g/에는 기식의 이음이 없다.

/g/는 강세 모음 앞에서는 강한 파열을 일으키지만 그렇지 않은 위치에서는 파열이 약해진다. Go와 beggar의 두 /g/를 비교해보면 알 수 있다. Leg에서처럼 어말에 오거나 bagpipes에서처럼 뒤에 다른 파열음이 오면 불파의 [g̚]가 된다. 한편 dogma에서와 같이 뒤에 비음이 오면 비강 파열을 일으키며, mingle에서와 같이 뒤에 /l/이 오면 설측면 파열을 일으킨다.

다른 유성 파열음과 마찬가지로 어두와 어말에서는 부분적으로 무성음이 된다. 그러나 어두의 /g/를 무성음인 한국어의 'ㄱ'으로 대치해서는 안 된다.

|| 예 ||　[g]　　eager, hunger, figure, ago, begin, juggle, angry, argue

　　　　　[g̥]　　go, geese, guess, girl, glass, grass, gold, gain,

	garden
[gg̥]	dog, leg, rogue, vague, tag, rag, peg, rug
[g˺]	rugby, begged, bagpipes, wagtail, big game, big chin
[gᴺ]	dogma, ignore, quagmire, big man, drag — net, signal
[gᴸ]	bugle, struggle, glow, gleam, wriggle, gloom, glue
[k] — [g]	cap — gap, coat — goat, came — game, cave — gave, cage — gauge, coal — goal, cold — gold, cut — gut, could — good
	bicker — bigger, hackle — haggle
	pick — pig, back — bag, duck — dug, crate — great
	class — glass, clue — glue, ankle — angle, decree — degree

7.3 마찰음
Fricatives

마찰음은 성도의 어떤 부분을 협착시켜 그곳을 공기가 무리하게 빠져나오면서 내는 소음이다. 그러나 마찰음의 조음 방식은 정확히 말해 두 가지로 분류할 수 있다. 첫째는 지금 언급한 것과 같은 조음 방식으로서 /f/ 같은 음의 조음에서 볼 수 있는 것이고, 둘째는 /s/ 같은 음의 조음에서 볼 수 있는 것으로, 좁은 통로로 공기를 분출시켜 그 공기를 윗니의 날카로운 모서리에 부딪치게 해서 소음을 얻는 방법이다.

한 가지 조음 방법만을 가진 파열음에 비해 마찰음은 두 가지 조음 방법을 갖기 때문에 영어에서는 파열음보다 마찰음의 수가 더 많다. 그러나 바로 이러한 이유 때문에 파열음에 비해 마찰음의 이음의 수가 적다. 정해진 조음 방법으로 조음되는 음의 수가 많을수록 주어진 하나의 음에 허용되는 변화의 영역은 그만큼 좁아지게 된다. 예를 들어 스페인어에는 경구개 치경음 [š]나 [ž]가 없으므로 치경 마찰음을 더 안쪽에서 조음해도 뜻의 혼동을 가져올 염려가 없으며, 치아 마찰음 [θ]나 [ð]가 없는 프랑스어에서는 치경 마찰음을 윗니에 대고 조음해도 상관없다. 그러나 영어의 /s/를 그런 식으로 조음한다면 그것은 권장할 수 없는 '혀 짧은 소리' 혹은 '이 빠진 소리(lisping)'로 낙인찍힐 것이다.

영어에는 /f, v, θ, ð, s, z, š, ž, h/의 아홉 개의 마찰음이 있다. 이 중 /f, θ, s, š, h/의 다섯은 무성음이고 경음이며, /v, ð, z, ž/의 넷은 유성음이며 연음이다. 경음은 연음보다 구강 근육을 더 긴장시켜야 하므로 조음하기 위해서 더 많은 에너지가 소요된다. /h/를 제외한 나머지 여덟 개의 마찰음은 유무성음으로 짝지어진다. 한편 /s, z, š, ž/의 네 음과 /f, v, θ, ð/의 네 음을 비교해보면, 전자가 후자에 비해 그 소음이 더 크고 더 높게 들린다. 이들을 치찰음(sibilant)이라고 부른다.

많은 점에서 마찰음은 파열음과 동일한 특징을 가지고 있다. 첫째, 유성 마찰음 앞에 오는 모음이 무성 마찰음 앞에 오는 모음보다 길다.

Strife와 strive, loath와 loathe, rice와 rise, mission과 vision의 모음의 길이를 비교해보면 알 수 있다. 마찰음이 어말에 올 때에는 유무성의 구별이 희미해지므로 이때는 선행하는 모음의 길이가 마찰음의 구별에 중요한 구실을 한다. 둘째, 마찰음이 어말에 오는 경우 무성 마찰음이 유성 마찰음보다 길다. 셋째, 어두나 어말에 오는 마찰음이 완전 유성음이 되기 위해서는 앞과 뒤에 모음이 와야 한다. Try to prove라고 할 때 prove의 /v/는 후반 부분이 무성음이지만, prove it의 /v/는 완전 유성음이다. 이러한 특징은 파열음과 마찰음에 공통되는 것이고 뒤에 언급하게 될 파찰음에서도 공통된다.

/f/

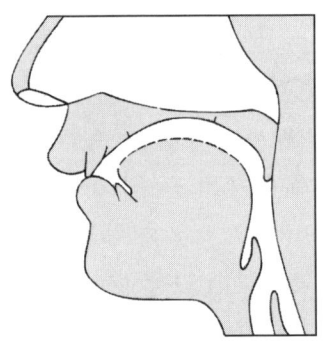

〈그림 7-12〉 /f/와 /v/의 조음

/f/는 무성 순치 마찰음(voiceless labio-dental fricative)이다. 윗니로 아랫입술을 가볍게 물고 공기를 밖으로 내보내 마찰을 일으키게 한다. 그런데 윗니와 아랫입술이 접촉하는 부분은 뒤에 오는 음에 따라 약간 다르다. Fool, roof의 경우처럼 /f/ 앞뒤에 원순모음이 오면, feel이나 leaf의 경우처럼 /f/ 앞뒤에 평순모음이 오는 경우보다 접촉 부분이 더 안쪽이 된다. 또 입술도 원순모음을 전후한 경우에는 원순이 되며, 평순모음을 전후한 경우에는 평순이 된다.

혀의 위치도 인접한 음의 영향을 받는다. /p/, /b/처럼 혀는 마찰이 일어나는 동안에 이미 다음에 오는 음을 조음하기 위한 자세를 취한다. 예를 들어 feel과 farm을 발음해보면 /f/를 조음하기 전부터 혀는 이미 /i/나 /ɑ/의 조음을 위한 자세를 취하고 있다는 것을 알 수 있다. 만약에 stiffest처럼 /f/를 전후하여 같은 모음이 오면 순치음을 조음하는 동안 혀는 움직이지 않는다는 것을 알 수 있다.

/f/는 /p/나 /m/과 같은 양순음 뒤에 오는 경우 무성 양순 마찰음 (voiceless bilabial fricative) [ɸ]가 된다. [ɸ]는 위아래 입술을 가볍게 다물고 공기를 마찰시켜 내는 소리로서, 뜨거운 것을 식히느라 '후' 하고 숨을 내뿜을 때의 소리와 비슷하다. /f/가 양순음 뒤에서 /ɸ/가 되면 /f/ 앞의 /p/는 대개 탈락한다. 예를 들어 cupful[kʌ́pful]은 [kʌ́ɸul]로, camphor[kǽmfər]는 [kǽmɸɚ]로, Humphrey[hʌ́mfri]는 [kʌ́mɸri]로, comfort[kʌ́mfɚt]는 [kʌ́mɸɚt]가 된다.

/f/는 한국어에는 없지만 요령만 익히면 조음하기 어렵지 않다. 한국 학생들에게는 /f/와 [ɸ], /h/가 모두 비슷하게 들리므로 정직하게 /f/를 발음하는 습관을 길러야 한다. 한 가지 주의할 점은 윗니와 아랫입술의 접촉이 너무 느슨해서 마찰이 약해지지 않도록 하는 것이다.

예 [f] feet, fit, fat, father, fool, fail, photo, foil, fence
affair, defend, affect, tougher, selfish, sapphire, philosophy
leaf, rough, cough, stuff, roof, loaf, strife, nymph, half
fry, fly, few, sphere
fifth, triumphs, soften, engulfed, coughs, wolf's

/v/

/v/는 유성 순치 마찰음(voiced labio-dental fricative)이다. /f/가 경음이고 무성음인데 반해 /v/는 연음이며 유성음이다.

/v/는 유성 파열음처럼 어두에 오거나 어말에 오면 부분적으로 무성음이 된다. Very many of the fish were alive의 맨 처음과 맨 뒤의 /v/는 각기 전반과 후반이 무성음이다.

한편 /f/처럼 /v/가 /b/나 /m/ 등의 양순음 뒤에 오면 /v/는 유성 양순 마찰음 [β]가 된다. [β]는 [ɸ]와 같은 요령으로 조음하되 성대를 진동시켜서 내는 소리이다. /v/가 [β]가 되면 그 앞의 [b]는 탈락한다. 그 결과 obvious[ábvɪəs]는 [áβɪəs]로, triumvirate[traɪʌ́mvərɪt]는 [traɪʌ́mβərɪt]로, same voice[seɪm vɔɪs]는 [seɪmβɔɪs]가 된다.

/v/는 뒤에 무성자음이 오면 그것에 동화해서 /f/가 된다. 예를 들면 have to[hǽftə], love to[lʌ́ftə], move forward[mûffɔ́rwɚd] 등이다. 친근한 대화에서 말의 속도가 빨라지는 경우 /v/가 소실되기도 한다. 예를 들면 다음과 같다.

The cover of the book. [ðə kʌ́vɚ ə ðə bʊk]
He should have walked. [hi šʊd ə wɔkt]
I could have bought it. [əɪ kəd ə bɔt ɪt]
I've five dollars. [əɪv faɪ dáləz]
a lot of money [ə lɑt ə mʌ́nɪ]

/v/를 발음할 때 윗니와 아랫입술 사이에서 충분한 마찰음이 나도록

조심해야 하고, /v/를 [β]나 /b/로 잘못 발음하지 않아야 한다.

예	[v]	ever, nephew, over, silver, cover, event, canvas, vivid
	[v̥v]	veal, vex, vat, vast, vain, vice, voice, vault, volume
	[vv̥]	leave, give, have, of, move, dove, grove, prove, save
	[f]-[v]	fan-van, few-view, safe-save, fine-vine, file-vile, belief-believe, life-live, fat-vat, feel-veal, shuffle-shovel, surface-service, proof-prove
	[b]-[v]	base-vase, ban-van, bat-vat, bail-veil, boat-vote, berry-very, robe-rove, by-vie, bend-vend, bet-vet, saber-saver

/θ/

/θ/는 무성 치아 마찰음(voiceless dental fricative)이다. /θ/ 조음을 위해서는 연구개로 비강의 통로를 막고, 혀끝과 혀의 좌우를 윗니 가까이에 가볍게 대지만 윗니 좌우엔 공기가 새지 않도록 단단히 댄다. 그리고 공기가 이처럼 만들어진 좁은 통로를 지나면서 약한 마찰음을 내게 한다.

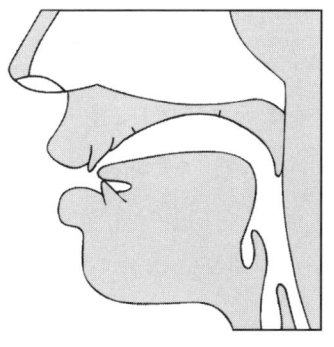

〈그림 7-13〉 /θ/와 /ð/의 조음

/l/을 조음할 때에는 혀의 좌우는 윗니의 좌우에서 떨어져 있어 공기가 혀의 좌우를 통하게 한다. /θ/와 /l/을 조음하다가 공기를 들이마셔 보면 /θ/의 경우에는 혀 중앙의 좁은 통로가 시원해지는 것에 비해 /l/의 경우에는 혀의 좌우가 시원해진다. 혀끝을 위아랫니 사이로 내미는 사람도 있다. 그래서 /θ/는 치간음(inter-dental sound)이라고 불리기도 한다.

혀끝의 정상적인 위치는 윗니 부근이지만 그것의 정확한 위치는 그리 중요하지 않다. 심지어 혀끝을 치경에 대고 /θ/를 조음할 수도 있다. 중요한 것은 /θ/는 /s/에 비해 그 마찰이 약하다는 것이다. 입술의 모양은 앞뒤에 오는 모음의 영향을 받는다. Thief나 heath의 경우에는 평순이지만, thought나 truth의 경우에는 약간 원순이 된다.

/θ/는 뒤에 /s/가 오는 경우 탈락하는 경우가 많다. 그리하여 fifths, sixths, months는 각기 [fɪfs], [sɪks], [mʌns]로 발음된다. /θ/ 대신 /s/를 사용하는 것은 교육받지 못했거나 외국 사람이라는 표시다.

/θ/는 한국어에는 없는 음이지만 발음하기 어려운 음은 아니다. 더욱이 취학 전의 한국 어린이들은 대개가 /s/ 대신 [θ]를 사용한다. 그러던 것이 학교에 들어가고 나서는 [θ]를 /s/로 바꾼다. 학교에 들어와서까지 계속해서 [θ]를 사용하면 '혀 짧은 소리(lisping)'를 낸다고 한다. 어릴 때 사용하던 습관 때문인지는 몰라도 한국 학생들은 영어의 /θ/를 별로 힘들이지 않고 배운다. 한국 학생들이 어려워하는 것은 /θ/가 다른 자음과 결합했을 때다. 다음의 예를 참조하기 바란다.

▏예▕ [θ]　　thick, think, throw, thatch, thought, thumb, three, throw, thwart, thin, theater, thicket, third

	ether, ethics, lethal, method, author, anthem, healthy, athletic, lengthy, worthless, sympathy, something
	heath, Smith, breath, path, cloth, earth, fourth, oath, truth, health, south, both, mouth, youth
[sθ]	sixth, this thing
[zθ]	his thumb
[θs]	fifths, twelfths, lengths, health's, depths
[θt]	earthed
[θ]−[s]	thick−sick, thought−sort, thumb−sum, mouth−mouse, worth−worse, think−sink, thank−sank

/ð/

/ð/는 유성 치아 마찰음(voiced dental fricative)이다. /θ/와 조음 방식은 같으나 /θ/는 무성 경음인데 반해 /ð/는 유성 연음이다. /ð/는 어두와 어말에서 부분적으로 무성음이 되며, /s/나 /z/ 뒤에 오면 탈락하는 경우가 있다. 이때 /s/나 /z/는 길어진다. Who's there?은 [huːzːɛɚ]로, Who's that?은 [huzːæt]로, What's this?는 [watsːɪs]가 된다.

한편 말이 빨라지는 경우 /t/나 /d/ 뒤에서 /ð/는 [d̪]가 된다. 그 결과 Wait there?은 [weɪtd̪ɛɚ]로, Hold this는 [houldd̪ɪs]가 된다. 이 밖의 경우에 /ð/ 대신 /d/를 사용하는 것은 교육받지 못하거나 외국인이라는 표시이다.

예	[ð]	breathing, leather, gather, father, mother, southern, worthy, either, although, hither and thither
	[ð̥ð]	there, this, then, the, though, thy, they, these, therefore
	[ðð̥]	seethe, with, soothe, lathe, clothe, writhe, blithe, loathe
	[sð]	pass the salt
	[zð]	is this it?
	[ðz]	clothes, mouths, youths
	[ðd]	writhed
	[ðzð]	soothes them
	[θ] − [ð]	thigh − thy, earthy − worthy, wreath − wreathe, mouth − mouth (v.), truth's − truths
	[ð] − [d]	then − den, though − dough, there − dare, other − udder, worthy − wordy, seethe − seed, writhe − ride

/s/

/s/는 무성 치경 마찰음(voiceless alveolar fricative)이다. /s/를 조음하기 위해서는 연구개로 비강에 이르는 통로를 막아야 하며, 혀끝과 설단을 치경에 가볍게 대고 혀의 좌우를 윗니의 좌우에 대어 바람이 새나가지 않도록 한다. 혀의 중앙을 따라 혀끝을 향하여 좁은 홈(groove)이

생기게 되며, 이 홈으로 공기를 분출시켜 윗니에 공기가 부딪히게 해서 마찰음을 얻는다. 이 홈은 /f, v, θ, ð/ 등에 비해 훨씬 더 좁다. 따라서 이곳을 통과하는 공기의 속도도 상대적으로 더 빨라지며, 이곳을 지나간 공기가 일으키는 소음이 더 커져 /s/나 /z/ 따위는 치찰음이라고 한다.

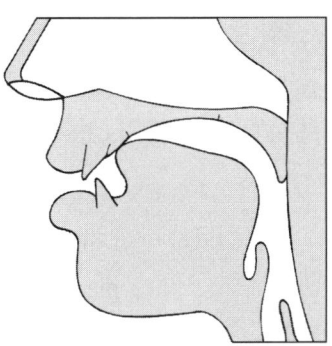

〈그림 7-14〉 /s/와 /z/의 조음

입술의 모양은 인접하는 모음의 영향을 받는다. 예를 들어 see나 piece의 경우처럼 평순모음이 앞뒤에 오면 평순이 되며, soon이나 loose처럼 원순모음이 앞뒤에 오면 약한 원순이 된다. 위아래 이는 거의 닫힌 상태에서 조음된다. 만약 이 사이의 간격이 벌어지면 치찰음이 무디어진다. 일반

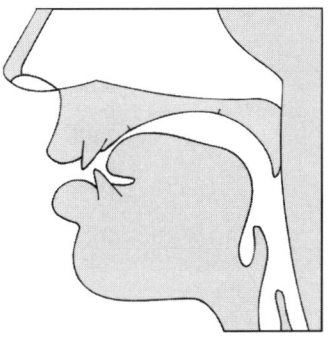

〈그림 7-15〉 /s/의 또 하나의 조음

적으로 /θ/와 /ð/의 경우에는 입을 상당히 벌려도 그 음질이 별로 달라지지 않는다.

지금까지 기술한 /s/의 조음 방법과는 달리 많은 사람들은 혀끝을 치경에 대지 않고 〈그림 7-15〉에서처럼 아랫니 바로 뒤에 대기도 한다. 음질은 별 차이가 없으나 음향학적으로 주파수가 약간 낮아진다. 어느 쪽 /s/를 사용하든 간에 사람들은 항상 그 가운데 하나만을 사용하는 경향이 있다.

/s/는 한국 학생들에게는 큰 어려움이 없다. 한국어의 'ㅅ'은 바로

/s/의 조음에 가깝다. 영어의 /s/는 sound나 sink 등에서처럼 강세 모음 앞에서는 'ㅆ'으로 발음되지만 그 밖의 위치, 즉 자음 앞(spend)이나 약세 모음 앞(pencil)이나 어말(peace)에서는 홑 'ㅅ'으로 발음된다.

| 예 | [s] | cease, sat, sample, system, soap, sign, soil, same
pieces, losses, essay, concert, escape, pencil
niece, farce, pass, puss, goose, famous, dose, ice
spare, stain, scarce, smoke, snake, slow, sphere,
swear, splice, spray, stew, scream, skewer, square
[s]−[θ] sing−thing, sink−think, sickness−thickness,
sank−thank, seem−theme, miss−myth,
pass−path

/z/

/z/는 유성 치경 마찰음(voiced alveolar fricative)이다. 따라서 /s/와 조음 방법이 같으며, 다른 점은 유무성의 차이, 또 여기에 따르는 연경(軟硬)의 차이가 있다. /z/도 zoo나 gaze에서처럼 어두나 어말에 오면 각기 전반과 후반이 무성음이 된다.

한국어의 'ㅈ'은 모음 사이에서만 유성음이 되고 그 나머지 위치에서는 무성음이므로 아무 곳에서나 /z/ 대신 'ㅈ'을 쓰지 않도록 조심해야 한다.

| 예 | [z] easy, hesitate, bazaar, bosom, lazy, thousand, observe
[z̬z] zeal, zest, zinc, zoo, zone, zero, zipper, zoom
[zz̥] fees, is, says, as, was, ooze, does, gaze, rose, raise
[s]–[z] seal–zeal, sink–zinc, sue–zoo, scion–zion
decease–disease, fussy–fuzzy, racer–razor
peace–peas, loose–lose, cease–sees, face–phase,
niece–knees, false–falls, ice–eyes, price–prize,
scarce–scares, pence–pens, place–plays

/š/

/š/는 무성 경구개 치경 마찰음 (voiceless palato-alveolar fricative) 이다. /š/를 조음하기 위해서는 연구개로 비강에 이르는 통로를 막고, 혀끝과 설단은 가볍게 치경에 대고 동시에 전설을 경구개 가까이에 댄다. 한편 혀의 좌우는 윗니의 좌우에 대고 /s/의 경우처럼 혀의

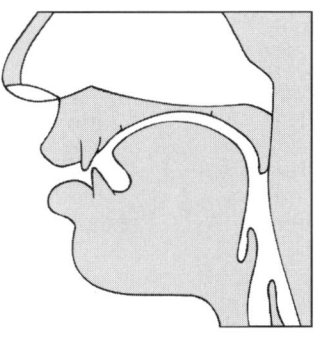

〈그림 7–16〉 /š/ 와 /ž/의 조음

중앙을 따라 생긴 홈을 통해 공기가 분출하도록 하는데, /s/의 경우에는 분출된 공기가 윗니에 부딪쳤으나 /š/의 경우에는 치경에 공기가 부딪친다. /š/를 조음할 때 혀의 홈은 /s/ 때보다 훨씬 넓으며, 마찰도

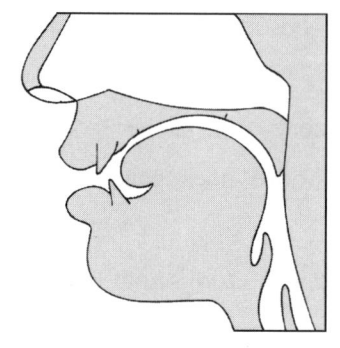
〈그림 7-17〉 /š/의 조음

혀의 입천장의 보다 넓은 범위에서 일어난다. /s/와 /š/를 발음하다가 거꾸로 숨을 들이마셔 보면, /s/보다 /š/의 경우에 입 안의 더 많은 부분이 시원해짐을 알 수 있다. 그 시원한 부위가 곧 마찰을 일으키게 하는 부분이다.

/s/의 경우처럼 /š/의 경우에도 혀끝을 내리고 조음하는 사람들이 있다. 그런 이음을 사용하는 사람들은 항상 그 이음을 사용한다. 〈그림 7-17〉은 그 같은 이음의 조음을 보여준다.

/š/나 /ž/ 가운데는 /sy/와 /zy/에서 발전한 것들이 있다. 예를 들어 sure와 measure는 각기 /syur/와 /mezyur/에서 발전한 것이다. 지금도 많은 경우에 /š/와 /sy/가, /ž/와 /zy/가 교체하는 것을 볼 수 있다. 예를 들면 issue, sexual, tissue, inertia 등에서 /š/는 /sy/로 대치되기도 한다. 한편 ratio, appreciate, negotiate 등의 /š/는 /sɪ/와 교체한다. /š/와 /ž/가 최소 대립어를 이루는 경우가 없는 결과 transition, version, Asia, Persia 등에서 /š/와 /ž/가 자유로이 교체하는 것을 볼 수 있다.

한국어의 '샤, 셔, 쇼, 슈, 시'는 모두 /š/에 해당되는 음이다. 그러나 한국어의 '샤'를 비롯하여 중국어의 '샤〔砂〕'나 일본어의 'シャ' 등 동양권 언어의 /š/는 영어나 독일어 등 서양 언어의 /š/에 비해 매우 평순이다. 영어의 /š/도 사람에 따라 입술의 모양은 일정하지 않으나 한국어의 '샤'보다는 훨씬 원순이며, 입술이 많이 앞으로 나와 있다.

| 예 | [š]   sheet, shed, shop, sugar, sure, shout, sheep, shine
          bishop, ashore, mission, bushel, cushion, machine, mansion
          dish, cash, wash, push, rush, finish, hash, Irish, moustache

/ž/

/ž/는 유성 경구개 치경 마찰음(voiced palato-alveolar fricative)이다. 조음하는 요령은 /š/와 같으며, 다만 유무성의 차이와 연경음의 차이만 있을 뿐이다.

/ž/는 /ŋ/처럼 어두에 오는 법이 없으며, 어말에 오면 뒷부분이 무성음이 된다. 어중에서는 Asia, Persia 등에서 보듯 /š/와 교체하며, 어말에서는 beige, rouge, prestige, garage 등에서 보듯 /ǰ/와 교체하는 경우가 많다. /ž/가 나타나는 단어의 수도 얼마 되지 않는다. 그러므로 /ž/의 기능 부담량은 매우 작다. /ž/는 고대 영어에는 없던 음이다. 뒤에 프랑스어가 영어를 지배했던 중세 영어 시대에 프랑스어에서 들어온 음이다.

/ž/는 한국 학생들이 가장 발음하기 어려운 영어 자음 가운데 하나다. 다행히 /ž/의 기능 부담량이 적고, /ž/를 잘못 발음해서 뜻의 혼동을 가져오는 예는 없지만, 정확히 발음해야 좋은 것은 말할 필요도 없다. 가장 조심해야 할 것은 /ž/와 /z/, 혹은 /ǰ/와의 혼동이다. /trɛ__ə/와 같은 틀에 /z/, /ž/, /ǰ/를 차례로 넣어 발음해서 식별하는 연습, 혹은 그 반대로 이 틀에 /z/, /ž/, /ǰ/를 차례로 넣어 발음해보는 연습이 도움될

것이다.

|| 예 || [ž]   pleasure, leisure, usual, confusion, decision,
              vision, persuasion, explosion, casual, evasion,
              occasion, azure, glazier, regime
       [žž]   prestige, barrage, rouge, beige, garage, sabotage,
              camouflage

/h/

/h/는 무성 성문 마찰음(voiceless glottal fricative)이다. /h/는 두 가지 점에서 지금까지 언급해온 음소들과 다르다. 첫째, /h/는 경음과 연음의 구별이 없다. 둘째, /h/는 마찰음이라고 하지만 그 마찰이 일어나는 조음점을 꼬집어 말할 수 없다. /h/를 조음하기 위해서는 성문을 약간 열어 그곳을 공기가 지나면서 약한 마찰음을 내게 한다. 성문을 지난 공기는 인강에서도 마찰음을 일으키지만 [h]가 갖는 마찰음은 전적으로 뒤에 오는 모음에 따라 그 성격이 달라진다. 예를 들어 [hiː], [hɑː], [huː]의 경우 /h/가 갖는 마찰의 느낌이 같지 않음을 알 수 있다. 이것을 구강 마찰(cavity friction)이라고 한다.

[h]가 갖는 약한 마찰음은 들리지 않기도 한다. 그렇게 되는 경우 /h/는 뒤에 오는 모음의 무성음이 된다. /h/를 조음할 때 혀, 입술, 연구개 등의 조음기관은 모두 다음에 오는 모음을 위한 조음 자세를 취하고 있다. 따라서 /hi/를 발음하기 위해서는 모든 조음기관을 /i/를 조음하기 위한 조음 자세로 우선 무성음으로 발음하다가 성대를 진동시

켜 유성음으로 바꾼다. 그러므로 /hi/는 음성학적으로는 /ii̯/와 같다. 마찬가지로 hat는 [æ̈æt]로, hop는 [ɑ̈ɑp]로 표기할 수 있다.

이와 같이 /h/는 모음과 매우 공통점이 많으며 그런 이유 때문에 어떤 사람들은 /h/를 모음의 무성 이음이라고 말하기도 한다. 그러나 모든 환경에서 /h/는 성문의 마찰음을 갖는다는 음성학적 특징과, 또 /h/는 모음이나 전이음 앞에만 온다는 음운론적 특징 때문에 /h/는 자음으로 분류되는 것이다. /h/는 어말에는 올 수 없으며 음절 첫 자리에만 온다.

엄밀히 말해 /h/의 이음은 뒤에 오는 모음의 수만큼 많다고 할 수 있다. 그러나 가장 중요한 이음은 /h/가 모음과 모음 사이에 왔을 때 실현되는 유성음 [ɦ]이다. Ahead, behind, behold 등에서 들을 수 있는 음이다. [ɦ]를 위해서는 성대를 약간 벌리고 미풍에 흔들리듯 진동하게 한다.

이처럼 [ɦ]는 흔히 말하는 뜻의 성대 진동이 없으므로 어떤 이는 '중얼거림(murmur)'이라는 이름으로 구별하기도 한다. Aha와 ha를 잘 비교해보면 두 단어의 /h/ 음이 같지 않다는 것을 알 수 있다. [ɦ]는 깊은 숨을 내쉬면서 한숨짓는 것과 같은 소리이다. 깊이 숨을 들이마시고 [h]와 [ɦ]를 조음해보면 [h]는 오래 계속할 수 없음을 알 수 있다. 숨이 그대로 빠져버리기 때문이다. 그러나 [ɦ]의 경우에는 비교적 오래 계속할 수 있다. 심지어 음의 높이를 바꿀 수도 있다. 성대의 진동으로 공기의 흐름이 느려지기 때문이다.

/h/가 /y/ 앞에 오는 hue/hyu/와 같은 단어에서 /hy/는 보통 무성 경구개 마찰음 [ç]가 된다. 그렇다고 [ç]를 새로운 음소로 설정할 필요는 없다. Hue/hyu/의 /hy/는 few, dew, new의 /fy-/, /dy-/, /ny-/

와 같은 형태의 음소 결합에 불과하다. 그런 의미에서 미국 영어의 which[ʍɪč]를 위해 [ʍ]을 새로운 음소로 설정할 필요도 없다. Which 는 /hwɪč/로 표기하면 되고, /hwɪč/의 /hw-/는 sway, twenty, thwart의 /sw-/, /tw-/, /θw-/와 마찬가지 양식의 음소 결합이다.

/h/는 흔히 탈락한다. 다음 단어에서처럼 약세 모음 앞에서는 탈락한다. 즉 prohibition, philharmonic, annihilate, vehement, vehicle, unhistoric, rehabilitate 등이다. 한편 다음에 예를 든 것처럼 /h/는 약형(weak form)의 기능어로 쓰이는 경우 어두에서 탈락한다.

has — Where has he gone?
have — They have gone to the store.
had — He had twenty of them.
his — I saw his car.
he — Did you see how he ran?
him — She gave him his books.
her — We watched her go.

영국 영어에서는 RP, 노섬브리아, 스코틀랜드의 방언을 제외하고는 /h/를 갖고 있지 않다. 따라서 /h/를 갖고 있지 않은 방언을 쓰는 사람들이 /h/를 사용하려고 할 때 어려움이 생긴다. 모음으로 시작되는 수많은 단어들 가운데 어느 것 앞에 /h/를 붙여 발음해야 하는가는 쉬운 일이 아니다. 그래서 붙이지 말아야 할 곳에 /h/를 잘못 붙이는 경우가 왕왕 생긴다. Modern art 대신 modern heart라고 한다든지, air를 hair라고 잘못 발음하게 되는 경우가 있다.

우리가 흔히 칵크니의 특징은 /h/를 붙여야 할 곳엔 안 붙이고, 붙이지 말아야 할 곳에 붙인다고 말하는데, 그것은 잘못된 기술이다. 칵크니의 특징을 나타내는 예로 'am and heggs(=ham and eggs)를 들고 /h/의 자리가 바뀌었다고 말하지만 실은 eggs 앞에 /h/를 잘못 붙인 것이다. Ham의 /h/가 옮겨 붙은 것이 아니다.

프랑스어에서는 /h/가 완전히 자취를 감춰 글자는 있지만 음은 없으며, 한국어에서도 'ㅎ'은 점점 사라져 가는 과정에 있다. 영국 영어와 미국 영어에서는 어두의 /h/를 발음하지 않는 경우가 있다. 예를 들면 humor, historical, human, huge 등이다. 영국 영어에서는 심지어 an hill, the[ði] house, an hotel이라고 발음하는 것을 들을 수 있다. 그러나 이러한 발음은 모두 교육받지 못한 사람의 발음으로 여겨진다.

끝으로 which에 나타나는 /hw-/는 영국 영어에서는 which와 witch가 동음이의어이지만, 미국을 비롯한 아일랜드와 스코틀랜드에서는 이 둘을 구별한다. /hw-/는 양순 연구개음(labiovelar) [ʍ]으로 실현된다. [ʍ]을 조음하기 위해서는 위아래 입술을 /u/를 조음할 때보다 더 앞으로 내밀고, 후설은 연구개를 향해 /u/의 경우만큼 올렸다가 입술을 갑자기 좌우로 당기며 짧게 내는 소리이다.

대부분의 미국 사람들은 where-ware, whey-way, which-witch를 구별하지만 [ʍ]은 북부 방언에서는 사용되지 않는다. 그러나 /hw-/는 대서양 좌우에서 점점 사라져 가고 있다. /hw-/를 사용해야 할 곳에 /w-/를 사용한다고 해서 비표준적이라고 할 수는 없다. /hw-/의 /h/는 매우 빠른 속도로 사라지고 있다. 존즈는 1940년의 *Outline of English Phonetics*(6판)에서 영국 남부의 많은 학교에서 /hw/를 가르친다고 했다. 그런데 1950년에 출간된 *The Pronunciation of English*

에서 존즈는 /hw/는 남부의 많은 사람들이 사용하고 있으나 /w/가 교육받은 사람들이 흔히 사용하는 발음이라고 말하고 있다. 이어서 1956년에 나온 그의 *English Pronouncing Dictionary*에는 극소수의 단어를 위해서만 /w/와 동시에 변종으로 /hw/가 표기되어 있다. 케니언과 노트의 *Pronouncing Dictionary of American English*에는 /hw/로만 표기되어 있으나, 그들은 많은 사람들이 /hw/ 대신 /w/를 사용한다고 밝히고 있다. /w/는 특히 도시와 젊은이들 사이에서 번져 가고 있다.

예	[h]	heat, hen, ham, hot, horse, who, hate, hoe, high, how, here, hair, hallo, hard, hook, hundred, heap, heavy
	[ɦ]	perhaps, behind, prohibit, behold, behave, anyhow, rehearse, alcohol, manhood, rehash, behest, boyhood, inhabit
	[h]−[ø]	heat−eat, hill−ill, hedge−edge, haul−all, harbor−arbor, bold−old, hear−ear, hate−eight, high−eye, hair−air
	[hw]	where, whirl, white, whisk, whine, why, whether, whet, whale, whip, whisker, whistle, whiz, Whig

7.4 파찰음
Affricates

파찰음은 파열음으로 시작해서 마찰음으로 끝나는 음이다. 영어에는 /č/와 /ǰ/의 두 개의 파찰음이 있다. 이들은 각기 [t]와 [d]로 시작해서 [ʃ]와 [ʒ]로 끝난다. /č/와 /ǰ/의 전통적인 표기가 /tʃ/와 /dʒ/였던 것도 그런 음성학적인 근거에서였다. 이런 이유 때문에 어떤 이는 /č/와 /ǰ/를 단일 음소로 보지 않고 두 음소의 결합으로 본다.

음소를 가려내기 위한 방법 가운데 교환 테스트(commutation test)가 있다. 어떤 자음군을 이루고 있는 자음들을 다른 자음과 교환해서 대립어를 이룰 수 있다면 그 자음군은 음운론적으로도 자음군이다. 어떤 자음군을 이루고 있는 자음들이 이처럼 따로 떨어져 나올 수 있다면 그 자음들의 결속력은 매우 약하다고밖에 할 수 없다. 따라서 그 같은 자음군은 하나의 음소로 볼 수 없고 문자 그대로 자음군으로 보아야 한다.

Hats 같은 데에 나타나는 /ts/는 헤브라이어에서는 ets[ets] 'tree' 같은 단어에, 독일어에서는 Zeit[tsaɪt] 'time' 같은 단어에 나타나는데, 이들 언어에서는 모두 하나의 음소로 취급된다. 그러나 /ts/는 영어에서는 자음군으로 취급되어야 한다. 그 까닭은 cents[sents]라는 단어의 경우에 /ts/의 /t/를 영과 교환하는 경우(즉 없어지는 경우) cents는 sense와 최소 대립어를 이루며, /ts/의 /s/를 영과 교환하는 경우 cents는 cent와 최소 대립어를 이루기 때문이다.

이 같은 교환 테스트를 [tʃ]나 [dʒ]에 적용하면 어떻게 될 것인가? 가령 chip[tʃɪp]이라는 단어를 놓고 볼 때, [tʃ]의 [t]를 영과 교환하면 chip : ship이라는 최소 대립어를 얻고, [tʃ]의 [ʃ]를 영과 교환하면 chip : tip이라는 최소 대립어를 얻는다. 지금까지의 경우는 어두에 해당되는 것이지만 어중에서는 matches[mǽtʃɪz]와 mashes[mǽʃɪz]에서 보듯 [tʃ]의 [t]를 영과 교환할 수 있으며, marcher[mártʃɚ]와 martyr [mártɚ]에서 보듯 [ʃ]를 영과 교환할 수 있다. 한편 어말에서는 watch [wɑtʃ]와 wash[wɑʃ], catch[kætʃ]와 cat[kæt]에서 보듯 [t]와 [ʃ]를 각기 영과 교환할 수 있다. 비록 [t]와 [ʃ]가 영하고만 교환이 가능했다는 제약은 있었으나 교환 테스트를 적용하는 한 [tʃ]는 두 개의 음소로 보아야 할 듯하다.

그러나 문제는 [dʒ]의 경우다. 예를 들어 jay[dʒeɪ]는 [dʒ]의 [ʒ]를 영과 교환하여 jay와 day[deɪ]라는 최소 대립어를 얻는다. 그러나 [dʒ]의 [d]는 어떤 것과도 교환할 수 없다. 우선 [d]를 영과 교환하면 [ʒ]만 남게 되는데, 영어에서는 [ʒ]가 어두에 오는 일은 없으며, 그렇다고 어두에 다른 자음과 [ʒ]의 결합이 오지도 못한다. [dʒ]를 하나의 음소로밖에 볼 수 없게 된다. 그와 같은 경우 [dʒ]는 하나의 음소이고 그것의 무성음인 [tʃ]는 두 개의 음소라는 어색한 결과를 얻는다. 사실 [tʃ]의 [t]와 [ʃ]도 다른 자음군의 경우처럼 다른 자음과 결합이 자유롭지 못하다. 영어에는 [kʃ, pʃ, fʃ, dʃ] 등 자음+[ʃ]의 결합이 가능하지 않다.

앞서 언급한 것처럼 영어에서는 [tʃ]와 [dʒ] 외에도 /ts/와 /dz/ 등의 파찰음이 있으며, 영국 영어에서는 /tr/과 /dr/도 파찰음으로 발음된다. 그러나 /ts/, /dz/나 /tr/, /dr/ 등은 다음과 같은 이유 때문에 하나의 음소로 취급될 수가 없다.

첫째, 이러한 파찰음은 모두 교환 테스트에 합격할 수 있다. /ts/의 경우는 이미 예를 살펴보았고, /dz/의 경우는 bandz[bændz]와 bans [bænz], 혹은 bandz[bændz]와 band[bænd]에서 보듯 /dz/의 /d/와 /z/가 모두 영과 교환 가능하다. 한편 /tr/의 경우 try, cry, pry, fry, rye 에서 보듯 /tr/의 /t/가 여러 음과 교환 가능하며, drew, shrew, grew, threw, brew 등에서처럼 /dr/의 /d/도 여러 음과 교환 가능하다.

둘째, /č/나 /ǰ/에 비해 /ts/와 /dz/, 그리고 /tr/과 /dr/은 분포상의 제약이 있다. 즉 /ts/와 /dz/는 어두에, /tr/과 /dr/는 어말에 나타나지 않는다.

	#—	—#	V—V
/č/	chap	patch	butcher
/ǰ/	jam	badge	aged
/ts/	—	quartz	courtsey
/dz/	—	adze	Pudsey
/tr/	tram	—	mattress
/dr/	dram	—	tawdry

셋째, 영어를 사용하는 사람들의 의식 속에 /č/와 /ǰ/는 각기 하나의 음소로 존재한다. Tip, ship, 혹은 cat, cash가 각기 세 개의 음소로 되어 있듯이 chip과 catch도 세 개의 음소로 되어 있으며, dam과 bad가 세 음소로 되어 있듯이 jam과 badge도 세 개의 음소로 되어 있다.

영어에서 /ts/가 하나의 음소로 생각되는 것은 주로 /ts/가 외래어에 사용된 경우인데, 예를 들면 러시아어의 tsar, 반투어의 tsetse, 이탈리아어의 pizza 등이다.

/č/

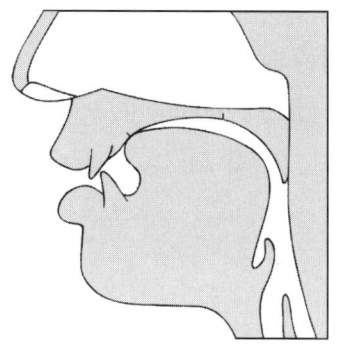

〈그림 7-18〉 /č/와 /ǰ/의 조음

/č/는 무성 경구개 치경 파찰음 (voiceless palato-alveolar affricate)이다. /č/를 조음하기 위해서는 연구개로 비강에 이르는 통로를 막으며, 혀끝은 치경과 경구개의 경계 부분에 대고 설단은 경구개 가까이에 댄다. 한편 혀의 좌우는 윗니의 좌우에 댄다. 이런 상태로 허파에서 올라오는 공기를 일단 막아 어느 정도의 폐쇄 기간이 지난 뒤 마찰을 일으켜 내보낸다. 그러면 공기는 혀의 중앙 표면을 지나면서 설단과 경구개 치경 사이에서 /č/음을 내게 된다. 입술의 모양은 인접한 음의 모양에 따라 다를 수 있으나 사람에 따라서는 항상 원순으로 발음한다. 그러나 이 원순의 정도는 독일어나 프랑스어의 경우보다는 덜하다.

/č/는 모음 앞에서는 기식음이 된다. /č/의 마찰 부분은 독립한 마찰음보다는 짧으며, 폐쇄 기간도 독립한 파열음보다는 짧아 /č/의 음성학적 구조는 [tʃ]이지만 전체로서는 하나의 음성 단위로 들린다. watch out과 what shout, why choose와 white shoes 등을 비교해보면, 두번째 단어의 마찰음 /š/가 더 긴 것을 알 수 있다. 그 밖에도 he cheats와 heat sheets, my chop과 might shop 등이 같은 관계를 나타

낸다.

/š/와 /č/의 조음 위치의 차이는 이들 두 음의 조음 자세를 취한 다음 숨을 들이마셔 보면 알 수 있다. /š/보다 /č/의 경우 혀의 더 많은 부분이 시원함을 알 수 있다. 이것은 입천장에 인접하는 혀의 면적이 그만큼 넓기 때문이다.

Wrench, gulch, inch, belch, French 등에서 /č/는 영국 영어에서 /š/로 발음되기도 한다. 그러나 이러한 현상은 미국 영어에서는 볼 수 없다.

/č/를 발음할 때 조심할 것은 /č/가 한국어의 '취' 나 '츄' 보다는 훨씬 더 원순음이며, 더 긴장된 음이라는 점이다.

예	[č]	cheese, chin, charge, choke, cheer, choice, church, chain
		feature, richer, wretched, orchard, butcher, nature
	[č]-[š]	cheap-sheep, chore-shore, choose-shoes
		leech-leash, ditch-dish, watch-wash

/ǰ/

/ǰ/는 유성 경구개 치경 파찰음(voiced palato-alveolar affricate)이다. 조음하는 요령은 /č/와 같으나 /č/가 무성음이고 경음인데 반해, /ǰ/는 유성음이고 연음이다. 지금까지의 다른 유성자음들과 마찬가지로 어두나 어말에 오면 부분적으로 무성음이 되어 각기 [ǰ̥ǰ]와 [ǰǰ̥]가 된다.

예	[ǰ]	gin, jest, jar, Jew, joke, jerk, jeer, journey, gentle, gem
		larger, margin, fragile, urgent, adjacent, major, injure
		ridge, edge, large, age, wage, college, bridge
	[č]−[ǰ]	chin−gin, chest−jest, choose−Jews, choke−joke, cheer−jeer, riches−ridges, leech−liege, perch−purge
	[ǰ]−[ž]	ledger−leisure, pigeon−vision

7.5 비음
Nasals

본서에서는 비음, 설측음, 전이음을 공명자음으로 분류하였다. 공명음은 공기의 흐름이 자유로우며, 성대는 진동하기 쉬운 위치에서 조음되는 소리로서 유성음의 자연스러운 모습이다. 모음, 비음, 설측음, 전이음이 여기에 속하며, 이 가운데 모음을 제외한 나머지를 공명자음이라고 부른다. 공명음의 반대는 저해음(obstruent)으로서 이들은 허파에서 올라오는 공기를 완전히 차단하거나 혹은 마찰을 일으켜서 내는 소리이다. 전자의 경우는 파열음, 후자의 경우는 마찰음이며, 양자의 특징을 모두 가진 경우를 파찰음이라고 한다는 것은 지금까지 보아온 대로다. 저해음은 흔히 순정자음이라고도 불린다.

  비음은 여러 가지 면에서 파열음과 같다. 영어의 세 비음 /m, n, ŋ/은 각기 /p, t, k/나 /b, d, g/와 조음점이 같다. 예를 들어 /m/과 /b/ 모두 위아래 입술을 다물어 허파에서 올라오는 공기를 완전히 차단하며, 이처럼 폐쇄된 상태를 어느 기간 유지하는 것도 같다. 그러나 /b/의 경우에는 축적된 공기를 입 밖으로 파열시켜 내보내는 데 비해, /m/의 경우에는 연구개를 내려 공기가 인강으로부터 비강을 통해 코에서 밖으로 나가도록 한다.

  따라서 코를 완전히 막고서는 비음을 낼 수 없다. 코를 막고 비음을 내면 /m, n, ŋ/은 각기 /b, d, g/가 된다. 그리하여 men은 bed로 들리며, no는 do로, king은 kig으로, some nice lemon은 /səb daɪs lébədz/로, good morning은 good /bɔ́dɪg/으로 들리게 된다. 파열음이나 비음이나 구강의 어느 한 지점에서 공기를 완전 차단한다는 점에서 모두 폐쇄음(stop sound)이라고 할 수 있으나 전통적으로 파열음만을 폐쇄음이라고 하며, /m, n, ŋ/은 비음이라고 부른다.

  비음은 /l/이나 /r/과 마찬가지로 성절 자음이 된다. 이 현상은 /n/에서 가장 흔하며, /ŋ/은 거의 그 예를 찾아볼 수 없다. Hidden[hídn̩], prism[prízm̩], bacon[béɪkn̩] 등이 그 예이다.

  비음은 동일 음절(tautosyllabic) 안에서 앞에 무성음이 오는 경우 부분적으로 무성음이 된다. /m/이 무성음화하는 예는 smoke, smart, topmost 등이고, /n/이 무성음화하는 예는 snake, sneeze, chutney 등이다. /ŋ/이 무성음화하는 예는 bacon 정도이다. 비음의 무성화는 smile과 mile을 교대로 발음해보면 알 수 있다.

대체로 어두의 비음이 어말에 오는 비음에 비해서 짧다. Met와 Sam을 비교해보면 그 길이의 차이를 느낄 수 있다. 그러나 이 현상은 비단 비음에만 국한된 것은 아니다. 모든 자음이 어두에서보다는 어말에서 길어진다.

미얀마어에서는 무성의 비음이 음소로 존재한다. 그러나 영어의 경우에는 비음에 유무성의 구별은 없다. 그러므로 영어의 비음은 모두 연음이다.

파열음에 비하면 마찰음은 그 이음의 수가 훨씬 적다. 한편 비음은 거의 변종이 없을 정도다. 영·미국어 사이뿐 아니라 방언 사이에도 차이가 없다.

/m/

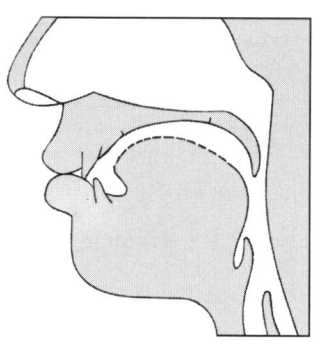

〈그림 7-19〉/m̥/의 조음

/m/은 양순 비음(bilabial nasal)이다. 위아래 입술로 공기를 막고 연구개를 내려 공기가 코로 빠져나가게 한다. 이때 비강, 인강, 구강은 공명실(resonance chamber) 구실을 한다. 입술은 대개 평순이지만 원순음과 이웃하는 경우 원순이 된다. Rumor와 limb을 비교해보면 전자가 더 원순으로 발음된다. 혀는 다음에 오는 음에 맞게 조음 위치를 취한다. 예를 들어 me를 발음할 때 혀는 /i/를 위한 조음 위치에 와 있으며, elm-like의 경우에는 혀끝이 치경에 와 있다.

/m/은 동일 음절 안에서 앞에 공명도가 보다 낮은 자음이 올 때 성절 자음이 된다. 예를 들면 prism[prízm̩], bottom[bɑ́tm̩], rhythm[ríðm̩], chasm[kǽzm̩], schism[sízm̩] 등이다. Happen[hǽpm̩]이나 ribbon[ríbm̩], cap and gown[kǽp m̩ gaʊn]은 본래의 /n/이 /m/으로 동화되면서 성절 자음이 된 예이다.

/m/은 뒤에 /f/나 /v/ 등의 순치음이 오면 이에 동화하여 순치 비음 /ɱ/이 된다. 예를 들면 nymph[nɪɱf], comfort[kʌ́ɱfɚt], triumph [tráɪəɱf], circumvent[sɚkəɱvént], warm vest[wɔrɱ vɛst] 등이다. 이 경우 /m/은 완전히 탈락하고 대신 앞에 오는 모음이 비모음이 되기도 한다. 그리하여 some vines는 [sʌ̃ vaɪnz]로, come further는 [kʌ̃ fɝ́ðɚ] 로 발음된다.

/m/은 방언 사이에 이렇다 할 차이가 없다. 한국 학생이 이를 조음 하는 데도 어려움이 없다.

‖예‖	[m]	meal, mat, march, move, make, mouse, mine, milk
		demon, lemon, salmon, among, summer, sermon
		seem, lamb, harm, warm, tomb, game, come, limb
	[m̩]	smack, smite, smoke, smear, smock, smile

/n/

/n/은 치경 비음(alveolar nasal)이다. /n/을 조음하기 위해서는 연구 개를 내리고 혀끝은 치경에 대서 허파에서 올라오는 공기를 완전히 폐쇄 했다가 코로 빠져나가게 한다. 입술은 인접한 음의 영향을 받는다. Noon

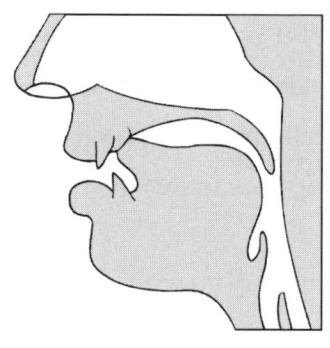
〈그림 7-20〉 /n/의 조음

이나 soon의 /n/이 neat나 keen의 /n/보다 더 원순으로 발음된다.

/n/은 뒤에 /θ/나 /ð/와 같은 치아음이 오면 이에 동화하여 치아 비음(dental nasal) [n̪]이 된다. 예를 들면 tenth, month, in the, clean them, when they 등이다. 이때 혀끝은 윗니에 와 있다.

/n/은 뒤에 /p, b, m/과 같은 양순음이 오거나 /k, g/와 같은 연구개음이 오면 이에 동화하여 각기 /m/과 /ŋ/이 된다. 예를 들어 ten people, ten boys, ten men 등은 /n/이 /m/이 되는 경우이며, ten cups, ten girls는 /n/이 /ŋ/이 되는 경우이다. 한편 /n/ 뒤에 /f/나 /v/가 오면 순치 비음(labio-dental nasal) [ɱ]이 된다. 예를 들면 infant 는 [íɱfənt]가 된다. 그 밖에 convenient, in voice, on fire, in vain 등이 있다.

이 같은 동화 현상은 미국 영어에서보다는 영국 영어에서 더 보편적이다. /n/이 /k/나 /g/ 뒤에서 /ŋ/이 되는 동화 현상에 대하여 브론스타인(1969, 111)은 다음과 같은 기술을 하고 있다. (AE=미국 영어; BE = 영국 영어)

(a) AE, BE에서 공히 [n]과 [ŋ]이 자유로이 교체하는 경우
concord, concrete, income, pancake, concubine
(b) AE에서는 [n], BE에선 [n]과 [ŋ]이 자유로이 교체하는 경우
conclude, congratulate, enclose, engulf, engrave,

incapable, synchronic, incline, encourage

(c) AE에서는 [n]과 [ŋ]이 교체하고 BE에선 [ŋ]만 사용되는 경우
conquest, idiosyncrasy, synchronize, syncopate, congruence

그의 관찰을 정리해보면 BE의 경우에는 위의 모든 경우에 동화된 /ŋ/을 사용해도 무방하며, AE의 경우에는 (b)의 경우를 제외하고 /ŋ/을 사용해도 무방하다. 미국 영어보다 영국 영어의 경우 동화가 더 진행된 듯하다.

프랑스어나 스페인어에는 경구개 비음(palatal nasal) [ɲ]이 있다. Señor, Avignon 등이 그 예이다. 이 경우 영·미국인들은 대개 [ɲ] 대신 [ny]를 사용한다.

/n/은 방언의 차이가 없다. 한국 학생들이 /n/을 조음할 때에는 한국어의 'ㄴ'은 치아음이고, 영어의 /n/은 치경음이라는 점을 상기해야 한다.

|| 예 || [n]   neat, knit, net, knot, gnaw, none, nurse, name, know
dinner, many, monitor, annoy, raining, penny, manner
mean, pen, gone, soon, learn, melon, down, coin, loin

[n̥]   sneeze, snatch, snore, snug, snake, snow, sneer, snap

[n̩]   cotton, sudden, often, oven, earthen, southern, listen, dozen, mission, vision

/ŋ/

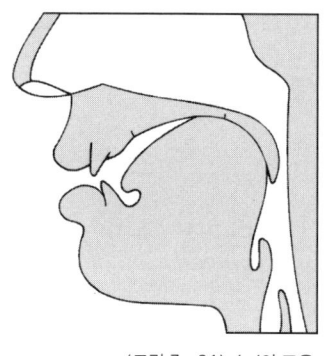

〈그림 7-21〉 /ŋ/의 조음

/ŋ/은 연구개 비음(velar nasal)이다. /ŋ/의 조음을 위해서 연구개를 내리고 /k/나 /g/를 조음할 때처럼 후설을 연구개에 대면서 허파에서 올라오는 공기를 차단한다. 혀가 닿는 자리는 앞에 오는 모음에 따라 조금씩 달라진다.

Sing과 song의 조음을 비교해보면, sing의 경우가 song보다 혀가 더 경구개에 가까운 쪽에 닿는다. 입술의 모양도 앞에 오는 모음의 영향을 받으므로 sing의 경우는 평순이나 song의 경우는 약간 원순이 된다. /ŋ/은 주로 비강과 인강에서 이루어지며, 〈그림 7-21〉에서처럼 구강이 이바지하는 바는 별로 없다.

/ŋ/은 고대 영어에서는 /ŋg/였다. 이 잔재가 영국의 미들랜드와 북부에 아직도 남아 있다. 그리하여 singing은 [síŋgɪŋ]이 되며, 심지어 song이나 hang처럼 /ŋ/이 어말에 오는 경우에도 [ŋg]로 발음한다. 현대 영어에서는 철자상 -ng로 끝난 말 뒤에 행위자를 나타내는 어미 -er이 붙으면 singer[síŋə]가 되지만 비교의 어미가 붙는 longer나 그 밖에 anger나 finger에서처럼 -er이 단어의 일부일 때에는 /ŋg/로 읽는다.

/ŋ/의 또 하나의 변종은 현재분사나 동명사의 어미로 쓰이는 ing이 /-ɪn/으로 읽히는 것이다. Running[rʌ́nɪn], coming[kʌ́mɪn], singing [sɪŋɪn] 등이 그 예이다. 이 같은 발음은 현재로서는 교육받은 사람의 발음으로 여겨지지는 않으나 그 역사는 길다. 엘리자베스조 시대에서

는 이것이 보편적인 발음이었던 것 같다. 영국에서는 보수적 RP에서 많이 사용된다. 여기서는 robbing과 robin은 동음이의어다.

한국 학생이 /ŋ/을 발음할 때에는 한국어의 '이응'보다 더 분명하고 강하게 발음하도록 해야 한다. 많은 경우에 /ŋ/을 발음하는 대신 앞에 오는 모음을 비모음화하는 것으로 끝내는 경향이 있다. 즉 sang을 [sæŋ]이라고 발음하는 대신에 [sæ̃]이라고 발음하는 것이다. 한국어의 '이응'보다 더 울림이 크게 나오도록 해야 한다. /ŋ/은 /ž/처럼 어두에 오지 않는다.

예	[ŋ]	singer, hanger, longing, singing, banging finger, anger, angry, hunger, strongest, language banquet, donkey, anchor, wrinkle, uncle, anxious sing, hang, wrong, tongue, among, ring, song monk, chunk, rank, distinct, strength, thank
	[ŋ̩]	bacon, taken, thicken, blacken, organ
	[ŋ]−[n]	sing−sin, rang−ran, hanged−hand, sung−sun, mounting−mountain, gong−gone, robbing−robin
	[ŋ]−[ŋk]	thing−think, rang−rank, sung−sunk, singing−sinking, hanger−hanker

7.6 설측음
Lateral

/l/

/l/은 영어의 유일한 설측음이다. 따라서 유성음 /l/은 경음과 연음의 구별이 없으며 마찰 없이 조음된다. /l/을 조음하기 위해서 혀끝을 치경에 대고 혀의 좌우, 혹은 어느 한쪽과 입천장 사이에 불완전 폐쇄를 형성한다. 그런 다음 공기가 혀의 좌우로 빠져나가게 하는데 마찰음이 들릴 정도의 소음이 나지 않도록 한다. 이것이 이른바 '밝은(light; clear)' [l]이라고 불리는 것으로 〈그림 7-22〉에서 (a)가 보여주는 조음이다. 입술의 모양은 인접한 모음의 영향을 받는다. 평순모음이 전후하는 leap나 feel의 /l/은 평순으로 조음되며, loop나 pool은 약간 원순으로 조음된다.

'밝은' /l/과 '어두운' /l/은 영·미국어 모두에서 볼 수 있는 /l/의 중요한 이음들이다. 밝은 /l/은 〈그림 7-22〉 (a)처럼 혀끝을 치경에 대며 전설 부분은 경구개 가까이에 있어 전체적으로 밝은 전설모음의 인상을 준다. 한편 어두운 /l/은 〈그림 7-22〉 (b)에서처럼 혀끝은 치경에 대지만 설단과 전설 부분이 갑자기 밑으로 경사져 내려왔다가 후설 부분에서 다시 올라가 연구개 쪽을 향하게 되어 중설 부분이 움푹 내려앉게 된다. 이런 형태로 조음되는 어두운 /l/은 후설모음의 울림을 갖는다. 어두운 /l/은 3장에서 설명한 연구개음화된(velarized) /l/이며, [ɫ]이라는 음성기호로 나타낸다.

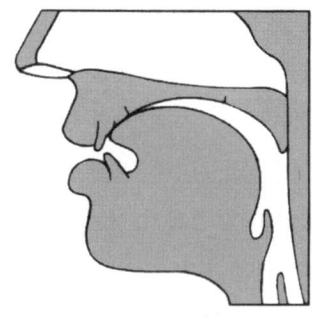 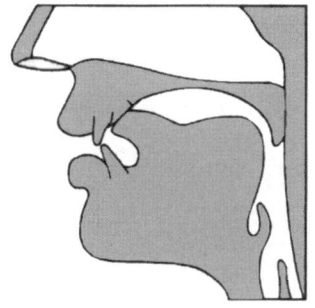

〈그림 7-22〉(a) 밝은 /l/의 조음　　　　(b) 어두운 /l/의 조음

밝은 /l/과 어두운 /l/의 분포는 대개 다음과 같이 기술할 수 있다. 즉 밝은 /l/은 $(C) ― (y)V에서, 어두운 /l/은 ―(C)$에서 일어난다. $는 음절 경계이며 (C)는 수의적인 자음의 존재를 나타낸다. 한편 V는 모음을 나타내며 ― 은 /l/이 나타나는 환경을 가리킨다.

따라서 $(C) ― (y)V의 뜻은 /l/이 leaf에서처럼 음절 초에 나타나든지, 혹은 glance에서처럼 음절 초에 자음이 오고 그 뒤에 /l/이 오든지, 혹은 value의 둘째 음절에서처럼 /l/ 뒤에 /y/가 오고 그 뒤에 모음이 오는 환경을 뜻한다. 마찬가지로 ― (c)$의 뜻은 feel에서처럼 /l/이 음절말에 오든지, help에서처럼 /l/ 뒤에 다시 음절 말 자음이 오든지, 혹온 table에서처럼 /l/이 성절 자음으로 음절말에 오는 경우 등을 나타낸다.

연구개음화된 어두운 /l/ 앞에 오는 모음은 보다 후설모음으로 조음되는 경향이 있다. Heed와 heel, paid와 pail, pad와 pal을 비교해보면 짝지어 놓은 단어 중 후자의 모음이 더 후설임을 알 수 있다. Peel, pail, pal을 정확히 기술한다면 각기 [pʰIᵁɫ], [pʰeᵁɫ], [pʰæᵁɫ]처럼 될 것이다. 이 현상은 미국의 남부 방언에서 특히 심하다. 이 밖에도 help [hɛᶷp], shelve[šɛᶷv], milk[mɪᶷk], film[fɪᶷm] 등이 있다.

이런 발음들은 아직까지는 비표준적인 것으로 여겨진다. 이와 비슷한 현상이 영국의 런던 방언에서도 발견된다. well이나 help를 각기 [wɛo]나 [hɛop]로 발음하는 것이다. 이처럼 /l/이 [ᶷ]와 같은 모음이 되는 것은 후설이 위로 올라가면서 혀끝이 치경에서 떨어져 공기가 혀의 좌우가 아니라 중앙으로 빠져나가기 때문이다.

다음으로 중요한 /l/의 이음은 무성의 [l̥]이다. [l̥]은 강한 기식의 무성 파열음과 강세 모음 사이에서 일어난다. Play, clean 등이 그 예이다. 이때 /l/은 완전 무성음이 된다. /l/이 /s, f, θ, š/ 등의 마찰음 뒤에 올 때에도 상당한 무성음화 현상이 일어난다. Flip, slip 등이 그 예이다. 이때 혀의 좌우를 지나가는 공기는 상당한 마찰을 일으켜 일종의 설측 마찰음(lateral fricative)이 된다.

/l/은 뒤에 /θ/나 /ð/와 같은 치경음이 오면 이에 동화하여 치아의 (dental) [l̪]이 된다. Health나 wealth 등이 그 예이다. 또 뒤에 /y/가 오면 구개음화한다. [l̬]이나 [λ]로 표시한다. 혀끝은 여전히 치경에 닿아 있으나 설단 부분이 경구개 쪽으로 가까이 간다. Will you……가 그 예이다. 이것은 대개의 언어에서 볼 수 있는 현상으로서, 한국어에서도 '달력' /tallyək/ 같은 단어에서 '력'의 'ㄹ'은 구개음화된 'ㄹ'이다.

끝으로 /l/은 동일 기관음인 /t, d, n/ 뒤에서 성절 자음이 된다. 경우에 따라서는 /s, z, š, č, ǰ/ 등의 치찰음 뒤에서도 성절 자음이 된다. [l̩]로 표시된다.

밝은 /l/과 어두운 /l/의 차이는 이음적인 것이기 때문에 이들을 혼동해도 뜻의 혼동을 가져올 염려는 없다. 그러나 분명한 영어의 발음을 희망한다면 이들을 구별하여 발음할 수 있어야 한다. 밝은 /l/은 한국어에서 '촐랑촐랑', '훌렁' 등에서처럼 'ㄹ'이 겹치는 경우에 나타난다.

한편 어두운 /l/은 한국어의 '을'을 발음하는 느낌으로 조음하면 된다. 즉 milk는 '미을크'로, well은 '웨을'을 조음하는 듯한 느낌으로 하면 된다. 한편 무성 파열음 뒤에 /l/이 와서 무성의 [l̥]이 되는 plot 과 같은 단어를 조음할 때에는 어두의 /p/를 강한 기식음으로 발음하도록 해야 한다. 그렇지 않으면 plot이 blot으로 들린다.

예	[l]	leave, let, lock, late, lit, leer, leap, loop, limp, low
		glance, black, blow, glad, fly, glow, gleam
		silly, yellow, alloy, collar, pulley, foolish, teller
	[ɫ]	feel, fill, fell, canal, doll, bull, pool, pale, pile, tile help, gulp, milk, bulb, salt, film, solve, elm, pulp
	[ɫ̩]	apple, table, middle, eagle, camel, final, parcel, missile, sizzle, bushel, satchel, vigil
	[l̥]	please, play, clean, atlas, neatly, flew, sly, slip, slow
	[l̥]−[l]	plot−blot, plead−bleed, plight−blight, clad−glad, class−glass, clean−glean, clue−glue

7.7 전이음
Glides; Semivowels

영어에는 /y, w, r/의 세 전이음이 있다. 이들은 각기 /i/, /u/, /ə/의 조음 위치를 출발점으로 뒤에 오는 모음의 위치로 신속히 움직여 간다. 따라서 전이음 뒤에는 항상 모음이 뒤따라야 한다. 거울을 보면서 yacht/yat/와 같은 단어를 발음해 보면, 혀가 /i/의 조음 위치에 잠시 머물렀다가 곧 /a/의 위치로 급속히 이동해 가는 것을 볼 수 있다. 여기에 비해 모음은 제아무리 짧더라도 고유의 음성을 나타내는 고유의 위치가 있다.

전이음은 그 분류상 성격이 매우 모호하다. 허파에서 올라오는 공기를 완전히 차단하거나 혹은 마찰시키지 않으므로 저해음이라고 할 수는없다. 또 공기가 혀의 좌우로 빠져나가지도 않으며 그렇다고 비강으로 나오는 것도 아니므로 설측음이나 비음도 물론 아니다. Cue[kyu̥], twice[tẉaɪs], prove[pɹ̥uv] 등에서 보듯 기식의 /p, t, k/ 뒤에서는 무성음이 되고 약한 마찰을 동반하기도 한다. 이것은 혀가 경구개에 매우 가까이 와 있기 때문이다. 그렇다고 하더라도 전이음은 음성학적으로는 모음이다.

그러나 기능면에서 볼 때 전이음은 자음에 가깝다. 첫째로 전이음은 모음처럼 음절핵이 되지 못하며, 다만 모음 앞뒤에 올 수 있을 따름이다.

둘째로 the yard, a yacht, the west, a wasp, the rose, a rose 등에서 보듯 /y, w, r/ 앞에서는 정관사도 [ðɪ]로 발음되지 않고 [ðə]로 발음되

며, 부정관사도 [ən]이 아니고 [ə]가 사용된다. 전이음의 이런 애매한 성격 때문에 반모음이라고 불리기도 한다. 그러나 이 표현은 정확하지 않다. 왜냐하면 /y, w, r/은 모음과 자음의 중간의 위치에 있으며 그렇다면 반자음이라고 할 수도 있고, 오히려 그것이 더 정확한 표현일 것이다. 여기에서는 그런 오해를 피하기 위해 전이음이라는 용어를 쓰기로 한다.

본서에서는 앞서 /aɪ/, /aʊ/, /ɔɪ/의 세 음을 이중모음으로 취급한 바 있다. /aɪ/의 경우 /a/는 출발점이지만 /ɪ/는 종착점이 아니라 지향점이라는 점도 지적한 바 있다. 그렇다면 /aɪ/와 /ya/는 경상(鏡像; mirror image)의 관계에 있다고 할 수 있다. 즉 /aɪ/는 /a/에서 출발하여 /i/쪽으로 향해 움직여 나가는 음이며, 반대로 /ya/는 /i/에서 출발하여 /a/로 움직여 나가는 음이다.

Yes를 녹음하여 거꾸로 틀면 say로 들리는 것이 이 관계를 증명해준다. 그런 이유 때문에 트래거-스미스는 전이음이 모음 앞에 오거나 뒤에 오거나 /y/와 /w/의 경우는 모두 같은 기호를 사용하여 yes나 say를 각기 /yes/, /sey/로 표기했던 것이다. 이렇게 표기될 때 yes의 녹음을 거꾸로 트는 경우 say가 되는 것을 쉽게 설명할 수 있다. 만약에 yes와 say를 /yɛs/, /seɪ/로 표기해 놓으면 그런 설명이 불가능해진다. 그런 점에서 트래거-스미스의 분석이 음운 분석상으로 보아 일관성이 있다.

그럼에도 불구하고 그들의 분석을 따르지 않는 것은 다음과 같은 몇 가지 어려움이 있기 때문이다. 첫째, /y/와 /w/는 모음 앞에 오거나 뒤에 오거나 같은 기능을 갖지만 /h/는 그렇지 않다. /h/가 모음 앞에 오면 이것은 hand/hænd/에서 보듯 성문 마찰음이고, air/ehr/에서 보듯 /h/가 모음 뒤에 오면 전이음이 된다. 전이음의 /h/는 내향적 이중모음을 나타내며 /ə/의 조음 위치를 향한 지향점을 가리킨다.

같은 음성기호가 이처럼 다르게 쓰인다는 것은 혼란의 원인인 동시에 분석의 일관성을 결여한다는 점에서도 문제가 있다. 이런 이유 때문에 글리슨(Gleason, 1961)은 /h/가 전이음으로 쓰이는 경우 /H/라는 기호를 사용하고 있다. 트래거-스미스의 당면한 문제를 해결하는 방법은 air를 /eɚ/로 표기하는 것이다. 그러나 이럴 경우, 지향점과 출발점에는 종래에 모음을 표기하던 음성기호를 사용하지 않는다는 그들의 원칙에 어긋나게 된다.

둘째, 분포의 문제가 있다. 즉 /y, w, r/은 거의 모든 모음 앞에 올 수 있음에 비해 이들의 앞에 올 수 있는 모음의 수는 극히 제한되어 있다. 물론 방언 중에는 여기에서 취급한 /aɪ/, /aʊ/, /ɔɪ/ 외에도 몇 개의 이중모음이 더 있을지 모르나 그 분포는 매우 제한되어 있다.

셋째, cue, twist, prove 등에서 보듯 모음 앞에 오는 /y, w, r/은 무성음이 된다든지 마찰음이 된다든지 하여 자음적인 성격을 보이고 있는데, 모음 뒤에 오는 경우에는 전혀 그런 현상을 볼 수 없다. 모음 뒤에 오는 전이음은 앞에 오는 모음의 연장이라고 보는 것이 타당할 듯하다.

/y, w, r/은 각기 /i, u, ə/의 조음 위치에서 출발한다고 했으나 그 출발점은 뒤에 오는 모음에 따라 달라진다. 예를 들어 yeast/yist/의 출발점은 yacht/yɑt/의 출발점보다 높으며, 마찬가지로 woo/wu/의 출발점은 what/hwɑt/의 출발점보다 높다. 한편 you/yu/나 we/wi/는 각기 오른쪽과 왼쪽으로 움직여 가는 음이며 출발점이 그리 높지 않다.

/y/

/y/는 유성 경구개 전이음(voiced palatal glide)이다. /y/는 전설을 경구개의 앞부분에 가까이 대고 혀의 좌우는 윗어금니와 이두치(二頭齒; bicuspid)에 밀착시켰다가 곧 뒤에 오는 모음의 조음 위치로 미끄러져 가는 음이다. /y/의 출발점은 뒤에 오는 모음에 따라 달라지는데, 모음이 보다 고모음일수록 더욱 높은 데서 그리고 더욱 긴장된 상태에서 출발하게 된다. 왜냐하면 /y/는 항상 뒤에 오는 모음보다 더 높고 더 앞의 위치에서 출발해야 하기 때문이다. 입술의 원순도는 뒤에 오는 모음에 영향을 받는다. Yeast나 yes에서는 평순이지만 use나 you에서는 원순이다. 혀끝은 윗니를 향하게 하거나 아랫니에 댄다.

/y/는 무성자음 뒤에서는 무성음이 되는 경향이 있으며, 특히 /p, t, k, h/ 뒤에서는 완전 무성음이 된다. 예를 들면 pure[pʰyuɚ], tune [tʰyun], cute[kʰyut], huge[hyuǰ] 등이다. 이때 약간의 마찰음이 들린다.

두 모음이 인접해 있고 앞의 모음이 /i/나 혹은 /əɪ/, /ɔɪ/, /eɪ/처럼 /ɪ/로 끝나는 이중모음일 때 두 모음 사이에 잉여의 /y/(excrescent /y/)가 삽입되는 경우가 있다. 예를 들어 mayor는 보통 [méɪɚ]로 발음되지만 때로는 [méɪyɚ]로 발음된다. 그 밖에도 my own, my eye, he is, see if, enjoy it 등의 두 단어 사이에, 혹은 seeing, saying, sighing 등 동사와 어미 사이, 혹은 fire의 두 음절 사이에 /y/가 삽입된다.

잉여의 /y/가 일어나는 환경은 트래거-스미스의 분석을 따르는 경우 매우 간단하게 기술할 수 있다. 즉 /y/와 모음 사이에서 일어난다고 하면 된다. 그들의 분석을 따르는 경우 my/may/, he/hiy/, see/siy/, enjoy/injɔ́y/, say/sey/, sigh/say/, fire/fáyər/ 등에서 보듯 /y/ 뒤에 잉여의 /y/가 삽입되기 때문이다.

약세 음절에서 /ty, dy, sy, zy/는 각기 /č, ǰ, š, ž/와 교체한다. 다음과 같은 단어에서는 양자의 발음을 들을 수 있으나, 보다 주의해서 하는 발음인 경우에는 전자가 일반적이다. 예를 들면 statue, residue, issue, seizure, Christian, educate, graduate, usual, visual 등이다. 이 같은 교체는 영·미국 영어의 구별 없이 들을 수 있으나 미국 영어에서는 후자의 발음, 즉 /č, ǰ, š, ž/가 더 일반적이다.

한편 /yu/는 /ɪu/나 /u/와 환경에 따라 교체할 수 있다. 우선 미국 영어는 첫째, /p, b, f, v, m, k, g, h/ 뒤에서는 항상 /yu/가 사용된다. 예를 들면 pure, beauty, few, view, music, cupid, human 등이다. 둘째, 그 밖의 경우에서는 /yu/, /ɪu/, /u/가 교체한다. 예를 들면 tune, new, duty, suit, enthuse 등이다. 셋째, /r, š, č, ǰ/나 자음이 선행하는 /l/ 뒤에서는 /yu/를 들을 수 없다. 예를 들면 rumor, shoe, chew, June, flew 등이다. 이 경우에 교육받은 사람들은 /u/나 /ɪu/를 사용한다.

다음 영국 영어에서는 파열음, 비음, 순치음, /h/, 그리고 자음이 선행하는 /l/ 뒤에서는 /yu/를 사용한다. 예를 들면 pew, beauty, queue, argue, tune, dune, new, few, view, huge, flew 등이다. 미국 영어와 다른 것은 tune과 dune의 경우이다. 이들은 미국 영어에서 /yu/와 /u/가 교체하는 예들이지만, 영국 영어에서는 /yu/만이 사용된다. 그 밖의 다른 경우에서는 /yu/와 /u/가 교체한다. 예를 들면 absolute, lute, salute, suit, revolution, enthusiasm, pursuit, assume, suitable, consume, presume 등이다. /yu/ 발음은 일반적 RP와 진보

적 RP에서 보다 보편적인 발음이다.

현대 영어에 들어오면서 /č, ǰ, r/ 뒤에서, 그리고 자음이 선행하는 /l/ 뒤에서 /yu/는 /u/로 바뀌었다. 즉 /y/가 탈락했다. 한국어의 경우에도 현대 국어로 들어서면서 치찰음 뒤의 /y/는 모두 탈락하여 '챠, 쵸, 츄'나 '샤, 쇼, 슈' 따위는 외래어의 표기 이외에는 쓸모없게 된 것과 일맥상통한다.

한편 다음과 같은 경우에는 /yə/와 /ɪə/가 교체한다. 예를 들면 immediate, India, audience, tedious, idiot, righteous, hideous 등이다. /ɪə/가 보다 조심스러운 발음이다.

/y/가 /h/ 뒤에 오면 /h/는 [ç]로 발음되기도 한다. [ç]는 무성 경구개 마찰음으로서 한국어의 '휴'의 첫머리 자음이다. You[yu], who[hu], hue[çu]의 세 단어는 최소 대립어를 이룬다. 따라서 [ç]를 독립한 음소로 설정해야 할 듯하나 본서에서는 다음의 두 가지 이유 때문에 [ç]를 음소로 설정하지 않았다.

첫째, [ç]를 독립한 음소로 설정하는 경우, 음소 /ç/는 /u/ 앞에만 온다는 묘한 분포를 갖게 된다. 둘째, [ç]는 [hy]로 발음해도 무방하다. 이런 이유 때문에 [ç]를 /hy/에서 도출하기로 하였다. /hy/는 /y/와 교체하여 human[hyúmən]이 [yúmən]으로 발음되기도 하지만, 이것은 영·미국어에서 모두 비표준적인 것으로 여겨진다.

/y/ 기호 대신 /j/를 사용하는 사람들도 많다. 짐작건대 /j/를 사용하는 사람들은 /j/가 경구개 전이음을 위한 IPA의 표기이기 때문이다. 또한 j는 독일어, 네덜란드어, 노르웨이어, 스웨덴어 등에서 경구개 전이음으로 사용되며, 한편 IPA에서 y는 독일어의 ü나 프랑스어의 tu 같은 단어의 모음을 나타내는 것으로 사용되기 때문이다. 그러나 본서에

서 굳이 /y/를 사용하는 것은 다음과 같은 세 가지 이유 때문이다.

첫째, 영어에서 경구개 전이음은 y라는 철자를 가지며, 둘째, j를 사용하는 경우 유성 경구개 치경 파찰음 /ǰ/와 혼동하기 쉽고, 셋째, 생성 음운론을 비롯한 최근의 경향이 /y/를 사용하기 때문이다.

/y/의 조음이 한국 학생들에게 특히 어려울 것은 없다. 한국어의 '야, 여, 요, 유, 얘, 예' 등이 모두 /y/로 시작하기 때문이다. 다만 /yi/, /yɪ/ 등은 한국어에는 없으므로 연습을 요한다. 한국어에서 전설고모음 /i/ 앞에 y가 오는 경우가 없으므로 한국 학생들은 yeast와 east의 구별에 어려움을 느끼게 된다. 혀의 앞부분이 경구개에 거의 닿을 정도로 높여 조음하면 된다.

예	[y]	yield, yes, yard, yacht, yawn, union, young, yearn, yokel, year, Europe, yet, yolk, beyond, million
	[y̥]	queue, cure, pure, huge, accuse, peculiar
	[ç]	huge, human, humor, humorous, hue, Hugh, Hume, humid, humidify, humiliate, humidity

/w/

/w/는 유성 양순 연구개 전이음(voiced labio-velar glide)이다. /w/의 조음을 위해서는 입술을 좁혀야 하며, 또 후설은 연구개 가까이로 올려야 하므로 양순음인 동시에 연구개음이다. /w/는 /u/의 조음 위치에 순간 머물렀다가 다음 모음의 조음 위치로 재빠르게 옮겨 가는 음으로서, 그때의 입술의 원순도와 출발점의 높이는 뒤에 오는 모음에 따

라 달라진다. 원순모음 앞에 올 때에는 평순모음 앞에 올 때보다 더욱 원순이 되며, 뒤에 오는 모음이 고모음일수록 출발점이 높아진다. /w/는 후속 모음보다 더 높은 자리에서 출발해야 하기 때문이다.

따라서 /u/ 앞에 오는 /w/가 가장 원순의 상태와 가장 높은 곳에서 출발하며, /æ/나 /ɑ/ 따위 앞에 올 때 가장 평순의 상태와 가장 낮은 곳에서 출발하게 된다. Woo, wood, wolf, wool, womb 따위의 단어와 what, west, we, wash, wet 따위의 단어를 비교해보면 그 관계를 알 수 있다.

/w/의 중요한 이음 가운데 하나는 which의 첫머리에 나타나는 음이다. 영국 영어에서는 대부분 which와 witch, whether와 weather, why와 wye, when과 wen, where와 ware는 동음이의어이다. 그러나 조심스러운 RP 사용자나 아일랜드와 스코틀랜드 그리고 미국 영어에서는 이들의 발음을 구별한다. 그런 경우 which는 /hwič/로 기술될 수 있으며, IPA의 음성기호는 [ʍɪtʃ]이다.

[ç]의 경우처럼 [ʍ]을 독립한 음소로 설정할 필요는 없다. 또한 그 표기도 IPA 방식을 따라 [ʍ]으로 하는 경우 [m]이나 [M]과 혼동하게 된다. 그런 이유 때문에 요즈음엔 음운론적 기술을 위해서는 /hw/, 음성학적 기술을 위해서는 [w]를 사용하는 것이 일반적이다. /hw/ 음은 최근에 영국에서 급속히 그 자취를 감추고 있으며, 이 경향은 남자에게서 더욱 심하다. 그 감퇴에 대해서는 앞서 /h/에 대한 설명 때 언급한 바 있다. 그러나 정확한 시 낭송을 위해서는 /hw/를 사용하는 것이 일반적이다.

/y/와 마찬가지로 /w/는 무성자음 뒤에서는 무성음이 되는 경향이 있으며, 특히 무성 파열음 뒤에서는 완전 무성음이 된다. 이때 [w̥]는

마찰을 동반한다. Swoop와 soup, swoon과 soon의 차이는 입술 모양의 차이 때문이 아니라 마찰의 유무 때문에 생기는 것이다.

잉여의 /y/처럼 잉여의 /w/(excrescent /w/)도 있다. 두 모음이 인접해 있고, 앞의 모음이 /u/이거나, /aʊ/, /oʊ/ 등의 이중모음일 때 그 두 모음 사이에 /w/가 삽입된다. 예를 들어 doing/dúɪŋ/은 [dúwɪŋ]이 되며 power/páuər/는 [páuwɚ]가 된다. 그 밖에도 following, our, sowing, allow it, you are, go on, you eat 등이 있다. 잉여의 /y/의 경우에도 그랬지만 트래거-스미스의 분석을 따르는 경우 /w/가 일어나는 환경은 매우 간단해진다. 위의 단어들은 doing/duwing/, power/pawər/, following/falowiŋ/, our/awər/, sowing/sowiŋ/, allow it/əlaw it/, you are/yuw ar/, go on/gow on/, you eat/yuw iyt/ 등이 되므로 잉여의 /w/는 /w/와 모음 사이에 나타난다고 말할 수 있다.

그러고 보면 잉여의 /y/와 잉여의 /w/는 서로 무관한 현상이 아니다. 트래거-스미스의 분석을 따르는 경우 우리는 전이음과 모음이 인접한 경우 그들 사이에 전이음을 삽입한다고 말할 수 있다. 이처럼 얼른 보기에 여러 개의 현상처럼 보이는 것을 하나의 현상으로 묶어내는 것은 생성음운론에서 주로 하는 작업이다(자세한 과정을 알아보기 위해서는 전상범, 〈음운론〉(서울대학교출판부, 2004)을 참조하기 바란다). 이 잉여의 /w/는 교육받은 사람들의 발음에서 비교적 폭넓게 들을 수 있기는 하지만 점잖은 발음은 아니다.

자음이 /w/ 앞에 올 때 /w/의 원순성에 동화되어 원순성을 띠게 되는데, 이것이 3장에서 언급한 순음화(labialization) 현상이다. Twist, queer, swing, language, conquest 등에서 /w/ 앞에 오는 자음은 모두 원순성을 띠게 되며, 이들을 정확히 음성학적으로 표기하기 위해서는 [tʷ], [kʷ], [sʷ], [gʷ] 등의 기호를 사용해야 한다.

/w/는 한국어에서 '위, 웨, 왜, 워, 와'의 형태로 나타난다. 한국어에는 영어의 /wu/나 /wo/, /wɔ/에 해당하는 것이 없으므로 한국 학생들은 wool이나 war, won't 등의 발음에 어려움을 느끼게 된다. /wu/를 조음하기 위해서는 한국어의 '우' 보다 혀를 더 높이고, 입술을 더 둥글게 해서 앞으로 삐죽 내밀어 더욱 강하고 긴장된 음을 내도록 해야 한다. Woos와 ooze의 차이를 발음할 수 있도록 연습해야 한다.

한국 학생들이 흔히 저지르는 잘못은 /CwV/를 /CʷV/로 발음하는 것이다. 예를 들면 sweet/swit/를 /sʷit/로 발음하는 것이다. 한국어로 '쓰위트' 처럼 발음해야 하는 것을 '쒸트' 처럼 발음하는 것이다.

|| 예 ||
[w]	week, wet, wag, wasp, wood, womb, one, word, wave, woke, wire, weird, wear, wink, well, wish
[w̥]	twig, twelve, twin, twice, twist, queen, quick, quaint, question, quit, quite, squeeze, quiet
[ʍ]	wheat, whether, which, white, what, wheel, whip
[ʍ]−[w]	which−witch, whether−weather, whine−wine, whales−Wales, Where−ware, why−wye, when−wen
[w]−[v]	west−vest, wine−vine, worse−verse, wail−veil, weir−veer

/r/

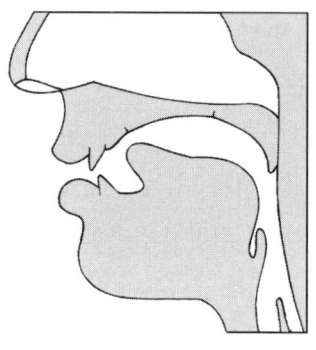

〈그림 7-23〉 /r/의 조음

/r/은 유성 치경 전이음(voiced alveolar glide)이다. 본서에서는 /r/을 전이음으로 분류하였으나 /r/은 다분히 자음적인 성격도 있다. /r/은 가장 다양한 소리 가운데 하나일 것이다. /r/을 조음하기 위해서는 연구개를 올려 비강에 이르는 통로를 막고 혀끝과 설단을 경구개에 인접하는 치경에 가까이 댄다. 이때 혀끝은 치경 바로 뒤쪽을 향하여 뒤로 말아 올려지며, 전설과 중설 부분은 갑자기 낮아져 혀의 한가운데가 움푹 들어가게 된다. 이 때문에 /r/은 권설음(retroflex)이라고도 불린다. 권설의 정도는 영국 영어보다 미국 영어가 훨씬 더하다.

한편 혀의 좌우는 /n/이나 /t/, /d/처럼 윗어금니에 대며, 공기는 혀의 중앙을 통해 자유롭게 빠져나가므로 마찰은 일어나지 않는다. 입술의 모양은 뒤에 오는 모음에 따라 달라진다. Reach의 경우는 평순이며 root의 경우는 원순이다. 이런 위치에서 혀끝이 갑자기 앞과 밑으로 떨어지며 뒤에 오는 모음의 위치로 옮아간다.

이상과 같은 조음의 /r/은 후치경음(postalveolar)이라고 불리며, 이것이 /r/의 가장 흔한 이음이다. 이 밖에 후경구개음(postpalatal)의 /r/도 있다. 〈그림 7-24〉에서처럼 혀끝은 낮게 두고 혀의 가운데 부분을 경구개 뒷부분을 향해서 올린다. 이 두 형태의 /r/은 청각적으로 거의 같다.

위에서 기술한 /r/의 조음은 red나 erupt처럼 /r/이 강세 모음 앞에 나타나거나, refér나 rheumátic처럼 어두에서 약세 모음 앞에 나타날 때의 /r/의 기술이다. 그러나 /r/이 very나 merry에서처럼 모음 사이에 올 때 영국 영어에서는 /r/이 설탄음(flap) [ɾ]이 된다.

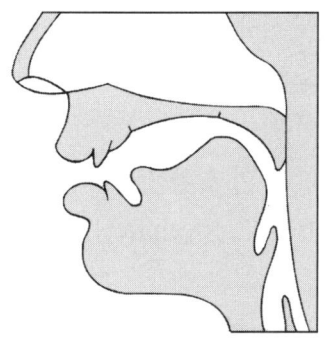

〈그림 7-24〉 후경구개 /r/의 조음

설탄음은 혀끝으로 치경을 한 번 찰싹 쳐서 내는 소리다. 이때 혀의 좌우는 윗어금니에 살짝 닿는다. 설탄음은 얼른 듣기에 /d/와 같은 인상을 주지만 다음 세 가지 점에서 /d/와 다르다. 첫째, 혀끝이 치경에 접촉하는 기간이 짧다. 둘째, /d/의 경우는 혀끝이 치경에 닿아 허파에서 올라오는 공기를 완전히 차단하지만 설탄음의 경우는 그 폐쇄가 불완전하다. 셋째, 설탄음의 경우 /r/의 특징인 움푹 팬 중설의 모양을 그대로 유지한다. 그러므로 carry와 caddy는 혼동되는 일이 없다. 설탄음은 three나 with respect에서처럼 /θ/나 /ð/ 뒤에서도 일어나며, 때로는 bright나 grow에서처럼 /b/나 /g/ 뒤에서도 일어난다.

/r/은 스코틀랜드와 아일랜드에서 연탄음(連彈音; trill)으로 발음된다. 연탄음은 설탄음을 빠르게 반복하는 것으로서, 혀끝을 치경 근처에 대고 허파에서 올라오는 공기로 혀끝을 1초당 6~10번 가량 진동하도록 하는 음이다. 치경 연탄음에 대한 IPA의 음성기호는 [r]이며 권설전이음의 음성기호는 [ɹ]이지만, 연탄음은 영·미국 영어의 정상적인 음이 아니다. 또 [ɹ]처럼 [r]을 거꾸로 쓰는 것도 쉽지 않으므로 연탄음을 위해서는 [ř]이나 [r̆] 같은 기호를 사용하고 전이음을 위해서는 [r]

을 사용하는 것이 요즈음의 통례이다. 스코틀랜드에서도 연탄음은 감소하는 추세에 있다. 정상적인 미국 영어에서는 거의 들을 수 없는 음이다.

/r/이 강한 기식의 파열음 뒤에 올 때에는 완전한 무성음이 된다. 예를 들면 price[pr̥aɪs], try[tr̥aɪ], cream[kr̥im] 등이다. 그러나 /r/이 다음과 같은 자리에 오면 부분적인 무성음이 된다. 첫째, /r/이 약한 기식의 파열음 뒤에 올 때다. 예를 들면 upright, apron, cockroach 등이다. 그러나 그 앞에 s가 오는 /spr-, str-, skr-/ 경우에는 /r/의 무성음화가 일어나지 않는다. 예를 들면 spray[spreɪ], stray[streɪ], scream[skrim] 등이다. 둘째, /r/이 /f, θ, š/ 등 경음의 무성자음 뒤에 올 때인데, 예를 들면 fry, thrive, shrink 등이다.

/r/은 /t/나 /d/ 뒤에 올 때 흔히 마찰을 동반할 수 있다. 특히 /t/와 /d/가 어두에 올 때가 그렇다. 마찰의 /r/은 /ɹ/로 표시된다. Trick, tree, truck이나 dream, drive, dread 등에서 어두의 /t/와 /d/는 뒤에 오는 [ɹ̝]이나 [ɹ]과 결합하여 파찰음이 되기도 한다. 이 현상은 한 단어 안에서뿐만 아니라 빠른 발음에서는 bedroom이나 wide road에서처럼 형태소나 단어들 사이에서도 일어난다.

이처럼 /r/이 여러 모양으로 나타나는 현상을 이해하기 위해서는 /r/의 역사를 살펴보는 것이 좋다. 본래 고대 영어에서는 /r/이 연탄음이었다. 그러나 그것이 뒤에 마찰음이 되었는데, 이때까지만 해도 아직 자음적인 성격이 강했던 것이다. 17세기에 들어와서 자음적 성격이 약해지면서 점차 모음에 가까워져 오늘날과 같이 되었다. 그러나 /r/이 아직도 곳에 따라, 그리고 환경에 따라 연탄음으로 나타나는 것은 /r/의 변천 과정에 나타났던 음들이 그대로 남아 있는 것이라고 할 수 있다.

Far나 third처럼 철자의 r이 발음되기도 하고 되지 않기도 하는 것으로 r이 있는 지역, r이 없는 지역으로 나누고, 또 이것이 영국 영어와 미국 영어를 구별하는 중요한 기준이 되어 온 것을 우리는 잘 알고 있다. 일반적으로 영국 영어는 r이 발음되지 않으며, 미국 영어에서는 r이 발음된다.

그러나 영국에서도 런던에서 떨어져 있고 RP의 영향을 받지 않는 곳에서는 여전히 옛날에 발음되던 /r/을 그대로 가지고 있다. 그렇기 때문에 미국 영어에서와 마찬가지로 pour와 paw, court와 caught가 구별된다. RP를 사용하는 사람들 가운데서도 일부는 pour[pɔə], paw[pɔ]로 발음하여 양쪽을 구별하기도 한다. 한편 미국 영어에서도 동부 뉴잉글랜드, 뉴욕 시, 남부의 해안 지대에서는 r을 발음하지 않는다. 그러나 이 고장 사람들이 모두 그렇게 발음하는 것은 아니며, r이 없는 지역에서도 r의 사용은 증가하는 추세에 있다.

그런데 r이 없는 지역에서도 r로 끝나는 단어 뒤에 모음으로 시작하는 단어가 오면 r의 발음이 되살아난다. 예를 들어 far만 발음할 때에는 [fɑ]이지만 far away가 되면 [fɑr əwéɪ]가 된다. 이 밖에도 far off, four aces, answer it, fur inside, near it, wear out, poor Ann 등이 있다. 이 같은 현상의 /r/을 연결의 /r/(linking/r/; liaison/r/)이라고 한다. 연결의 /r/은 남부 방언에서는 많이 볼 수 없다.

연결의 /r/과 비슷한 현상으로 삽입의 /r/(intrusive/r/)이 있다. 연결의 /r/은 철자상으로는 r이 있었음에 반해 삽입의 /r/은 철자상으로나 역사상으로 전혀 근거가 없는 /r/이 삽입되어 발음되는 현상이다. 예를 들면, idea of가 [aɪdíər əv]로 발음된다. 이 밖에도 Russia and China[rʌ́šər ən čáɪnə], drama and music[drɑ́mər ən myúzɪk], India and Pakistan[índɪər ən pəkistán], area of agreement[ɛərɪər əv əgrí-mənt], Ida and May[áɪdər ən meɪ], China office[čáɪnər áfɪs] 등이 있다.

  이상의 예만 보면, 삽입의 /r/은 두 모음 사이에서 모음 충돌을 막기 위해 일어나되 앞의 모음이 /ə/일 때 일어난다고 말할 수 있다. 그러나 law and order, saw a man, Utah and Wyoming, Shah of Persia 등의 예를 보면 /ɔ/나 /ɑ/ 뒤에서도 일어난다는 것을 알 수 있다. 그러나 여기에서도 두번째 모음이 /ə/이든지, 아니면 첫번째 모음에서 두번째 모음으로 가기 위해서는 /ə/ 구역을 통과해야 함을 알 수 있다. /ə/ 구역이 결국 /r/의 조음 구역이고 보면 삽입의 /r/을 연결의 /r/에 대한 유추 때문에 생긴 현상이라고 하는 것은 옳지 않다.

  삽입의 /r/은 /ə/ 뒤에서 일어나는 것이 정상이고, /ɔ/나 /ɑ/ 뒤에서 사용되는 삽입의 /r/은 교육받지 못한 사람의 발음으로 간주된다. 첫째 모음이 비록 /ə/로 끝났더라도 그 앞에 /r/이 있으면 삽입의 /r/ 현상이 일어나지 않는다. 예를 들면 Clara and Jane, the orchestra is good 등에서는 삽입의 /r/이 들어오지 못하는데, 이것은 아마도 뒤에 언급하게 될 이화(dissimilation)의 한 현상인 듯싶다.

  한국어의 'ㄹ'은 모음 사이에서는 설탄음이 되며, 나머지 자리에서는 [l]이 된다. 따라서 /r/의 이음들은 한국 학생들에게 발음하기 쉽지 않은 음들이다. 발음할 때의 몇 가지 주의점은 첫째, /r/을 연탄음으로 발음하지 말아야 한다. 둘째, 한국어의 'ㄹ'보다는 훨씬 입술을 앞으로 내밀고 발음해야 한다. 셋째, 어두의 /tr-/나 /dr-/이 파찰음에 가깝게 발음되기도 하지만 이것을 처음부터 너무 과장해서 모방할 필요는 없다. 가끔 draw 따위를 '쥬로' 비슷하게 발음하는 사람이 있는데, 이것은 지나친 모방이다. 넷째, 삽입의 /r/을 너무 과장해서 강하게 흉내낼 필요가 없다. 이것은 자연스러운 음성 현상이므로 의식하지 않아도 저절로 /r/이 삽입된다. 다섯째, 음절말의 /r/은 궁극적으로 터득하고자 하는 나라의 관례에 따라 발음을 정해야 한다.

예	[r]	reed, rag, rain, right, road, royal, rut, rude, ring, rack
		mirror, very, arrow, sorry, hurry, diary, arrive, arrange
		poor, far, father, further, here, there, car, large, moor
	[r̥]	pray, prism, proud, cream, crow, shrink, shrug, thrust, three, shrine, free, fry, prime, frown, cry, shrew
	[ɹ]	dry, dream, drown, drug, drive, drew, drop, drink, dress
	[ɹ̥]	truck, trip, tropic, tread, trouble, trunk, trap, try
	[r]-[l]	raw—law, red—lead, read—lead, ray—lay, reader—leader, rain—lain, rest—lest, right—light, road—load, rock—lock, wrong—long, room—loom, rink—link, row—low

8 강세와 억양

8.1 탁립
Prominence

　　　　　　　　영어를 읽거나 말하는 것을 들으면 어떤 단어들은 다른 것에 비해 더 돋보이게 들린다. 마찬가지로 두 음절 이상의 단어를 발음하는 경우에 보다 크게 들리는 음절이 있고 그렇지 못한 음절이 있다. 이때 우리는 돋보이는 단어나 음절을 탁립이 크다고 말한다. 예를 들어 examination이라는 단어를 단독으로 발음하면 examination과 같은 탁립의 차이를 갖게 된다(숫자는 탁립의 순서를 나타낸다. 즉 /neɪ/, /zæ/, /ɪg/, /mɪ/, /šn̩/의 순서로 탁립의 크기가 작아진다).

　　모든 언어에는 탁립을 나타내는 장치가 있다. 흔히 강세, 음의 고저, 음질, 음장 등이 사용된다. 영어는 이 가운데서 적어도 두서너 개를 사용하고 있는 것으로 알려져 있다. 그러나 언어마다 이들을 사용하는 방법이 같지 않다. 영어의 경우에 변별적인 것은 강세뿐이다. 예를 들어 insult, import 등의 단어는 강세가 오는 위치에 따라 품사가 달라지며, /bɪloʊ/는 강세의 위치에 따라 billow 혹은 below의 전혀 다른 단어가 된다. 강세에 비해 다른 것들은 변별적인 기능을 갖지 못한다. 가령 pen이라는 단어는 높게 발음하건 낮게 발음하건, 길게 발음하건 짧게 발음하건, 빠르게 발음하건 느리게 발음하건 그 뜻에는 차이가 없다.

　　중국어는 4성(聲)이라고 하여 /ma/라는 음의 연쇄가 媽〔어머니〕, 馬〔말〕, 麻〔삼〕, 罵〔욕하다〕의 네 가지 다른 뜻을 갖는다. 일본어도 /hashiga/라는 연쇄가 ha|shiga로 발음되면 '젓가락〔箸〕이', ha|shi|ga

로 발음되면 '다리〔橋〕가', ha|shiga로 발음되면 '모서리〔端〕가'의 뜻을 갖게 된다. 한편 노르웨이어에서는 강약과 고저 모두를 이용한다.

탁립은 강조의 기능을 가지므로 흔히 악센트라고도 불리며, 또한 자음이나 모음과 같은 분절음과 겹쳐서 일어나므로 초분절음(超分節音; suprasegmental)이라고 불리기도 한다. 그러나 흔히 악센트라고 하면 강세 악센트와 고저 악센트를 말한다. 흔히 강세의 뜻으로 악센트라는 말이 사용되기도 하지만 이 둘은 구별해서 사용하는 것이 원칙이다. 악센트는 강세보다 더 폭넓은 표현이다. 악센트를 받는 음절이란 탁립을 갖는 일체의 음절을 일컬으며, 강세는 어떤 음절에 탁립을 부여하는 하나의 방법에 불과하다.

탁립을 나타내기 위한 위의 네 가지 장치 가운데서 영어에서는 강세가 가장 중요하다. 앞서 언급한 것처럼 강세만이 변별적이기 때문이다. 강세는 흔히 보다 많은 공기와, 커다란 근육 에너지에 의해 얻어지는 성대 진동의 결과 나타나는 보다 큰 소리로 이해된다. 그러나 대개의 경우 강세는 음의 고저에 연동되어 있다. 즉 강세를 받는 음절은 고음으로, 강세를 받지 않는 음절은 저음으로 발음된다. 강세에 대해서는 뒤에 보다 자세히 언급될 것이다.

둘째, 탁립을 위한 중요한 장치는 음의 고저이다. 음의 고저는 성대의 진동수에 의해 변하는 것이지만, 진동수의 증가 비율이 반드시 소리의 높이에 대한 우리의 청각적인 인상과 일치하지는 않는다. 음의 고저는 그 자체로서 훌륭한 탁립의 수단이지만, 강세가 탁립의 수단이 되는 것을 도와주는 기능도 가지고 있다.

예를 들어 insult나 import 같은 단어들은 강세의 위치에 따라 명사와 동사로 구별되어 사용되지만, 이들이 구별되는 것은 정확히 말해

음의 고저를 동반하는 강세라고 해야 옳다. 음의 높이는 일정하게 유지한 채 강세만으로 이들의 명사형과 동사형을 나타내는 것은 쉽지 않은 것을 보아도 이 같은 사실을 알 수 있다. 대개 탁립에 영향을 미치는 것은 고음이지만, 대부분이 고음인 경우에는 저음이 탁립에 영향을 미칠 수도 있다. 한편 음의 고저는 억양을 나타내는 가장 중요한 수단이다. 이에 대해서도 뒤에 자세히 언급될 것이다.

셋째, 음질이 탁립에 영향을 주기도 한다. 대개는 모음이 자음보다 탁립이 크며, 같은 모음이라면 개구도가 클수록 탁립의 정도가 커진다. 자음 중에서는 /m, n, ŋ, l, r/과 같은 공명 자음의 탁립도가 크고, 무성음보다는 유성음의 탁립도가 크다.

한편 마찰음은 파열음보다 탁립도가 크다. 이와 같은 관계는 흔히 공명도라는 개념에 의해 설명된다. 공명도란 어떤 음이 들리는 최장 거리의 정도에 따라 그 크기가 정해진다. 즉 공명도가 큰 음일수록 멀리까지 들린다. 멀리 떨어져 있는 사람에게 /i, e, ɑ, o, u/를 순서에 상관없이 하나씩 발음하도록 해보면 /ɑ/가 가장 듣기 쉽다는 것을 알 수 있다. 다음은 공명도의 순서에 따라 음을 배열해 놓은 것이다.

1. 저모음   /ɑ, ɔ/
2. 중모음   /e, o/
3. 고모음   /i, u/
4. 유음   /r, l/
5. 비음   /m, n, ŋ/
6. 유성 마찰음   /v, z, ž, ð/
7. 유성 파열음   /b, d, g/

8. 무성 마찰음   /f, s, š, θ/
9. 무성 파열음   /p, t, k/

만약에 [ıɑlɛlu]라는 무의미 단어를 각 분절음의 고저, 길이, 강세를 똑같이 들려준다면 [ɑ]가 가장 탁립한 음으로 들릴 것이다. 그러나 꼭 같은 음들이 반복되는 곳에 이들과 다른 음이 있다면 이 음이 주변의 다른 음들보다 공명도가 낮더라도 더 큰 탁립도를 갖게 된다. 예를 들어 [ænænænınænæ]와 같은 연쇄에서 [ı]는 비록 [æ]보다 공명도는 작지만 더 큰 탁립도를 갖는다.

넷째, 음장의 문제가 있다. 만약에 [ıɑlɛlu]라는 연쇄를 강세와 고저를 일정하게 하고 길이만 다르게 할 경우 길이가 가장 긴 것이 가장 큰 탁립을 갖는다. 그리하여 공명도가 작은 [ı]나 [u]도 [iː], [uː]로 길게 발음하면 다른 모음들보다 더 큰 탁립도를 가질 수 있다.

따라서 대개 장모음이 되는 긴장모음이나 이중모음은 다른 모음보다 더 큰 탁립도를 갖는다. 심지어 이러한 모음은 무강세 위치에 와서 강세를 받을 때만큼 길게 발음되지 않는 경우에도 큰 탁립도를 갖는다. 예를 들어 phoneme의 마지막 모음 /i/나 idea의 어두 모음 /aı/ 등은 강세가 오지 않음에도 큰 탁립도를 갖는다. 흔히 교회에서 and the blessing of God be upon you라는 기도에서 본래는 단모음인 bless, God, upon 등을 길게 발음하여 이들에게 보다 큰 탁립도를 부여하는 것을 볼 수 있다.

강세는 흔히 보다 많은 에너지의 소비에 의해서 얻어지는 것으로 이해되어 왔으나, 실제로 이보다는 더 추상적이고 심리적인 존재라는 증거가 있다. 예를 들어 insult가 명사로 사용된 경우에는 첫 음절에 강세가 온다. 그러나 이 단어가 상승 억양(rising intonation)을 갖는 경우, /ɪn/보다는 /sʌlt/에 더 많은 에너지를 소비하게 되지만, 말하는 이나 듣는 이에게 모두 /ɪn/이 강세 음절로 들린다.

말하는 사람에게는 일정한 강세의 리듬 패턴이 있다. 이것은 실제로 듣는 이에게 전달되지 않더라도 듣는 이의 마음속에 같은 패턴을 불러 일으키게 된다. 이것은 듣는 이의 언어 경험에서 비롯된 회상에 의해 가능하다. 그리하여 강세 음절은 실제로 존재하지 않더라도 말하는 이와 듣는 이 모두에게 강세 음절로 이해된다. 예를 들어 많은 경우에 Thank you는 /kkyu/로 나타나는데, 이때 강세 음절은 물리적 실체를 갖지 못한다.

위에서 강세의 리듬 패턴이라는 말을 썼지만, 영어나 독일어는 강세 박자 언어(stress-timed language)로 알려져 있다. 리듬이란 어떤 일정한 간격을 두고 반복되는 것을 의미하는데, 영어나 독일어의 경우는 문장 강세가 일정한 시간적 간격을 두고 반복한다. 이것을 등시 간격성(等時間隔性; isochronism)이라고 부른다. 이 말은 뒤집어 말해 강세를 받는 음절 사이의 실제 시간은 그 사이에 놓이는 음절의 수에 상관없이 일정하다는 뜻이다. 다음 문장에서 대문자로 표시한 음절들이 문장 강세를 받는 단어들의 강세 음절이다. 이들 사이의 시간은 그 사이에 놓이는 단어나 음절의 수에 상관없이 일정하다.

The DÓCtor's a SÚRgeon.
The DÓCtor's a good SÚRgeon.
The DÓCtor's a very good SÚRgeon.
The DÓCtor's not a very good SÚRgeon.

BÓYS GÓT BOÓKS.
The BÓYS have GÓT some BOÓKS.
Both of the BÓYS have just GÓT some of the BOÓKS in it.

영어에는 등시 간격성을 유지하기 위한 몇 가지 방편이 있는데, 어떤 단어의 음절수가 늘어남에 따라 그 모음의 길이를 짧게 발음하는 경향이 있다. 예를 들어 speed와 speedy를 비교해보면 speed의 모음보다 speedy의 모음이 더 짧은 것을 알 수 있다. 한편 speedy와 speedily를 비교해보면 speedily의 모음이 더 짧은 것을 알 수 있다. 그러나 등시 간격성은 어디까지나 경향이며, 반드시 그래야 하는 것은 아니다. The réd bírd flew spéedily hóme에서 첫째와 둘째 강세 사이의 간격이 셋째와 넷째 강세 사이의 간격과 같을 수는 없다.

영어나 독일어에 비해 프랑스어나 일본어는 음절이 일정한 간격을 두고 반복되는 음절 박자 언어(syllable-timed language)이다.

영어를 잘 읽고 발음하는 요체 가운데 하나는 강세 사이의 등시성을 유지하는 일이다. 두 강세 사이에 놓이는 음절의 수가 많아질수록 읽는 속도는 빨라져야 하며, 이때 이들 음절의 모음들은 약화되어 애매모음(obscure vowel)인 /ə/나 /ɪ/가 된다. 외국 학생들이 영어를 듣고 이해하는 데 특히 어려움을 느끼는 것은 바로 이 때문이다. 주어진 문장을 강세들 사이의 등시성을 유지한 채 천천히 읽는 것이 이 문장을 듣고 이해하는 데에 별로 도움이 되지 않는 것도 이 까닭이다. 약화된 모음을 모두 강형으로 읽는다면 전체 리듬은 보다 음절 박자 언어의 모습을 갖게 되어 훨씬 이해가 쉬워진다. 거꾸로 외국 학생들이 영어다운 발음을 원하는 경우 등시 간격성을 항상 머리에 두고 발음하도록 노력해야 한다.

　외국 학생이 영어의 강세를 모두 정확히 알아맞히기는 쉽지 않으나 언어에 따라서는 강세의 위치가 고정된 것도 있다. 체코어에서는 강세는 항상 어두의 첫째 음절에 오며, 폴란드어나 스와힐리어에서는 말미 제2음절(penultimate syllable)에 온다. 라틴어에서는 말미 제2음절이 장모음이면 그곳에, 그렇지 않으면 말미 제3음절(antepenultimate syllable)에 강세가 온다. 프랑스어의 경우에는 항상 구의 마지막 음절에 강세가 온다.

8.2 음절
Syllable

　　　　　　　　　　　음소가 결합하여 음절을 이루고, 음절이 결합하여 형태소와 단어를 이룬다. 따라서 음절은 음소와 형태소 사이에 위치하는 범주라고 할 수 있다. 음성학에서 음절이라는 범주를 인정하고 다루는 것은 대체로 다음과 같은 세 가지 이유에서 비롯하는 것 같다.

　첫째, 음절은 우리가 그것을 원하든 원하지 않든 간에, 또 우리가 그것을 정의할 수 있든 없든 간에 엄연히 존재한다는 사실이다. 일찍부터 운문은 음절을 바탕으로 쓰였으며, 문자도 음절을 단위로 만들어졌다. 또 어떤 단어가 주어졌을 때 사람들은 음성학에 대한 별다른 소양

없이도 그 단어의 음절수를 알아맞힐 수 있다. 영어를 모국어로 하는 사람들에게 happy라는 단어가 주어지면 이 단어가 두 개의 음절로 되어 있다는 데 의견이 일치한다.

둘째, 어떤 언어에서의 음소의 결합을 설명하는 데 음절은 편리하다. 일단 단음절어들의 구조가 규명되면 그보다 더 큰 단위에서의 음소의 결합을 설명하는 데 있어 음절은 편리하게 사용될 수 있다. 약간의 예외를 제외한다면, 단음절의 연쇄가 아닌 어떤 것도 보다 큰 단위, 즉 형태소나 단어에서 일어날 수 없다. 만약에 영어에 /kststr/라는 연쇄가 fixed string이라는 단어의 연쇄에서 발견될 때 우리는 이것을 힘들여 설명하는 대신 /kst+str/로 분석한다. /kst/와 /str/는 각기 영어에서 음절 앞과 음절 끝에 올 수 있는 자음군들이기 때문이다.

셋째, 음절의 개념은 음성 현상의 설명을 쉽고 간결하게 해준다. 우리는 앞서 spy 같은 단어의 /p/에 비해 pie의 /p/는 많은 숨을 동반하는 기식음이라는 사실을 알았다. 그러나 음소 /p/가 어두의 강세 모음 앞에서만 [pʰ]로 구현된다고 말할 수는 없다. 왜냐하면 appear나 impatient 등에서는 어두가 아님에도 불구하고 기식의 [pʰ]로 구현되기 때문이다. 하지만 이 문제는 어두라는 말 대신 음절 초라는 말을 쓰면 해결된다. 즉 /p/는 음절 초에서 뒤에 강세 모음이 오는 경우에 [pʰ]로 구현된다.

주어진 단어의 음절수에 대해서는 대부분의 경우 의견의 일치를 보는 것이지만, 경우에 따라서는 의견이 다를 수 있다. 이는 방언적인 차이에서 흔히 볼 수 있다. 예를 들어 predatory라는 단어를 [prɛdətrɪ]라고 발음하는 사람은 세 음절이라 할 것이며, 한편 [prɛdətɔrɪ]라고 발음하는 사람은 네 음절이라고 할 것이다. 설사 방언의 차이가 없다고 하더라도 다음과 같은 경우에 의견의 불일치가 일어난다.

첫째, 성절 자음으로 간주될 수도 있는 비음이 들어 있는 경우다. 예를 들어 communism이나 mysticism 따위의 어말의 비음을 어떻게 보는가에 따라 셋, 혹은 네 음절을 갖는 것으로 간주된다.

둘째, 전설 고모음 /i/ 뒤에 /l/이 오는 경우다. 예를 들어 많은 사람들이 meal이나 seal이 두 음절이라고도 하고 한 음절이라고도 한다.

셋째, 약세의 전설 고모음 /I/ 뒤에 다른 모음이 뒤따를 때다. 예를 들어 mediate나 heavier 등은 두 음절로, 혹은 세 음절로 보기도 한다.

음절의 존재가 분명하고, 또 음성학이나 음운론에서는 그것에 대한 인정이 필요함에도 그것을 정의하려는 노력은 별로 성공적이지 못했다. 첫번째 노력은 음절을 공명도라는 개념으로 정의하려는 공명이론(sonority theory)이었다. 음절에 대한 적절한 정의는 음절수에 대하여 의견의 일치를 보는 단어들뿐만 아니라 의견의 일치를 보지 못하는 단어들까지도 설명할 수 있어야 하고, 그런 목적을 위해서는 공명도라는 개념이 적절하다고 생각했던 것이다.

우리는 앞서 공명도란 어떤 소리가 들리는 거리의 멀고 가까움에 따라 정해지는 것이라고 정의했었다. 이와 같은 공명도의 정의에 근거하여 음절의 정점은 공명도의 정점에 일치한다고 음절을 정의해볼 수 있다. 예를 들어 visit나 station 같은 단어들은 분명한 공명도의 정점을 가지고 있고, 이들의 음절 정점(syllable peak)은 분명히 주위의 다른 음들보다 더 큰 공명도를 갖는다. 공명도를 이용한 음절이론은 왜 prism, reel, meteor 등의 음절수에서 의견이 상치하는가도 설명해준다. 예를 들어 prism의 경우, 어떤 사람에게 어말의 [m]이 앞의 [z]보다 더 큰 공명도를 가질 수도 있고 그렇지 않을 수도 있다. 마찬가지로 reel의

[l]이나 meteor의 두번째 [l]도 별개의 공명 정점을 이룰 수도 있고 이루지 않을 수도 있다.

그러나 음절의 공명이론에도 문제는 있다. 예를 들어 spa 같은 단어는 하나의 음절로 되어 있다. 그러나 이 단어는 /s/와 /a/라는 두 개의 공명 정점을 갖는다. 또한 공명이론은 hidden aims와 hid names의 음절수의 차이를 설명하는 데도 실패한다. 이들은 모두 [hɪdneɪmz]라는 똑같은 음성 연쇄로 이루어져 있다. 따라서 이들은 같은 수의 공명 정점을 갖는다고 해야 할 것이다.

하지만 hidden aims는 세 음절로 이루어져 있음에 비해 hid names는 두 음절로 이루어져 있다. 또 음절수의 일치를 보지 못하는 다음과 같은 예도 있다. 즉 paddling, frightening, reddening 등은 각기 [pǽd-lɪŋ], [fráɪt-nɪŋ], [rɛ́d-nɪŋ]으로 분절하여 발음하면 각기 두 음절로 되어 있다고 할 수 있으나, 만약에 이들을 [pǽd-l̩-ɪŋ], [fráɪt-n̩-ɪŋ], [rɛ́d-n̩-ɪŋ]으로 분절하여 발음할 때에는 세 음절이 된다. 사람에 따라서는 lightning [láɪt-nɪŋ](번개)과 lightening[láɪt-n̩-ɪŋ](가볍게 하는 것)을 구별해서 발음하기도 한다. 이 모든 경우에 공명이론은 적합하지 않다.

이와 같은 어려움을 극복하기 위해 두번째로 생각해낸 것이 탁립이론(prominence theory)이다. 즉 음절은 공명도가 아니라 탁립도에 의해 정해진다는 이론이다. 탁립도는 부분적으로 음장, 강세, 고저 등을 일정하게 했을 때 공명도에 의해 결정되는 것이지만, 동시에 실제의 강세, 음장, 고저에 따라서도 달라진다. 예를 들어 hidden aims의 [n]은 탁립 정점을 이루는데, 그 까닭은 hid names의 [n]보다 더 길며 더 강한 강세를 받기 때문이다.

그러나 이 이론의 문제점은 탁립도의 결정을 위해 공명도, 음장, 강세, 고저 등을 어떻게 이용하는가에 대한 장치가 없기 때문에 자연히 탁립 정점이라는 개념은 주관적인 것이 되고 만다는 사실이다. 또 하나의 문제는 탁립 정점들 사이에 있는 음들이 앞뒤의 어느 음절에 속하는지에 대해 아무 정보도 주지 않는다는 사실이다. 동시에 extra/ɛkstrə/와 같은 단어의 음절수를 결정하는 데 여전히 어려움을 겪게 된다. 왜냐하면 이 단어는 /ɛ/, /s/, /ə/와 같은 세 개의 탁립 정점을 갖기 때문이다.

세번째로 생각해낸 것이 음절 발성의 생리적인 면에서 정의를 시도한 흉곽신축이론(chest-pulse theory)이다. 지금까지는 음절을 듣는 사람 편에서 정의하려 한 것이었으나 흉곽신축이론은 말하는 사람 편에서 음절을 정의하려 했다는 점에서 특이하다.

심리학자 스테트슨(Stetson)에 의해 제창된 이 이론은 음절이 흉곽의 신축과 밀접한 관계가 있다고 주장한다. 그는 모든 발화에는 몇 개의 흉곽운동이 있고, 이때 폐 안의 공기 압력도 증가하는데 이 흉곽 신축의 수가 바로 음절의 수라는 이론이다. 그는 호흡기관의 수많은 운동을 관찰했으며, 특히 흉곽 근육의 신축과 폐의 공기 압력을 측정함으로써 흉곽의 수축이 보다 많은 공기를 밀어 올려 음절을 형성한다는 그의 이론을 간접적으로 추론해냈다.

하지만 그 이후의 근육운동에 대한 직접적인 관찰은 그의 주장을 뒷받침해주지 않았다. 이와 같은 생리적인, 그리고 음성학적인 주장이 언어학적 수준에서는 통용되지 않는 예로서 seeing/síɪŋ/이 있다. 이 단어는 분명히 두 개의 음절로 되어 있으나 이때 두 번의 흉곽 신축이 일어난다고는 말할 수 없다.

네번째 시도는 음절을 하나의 추상적 수준의 단위로 보려고 하는 것이다. 음절을 정의하려는 지금까지의 노력은 모든 언어에 적용할 수 있는 언어 보편적인 것이었다. 그러나 음절을 주어진 언어의 주어진 음운 조직 안에 존재하는 추상적인 존재로 볼 수도 있다. 그리고 그것은 발화의 조직과 생성에서 필요한 것이기도 하다. 그 예로 발화 실수(spoonerism)를 들 수 있다. 발화 실수란 일명 slip of tongue이라고 불리기도 하며 말실수를 뜻한다. 가령 received a crushing blow라고 해야 할 것을 received a blushing crow라고 하는 따위이다.

결국 자음이 서로 엇바뀐 것인데, 이때 주의할 것은 서로 환치(transpose)되는 자음들이 음절 안에서 차지하는 위치가 같다는 사실이다. 위에서는 음절 앞에 있는 /kr-/과 /bl-/이 환치되었다. 음절 앞에 있는 자음이나 자음군이 음절 끝에 있는 자음이나 자음군과 환치되지는 않는다. 즉 /krʌšɪŋ/과 bloʊ/에서 /kr-/이 /-oʊ/와 자리를 바꾼다든지, /bl-/이 /-ŋ/이나 /-š-/와 자리를 바꾸는 따위의 일은 절대로 일어나지 않는다. 이 같은 사실은 음절이란 개념에 의존하지 않고서는 설명하기 어렵다.

음절을 언어 보편적으로, 음성학적으로만 정의하기가 어려운 것은 같은 연쇄가 언어에 따라 다르게 분절되기 때문이다. 예를 들어서 [ŋɑː]는 언어에 따라서는 /ŋ-gɑ-ɑ]나 /ŋ-gɑː/로, 혹은 /ŋgɑː/로 분절된다. 이처럼 음절은 그 실체를 파악하기는 어렵지 않지만 그것을 정의하기는 쉽지 않다.

다음으로 음절에 대해서 알아보아야 할 것은 음절 안에서의 음소들의 결합에 관한 것이다. 어떤 언어에서든지 음절 안에서는 음소들의 모든 결합이 다 가능한 것이 아니다. 실제로는 논리적으로 가능한 배열들 가운데서 일부만이 나타난다. 이와 같은 현상 중에는 음성학적으로 설명되는 것도 있고 그렇지 못한 것도 있다. 음절 안에서 음소의 결합 관계를 알아보는 것은 음소배열론(phonotactics)이 하는 일이다.

음절은 보통 세 개의 하위 성분으로 구성되어 있다고 생각된다. 이른바 음절 정점에 해당하는 것이 음절핵이며, 그 앞의 것을 음절 두음(音節頭音; onset), 뒤의 것을 음절 말음(音節末音; coda)이라고 부른다. 음절핵은 모음이며, 음절 두음과 음절 말음은 자음과 전이음이다. 음절핵을 이루는 모음을 음절 주음(音節主音; syllable nucleus)이라고 부르고, 음절 두음과 말음을 구성하는 음을 음절 부음(音節副音; marginal element)이라고 부른다. 영어의 음절 두음에는 0내지 3개의 분절음이, 음절 말음에는 0내지 4개의 분절음이 올 수 있다. 이것을 $C_0^3VC_0^4$라는 구조식으로 나타낼 수 있다. C_0은 자음수의 하한선을 나타내며, C^3과 C^4는 각기 자음수의 상한선을 나타낸다. 다음은 그 관계를 보여주는 예이다.

예 \ 음절에서의 위치	음절 두음		음절핵	음절 말음			
I			aɪ				
rye		r	aɪ				
right		r	aɪ	t			
rights		r	aɪ	t	s		
prompt		p	r	ɑ	m	p	t	
prompts		p	r	ɑ	m	p	t	s
sprout	s	p	r	aʊ	t			

음소 배열을 알아보기 전에 몇 가지 언급해 두어야 할 사항이 있다. 첫째는 분석해야 할 단어들의 성격에 관한 문제다. 드문 단어들, 고어나 외래어, 고유명사 등에 대한 우리의 태도를 결정해야 한다. Gwen, Schweppes, schnapps, tsar 등을 인정하면 /gw-/, /šw-/, /šn-/,

/ts-/와 같은 음절 두음의 존재를 인정해야 한다.

둘째로 주어진 단어가 몇 가지 가능한 발음을 가질 때 그 중에서 어느 하나를 택해야 한다. 예를 들어 width, breadth, hundredth는 어말이 경우에 따라서는 /-tθ/나 /-dθ/로 발음되며, French나 range의 어말도 각기 /-nč/나 /-nš/, /-nǰ/나 /-nž/로 발음된다. 이처럼 두 가지 이상의 발음이 가능할 때는 그 중 어느 하나를 분석의 대상으로 택해야 한다.

세번째 문제는 성절 자음에 관한 것이다. 분석하기에 따라서 성절 자음과 그 앞의 자음 사이에 /ə/가 있는 것으로 볼 수도 있다. 그렇지 않은 경우 가능한 자음군의 수가 더 많아진다. 예를 들어 rhythm/-ɪðm/, mutton/-ʌtn/, cattle/-ætl/, muddled/-ʌdld/ 따위다. 어말의 두 자음 사이에 /ə/가 있는 것으로 보지 않으면 /-ðm/, /-tn/, /-tl/, /-dld/ 따위의 음절 말음을 인정해야 한다.

네번째는 어미에 관한 문제다. /t, d, s, z/ 등은 -ed, -s, -'s 등 어미의 표면형인데, 만약에 음절의 분석 대상을 단일 형태소에 제한한다면 이들은 제외되어야 할 것이다.

차례로 음절의 음소 배열을 알아보자.

(1) V

음절이 하나의 모음으로 되어 있는 경우다.

(2) V-

음절이 모음으로 시작하는 경우다. 다시 말해서 음절 두음이 없는 경우다. 영어에서는 /ʊ/를 제외한 모든 모음이 이 자리에 올 수 있다.

(3) CV-

음절 두음에 하나의 자음만이 있는 경우다. 영어에서는 /ŋ/이 이 자리에 오지 못하며, /ž/는 gigolo, jabot, Zhivago 등의 외래어에서 /ɪ/나 /i/ 앞에서만 나타난다. /ž/는 본래 고대 영어에서는 없던 자음이며, 1066년의 노르만 정복 이후 프랑스어에서 들어온 자음이다.

(4) CCV-

p+l, r, y : play, pray, pure

t+r, y, w : trim, tune, twin

k+l, r, y, w : clean, cream, cute, queue

b+l, r, y : blue, brew, bureau

d+r, y, w : draw, duty, dwell

g+l, r, y : glow, grow, ambiguity

m+y : mute

n+y : new

l+y : lure

f+l, r, y : flea, free, fury

v+y : view

θ+r, y, w : three, thews, thwart

s+l, y, w, p, t, k, m, n, f : slim, sue, swim, spin, stick, sky, smack, snack, sphinx

z+y : presume

š+r : shrimp

h+y : huge

(5) CCCV-

음절 두음이 세 개의 자음으로 되어 있으면 첫 음은 항상 /s/이며, 두번째 음은 무성 파열음 /p, t, k/ 중 하나이고, 세번째 음은 /l/이나 /r/의 유음, 혹은 /y/나 /w/의 전이음 가운데 하나다.

s+p+l, r, y : splay, spray, spurious
s+t+r, y : street, stew
s+k+r, y, w : screen, skew, square

(6) -V

음절이 하나의 모음으로 끝나는 경우다. 즉 음절 말음이 없는 경우로 영어에서는 /e, æ, ɒ/ 등이 이 자리에 오지 못하며, 또 /ə/가 이 자리에서 [ʌ]로 구현되는 일도 없다.

(7) -VC

음절 말음에 하나의 자음만이 있는 경우다. 영어에서는 /h/만이 이 자리에 오지 못한다.

(8) -VCC

s, l, m+p : crisp, gulp, limp
p, k, č, f, θ, s, š, l, m, n+t : adopt, tact, fetched, soft,
    earthed, lost, hushed, melt, dreamt, scent
s, l, ŋ+k : disk, milk, tank
l, n+č: belch, bench
l+b : bulb

b, g, ǰ, v, ð, z, ž, l, m, n, ŋ+d : stabbed, begged, judged, grieved, breathed, seized, rouged, weld, jammed, sand, winged

l, n+ǰ : bulge, plunge

l, m+f : self, nymph

p, t, d, f, l, m, n, ŋ+θ : depth, eighth, width, fifth, wealth, warmth, tenth, length

p, t, k, f, θ, n, l+s : lapse, bats, cakes, laughs, myths, since, pulse

l+v : solve

b, d, g, v, ð, l, m, n, ŋ+z : cabs, beds, bags, leaves, wreathes, balls, stems, lens, sings

l+m : film

l+n : kiln

/g, ŋ, ð/는 -VCC에서 어말에 오지 않는다.

(9) -VCCC

음절 말음에 세 개의 자음이 있는 경우다.

s, l, m+pt : claspt, helped, tempt

s, l, ŋ+kt : asked, milked, thanked

l, n+čt : filched, pinched

l, m+ft : gulfed, triumphed

p, k, d, l, n, ŋ+st : apsed, next, midst, repulsed, minced, amongst

l+bd : bulbed

l, n + ĭd : indulged, changed

l + vd : solved

n + zd : bronzed

l + md : filmed

n + tθ : thousandth(BE)

n + dθ : thousandth(AE)

l + fθ : twelfth

k + sθ : sixth

s, l, m + ps : gasps, gulps, lamps

p, k, f, s, l, n + ts : accepts, acts, drifts, boasts, melts, scents

s, l, ŋ + ks : risks, milks, thinks

l, m + fs : gulfs, nymphs

p, t, d, f, l, n, ŋ + θs : depths, breadths(/tθs, dθs/), fifths, tilths, months, lengths

l + bz : bulbs

l, n + dz : holds, lands

l + vz : solves

l + mz : films

l + nz : kilns

(10) -VCCCC

음절 말음에 네 개의 자음이 오는 경우 마지막 자음은 반드시 어미의 /t/나 /s/이다.

m + pst : glimpsed

l＋tst ： waltzed

ŋ＋kst ： jinxed

l, m＋pts ： sculpts, attempts

l, ŋ＋kts ： mulcts, instincts

k＋sts ： texts

n＋tθs ： thousandths(BE)

n＋dθs ： thousandths(AE)

l＋fθs ： twelfths

k＋sθs ： sixths

 끝으로 모라(mora)에 대해서 알아보겠다. 모라는 박자의 단위로서, 모라를 분석의 단위로 삼아야 할 대표적인 언어는 일본어다. 일본어는 고전 그리스어나 라틴어에서처럼 모라로 분석될 수 있다. 모라는 각각 발음하는 데 같은 시간이 걸리는 단위로서 일본어에서는 CV가 하나의 모라를, CVC는 하나의 음절이면서 두 개의 모라를 형성한다. 끝의 자음은 그 자체로서 하나의 독립한 모라가 된다.

 예를 들어 saka(언덕)는 두 모라이지만 sakka(작가)는 세 모라이다. 즉 saka는 두 박자의 길이로 읽어야 하지만 sakka는 세 박자로 읽어야 한다. 따라서 sakka는 3음절어인 sakana(생선)와 그 길이가 같다. San-ka(참가)도 세 박자로 읽어야 한다. 심한 경우 nippon(일본)은 음절수로는 둘이지만 [ni-p-po-ŋ] 네 박자로 읽어야 한다.

8.3 단어 강세
Word Stress

강세가 생기는 원칙에 대해서 생각해보자. 첫번째 원칙은 가치의 강세(value stress)다. 즉 강세는 주어진 말의 가장 중요한 부분에 놓인다는 원칙이다. 예를 들어 kínd, kíndly, kíndness, kíndliness 등에서 강세가 항상 kind에 있는 것은 kind가 가장 중요한 부분이기 때문이다. 그 밖에 chíld, chíldish, chíldren, chíldless도 마찬가지다. 한편 toníght, tomórrow, todáy 등에서 강세가 뒤에 오는 것 역시 중요한 말 위에 강세를 두려는 원칙에서 비롯된 것이다.

두번째는 대조의 강세(contrast stress)다. 다음의 문장에서 increase와 decrease의 발음이 바로 그 예이다. The number of boys in the school is décreasing while that of girls is íncreasing. 이 두 단어는 모두 동사이므로 단독으로 발음될 때에는 [ɪnkrís], [dɪkrís]처럼 마지막 음절에 강세가 와야 하지만 위 문장에서처럼 양쪽을 대조시켜야 할 경우에는 첫 음절에 강세를 둔다. 본래의 강세대로는 차이가 분명하지 않기 때문이다. Thirteen도 thirty와 구별하기 위해서 끝 음절에 강세를 두지만 fourteen, fifteen 등과 구별하기 위해서는 첫 음절에 강세를 둔다. Princess는 Príncess Elizabeth에서는 첫 음절에 강세가 오지만 prince와 대조시킬 때에는 princéss로 발음한다. 다음과 같은 단어들은 대조의 강세가 굳어버린 예이다.

súbject-óbject   bénefactor-málefactor
áccess-éxcess   mále-fémale
ínstitute-cónstitute ímport(n.)-éxport(n.)
óccident-órient   ágriculture-hórticulture

 세번째는 리듬의 강세(rhythm stress)다. 전체의 리듬에 맞도록 강세의 위치를 정하는 경우를 말한다. Spêak Chinése에서 Chinese의 강세는 마지막 음절에 있지만, a Chínese lântern에서는 강세 음절이 나란히 놓이지 않도록 첫 음절에 강세가 놓였다. 이 같은 강세 이동에 대해서는 뒤에서 더 자세히 언급하겠다.

 네번째의 원칙은 통합의 강세(unity stress)다. 이것은 두 개의 형태소가 한데 합쳐 하나의 단어가 되든가, 혹은 하나 이상의 단어가 모여 통일된 하나의 복합어나 구를 이룰 때, 강세가 독립한 요소들을 하나로 묶는 기능을 한다. Whoéver, somebody élse, throughóut, each óther, one anóther 등이 그 예이다. 합성어와 구의 강세에 대해서는 뒤에서 다시 자세히 언급될 것이다.

 다섯번째로 유추의 강세(analogy stress)가 있다. 라틴 계통의 차용어로서 본래의 강세를 버리고 영어 유사어의 강세에 유추하여 강세 위치를 옮기는 것이다. 예를 들어 mirage[mɪrɑ́ž]는 본래 끝 음절에 강세가 오는 단어지만 영어의 village[vílɪj] 등에 유추하여 [mírɑž]로 발음되기도 한다. 그 밖에 sábotage, cháuffeur, cháperon 등이 있다.

 다음으로 단어 강세의 기능에 대해서 알아보겠다. 무엇보다도 중요한 단어 강세의 기능은 통사적인 것이다. 즉 강세의 위치에 따라 통사적 관계, 더 정확히 말해서 품사가 달라진다. 다음과 같은 단어들은 강세의 위치에 의해 명사와 동사로 구분되는 예들이다.

명사	동사	명사	동사
ínsult	— insúlt	díscount	— discóunt
óverflow	— overflów	ímpress	— impréss
íncrease	— incréase	íncense	— incénse
décrease	— decréase	ínlay	— inláy
ímport	— impórt	óffset	— offsét
tránsfer	— transfér	óverhang	— overháng
tránsport	— transpórt		

대부분의 경우 강세가 이동하면 모음의 음질도 달라진다. 다음이 그 예들이다.

récord [rɛ́kɔrd] (n.) — recórd [rɪkɔ́rd] (v.)
cónflict [kánflɪkt] (n.) — conflíct [kənflíkt] (v.)
cónvict [kánvɪkt] (n.) — convíct [kənvíkt] (v.)
dígest [dáɪɟɪst] (n.) — digést [daɪɟɛ́st] (v.)
cónduct [kándəkt] (n.) — condúct [kəndʌ́kt] (v.)
ábstract [ǽbstrækt] (a.) — abstráct [əbstǽkt] (v.)
présent [prɛ́znt] (a.) — presént [prɪzɛ́nt] (v.)
ábsent [ǽbsnt] (a.) — absént [əbsɛ́nt] (v.)

다음과 같은 경우 강세는 단어와 구를 구별해준다.

a wálkout 항의 퇴장	to walk óut 걸어 나가다
a pút-on 꾸민 행동	to put ón (옷을) 입다
a púshover 약한 상대	to push óver 넘어뜨리다
a stándby 대기 신호	to stand bý 대기하다
a drópout 낙제생	to drop oút 낙제하다

경우에 따라서는 repórt(n., v.), respéct(n., v.), dispúte(n., v.), compléte(a., v.) 따위처럼 강세의 위치를 바꾸지 않고도 품사를 달리하는 경우도 있다.

영어의 단어 강세를 살펴보면 대체로 다음의 두 경향을 알 수 있다. 첫째는 앵글로색슨 계통의 단어들로서 강세는 첫 음절에 있으며, 뒤에 파생 접사(derivative affix)가 붙더라도 강세의 위치가 변하지 않고 고정된 것들이다. 강세가 첫 음절에 오는 것은 영어나 독일어 등이 속하는 게르만 계통 언어들의 공통된 특징이다. 앵글로색슨계의 단어는 대개 단음절어들로 간결하고 남성적이며, 소박하고 힘있는 것을 그 특징으로 한다. 단음절어가 많으므로 그것이 곧 어간이 되며, 그 뒤에 오는 것은 대개 굴절 어미(inflectional ending)이거나 파생 접사다.

따라서 가장 중요한 음절에 강세가 온다는 가치의 강세 원칙에 의해 첫 음절에 강세가 오는 것은 당연하다. Lóve, lóvely, lóvable, lóveliness, lóvableness에서 보듯 강세는 항상 어근인 lóve에 있다. 그 밖에도 féar, féarful, féarfully, féarless, 또는 bóok, bóoking, bóokseller, bóokish, bóokkeeping 등이 있다.

앵글로색슨 계통의 고정 강세(fixed stress; recessive stress)에 비해 로마어 계통의 차용어의 강세는 가변 강세(free stress; progressive stress)

이다. 이들 차용어는 대개 말미 제3음절(antepenultimate syllable)에 강세가 오며, 뒤에 파생 접사가 붙으면 그 어미의 음절수만큼 강세의 위치가 뒤로 물러난다. 그러한 이유 때문에 진행 강세라는 이름으로도 불린다. 예를 들면 phótograph, photógraphy, photógrapher, photográphic, 또는 démocrat, demócracy, demócratize, democrátic, demòcratizátion 등이 있다. Photográphic과 democrátic 등은 뒤에서 세번째 음절에 강세가 오지 않지만, 본래는 photográphical, democrátical의 모양이었던 것이 어미 -al이 탈락하면서 강세가 뒤에서 두번째에 놓이게 된 것이다.

  위와 같은 사실을 거꾸로 이용하면 어떤 단어가 영어 본래의 앵글로색슨 계통의 것인지, 아니면 라틴 계통의 차용어인지 알 수 있다. 예를 들어 fámily는 기본적인 단어로서 앵글로색슨 계통의 단어라고 생각될 수도 있으나, fámily, famíliar, familiárity, famíliarize, famìliarizátion 등을 보면 이것이 차용어라는 것을 곧 알 수 있다. 차용어라도 역사가 오래된 것은 점차 영어 본래의 강세 위치에 따라 첫 음절에 강세를 갖기도 한다. 예를 들어 víllage 따위는 완전히 첫 음절에 강세의 위치가 굳어졌고, magazine, address, romance 따위는 강세의 위치가 첫 음절로 옮겨 오는 과정에 있다.

  지금까지는 막연히 강세 음절, 혹은 무강세 음절이란 말을 써 왔으나 이들을 좀더 정밀하게 규정할 필요가 있다. 가령 under 같은 단어를 발음해보면 분명히 첫 음절에 강세가 오고 마지막 음절에는 강세가 오지 않는다. 그렇다고 마지막 음절을 무강세 음절 혹은 약세 음절이라고 부르는 것은 온당하지 않다. 왜냐하면 모든 음절이 어느 정도의 강세는 갖게 마련이고, 어떤 음절도 전혀 강세 없이는 발음할 수 없기 때문이다. Under처럼 두 음절로 된 단어는, 강세가 있고 없는 것으로 두 음절을 구분할 수 있지만 다음절어의 경우에는 강세의 유무로 음절을 양분하기가 어렵다. 예를 들어 examination이나 opportunity 등의 단어를 발음해보면 음절마다 강세의 정도가 같지 않음을 알 수 있다. 가장 강한 강세를 갖는 음절로부터 1, 2, 3,……의 숫자를 매긴다면 examínātion, òppōrtúnitӯ처럼 될 것이다. 여기서 몇 개의 강세를 인정할 것인가라는 문제가 생긴다.

논리적으로는 무한히 많은 수의 강세 차이를 인정할 수 있다. 그러나 무한히 많은 수의 강세를 설정한다는 것이 실제로는 가능하지도 않으며, 또 그렇게 하는 것은 언어학적 의의도 없다. 강세의 수에 대해서는 학자들 간에 이론이 많다. 그 수는 둘, 셋, 넷으로 다양하다. 둘을 인정하는 경우는 물론 강약의 둘로 나누는 경우다. 세 단계의 강세를 인정하는 것은 prógràm, exàminátion, àlcohólic, réfugèe, mìsunderstánding 등에서 `표를 한 음절들의 강세를 설명하기 위한 것이다.

앞으로 다시 언급되겠으나 영어에서는 무강세 음절의 모음은 모음약화(vowel reduction) 현상에 의해 [ə]나 [ɪ] 등의 약한 모음으로 바뀌게 된다. 위에 열거한 단어들에서 `표를 한 음절의 모음에서는 전혀 그런 모음 약화 현상을 볼 수 없다. 이것은 바꿔 말해 이들이 강세를 받고 있다는 것을 의미한다.

전통적인 음성학에서는 명칭이야 어떻든 대개 세 개의 강세를 인정해왔다. 그러나 트래거-스미스(1951)는 다음과 같은 경우를 위해 또 하나의 강세를 설정했다. 예를 들어 elevator나 operator 같은 경우를 위에서 언급한 세 개의 강세로 나타내면 élevàtor와 óperàtor가 된다. 그러나 이 두 단어를 별개로 나열하지 않고 '엘리베이터 운전자' 라는 하나의 단어로 묶으면 앞서 언급한 통합의 강세 원칙에 의해 두 단어의 강세 사이에 주종 관계가 생긴다.

다시 말해 operator의 제1강세가 elevator의 제1강세보다 다소 약하게 된다. 트래거-스미스는 이처럼 다소 약하게 된 강세를 제2강세라고 부르고 ^로 표시한다. 이 표기를 사용하는 경우 '엘리베이터 운전자'는 élevàtor ôperàtor가 된다. 이처럼 트래거-스미스는 총 네 개의 강세를 설정하고 강한 것부터 차례로 제1강세(primary stress), 제2강세(secondary stress), 제3강세(tertiary stress), 약강세(weak stress)라고 부르고 /´/, /^/, /`/, /ˇ/로 표시한다.

제1, 2, 4강세의 상호 관계에 대해서는 다음에 자세히 언급될 것이므로 여기서는 제3강세에 대해서만 알아보겠다. Hárdwàre, àcadémic, òverwórk 등의 예에서도 알 수 있듯이, 제3강세는 주어진 단어에서 단독으로는 나타날 수가 없고 반드시 제1강세와 동시에 나타난다.

따라서 단음절어에 제3강세가 나타나는 일은 없다. 제3강세는 대개 다음과 같은 세 가지 경우에 나타난다. 첫째는 합성어에 나타나는 경우다. 예를 들어 mílkmàn, chíldlìke, òutrún 등이 해당된다. 합성 명사와 합성 형용사의 경우에는 첫 음절에 제1강세가 놓이고, 합성 동사의 경우에는 뒤에 제1강세가 놓이기도 한다. 대개 두 개 이상의 단어가 모여 하나의 새로운 단어로 합성될 때, 그 합성어의 구성 요소들은 각기 자기 존재의 중요성을 나타내려는 한 방편으로 어떤 형태든 강세를 받게 마련이다. 그러나 그 합성어들이 오랫동안 사용되면 자연히 구성 요소 개개의 뜻보다는 전체의 뜻이 더 익숙하게 되어, 통합의 강세 원칙에 따라 하나의 강세만을 갖는다. 따라서 제3강세는 탈락하는 경우가 생긴다. 이 현상은 미국 영어보다 영국 영어에서 더 뚜렷하다. 미국 영어에서는 áppletrèe, kéyhòle, píckpòcket이라고 발음되는 것이 영국 영어에서는 áppletree, kéyhole, píckpocket이라고만 발음되는 경향이 있다.

두번째로 제3강세는 ámbùsh, cónvòy, cónflìc, áccènt, páthòs 등에서 보듯 비합성어에 나타난다. 제1강세에 인접한 음절은 다음과 같은 여러 가지 이유로 제3강세를 받는다.

첫째는 tórmènt와 같은 경우로서 -mènt에 제3강세가 오는 것은, torment가 동사로 쓰이는 tormént에서 보듯, -ment에 제1강세가 왔었기 때문이다. Tórmènt와 tórrent, cónvìct와 vérdict, éxpòrt와 éffort, prógrèss와 tígress의 강세형의 차이도 마찬가지다. 즉 torrent, verdict, effort, tigress 등은 동사로 사용되지 않기 때문이다. 제3강세가 오는 또 다른 예로는 cóntràct, ábstràct, cóntràst, cómpàct, ímpòst 등이 있다.

두번째는 대중적이 아닌 차용어들이 본래 가지고 있던 강세의 흔적을 제3강세의 형태로 남기려는 경우다. prógràm, sýntàx, clímàx, vórtèx 등에서 제3강세를 받는 음절들은 본래 차용되기 전에는 제1강세를 받던 음절들이다. 차용어도 차용된 역사가 오래되고 또 대중적으로 쓰이는 것이면 영어의 강세형에 맞추어 단일 강세를 갖는다.

세번째는 re-가 'again'의 뜻을 강하게 나타내는 경우다. 예를 들어 return의 re-도 'again'의 뜻이 있기는 하나 rè-máke의 re-가 훨씬 더 'again'의 뜻이 강하다. 마찬가지로 reáct 'respond to stimulus'와 rè-áct 'act over', recóver 'get back'과 rè-cóver 'cover again'이 구별된다.

마지막으로 제3강세가 나타나는 것은 3음절 이상의 라틴어와 프랑스어의 차용어에서 강세의 리듬을 맞추기 위한 경우다. 예를 들어

pèrpendícular, désignàte, íntellèct, àscertáin, cìrcumvént, dèviátion, fùndaméntal, ùninténtional 등에서 제1강세가 오는 음절에서 한 음절 건너 제3강세를 가짐으로써 강약의 리듬을 맞추고 있다. 이 같은 리듬의 제3강세가 라틴어와 프랑스어의 차용어에서 흔히 볼 수 있는 것은 이들이 대개 3음절 이상의 긴 단어이기 때문이다.

앞서 appletree, pickpocket, keyhole 등의 합성어에서 미국 영어에서는 제1, 제3강세가 같이 쓰여 áppletrèe, píckpòcket, kéyhòle이 되지만 영국 영어에서는 제3강세가 탈락하여 áppletree, píckpocket, kéyhole처럼 발음된다는 점을 지적한 바 있다. 이러한 단일 강세의 경향은 영국 영어에서는 비합성어의 경우에도 뚜렷하다. 다음은 미국 영어와 영국 영어의 차이를 보여주는 수많은 예 가운데서 몇 개만을 열거해 놓은 것이다.

	AE	BE
secretary	[sɛ́krətɛ̀ri]	[sɛ́krət(ə)rɪ]
dictionary	[díkšənɛ̀ri]	[díkšən(ə)rɪ]
military	[mílətɛ̀ri]	[mílɪt(ə)rɪ]
necessary	[nɛ́səsɛ̀ri]	[nɛ́səs(ə)rɪ]
monastery	[mánəstɛ̀ri]	[mɔ́nəst(ə)rɪ]
territory	[tɛ́rətɔ̀ri]	[tɛ́rɪt(ə)rɪ]
secondary	[sɛ́kəndɛ̀ri]	[sɛ́kənd(ə)rɪ]
voluntary	[váləntɛ̀ri]	[válənt(ə)rɪ]
preparatory	[prɪpǽrətɔ̀ri]	[prɪpǽrət(ə)rɪ]
missionary	[míšənɛ̀ri]	[míš(ə)nərɪ]

라틴어와 프랑스어의 차용어들인 이들은 본래 끝에서 두번째 음절에 강세가 있었다. 그러던 것이 중세 영어로 차용되면서 영어 본래의 강세형에 맞추어 강세가 첫 음절로 옮겨 가게 되었다. 그러면서 본래의 강세는 리듬의 강세 원칙에 따라 제3강세로 바뀐 것이다. 즉 보수적인 미국 영어는 본래의 강세형을 보존하고 있는 것이며, 진보적인 영국 영어에서는 영어 고유의 강세형에 맞추기 위해 제3강세를 없애고 단일 강세를 받아들인 것이다.

이처럼 제3강세를 없애고 단일 강세를 갖는 것의 부산물은 본래 제3강세를 가졌던 음절의 약화 현상으로, 본래의 [ɛ]나 [ɔ]가 단일 강세로 되면서 [ə]로 약화되었다가 이것마저 탈락하여 영국 영어에서는 [ə]없이 발음하는 것이 더 보편적이다.

끝으로 강세의 표시 방법에 대해서 살펴보자. 우선 IPA 방식이 있는데, 이것은 [examination]을 [igˌzæmiˈneiʃən]처럼 제1강세(ˈ)와 제3강세(ˌ)를 해당 음절 앞에 표시하는 것이다. 그러나 이 방식은 강세 표시를 해당 음절 뒤에다 하는 Webster 방식과 불행히도 혼동하기 쉬워 요즈음은 별로 사용되지 않는다. Webster 방식대로라면 [examination]은 [igzæˌmineiˈʃən]이 된다.

또 하나의 방법은 examination에서처럼 음절 위에다 해당 강세를 숫자로 표시하는 것이다. 여기서 숫자가 작을수록 강세가 커진다. 그러나 이 방법은 examination에서처럼 큰 숫자일수록 큰 강세를 나타내는 방법과 혼동을 일으킨다. 그러므로 네 개의 강세를 인정하는 한 해당 음절 위에다 /´ˆˋˇ/의 표시를 하는 것이 가장 오해도 적고 알아보기가 빠르다. 본서에서도 이 방법을 따르기로 한다.

∥예∥ /´`/ hárdwàre, cóntràct, éxtràct, dígèst, ínsùlt, áttrbùte, ámbùsh, cónvòy, cónflìct, áccènt, páthòs, ábstràct, cómpàct, ímpòst, lócàte, prógràm, sýntàx, clímàx, vórtèx, íntellèct, désignàte, nécessàry, térritòry, áirpòrt

/`´/ càshíer, rè-áct, rè-cóver, àscertáin, dèviátion, cìrcumvént, fùndaméntal, pèrpendícular, ùninténtional, crỳstallizátion, rèalizátion, famìliárity

/´+`/ hóme wòrk, líght hòuse, bóok shèlf, fóot bàll, fóuntain pèn, máil bòx, póst òffice, báth ròbe, bús stòp, súmmer sèssion, schóol bùs, shówer bàth

/`+´/ Nèw Yórk, Làke Míchigan, Dòctor Smíth, Profèsser Jóos, Nèw Éngland, Lòng Ísland, Sàint Láwrence, Nòrth Carolína, Càptain Cóok

8.4 합성어 강세와 구강세
Compound Stress and Phrase Stress

합성어란 두 개 이상의 단어가 합하여 하나의 단어 구실을 하는 것이다. 예를 들면 blood test(혈액 검사) 같은 합성 명사(compound noun), tax-free(면세의) 같은 합성 형용사(compound adjective), air-condition(냉방하다) 같은 합성 동사(compound verb)가 있다. 이 밖에도 합성 대명사(compound pronoun: myself, anyone, yourself, somebody, nothing, etc.), 합성 부사(compound adverb: abroad, before, maybe, sometimes, nowadays, etc.), 합성 접속사(compound conjunctive: moreover, however, until, although, without, etc.), 합성 전치사(compound preposition: among, along: towards, between, amidst, etc.) 등도 구별할 수 있지만, 이들은 구성 요소들의 응집력이 강하여 완전한 하나로 굳어졌으므로 합성어로 보기보다는 하나의 단어로 보는 것이 일반적이다. 따라서 합성어라고 하면 흔히 합성 명사, 합성 형용사, 합성 동사를 일컫는다. 이 가운데서 합성 명사의 수가 가장 많고, 합성 동사의 수가 가장 적다.

위에서 합성어를 두 단어 이상이 모여 한 단어 구실을 하는 것이라고 정의했으나 그 점에서는 구(句)도 마찬가지다. 가령 blue birds라고 하면 하늘 색깔의 모든 새들을 가리키는 명사구이며, bluebirds라고 하면 지빠귀과에 속하는 특수한 종류의 새를 가리키는 합성 명사이다. 그러나 blue birds나 bluebirds가 모두 하나의 명사 기능을 갖는다는 점에서는 동일하다. 이들 모두 문장의 주어나 목적어, 보어로 쓰일 수 있다. 그런 점에서는 합성 형용사인 tax-free와 형용사구인 free of tax 도 큰 차이가 없다. 합성 동사와 동사구의 구분은 더욱 어려워진다. 그런 까닭에 문법책마다 put out을 합성 동사로, 혹은 동사구로 서로 다르게 분류하고 있는 것이다.

우리는 지금까지 강세를 제1, 2, 3, 4(/´ˆˋˇ/)의 네 단계로 나누어 설명하였다. 흔히 이 네 단계의 강세를 대강세(major stress)와 소강세(minor stress)로 나누며, 제1·제2강세를 대강세, 제3·제4강세를 소강세라고 부른다. 새로운 이 술어를 사용하면, 합성어에는 대강세가 하나만 가능하고, 구에는 둘 이상도 가능하다고 고쳐 말할 수 있다.

그런데 영어에서는 대강세나 소강세를 갖는 말들이 정해져 있다. 대강세를 갖는 것은 이른바 내용어(content word)로서, 그 자체로 독립된 의미의 내용을 갖는 말이다. 다음과 같은 품사가 여기에 속한다.

내용어

1. 명사 : food, coffee, taste, difference, family
2. 동사 : remember, seem, become, stop, straighten
3. 형용사 : large, necessary, empty, foreign, best
4. 부사 : fast, soon, generally, lately, safely
5. 지시사 : this, that
6. 의문사 : who, which, what
7. 감탄사 : alas, hurrah, bravo, ouch, pshaw

한편 소강세를 받는 말들은 기능어(function word)로서, 그 자체로 독립적인 의미 내용을 갖지 못하며, 내용어에 붙어 이들의 쓰임을 도와주는 기능을 갖는다. 위에 열거한 내용어 이외의 모든 말들이 여기에 속한다.

기능어
1. 관사 : a, an, the
2. 전치사 : at, on, to, by, from, with
3. 접속사 : and, but, or, for, both~and
4. 조동사 : may, can, will, shall, must, be
5. 인칭 대명사 : my, your, they, his, our
6. 관계 대명사 : who, which, what, whose, that

합성어에는 하나의 대강세만이 가능하지만 구에는 둘 이상의 대강세가 존재할 수 있다. 그런데 구에서도 제1강세는 하나만이 존재한다. 만약에 나란히 놓인 두 개 이상의 단어가 각기 제1강세를 가진다면 그것들은 서로 아무런 통사적 관계가 없는 낱말들의 열거라고 할 수 있다. 몇 개의 낱말이 하나의 제1강세만을 갖는다는 것은 통합의 강세 원칙에 의한 것이다. 문제는 하나의 구 안에 둘 이상의 내용어가 있는 경우다.

원칙적으로는 가장 마지막에 있는 내용어가 제1강세를 받고 나머지는 제2강세를 받는다. 물론 기능어라도 특히 강조해야 한다든가, 또는 다른 말과 대조시켜야 한다든가 할 때에는 제1강세를 받는 수가 있다. 이것은 뒤에 문장 강세를 알아보는 과정에서 자세히 설명될 것이다.

우선 여기서는 구에 둘 이상의 대강세를 받는 내용어가 있는 경우 가장 마지막에 있는 내용어에만 제1강세가 오고 나머지는 제2강세 이

하의 강세를 받는다고만 알아 두기로 하자. 이상과 같은 예비 지식을 가지고 합성어의 강세형을 구의 강세형과 비교하면서 차례로 알아보겠다.

(1) 합성 명사(compound noun)

① 명사 + 명사

가장 흔하고 가장 손쉬운 합성 명사가 바로 명사+명사의 구조이다. 대개는 앞에 오는 명사가 뒤에 오는 명사를 수식한다. 그래서 hórse ràce(경마)와 ráce hòrse(경주용 말)의 차이가 생긴다. 그러나 예스페르센(Jespersen)이 제시한 유명한 tiptoe(발끝)처럼 뒤에 오는 명사가 앞에 오는 명사를 수식하는 경우도 있다.

단순히 앞에 오는 명사가 뒤에 오는 명사를 수식한다고 하지만, 그 수식의 관계가 얼마나 다양하고 복잡한가를 다음에 열거한 몇 개의 예만 보아도 알 수 있다.

gírl frìend (여자 친구) : The friend is a girl.
frógmàn (잠수 공작원) : The man is like a frog.
snówflàke (눈송이) : a flake of snow
áshtràey (재떨이) : The tray is for ash.
páperbàck (염가판의 책) : a book which has a paper back.
dóorknòb (문의 손잡이) : The door has a knob.
blóodstàin (핏자국) : The blood produces stains.
tóy fàctory (장난감 생산공장) : The factory produces toys.

wíndmìll (풍차) : The wind powers the mill.
hómewòrk (숙제) : X works at home.
gúnfìght (총격전) : a fight with guns
báby-sìtter (애 보는 사람) : X sits with the baby.

이처럼 두 명사 간의 통사적 관계는 복잡하지만 위에서 보듯 이들은 모두 /´+`/의 강세형을 가졌고, 이것이 바로 합성 명사의 기본 강세형이기도 하다.

다음의 예들은 같은 단어의 연쇄가 강세에 따라 뜻이 달라지는 경우다.

tóy càr (장난감을 운반하는 차)	tôy cár (장난감 차)
tóy fàctory (장난감을 만드는 공장)	tôy fáctory (장난감 공장)
lády dòctor (부인과 의사)	lâdy dóctor (여의사)
gláss càse (유리를 넣는 상자)	glâss cáse (유리로 만든 상자)
bóokcàse (책장)	bôok cáse (책을 넣는 상자)
héadstòne (기석)	hêad stóne (귀돌(=corner stone))
bríck yàrd (벽돌 공장)	brîck yárd (벽돌을 깐 정원)

다음에서 보듯 '명사+명사'가 '칭호+고유명사'일 때에는 /`+´/의 강세를 가진다.

Dr̀ Smíth	Càptain Cóok	Màjor Bárbara
Mòunt McKínley	Profèssor Jóos	Pòpe Pául
Mìster Jónes	Làdy Máe	Prìncipal Shópen

8. 강세와 억양 **397**

Kìng Álfred   Gòvernor Wállace   Ambàssabor Dówling

지금까지는 두 개의 명사가 하나의 합성어를 이루는 경우를 살펴보았으나 때에 따라서는 세 개 이상의 명사가 하나의 합성 명사를 이루는 경우가 있다. 이때 세 개의 명사는 ((AB)C)와 (A(BC))의 두 가지 구조를 갖는다. ((AB)C)는 두 개의 명사 A와 B가 하나의 합성 명사 (AB)가 되고, 이것이 또 다른 명사 C와 결합하여 새로운 합성 명사를 만든 경우다. 이때는 (AB)가 C를 수식하며 /´+`+^/의 강세형을 갖는다. 한편 (A(BC))는 명사 B와 C가 합쳐서 하나의 합성 명사(BC)가 된 것을 다른 명사 A가 그 앞에서 (BC)를 제한하고 수식하는 새로운 합성 명사를 이룬 경우로서, 이때의 강세형은 /^+´+`/이다. 다음의 예를 보자.

합성 명사+명사((AB)C)	명사+합성 명사(A(BC))
góldfish bôwl (금붕어 어항)	gôld físhbòwl (금으로 된 어항)
créamchèese câke	crêam chéese càke
(크림 치즈로 만든 케이크)	(크림으로 만든 치즈 케이크)
kítchen-tòwl râck	kîtchen tówel-ràck
(부엌에서 사용하는 수건걸이)	(부엌에 있는 수건걸이)
lády dòctor kîller	lâdy dóctor kìller
(부인과 의사 살인자)	(의사를 살인한 여인)

위와는 조금 다른 경우이지만 다음과 같은 경우도 혼동을 초래할 수 있다. 왼쪽은 ((명사+명사)+명사)의 합성 명사의 예이고, 오른쪽은 (동

사+(명사+명사))의 예, 즉 합성 명사가 동사의 목적어가 된 경우이다.

((명사+명사)+명사)
dústpàn hândle
(쓰레받기 손잡이)
wáterlìly pônd
(수련 연못)
línk sàusage mîlls
(연결된 소시지를 만드는 공장들)
sáckdrèss mâkers
(색 드레스 제조업자들)
Párk Hotèl bûses
(파크 호텔의 버스들)

(동사+(명사+명사))
dûst pánhàndle
(프라이팬 손잡이의 먼지를 털다)
wâter líly pòndl
(백합 연못에 물을 주다)
lînk sáusage mìlls
(소시지 공장들을 통합하다)
sâck dréssmàkers
(양재사들을 해고하다)
pǎrk hotél bùses
(호텔 버스들을 주차시키다)

▮예▮ 합성 명사

Chrístmas pàrty, vénture càpital, súgar càne, héalth sèrvice, theáter-gòer, móvie stàr, súitcàse, státion wàgon, sóda fòuntain, bóokstòre, wáter tòwer, cíty-dwèller, hóuse-brèaker, sún-bàther, fíeldwòrk, táble tàlk, dáydrèamer, táx-exèmption, hýdrogen bòmb, stéam èngine, téar gàs, wáter pìstol, háy fèver, tílevision scrèen, wíndowpàne, drúmmer bòy, drágonflỳ, ráindròp, sáfety bèlt, húnchbàck, cóugh dròps, cóffee tìme, tíssue pàper, sándwich-màn, compúter-desìgner, mátchmàker, stóckhòlder, sélf-destrùction, sáwdùst

8. 강세와 억양 **399**

Prèsident Párk, Còlonel Rípman, Profèssor Chómsky, Dòctor Hóuseholder, Mìss Símpson, Gòvernor Ówens

합성 명사+명사 : 동사(형용사)+합성 명사
wátchdòg exhîbits : wâtch dóg exhìbits
dróp còoky jârs : drôp cóoky jàrs
fáncy drèss mâkers : fâncy dréssmàkers
líghthòuse kêeper : lîght hoúsekèeper
físh blòod sŷstem : fîsh blóod sỳstem
Énglish tèachers cônference : Ênglish téachers cònference

② 명사+동명사 또는 동명사+명사

동명사도 일종의 명사이므로 동명사와 명사의 결합은 결국 명사와 명사의 결합이다. 강세형은 /´+`/이다. 영어에서는 동명사와 현재분사의 모양이 같으므로 '동명사+명사'의 합성 명사는 '현재분사+명사'의 명사구와 혼동되기 쉽다. 양쪽을 구별하는 것은 강세뿐이다. 합성 명사는 /´+`/로, 명사구는 /^+´/의 강세형으로 발음된다. '현재분사+명사'의 현재분사는 자동사의 현재분사로서, 이때 명사는 이 현재분사의 의미상의 주어가 된다. 다음이 그 예들이다.

dáncing gìrl(댄서)   dâncing gírl(춤추는 소녀)
réading ròom(독서실)   rêading gírl(독서하는 소녀)
swímming pòol(수영장)   swîmming físh(헤엄치는 물고기)
smóking ròom(흡연실)   smôking tímber(연기 내며 타는 재목)

dríving schòol(운전 학교)   drîving cár(달리는 차)
vísiting hòur(방문 시간)   vîsiting guést(찾아온 손님)
díning càr(식당차)   dîning lády(식사하는 부인)
sínging tèacher(노래 선생) sînging téacher(노래하는 선생)
wríting màster(습자 선생)   wrîting máster(쓰고 있는 주인)

조금 다른 경우이지만 다음과 같은 경우도 혼동을 가져올 수 있다. 예를 들어 They are wáshing machìnes라고 하면 '저것들은 세탁기이다'의 뜻으로서 wáshing machìnes는 '동명사＋명사'의 합성 명사이고, They are wâshing machínes라고 하면 '그들은 기계를 닦고 있다'의 뜻으로, wâshing machínes는 '현재분사＋목적어'의 구조를 갖는 동사구이다. 이와 비슷한 예는 다음과 같다.

⎧ They are vísiting profèssors. (그들은 교환 교수들이다.)
⎩ They are vîsiting proféssors. (그들은 교수를 방문 중이다.)
⎧ They are báthing bèauties.   (그들은 목욕하는 미녀들이다.)
⎩ They are bâthing béauties.   (그들은 미녀들을 목욕시키고 있다.)
⎧ They are chéwing gùms.   (그것들은 껌이다.)
⎩ They are chêwing gúms.   (그들은 껌을 씹고 있다.)
⎧ They are húnting dògs.   (저것들은 사냥개이다.)
⎩ They are hûnting dógs.   (그들은 개를 사냥하고 있다.)
⎧ They are sáiling bòats.   (그들은 경기용 보트이다.)
⎩ They are sâiling bóats.   (그들은 보트 경기를 하고 있다.)

{ They are chécking accòunts. (그것들은 당좌 예금이다.)
{ They are chêcking accóunts. (그들은 계산서를 점검하고 있다.)

∥예∥ 합성 명사

flýing machìne, invéstigating commìttee, cléaning wòman, bóok-kèeping, bóok-revìewing, óath-tàking, stóry-tèlling, drínking-wàter, éating àpple, cóoking àpple, drínking cùp, híding-plàce, ádding machìne, líving ròom, wálking stìck, hórse rìding, hándwritìng, wáiting ròom, wríting dèsk, chúrchgòing, rópe-dàncing, réading matèrial, shópping cènter, párking spàce, séating chàrt, cóoking clàss, recórding ròom, dáncing stùdio, lóoking glàss, skáting rìnk, láughing stòck, wríting pàper, shípping còst, whípping crèam, lístening bòoth, drínking fòuntain

명사구

drôwning mán, flŷing bírds, côming yéar, dŷing péople, bôiling wáter, bûrning fíre, slêeping chíld, rôlling hílls, lâughing wómen, rûnning bóys, chârming gírls

합성 명사	동사구
They are divíding lìnes.	They are divîding línes.
They are róasting chìckens.	They are rôasting chíckens.
They are sáiling bòats.	They are sâiling bóats.

They are méasuring tàpes.   They are mêasuring tápes.
They are stéwing bèef.   They are stêwing béef.
They are máiling àddresses. They are mâiling áddresses.
They are rácing càrs.   They are râcing cárs.
They are júmping ròpes.   They are jûmping rópes.
They are réading matèrials. They are rêading matérials.
They are wríting èxercises. They are wrîting éxercises.
They are wátering pòts.   They are wâtering póts.

③ 형용사+명사 또는 명사+형용사

형용사와 명사가 합성 명사를 이룰 때 대부분의 경우 dárkròom(암실)에서처럼 형용사가 명사 앞에 온다. 그러나 knight-èrrant(무술 수련자)나 cóurt-màrtial(군법 회의)처럼 형용사가 명사 뒤에 올 수도 있다.

형용사와 명사의 결합은 명사와 명사의 결합 못지않게 대표적인 합성 명사의 구조다. 앞에서도 언급했듯이, shórt stòry(단편 소설)처럼 비교적 그 구성 요소 개개의 뜻에서 합성 명사 전체의 뜻을 짐작할 수 있는 경우가 있는가 하면, déadlìne(마감), cóld shòulder(냉대), réd tàpe(관료풍), blúe stòcking(인텔리 여자)처럼 거의 구성어 개개의 뜻만 가지고는 전체의 뜻을 알기 어려운 경우도 있다.

high schòol(고등학교)   swéethèart(연인)
míddle schòol(중학교)   éasy chàir(안락의자)
príme mìnister(수상)   cóld crèam(콜드크림)
cóld wàr(냉전)   blúeprìnt(청사진)

atómic bòmb(원자탄)　　　drý-dòck(드라이 독)
smállpòx(천연두)　　　　dóuble-tàlk(속 다르고 겉 다른 말)
Réd Cròss(적십자)　　　hándymàn(여러모로 편리한 사람)
lóngbòat(대형 보트)　　　búsybòdy(남의 일 참견하기 좋아하는 사람)

'형용사+명사'의 구조는 대표적인 합성 명사의 구조인 동시에 명사구의 구조이기도 하다. 따라서 많은 경우에 동일한 형용사와 동일한 명사의 결합이 강세에 따라 뜻을 달리한다.

합성 명사	명사구
bláckbìrd(찌르레기)	blâck bírd(검은 새)
bláckbòard(흑판)	blâck bóard(까만 판자)
hótbèd(온상)	hôt béd(더운 침상)
hóthòuse(온실)	hôt hóuse(더운 집)
Whíte Hòuse(백악관)	whîte hóuse(흰 집)
shórtstòry(단편 소설)	shôrt stóry(짧은 이야기)
gréenhòuse(온실)	grêen hóuse(녹색의 집)
hótròd(개조한 중고차)	hôt ród(뜨거운 막대기)
bríefcàse(서류 가방)	brîef cáse(간단한 사건)
rédcàp(역의 짐꾼)	rêd cáp(빨간 모자)
stróngbòx(금고)	strông bóx(튼튼한 상자)
bíghèad(자부심)	bîg héad(큰 머리)
shórtstòp(야구의 유격수)	shôrt stóp(짧은 거리에서 멈추는 것)
góodmàn(남편)	gôod mán(좋은 사람)

shórthànd(속기)　　　　shôrt hánd(짧은 손)

다음과 같은 경우는 동일한 단어의 연쇄이긴 하나, 왼쪽은 '명사＋명사'의 구조를 갖는 합성 명사이고, 오른쪽은 '형용사＋명사'의 구조를 갖는 명사구이다. 따라서 강세형도 다르다.

합성 명사	명사구
críminal làwyer	crîminal láwyer
(형사 문제 담당 변호사)	(죄지은 변호사)
líghthòuse(등대)	lîght hóuse(밝은 집)
Énglish tèacher(영어 교사)	Ênglish téacher(영국인 교사)
Énglish màjor(영어 전공)	Ênglish májor(영국군 소령)
Chinése stùdent	Chinêse stúdent
(중국어를 배우는 학생)	(중국인 학생)
Spánish stùdent	Spânish stúdent
(스페인어를 배우는 학생)	(스페인 학생)
fíne clèrk(벌금 징수원)	fîne clérk(훌륭한 사무원)
pláne àccident(비행기 사고)	plâne áccident(보통 사고)

지금까지 살펴본 것보다 더욱 복잡한 것은 waste paper basket과 같은 경우다. 만약에 wástepàper bâsket(휴지통)이라고 읽으면 ((AB)C)의 구조로서 합성 명사가 뒤에 오는 명사를 수식해서 새로운 합성 명사를 형성한 경우다. 한편 wâste páper-bàsket(못 쓰게 된 종이 바구니)라고 읽으면 (A(BC))의 구조로서, 형용사가 합성 명사를 수식하여 명사

구를 형성한 경우다. 전자는 /´+`+^/의 강세를 가지며, 후자는 /^+´+`/의 강세형을 갖는 것이 일반적이다.

합성 명사+명사((AB)C)   형용사+합성 명사(A(BC))
módern dànce stûdio   môdern dánce stûdio
(현대 무용 연구소)   (현대식 건물의 무용 연구소)
líghthòuse kêeper   lîght hóusekèeper
(등대지기)   (체중이 가벼운 가정부)
bláckmàil bôx   blâck máilbòx
(공납함)   (검은색의 우편함)
fóreign càr dêaler   fôreign cár dèaler
(외국산 자동차 판매인)   (외국인 자동차 판매원)
Básic Ènglish têxt   bâsic Énglish tèxt
(Ogden 등이 고안한 '기본 영어'의 교재)   (초보적인 영어의 교재)
míniature tòy shôp   mîniature tóy shòp
(작은 장난감을 파는 가게)   (장난감을 파는 작은 가게)
Chinése làinguage cônference   Chinêse lánguage cònference
(중국어학에 관한 대회)   (중국의 언어학 대회)
drý wìne cêllar   drŷ wíne cèllar
(단맛이 없는 포도주의 저장실)   (건조한 포도주 저장실)

'형용사+명사'의 고유명사는 /`+´/의 강세형을 갖는다.

Nèw Yórk, Lòng Ísland, Sàn(=Saint) Diégo, Sàn José, Nèw

Éngland, Nèw Zéaland, Nèw Hámpshire, Rhòde(=red) Ísland, Fìfth Ávenue(단, Fífth Strèet)

따라서 다음 문장과 같은 경우가 생긴다.

Lòng Ísland is a lông ísland.
(롱아일랜드는 긴 섬이다.)

Kníght-èrrant나 cóurt-màrtial처럼 '명사+형용사'가 합성 명사를 이룰 때에는 /´+`/의 강세를 갖지만 Chîna próper처럼 명사구를 이루면 /^+´/의 강세형을 갖는다. 이 밖에도 sûm tótal(합계), pôet láureate(계관 시인), Gôd Almíghty(전능의 신) 등이 있다.

∥예∥ 합성 명사
shórtcàke, hárdsàuce, blúebìrd, whíte pàper, blúeprìnt, óld màid, públic schòol, híghwày

합성 명사 : 명사구
 módern lànguage têaching : môdern lánguage tèaching
 bíg bùilding ôwners : bîg búilding òwners
 hótbèd côvers : hôt béd còvers
 héavy hòg prodûction : hêavy hóg prodùction
 frésh stràwberry pîe : frêsh stráwberry pìe

④ 현재분사+명사

명사 앞에 오는 현재분사는 형용사와 같은 구실을 하므로 '현재분사+명사'는 '형용사+명사'와 같다. 이때 현재분사의 어간은 모두 자동사이다.

flýing fìsh(날치)
húmming bìrd(벌새)

⑤ 명사+동사 또는 동사+명사

'명사+동사'가 합성 명사를 이룰 때 명사와 동사 사이에는 다음과 같은 두 가지 통사적 관계가 가능하다. 첫째는 súnrìse처럼 명사가 동사의 의미상의 주어가 되는 경우다. 둘째는 blóodtèst처럼 명사가 동사의 의미상의 목적어가 되는 경우다.

'동사+명사'가 합성 명사를 이룰 때 동사는 현재분사나 과거분사 대신으로 사용되었다고 볼 수 있다. 예를 들어 glów-wòrm(개똥벌레의 애벌레)이나 ráttlesnàke(방울뱀)은 각기 glowing-worm이나 rattling snake와 같은 뜻이며, fóster-chìld(양자)나 cáll-gìrl(콜걸)은 각기 fostered child나 called girl과 같은 뜻이다. 동사가 자동사일 때 명사는 동사의 의미상의 주어가 되며, 동사가 타동사일 때에는 명사는 동사의 의미상의 목적어가 된다. 어찌 되었든 이 모든 경우에 강세형은 /´+`/이다.

명사+동사(S+V)　　　　　명사+동사(O+V)
súnrìse(일출)　　　　　　háircùt(이발)

dáybrèak(새벽녘) bírth-contròl(산아 제한)
éarthquàke(지진) bóokrevìew(서평)
héadàche(두통) críme repòrt(범죄 보고)
sóund chànge(음변화) hándshàke(악수)
ráinfàll(강우) sélf-contròl(자제)

동사+명사(V + S) 동사+명사(V + O)
ráttlesnàke(방울뱀) dráwbrìdge(도개교(跳開橋))
crýbàby(울보) húmpbàck(꼽추)
dríftwòod(유목(流木)) míncemèat(민스미트)
fláshlìght(전등) pín-up gìrl(미인)
hángmàn(교수형 집행인) púnchcàrd(펀치 카드)
pláybòy(플레이보이) púsh-bùtton(누름단추)

'명사+명사'의 bóttle bèer(병맥주)는 /´+`/의 강세형으로서 합성명사를 이루지만, 같은 단어의 결합이라도 bôttle béer(병에 맥주를 넣다)는 /^+´/의 강세형으로서 동사구를 이룬다.

명사+명사 동사+명사
stóne bìrds(돌로 만든 새) stône bírds(돌로 새들을 치다)
cróss cùrrents(역류) crôss cúrrents(조류를 건너다)
sóap dìshes(비누 접시) sôap díshes(접시에 비누질을 하다)
stréss pàtterns(강세형) strêss pátterns(무늬를 강조하다)

한편 '명사+동사'는 stómachàches처럼 /´+`/의 강세형으로 합성 명사를 이루지만 stômach áches는 /^+´/의 강세형으로 '주어+동사'의 통사 구조를 갖기도 한다.

∥예∥ fróstbìte, héartbèat, níghtfàll, tóothàche, cátcàll, níghtfòg, drípcòffee, pópcòrn, stínkwèed, túgbòat, túrntàble, wátchdòg, dréss-desìgn, táx cùt, knít wèar, scárecròw, tréadmìll, séarchlìght, spíngbòard, gríndstòne, pláythìng, dánce hàll

⑥ 명사+부사 또는 부사+명사
수도 많지 않고 새로 만들어지는 것도 거의 없다. 다음과 같은 것들이 있다.

명사+부사
pásser-bỳ(통행인), lóoker-òn(구경꾼), hánger-òn(식객)

부사+명사
únderpàss(입체 교차로의 아랫길), áftercàre(치료 후의 몸조리), óutlàw(무법자)

⑦ 동사+부사 또는 부사+동사
'부사+동사'는 부사가 동사 앞에 오던 고대 영어의 잔재다. '동사+부사'의 합성 명사는 시기적으로는 '부사+동사'보다 나중에 생긴

것이지만, 특히 미국 영어에서 그 쓰임이 활발하다. 물론 동사의 용법이 먼저 생겨났고, 명사의 용법은 그 뒤에 생긴 것이다.

동사+부사
sétùp(기구), chéckùps(검사), púshòver(쉬운 일), cútbàck(영화에서 앞의 장면으로 되돌아가는 것), kíckbàck(거친 대답), bréakdòwn(분해), dríve-ìn(드라이브 인), smáshùp(파멸), slówdòwn(감속, 조업 단축), búild-ùp(증강), hóok-ùp(무선 중계), cómebàck(복귀), wálkòut(스트라이크), wálkùp(승강기가 없는 아파트), pín-ùp(미인의 사진), túrnòut(구경하러 온 사람들), díehàrd(끝까지 저항하는 사람)

부사+동사
óutcòme(결과), íncòme(수입), óverlàp(겹치기), úpstàrt(벼락부자), óutlòok(전망), óutlèt(배출구), óutbrèak(돌발), dównfàll(전락), dównthròw(함몰), úptùrn(상승)

⑧ 대명사+명사
명사 앞에 he-나 she-를 붙여 성별을 나타내거나 self-가 붙는 경우다.

shé-wòlf(늑대의 암컷), hé-gòat(염소의 수컷), shé-frìend(정부), sélf-hypnòsis(자기 최면), sélf-destrùction(자멸), sélf-determinàtion(자기 결정), sélf-cùlture(자기 수양), sélf-educàtion(독학), sélf-gòvernment(자치)

(2) 합성 형용사(compound adjective)

① 명사+형용사

합성 명사와 마찬가지로 합성 형용사의 기본적인 강세형은 /´+`/이며 '명사+형용사'의 강세형도 물론 /´+`/이다.

snów-whìte(눈처럼 흰), ský-blùe(하늘처럼 파란), fíre-pròof(내화의), cólor-blìnd(색맹의), hóme-sìck(고향을 그리워하는), héaven-bòrn(천부의), wórld-wìde(세계적인), lífelòng(평생의)

예 dúty-frèe, táx-frèe, dústpròof, fóolpròof, aírsìck, aír-tìght, cláss-cònscious, gráss-grèen, brínk rèd, ócean grèen, blóodthìrsty

② 형용사/부사+형용사

형용사나 부사가 형용사 앞에 오는 경우로, 형용사가 앞에 올 때는 뒤에 오는 형용사를 수식하는 부사의 구실을 하는 경우가 많다. 예를 들어 blúe-blàck은 bluish black의 뜻으로 '파란빛이 감도는 검정'의 뜻이 된다. 이 밖에도 다음과 같은 예가 있다.

réd-hòt(빨갛게 달아오른), líght-blùe(옅은 하늘색의), évergrèen(상록의), wórldly-wìse(세상 물정에 밝은), déaf-mùte(듣지 못하고 말하지 못하는), phonétic-syntàctic(음성 통사적), bítter-swèet(달콤 씁쓸한)

Swèdish-Américan처럼 나라 이름의 고유명사의 형용사형이 나란히 놓일 때는 /ˋ+ˊ/의 강세형이 보통이며, 앞에 오는 형용사도 흔히 Anglo-, Franco-, Russo-, Afro- 등의 모양을 갖는다.

||예|| héavy-thìck, fórtunate-unhàppy, polítical-sòcial,
diachrónic-synchrònic
Ànglo-Américan, Frànco-Gérman, psỳcholinguístics, sòcio-económic

③ 형용사/부사 + 현재분사/과거분사

현재분사나 과거분사는 일종의 형용사이므로, '형용사+분사'는 위에서 설명한 '형용사+형용사'와 유사한 경우이다. 한편 분사 앞에 오는 형용사는 quíck-fròzen(급랭의)처럼 부사와 구별하기 어려운 경우도 많아서 '부사+분사'도 위의 '형용사+형용사'와 비슷한 점이 많다. Pínk-èyed 같은 '형용사+의사분사(擬似分詞)'도 이것의 일종이다.

형용사/부사 + 현재분사
hárd-wòrking(열심히 일하는), éasy-gòing(태평한), éver-làsting(영원한), góod-lòoking(보기 좋은)

형용사/부사 + 과거분사
néw-làid(갓 낳은), wéll-mèant(호의의), wídesprèad(널리 퍼진), fárfètched(부자연스러운), óld-fàshioned(구식의)

fár-rèaching, hígh-sòunding, wéll-mèaning, cléan-shàven, fúnny-shàped, néarsìghted, éven-tèmpered, swéet-nàtured, cóld-blòoded, cléar-hèaded, sóft-spòken, quíck-wìtted, kíndhèarted, hárd-hìt, lóng-tàiled, réd-èyed, frée-spòken

④ 명사+현재분사/과거분사
'명사+현재분사'는 héart-brèaking(애끊는)처럼 명사가 현재분사의 목적어인 경우가 많으나, '명사+과거분사'는 명사와 과거분사의 통사 관계가 복잡하다.

명사+현재분사
mán-èating(식인의), bréathtàking(황홀한), récord-brèaking(기록을 깨는), sélf-jùstifying(자기 정당화하는)

명사+과거분사
hándmàde(수제의), súntànned(햇볕에 탄), thúnder-strùck(벼락 맞은), wéather-bèaten(비바람에 시달린)

'형용사+의사분사', 즉 ox-eyed(황소 눈을 한) 같은 '형용사+명사+ed'도 '형용사+과거분사'의 일종으로 간주할 수 있다.

|| 예 || lífe-gìving, sélf-defèating, héart-rènding, tímesèrving, sóulsèarching, éarthshàking, mástermìnding, nérve-wràcking, éye-càtching, glóbetròtting,

néat-lòoking, héll-ràising, fúr-bèaring
snów-bòund, spéllbòund, créstfàllen, súgar-còated, aír-condìtioned, héartbròken, wáter-lògged, tíme-hònored, néw-bòrn, wéll-brèd, láte-decèased, móth-èaten

(3) 합성 동사(compound verb)

합성 명사나 합성 형용사가 /´+`/의 강세형 하나만을 갖는 데 비해 합성 동사는 /´+`/와 /`+´/의 두 가지 강세형을 갖는다.

① 명사＋동사

명사가 동사 앞에 와서 합성 동사가 될 때 /´+`/의 강세형을 갖는다. 이때 명사와 동사는 두 가지 통사적 관계를 갖게 되는데, síghtsèe(관광하다)처럼 명사가 동사의 목적어가 되거나, spríng-clèan(봄철 대청소를 하다: X cleans in the spring)처럼 명사가 부사구의 일부를 이루는 경우다. '명사＋동사'의 합성 동사는 대부분 역형성(逆形成: back-formation)에 의해 이루어진다. 예를 들어 sightsee는 sightseeing에서 역형성된 것이다.

▮예▮ bráinwàsh, fíre-wàtch, hóuse-hùnt, hóusekèep, líp-rèad, aír-condìtion, ísland-hòp, hén-pèck, báck-bìte, báby-sìt, bóttle-fèed, cháin-smòke, dáy-drèam, sléep-wàlk, whíp-làsh, wíndow-shòp, týpewrìte

이 밖에 spótlìght(스포트라이트로 비추다)나 blúepèncil(수정하다)처럼 합성 명사가 동사로 쓰이는 경우도 /´+`/의 강세형을 갖는다.

② 부사 + 동사

주로 out-, over-, under-, up- 등이 동사와 결합해서 된 합성 동사로서 /ˋ+ˊ/의 강세형을 갖는다.

‖예‖ ùndermíne, ùnderválue, ùphóld, ùpsét, òvertáke, òverthrów, òverlóok, ùnderscóre

'부사+동사'는 합성 동사라기보다는 단순한 하나의 단어로 보는 것이 더 좋을 때가 많다. 예를 들어 ùnderstánd를 under-와 stand의 합성 동사로 보기에는 저항을 느낀다. '부사+동사'를 합성 동사의 범주에서 빼버린다면 모든 합성어의 강세형은 /ˊ+ˋ/라고 말할 수 있다.

③ 동사 + 부사 또는 동사 + 전치사

이른바 숙어, 두 단어 동사(two-word verb) 등의 이름으로 불리는 càll úp(소환하다), cáll òn(방문하다) 등의 단어 결합을 말한다. 본서에서는 이들을 순수한 합성 동사의 범주에 넣지 않고 동사구로 다루고자 한다. 강세는 càll úp과 같은 '동사+부사'가 /ˋ+ˊ/, cáll òn과 같은 '동사+전치사'는 /ˊ+ˋ/의 강세형을 갖는다. 몇 개의 예를 들겠다.

동사+부사	동사+전치사
bàck úp(지지하다)	allów fòr(참작하다)
blòw úp(폭발시키다)	applý fòr(지원하다)
càtch ón(이해하다)	cáre fòr(좋아하다)
màke óut(이해하다)	insíst òn(고집하다)

pùt óff(연기하다)   resórt tò(의지하다)
tùrn úp(나타나다)   rún fòr(출마하다)

이와 같은 동사구는 단순한 '동사+전치사'와 구별할 필요가 있다. 다음 문장들을 비교해보자.

⎧ He decìded ón | the train.(그는 기차를 타기로 작정했다.)
⎩ He decíded | ŏn the train.(그는 기차 위에서 결정했다.)

⎧ The wind blèw úp | the street.
⎪ (바람이 길가의 집들을 모두 파괴해버렸다.)
⎨ The wind bléw | ŭp the street.
⎩ (바람이 거리를 따라 불어 올라갔다.)

⎧ He tùrned ín | his report.(그는 보고서를 제출했다.)
⎩ He túrned | ĭn the coffin.(그는 관 안에서 몸을 뒤척였다.)

⎧ How did you còme bý | such a nice book?
⎪ (그렇게 좋은 책을 어떻게 구했니?)
⎨ Did you see him cóme | bў my house?
⎩ (그가 우리 집 옆을 지나는 것을 보았니?)

∥예∥ 동사+부사

ànswer báck, bàck úp, brèak dówn, brèak úp, càll óff, càrry óut, dràw úp, kèep úp, lèave óut, pùt óff, rùn dówn, tàke ón, trỳ óut, wòrk óut

동사+전치사

accóunt fòr, agrée wìth, appéal tò, applý fòr, belíeve ìn, bóast òf, cáre fòr, díe òf, héar òf, interfére wìth, láugh àt, lóng fòr, óperate òn, persíst ìn, prepáre fòr, refléct òn, resúlt ìn, sméll òf, succéed ìn, táste òf, wáit fòr, wórry abòut, yíeld tò

8.5 문장 강세
Sentence Stress

어떤 문장을 발음할 때 영어에서는 그것을 구성하는 모든 단어를 강하게 발음하는 것이 아니라 일정한 단어만을 강하게 발음한다. 가령 I will see you on Monday라는 문장에서, 보통 see와 Monday만 대강세를 받고 나머지는 소강세를 받게 된다.

이처럼 한 문장을 단위로 하여 부여하는 강세를 문장 강세(sentence stress)라고 한다. 영어에서는 문장 강세를 받는 음절들 사이의 시간 간격이 그 사이에 있는 음절수와 상관없이 일정한 등시성을 유지하려는 경향이 있다. 영어는 전체적으로 볼 때 큰 파도가 밀려왔다가 나가는 것 같은 인상을 준다. 이런 까닭에 영어는 강세 박자 언어(stress-timed language)라고 불리는 것이다. 여기에 비하면 스페인어나 일본어 같은 음절 박자 언어들은 마치 콩을 볶거나 빨리 발음할 때는 기관총을 쏘는 것 같은 인상을 준다.

주어진 문장에서 어떤 단어들이 문장 강세를 받는가는 다분히 주관적이다. 여러 가지 원칙과 기준을 생각해볼 수 있으나, 한마디로 말해 화자가 중요하다고 생각하는 말이 문장 강세를 받는다고 할 수 있다. 앞으로 문장 강세가 오는 여러 가지 경우와 예들에 대한 설명이 있겠지만, 그 모든 경우에 강세의 정도는 중요도에 비례한다고 말할 수 있다.

우리가 흔히 문장 강세가 내용어(content word)에 놓이고 기능어(function word)에는 놓이지 않는다고 하는 것도 결국은 내용어가 기능어보다 의사 전달에 있어 더 중요하기 때문이다. 경우에 따라 내용어에 문장 강세가 오지 않고 기능어에 문장 강세가 올 때가 있다. 이것은 내용어의 내용이 약해져서 기능어로 쓰이거나, 기능어의 내용이 중요해져서 내용어로 쓰인 경우다. 따라서 내용어와 기능어의 분류는 대강의 기준을 세우기 위한 것이고, 정작 문장 강세를 정할 때의 기준은 주어진 단어가 주어진 문장 안에서 차지하는 중요도에 의해 결정된다.

내용어와 기능어에 대해서는 앞서 언급했었지만 참조의 편의를 위해 다시 반복해 놓았다.

내용어	기능어
명사	대명사(인칭, 관계, 재귀)
동사(be, have 제외)	조동사
형용사	관사
부사	전치사
대명사(의문, 지시, 부정)	접속사
감탄사	

내용어에 문장 강세가 온다는 것은 이들이 대강세를 받는다는 뜻이다. 이들 중 어떤 것이 제1강세나 제2강세로 실현되는가는 구강세의 일반적인 원칙에 따른다. 즉 문장 강세를 받는 단어가 속해 있는 사고 단락(thought group)의 가장 오른쪽에 있는 대강세가 제1강세로 실현되고, 나머지는 모두 제2강세가 된다. 호흡 단위에 대해서는 뒤에 다시 자세한 언급이 있을 것이다.

한편 문장 강세와 단어 강세의 관계를 보면, 리듬을 맞추기 위한 특수한 경우를 제외하고 어떤 단어를 구성하고 있는 음절 상호간의 강약의 관계는 변하지 않는다. 예를 들어 éve-ning이라는 단어의 두 음절이 가지고 있는 강약의 관계는 이 단어가 제2강세를 받을 때에는 êve-ning의 형태로, 대강세를 받지 못하는 경우에는 èye-ning의 형태로 남아 있게 된다. 문장 전체의 리듬을 맞추기 위해 강세의 위치가 변하는 경우에 대해서는 뒤에 다시 설명을 하겠다.

다음은 내용어에 문장 강세가 오는 몇 가지 경우이다.

Hè *tôld* his *stóry quîckly* and with *grêat enjóyment*.
Whére are you *góing*?
Whât do you *thînk* of the *wéather*?
Às a *gêneral rúle* | it may be *sáid* that | the *rêlative strêss* of the *wôrds* in a *séquence* | *depênds* on their *rêlative impórtance*.

어떤 문장에 중요한 단어만 있으면 다음의 경우처럼 문장 강세를 받는 단어들이 연속할 수도 있다.

Thîs trâin gênerally arríves láte.
Jôhn has *jûst brôught twô lârge brôwn dógs.*

지금까지는 내용어가 강세를 받는 경우에 대해서 알아보았으나 내용어가 강세를 받지 않는 경우, 혹은 그 반대로 기능어가 문장 강세를 받는 경우도 많다. 다음 문장을 보자.

This is the doctor I was talking you about.

만약에 이 문장이 여러 직업을 가진 사람들이 모인 장소에서 한 말이라면 doctor라는 단어는 당연히 문장 강세를 받아야 한다. 그러나 의사들만이 모인 학회나 병원에서 한 말이라면 doctor는 문장 강세를 받지 않을 수도 있다.
한편 기능어가 문장 강세를 받는 경우도 있다. 다음 문장을 보자.

I never gave you that book.

이 문장은 never, gave, book, that 등의 내용어가 문장 강세를 받겠지만, I나 you 등에 문장 강세를 주어 발음할 수 있다.
내용어가 문장 강세를 받지 않거나 반대로 기능어가 문장 강세를 받는 경우는 대개 다음의 세 가지로 줄일 수 있다. 첫째는 어떤 말의 뜻을 특히 강하게 하기 위해 강조 강세가 사용되는 경우다. 둘째는 어떤 말들을 서로 대비시키기 위해 대비 강세가 사용되는 경우다. 셋째는 리듬의 흐름을 고르게 하기 위하여 리듬 강세가 사용되는 경우다. 리듬 강세란 어떤 단어가 독립해서 사용될 때 가지고 있던 강세의 위치를 옮기는 것을 말하며, 이 같은 현상을 강세 이동이라고 부른다. 이상 세 가지 강세에 대해서 차례로 알아보겠다.

(1) 강조 강세(emphatic stress)

우선 강조 강세는 말하는 사람이 문장 안의 어떤 단어를 특히 강조하고자 할 때 부여되는 강세다. 내용어나 기능어의 구별 없이 어떤 단어에 강조 강세가 오면 그 단어는 제1강세를 받게 되며, 그 단어가 속해 있는 사고 단락의 강세형도 달라진다. 하나의 사고 단락 안에는 제1강세가 하나밖에 있을 수 없으므로 본래 제1강세를 받지 않았던 단어에 문장 강세가 오면 나머지 단어들은 상대적으로 약해져야 하기 때문이다. 이 현상은 무색 중립의 통상적인 문장에서 제1강세를 받던 단어에 강조 강세가 올 때도 마찬가지다. 강조 강세를 받지 않는 단어의 음절 강세는 보다 낮아져서 상대적으로 강조 강세를 받는 단어들을 돋보이게 한다.

다음 문장을 보자.

I don't know what he wants.

이 문장을 무색 중립의 통상적인 문장으로 읽으면 다음과 같이 된다.

Ì dôn't knôw whât hè wánts.

그런데 이 문장을 구성하고 있는 다섯 단어에 모두 강조 강세를 부여할 수 있다. 다음은 강조 강세가 부여됐을 때 각 문장의 강세형이다.

Í dòn't knòw whàt he wànts.
(다른 사람은 알지 모른다는 뜻이 함축)
I dón't knòw whàt he wànts.
(정말 알지 못한다는 것을 강조)
I dòn't knów whàt he wànts.
(알려고 해보았지만 알아내지 못했다는 뜻)
I dòn't know whát he wànts.
(알아내기 위해 생각할 수 있는 모든 방법으로 알아보았다는 뜻)
I dòn't know whàt hé wànts.
(다른 사람은 모르지만 그가 뭘 원하는지는 모르겠다는 뜻)
I dòn't know whàt he wánts.
(도무지 그가 뭘 원하는지 알 수 없다는 짜증)

강조의 문장 강세는 거의 모든 단어에 올 수 있다. 예를 몇 개 더 들겠다.

Tóm is rûnning. (바로 Tom이 달리고 있다는 뜻)
Tòm ís rûnning. (지금 달리고 있다는 것을 강조)
Tòm is rúnning. (걷지 않고 뛰고 있다는 것을 강조)
Lòok hòw wét I âm! (이때의 wet는 very wet의 뜻)
Whàt on éarth is thàt mâtter? (화자의 흥분을 나타낸다)
I will véry sòon shôw you | whàt I méan. (협박의 뜻)

"We'll be late, after all." "I tóld you sò." (짜증의 표시)

강조 강세를 인쇄물에서 나타내고자 할 때에는 다음과 같이 이탤릭체를 쓰거나 작은 대문자를 사용하는 것이 관례이다.

His arithmetic is *very* good.
His arithmetic is VERY good.

강조 강세는 어떤 말의 강조를 위한 것이므로 강조 구문에서 강조되는 말은 당연히 강조 강세를 받게 된다.

It's *yóu* that they're lôoking for.
It's *mé* that he wànts to sêe.

강조 강세가 문장 안의 어떤 말을 특히 강조하는 것이라면, 거꾸로 내용어라고 하더라도 뜻의 중요도가 낮아지면 강세를 받지 않는다. 다음의 네 가지가 그 대표적인 경우일 것이다. 첫째는 어떤 말이 반복됨으로써 중요도가 낮아져 강세를 잃는 경우다. 다음 문장을 보자.

A Gêrman came to Lóndon. The Gèrman léft Lòndon and wênt to Líverpool.

첫 문장에서 German과 London은 새로운 개념을 도입하므로 의미상 중요하고 따라서 대강세를 받는다. 그러나 두번째 문장에서 이들의 존재는 당연히 예상되는 것으로서, 앞에 나온 말들에 대한 대명사적 구실밖에 못한다. 실제로 두번째 문장은 He left there, and went to Liverpool이라고 바꿔 써도 하등 지장이 없다.

　이처럼 내용어라도 문장에서 중요도가 낮아지면 강세도 낮아져 위 문장에서처럼 소강세를 받게 된다. 몇 가지 예를 더 들어 보겠다.

　　Jâmes is mỳ bróther, my yóungest *bròther*.
　　"Hôw mâny tîmes have you been thére?" "Thrée *tìmes*."
　　Thère are sòme bôoks on the táble. Are thère àny *bòoks* on the flóor?
　　Thère's a pîcture on the wáll. Is thère a clóck on the *wàll*?
　　Wè thînk of thât as a chîld *thìnks*.
　　The bôys shôuted to the óther *bòys*.
　　Thôse whò have rêad éverything are cômmonly suppôsed to understánd *èverything*.

　두번째로 내용어에 문장 강세가 오지 않는 경우는 뜻의 중요도로 보아 앞뒤에 오는 말보다 하위에 있을 때이다. 예를 들어 a sort of, a kind of, a piece of, a sheet of 등은 다음에 오는 말들에 비해 의미상 그 중요도가 낮은 말들이므로 보통 문장 강세를 받지 않는다.

　　Thèy mâde *a kìnd of* agréement.
　　Gîve me a *pìece of* chálk.

세번째는 동사가 be 동사에 가까운 뜻을 가져 계사적(繫詞; copula)인 구실을 할 때, 또는 불특정한 뜻을 가질 때다.

I *gòt* wêt in the ráin.
He *gòt* mârried in 1920.
We *becàme* confûsed in the chôice of òur góals.
Âpples *gò* rótten dûe to vârious fúngus disèases.
Màke sûre that êverything is réady.
He *gàve* a fînal tóuch.

네번째로 다음과 같이 부가어구로 쓰인 경우에는 내용어일지라도 문장 강세를 받지 않는다.

"Yés," *sàid* Dr. Dímler.
Hòw áre you, *Mr. Jònes*?
Hòw áre you *this mòrning*?

첫 예문의 경우 said는 본동사지만 이 문장에서 하고 있는 역할은 Dr. Dimler의 동작을 나타내는 것이 목적이 아니라 인용부 안에 있는 말과 화자를 연결해주는 것이 주된 목적이다. 희곡에서 흔히 등장인물 이름 뒤에 콜론을 찍고 그 등장인물이 하는 말을 적어 놓는데, said가 하고 있는 역할은 바로 이 콜론이 하는 역할과 같다. 이처럼 본동사의 역할과 중요도가 약해지면서 문장 강세를 받지 못하게 되는 것이다.

두번째 문장에서 Mr. Jones도 거의 필요 없는 존재다. 서로 눈이 마주친 다음에 나누는 인사말 뒤의 호격은 화자의 정감을 나타내는 것 이상의 구실을 하지 못한다. 마지막 문장의 this morning은 이 문장에서 꼭 필요한 것은 아니다. 인사를 주고받는 두 사람은 지금이 오전이라는 것을 알고 있으므로 소강세만을 받는다.

(2) 대비 강세(contrastive stress)

대비 강세는 문자 그대로 문장 안의 어떤 말을 다른 말과 대비시키기 위해서 부여하는 문장 강세다. 다음의 예처럼 대비되는 말들이 문맥상 분명한 경우가 많다.

Gîve ìt to *hér*, nôt to *ús*.
The bòok is not *blúe*, | it is *bláck*, | and you will fînd it *ín* his dêsk, | nôt *ón* it.
Thêse bòys are brîghter than *thóse* bòys.
Sôme Amêricans hàve *líght* hâir, sôme hàve *dárk* hâir.
I wasn't speaking of my chair, and of my armchair; Ì wàs spêaking of *á* [eɪ] châir, ànd *án* [æn] ârmchair.

우리는 앞서 I don't know what he wants 같은 문장을 구성하고 있는 단어들을 모두 강조할 수 있음을 알았다. 그러나 그러한 강조도 일종의 대비 강세라고 볼 수 있다. 다음 문장을 보자.

Bob gave me the book.

이 문장에서는 다음과 같이 Bob, gave, me, the, book의 다섯 요소에 차례로 문장 강세를 부여할 수 있는데, 이것은 다섯 요소에 대한 강조가 목적인 동시에 표면에 나타나지 않은 다른 요소와의 대비가 목적이기도 하다.

Bób gâve me the bôok. (John이 아니라 Bob이 주었다.)
Bôb *gáve* me the bôok. (빌려준 것이 아니라 주었다.)
Bôb gâve *me* the bôok. (네가 아니라 내게 주었다.)
Bôb gâve me *thé* bôok. (다른 책이 아니라 바로 그 책을 주었다.)
Bôb gâve me the *bóok*. (칼이 아니라 책을 주었다.)

대비되는 말이 함축된 예는 무수히 많이 있다. 보통 같으면 Sòme pêople thínk so라고 읽을 것을 *Sóme* pèople thînk so라고 읽으면 some이 표면에 나타나지 않고 함축된 other라는 말과 대비된다. 그 밖에 Thât's *yóur* opînion이라고 하면 your가 my와 대비된다.

대비를 위해 강세의 위치가 바뀌기도 한다. 강세 이동에 대해서는 다음의 리듬 강세에서 다시 언급하겠지만, 리듬 강세와는 달리 여기서 강세 이동은 대비를 분명히 하기 위한 것이다. 예를 들어 thirteen 같은 단어는 fourteen, fifteen 단어와 대비될 때에는 thírteen, fóurteen, fífteen 같은 강세형을 갖지만, thirty와 대비될 때에는 thirtéen 같은 강세형을 갖는다. 다음에 열거한 예들 중 괄호 안에 든 강세는 대비되지 않고 단독으로 쓰일 때의 강세 위치를 나타낸다.

tránsitive : íntransitive

diréct : índirèct
háppiness : únhàppiness
advántage : dísadvàntage
fórmal : ínfòrmal

합성어의 강세가 대개 어두에 나타나는 것은 영어를 포함한 게르만어의 특징 가운데 하나가 어두에 강세가 오는 것이므로 그에 맞추기 위한 것이라고 볼 수 있다. 그러나 그것 못지않게 대비 강세도 영어의 그같은 경향에 한몫 했을 것으로 짐작된다. 가령 upstairs나 downstairs가 처음 생겼을 땐 어간 stairs에 강세가 왔을 것이다. 그러던 것이 이 둘을 대비시키는 과정에서, 접두사인 up-이나 down-이 어간과 같은 정도의 강세를 갖는 균등 강세의 단계를 지나 어두에 강세를 갖게 되었을 듯하다. 다음과 같은 합성 명사들이 구성 요소의 첫 부분에 강세를 갖는 것도 동일하게 설명될 수 있을 것이다.

ráilway jòurney, gólf clùb, pléasure trìp, bánk nòte, sáfety ràzor, télevision sèt, dóor hàndle, lémon squèezer, cámping gròund, béauty sàlon

(3) 리듬 강세(rhythmic stress)
지금까지 우리는 어떤 단어가 강조나 대조를 위해 문장 강세를 받는 경우들을 살펴보았다. 그런데 어떤 단어가 문장 강세를 받는다는 사실은 그 단어 안에 있는 음절 사이에 상호 탁립의 관계에는 영향을 주지 않았던 것이다. 가령 prepáre라는 동사가 있으면, 이 단어가 문장 강세를 받건 받지 않건 간에 둘째 음절이 첫째 음절보다는 더 큰 강세를 받는다. 문장 안에서 이 단어의 역할에 따라 prepare의 두번째 음절이 제1, 제2, 제3강세를 받을 수는 있으나 두번째 음절은 여전히 첫째 음절보다 강한 강세를 받는다. 문장 안에서 이 단어의 역할은 두 음절 사이의 강세 차이에 영향을 주지 않는다. 그런데 두 음절 사이의 강세의 위계가 바뀌는 경우가 있다. 지금부터 알아보려는 리듬 강세가 바로 그것이다.

무릇 모든 언어에는 리듬이 있다. 리듬이란 어떤 것이 규칙적으로 반복하는 것을 뜻한다. 언어에 따라 리듬은 장단, 강약의 반복으로 나타난다. 리듬이 특히 중요한 것은 시이며, 영시의 운각(foot)은 바로 리듬의 여러 모습이다. 리듬은 시에서뿐만 아니라 산문에서도 중요하다. 리듬이 이처럼 언어의 모든 장르에 존재하는 것은 리듬이 있는 것이 그렇지 않은 것보다 듣고 말하기가 쉽고 즐겁기 때문이다. 그뿐만 아니라 리듬은 균형감을 주며, 보다 적은 피로감으로 보다 능률적으로 일을 할 수 있게 해준다. 계절의 변화, 밤낮의 교체, 생물의 호흡과 맥박 등이 모두 리듬 현상의 일종이다.

영어의 리듬 강세는 다음 두 가지 형태로 나타난다. 첫째는 강세 탈락(stress dropping)이고 두번째는 강세 이동(stress shift)이다. 우선 강세 탈락이란, 보통 강세를 받을 내용어가 좌우에 대강세를 받는 말들이 올 때 그 사이에서 소강세를 받는 현상을 말한다. 강강강의 강세형을 강약강의 리듬 있는 강세형으로 바꿔 놓는 것이다. 다음이 그 예이다.

Jôhn *wènt* awáy.   cf. Hè *wènt* awáy.
a vêry *gòod* pícture   cf. a *gôod* pícture

nôt vèry góod   cf. vêry mùch bétter.
Wè cân't gèt óut.   cf. Gêt óut!
Hè pût òn hìs hát.   cf. Hè pût ìt ón.
Wè âll gòt hôme withòut dífficulty.   cf. Wè gôt hóme.
Hôw màny brôthers dò yòu háve?
Thère îsn't mùch tíme.

지금까지 보아온 예들은 우리들이 흔히 볼 수 있는 것이지만, 강세 탈락은 반드시 지켜야 하는 강제적인 것이 아닌 자연스러운 현상이다. 그렇기 때문에 외국 학생으로서는 강강강의 강세형을 무리하게 강약강의 강세형으로 바꾸지 않고 그냥 두는 것이 좋다. 예를 들어 hot roast beef는 보통 hôt róast bêef로 모두 대강세를 주어 발음한다.

두번째 중요한 리듬 강세는 이른바 강세 이동이라는 것이다. 다음의 예를 보자.

Frîday àfternóon : áfternòon têa

위에서 afternoon은 처음 예에서는 약강으로서 Friday afternoon 전체는 강약강의 편안한 리듬의 강세형을 유지하고 있다. 한편 두번째 예에서는 강약의 강세형으로 afternoon tea 전체도 강약강의 리듬이 편한 강세형을 갖는다. 다음에 비슷한 예들을 더 열거해 놓았다.

Wêstmìnster Ábbey : nêar Wèstmínster
fûllgròwn mán : nôt fùllgrówn

thîrtèen mén : êight thìrtéen

앞서 upstairs나 pleasure trip처럼 두 단어가 합쳐 하나의 새로운 합성 명사가 되는 경우, 처음 요소가 대비 강세를 받던 것이 굳어져 어두에 강세가 오게 되었을 것이라고 언급한 바 있다. 합성 형용사도 이와 비슷하다. 예를 들어 long-armed라는 합성 형용사가 처음 생겼을 때에는 lông-ármed의 강세형을 가졌을 것이다. 그러나 합성 형용사는 명사 앞에 오기 때문에 리듬을 맞추기 위해 lông-àrmed mán처럼 강세가 앞으로 이동한 것이 그대로 굳어져 강약의 강세형이 되었을 것으로 짐작된다. 각 품사별로 문장 강세에 대해 주의해야 할 점들을 살펴보겠다.

① 명사
명사는 내용어이므로 대개는 문장 강세를 받지만 다음과 같은 경우에는 강세가 오지 않기도 한다. 첫째, people, man, places, person, thing, matter, affair 등은 외연(denotation)이 커서 거의 대명사 정도의 가벼운 뜻만을 갖기 때문에 문장 강세를 받지 못하는 경우가 있다. 다음 두 문장은 문장 강세가 있고 없음에 따라 뜻이 달라진다.

Dôn't bôther *pèople* lîke thát.
(=Don't be so bothersome.)
Dôn't bôther *pêople* lîke thát.

첫번째 문장의 people은 일반적인 사람을 가리키며 어떤 특정한 사람을 가리키지 않으므로 bother people은 be bothersome으로 바꿔 쓸 수 있다. Like that은 동사 bother를 수식하는 부사구이다. 두번째 문장에서처럼 people이 대강세를 받게 되면 people이 일반적인 사람이 아니라 특정한 사람을 나타내게 되며, like that은 people을 수식하는 형용사구로 쓰이고 있다.

둘째, 일단 앞에 나왔던 명사가 반복될 때에는 대명사의 구실밖에 하지 못하므로 문장 강세를 받지 않는 것이 보통이다. 이것은 이미 앞에서 언급한 바 있다.

Thîs rôse is nòt as frâgrant as thát *ròse*.
"What language are you studying?" "Ásian *làguages*."

② 동사
내용어인 동사도 몇 가지 경우에 문장 강세를 받지 않을 수 있다.

"Nô," *sàid* hìs fáther.

이 문장은 No, said, his father의 세 요소로 되어 있다. 중요한 것은 말의 내용인 No와 그것을 말한 사람인 his father이다. 동사 said는 No와 his father를 연결시켜주는 구실밖에 못하며, 따라서 문장 강세도 받지 못한다. 다음과 같이 주어와 동사가 도치되는 경우, 동사에 문장 강세가 오지 않는 것도 같은 이유에서이다.

Âfter a stôrm *còmes* a cálm.

Sô *did* hé.

Be 동사와 have 동사는 문장 끝에 오지 않는 한, 문장 강세를 받지 않는 것이 보통이다.

Hè *is* Jáck.　　cf. "Is he Jack?" "Yês, hè *ís*."
Ì *hàve* a bóok.　cf. "Have you finished it?" "Yês, Ì *háve*."

Be going to 구문의 going은 조동사의 구실을 하고 있으므로 문장 강세를 받지 않는다. 그러나 다음과 같이 강세를 주어도 무방하다.

Whât àre yòu gôing to dó?

③ 형용사

내용어로서 강세를 받는 형용사도 경우에 따라서 문장 강세를 받지 못할 수 있다. 우선 다음에서 보듯 small은 문장 강세를 받는 반면, 같은 뜻인 little은 강세를 받지 않는다. Little은 순수하게 크기를 나타내기보다는 연민의 정을 나타내는 기능이 더 크기 때문인 듯싶다.

Thèy lîved ìn a *little* hôuse nêar the wóod.
　cf. Thèy lîved ìn a *small* hôuse nêar the wóod.
　　　a gôod *little* bóy
　cf. a bîg *fât* bóy

그러나 다음과 같은 경우에는 문장 강세를 주어야 한다.

Lîttle thîngs plêase *lîttle* mînds.

Such는 뒤에 강세를 받는 말이 올 때에는 문장 강세를 받지 않으나, 그렇지 않은 경우에는 문장 강세를 받는다.

sùch quântities of sánd
sûch a cûrious shápe
Sûch a thîng ôught to be impóssible.

More나 most가 비교를 나타낼 때에는 문장 강세를 받지 않는다.

a *mòst* impôrtant thíng
Yòu àre the *mòst* bêautiful gîrl I've èver mét.
Thât's a *mòre* sêrious mátter.

그러나 more나 most가 형용사나 명사로 쓰이면 문장 강세를 받는다.

Môst chîldren lîke cándy.
Môst òf the hôuses wère émpty.

This, these, that, those 등의 지시 형용사가 강세를 받거나 받지 않는 것은 이들의 지시력(demonstrativeness)에 의한다. 다음의 예에서 보듯 정관사 the의 역할과 같거나 단순히 이미 앞에 나온 명사를 가리킬 때에는 문장 강세를 받지 않는다.

Hè mânaged *this* mâtter ádmirably.
Ìt was nêcessary to tâke *these* precáutions.

그러나 다음의 경우에서처럼, 이들 지시사가 어떤 것을 다른 것과 구별하여 분명히 가리키고자 할 때에는 문장 강세를 받는다.

Is *thís* the mân yòu sâw yésterday?
Whât's âll *thís*?
Tobâcco and âlcohol are bôth injúrious ; *thís*, howêver, lêss than *thát*.

Some도 그 기능에 따라 문장 강세가 달라진다. Some이 '얼마간', '좀' 등의 뜻을 가져 프랑스어의 부분관사와 같은 역할을 하거나 a certain의 뜻일 때에는 문장 강세를 받지 않으며, 이때는 약형인 [səm], [sm] 등이 쓰인다.

Thère are *some* bôoks on the désk.
Lênd mè *some* móney.
Ì rêad it in *some* bóok.

④ 부사

장소나 방법, 시간을 나타내는 부사는 대개 문장 강세를 받으며, 관계 부사나 감탄문을 이끄는 부사는 문장 강세를 받지 않는다. 정도를 나타내는 부사는 일정하지 않다. 우선 장소와 방법, 시간을 나타내는 부사의 예부터 살펴보자.

Hé wênt óut.
Thèy móved fást ànd sílently.
Hôw àre yòu nów?
Ì côuldn't dô ìt thén.

Now나 then, so 등이 다음 문장에서처럼 접속사로 쓰이면 문장 강세를 받지 않는다.

Thèn yòu dîdn't belíeve ìt?
Nòw whên hè wàs góne, ······
Sò hè wênt ìnto the gárden.

의문 부사는 문장 강세를 받지만 관계 부사는 문장 강세를 받지 않는다. 한편 의문 부사가 감탄문을 이끌 때도 문장 강세를 받지 않는다. 그 까닭은 감탄문의 첫머리에 오는 의문 부사는 그 문장이 감탄문이라는 것을 표시해주는 역할을 할 뿐, 정작 중요한 것은 그 뒤에 나오는 형용사나 부사이기 때문이다.

Hôw dìd yòu gét it?

Thêre àre mâny attrâctive párks | *whère* yòu can wâlk amòng trêes ànd flówers.

Hòw stránge!

부사 중 not의 문장 강세는 주의를 요한다. Not은 원칙적으로 대강세를 받는다.

Hè's *nôt* cóming.

그러나 앞에 오는 조동사와 축약되어 모음을 상실하게 되면 조동사가 대강세를 받는다. 이것은 not의 대강세가 조동사로 이동한 것이라고 볼 수 있다.

Hè *îsn*'t cóming.

⑤ 대명사

대명사는 대개 기능어로 분류된다. 따라서 문장 강세를 받지 않는 것이 보통이지만 실제는 그리 간단하지 않으며, 어떤 품사보다도 강세의 사용이 복잡하다. 우선 인칭 대명사는 대강세를 받지 못하며, 제3강세가 보통이나 제4강세가 오면 격식을 차리지 않은 표현이 된다. 만약에 인칭 대명사가 문장 강세를 받으면 특히 그 인칭을 강하게 지칭하는 것이 된다.

Yóu sâid sò.
Yôu sáid sò.
Yòu sáid sò.

인칭 대명사가 명령문에, 특히 긍정의 명령문에 쓰이면 흔히 문장 강세가 온다. 인칭 대명사는 명령문에서 생략되는 것이 원칙이기 때문에 명령문에 인칭 대명사가 쓰였다는 것은 이미 그것이 강조되고 있음을 나타내기 때문이다.

Wèll, *yôu* màrk mỳ wórds.
Dôn't *yôu* wórry.

인칭 대명사가 고유명사 구실을 할 때에도 문장 강세를 받는다. 다음 문장을 보자.

I'm going to Providence to see the Twaddells for a few days. We will work, cook, and see many mutual friends. *Hêr* péople are from New England.

문장 강세를 받는 Her는 물론 Mrs. Twaddells를 가리킨다. 다음의 예도 마찬가지다.

Father : "I thought there was some candy left."
Mother : "*Shê* ate it last night."

이때의 She는 이 가정의 유일한 나머지 식구인 딸을 가리킨다.

It's seven o'clock already. I wonder if Mr. Rice is held up by some sort of committee meetings. Oh, *thêy* are here.

이때의 they는 Mr. and Mrs. Rice를 가리킨다.
소유 대명사는 대개 문장 강세를 받는다.

Mîne's vêry níce; whât's *yôurs* líke?
Ì dîdn't knôw *hîs* wàs thére.

One이 일반적인 사람을 가리킬 때에는 문장 강세를 받지 않으나, 앞에 a, the, each, every, either 등의 말이 오면 대강세를 받는다.

Òne càn hârdly belíeve ìt.
A lông jôurney mâkes *òne* tíred.
Òne càn nêver be tôo sûre.
Yòu âre a *óne*.
Thât's the *ône* I sâw yésterday.
Mârk êvery *óne*, | nôt êvery óther *ône*.

의문 대명사도 문장 강세를 받는 것이 보통이다.

Whât àre yòu dóing?

Whîch is yóurs?
Whô compôsed the músic?

그러나 종속절을 이끄는 의문 대명사에는 문장 강세가 오지 않는다. 이것은 의문 대명사가 기능어인 접속사 구실을 하고 있기 때문이다.

Ì've bèen wôndering *whàt* yòu're dóing.

한편 감탄문 첫머리에 오는 의문 대명사도 문장 강세를 받지 않는다. 이것은 같은 자리에 오는 how가 강세를 받지 못하는 것과 같은 이유에서이다.

Whàt a drêadful thíng!
Whàt a bêautiful flówer!
Whàt crôwds òf péople!

관계 대명사에도 문장 강세가 오지 않는다. 관계 대명사는 그 기능이 일종의 접속사이기 때문이다.

Tâke the bôok whìch is òn the táble.

그러나 이른바 관계 형용사라고 불리는 which는 문장 강세를 받는다. 그 까닭은 이것이 형용사 구실을 하기 때문이다.

We traveled together as far as Paris, àt *whîch* pláce wè párted.

재귀 대명사는 용법에 따라 강세가 달라진다. 강조의 뜻을 가질 때에는 대강세를 받으며, 타동사의 목적어로 쓰였을 때에는 소강세를 받는다.

Mỹ hûsband wìll dô ìt âll *himsélf*.
Hè fêlt *himsélf*.
Hè kílled *himsèlf*.
Please mâke *yoursèlf* àt hóme.
Ì've jûst cút *mysèlf*.

이른바 상호 대명사라고 불리는 each other나 one another도 문장 강세를 받지 않는다.

Thèy lóved *èach òther*.
Yòu shòuld hêlp *òne anòther* móre.
Thòse pêople sêem tò bè enjôying *èach òther*'s cómpany.

⑥ 전치사

전치사는 대표적인 기능어이므로 문장 강세를 받지 않는 것이 원칙이다. 대개는 제3강세를 받는다.

Shàll wè mêet hére or *ìn* the líbrary?

Àre yòu gôing to stûdy *with* ús?

그러나 전치사가 문두에 오는 경우 대강세를 받을 수 있다.

Ôn hìs wây hè hâd an advénture.
În the rôom thèy fôund a dóg.

전치사가 문장 끝에 올 때에는 문장 강세는 받지 않으나 약형이 사용되지는 않는다. 소강세이긴 하나 제3강세를 받고 있는 까닭이다.

Whât àre yòu lóoking *àt*?
Whô wère yòu táking *tò*?
Whât's âll thàt fúss *abòut*?
Wè âsked whêre thèy cáme *fròm*?

⑦ 접속사
기능어인 접속사도 문장 강세를 받지 않는 것이 원칙이다.

Dô *às* yòu àre tóld.
Thêse âren't sûch nîce ônes *as* yóurs.

그런데 접속사도 전치사와 마찬가지로 문두에 오면 문장 강세를 받는다.

Befóre yòu destróy ìt, | shôw ìt tò yòur solícitor.
Âs wè gô alóng, | Ì'll expláin ìt tò yòu.
Whên hè cómes, | Ì'll introdúce hìm tò yòu.

마지막 문장은 종속절과 주절의 위치가 바뀌어 단숨에 읽게 되면 접속사는 다음과 같이 소강세를 받는다.

Ì'll introdûce hìm tò yòu *whèn* hè cómes.

접속사가 문두에 오더라도 그것들이 이유를 나타내는 as나 since일 때, 그리고 while, though, if, whereas 등일 때는 문장 강세를 받지 않는 경우가 많다.

Às ìt ìs wét, | wè wìll stây àt hóme.
Thòugh ìt wàs vêry láte, | hè wênt òn wórking.
Ìf Ì àm wróng, | yòu àre wrông, tóo.

Now, then, so 등이 접속사로 사용될 때에는 문장 강세를 받지 않는다는 점은 이미 앞에서 지적한 바 있다.

Nòw whên hè wàs góne, ······
Thèn yòu dôn't belíeve ìt?
Sò hè wênt ìnto the gárden.

다음은 같은 모양의 단어가 그 기능에 따라 다르게 문장 강세를 받는 예이다.

I sâw *thàt thât* ìs trúe.
Whô wàs the mân *whò* spóke?

⑧ 조동사
조동사도 기능어이므로 보통은 문장 강세를 받지 않는다.

Yòu *càn* sây ìt ìn wrìting | or órally.
Shè *shòuld* bè consúlted.

Be 동사나 have 동사도 문장 강세를 받지 않는다.

The trâin *wàs* láte.
Yòu *àre* nêver ready.
Ì *hàve* jûst fînished wrîting the repórt.

그러나 이러한 동사가 본동사로 사용될 때는 대강세를 받는다. 그 점에서는 본동사로 사용될 수 있는 do나 will도 마찬가지다. 다음 문장들을 비교해보자.

⎰ I wânt thèm to *bè* wâshed cárefully.
⎱ Tŷrants hàve *bêen* ànd *áre*.

$\begin{cases} \text{I } have \text{ wâshed thèm alréady.} \\ \text{I } have \text{ thèm wâshed cárefully.} \end{cases}$

$\begin{cases} \text{Whèn } do \text{ yòu thînk hè's cóming?} \\ \text{Lèt's } do \text{ the díshes.} \end{cases}$

$\begin{cases} \text{Hè } will \text{ dîe in a fêw dáys.} \\ \text{Hè } wills \text{ hìs ôwn déath.} \end{cases}$

이 밖의 조동사들이 문장 강세를 받으면 그 조동사의 뜻이 강조된 경우다. 다음 예를 비교해보자.

$\begin{cases} \text{It } can \text{ bè dóne.} \\ \text{It } can \text{ bè dóne. (가능성의 강조)} \end{cases}$

$\begin{cases} \text{I } am \text{ góing.} \\ \text{I } am \text{ góing. (가겠다는 의지의 강조)} \end{cases}$

$\begin{cases} \text{I } have \text{ gôt sóme.} \\ \text{I } have \text{ gôt sóme. (가지고 있다는 사실의 강조)} \end{cases}$

$\begin{cases} \text{It } has \text{ bèen dóne.} \\ \text{It } has \text{ bèen dóne. (이미 일이 완료되었음을 강조)} \end{cases}$

다음은 그 밖의 예문들이다.

Yòu *will* bè tâking a rísk! (정말 위험을 무릅쓸 셈인가!)
Hè *wôuld* gô òn êating ànd éating.
Hè *mây* bè ôut âll dáy. (가능성의 강조)

Hè *mîght* càtch thât trâin ìf hè húrried. (추측의 강조)
Whìle yòu're óut, | yóu *mîght* pòst thìs létter fòr mè.
　(화자의 희망을 강조)
Shè *mûst* hàve séen ìt. (추측의 강조)
Hè *ôught* tò bè hêre sóon. (추측의 강조)
Ì thînk wè *ôught* tò bè stârting sóon. (의무의 강조)
I *shôuld* hàve tâken thât médicine. (의무의 강조)
Bùt wè *dó* belîeve yòu. (동사의 강조)
Dó têll mè. (동사의 강조)
Ì *dó* wânt tò. (동사의 강조)

문장 끝에 오는 조동사는 문장 강세를 받는데, 이 위치에서 조동사는 다음 예문에서처럼 대동사(代動詞; pro-verb)나 대술부(代述部; pro-predicate)의 역할을 하고 있다. 이들이 실제로는 내용어이기 때문이다.

Fînish ìt às sôon às yòu *cán*.
Ì dôn't knôw whò hè *ís*.
Ì mêant tò frîghten hìm | ànd I *díd*.
"Do you know whether John's taking the whole gang along in his car?" "Appârently hè *ís*."

그러나 물음에 따라서는 문장 끝에 오는 be 동사가 제2강세를 받을 수도 있다.

"Are you going to the movie tonight?" "Yês, Ì ám."
"Who's going to the movie tonight?" "Í âm."

의문문의 문두에 오는 조동사는 흔히 문장 강세를 받는다.

Hâve yòu séen thèm?
Dîd yòu líke ìt?
Wîll yòu wâit fòr mè àt the líbrary?

다음의 예에서처럼 문두의 의문사 바로 뒤에 오는 조동사에 대강세가 오면 화자의 짜증, 걱정, 호기심, 놀람 등을 나타낸다.

$\begin{cases} \text{Whât } are \text{ yòu dóing?} \\ \text{Whât } \hat{a}re \text{ yòu dóing? (도대체 무엇을 하고 있느냐?/짜증)} \end{cases}$

$\begin{cases} \text{Hôw } did \text{ thèy mánage ìt?} \\ \text{Hôw } d\hat{i}d \text{ thèy mánage ìt? (호기심)} \end{cases}$

$\begin{cases} \text{Whât } is \text{ tò bè dóne?} \\ \text{Whât } \hat{i}s \text{ tò bè dóne? (걱정)} \end{cases}$

8.6 강형과 약형
Strong and Weak Forms

사전에 표시하는 발음기호는 대개 그 단어가 독립해서 쓰일 때의 발음으로, 이른바 강형이라고 불리는 것이다. 그러나 많은 단어들, 특히 기능어가 실제로 문장 속에서 사용될 때에는 그 모음이 약해지는 것이 일반적이다. 이 같은 현상을 모음 약화(vowel reduction)라고 하며, 이 현상으로 얻어지는 모양을 약형(weak form)이라고 부른다. 모음 약화는 약세의 모음에서만 일어나며, 기능어가 강형과 동시에 약형을 가지는 것은 문장 강세를 받는 일이 거의 없기 때문이다. 50~60개의 기능어가 강형과 약형의 교체를 보인다.

영어를 처음 듣는 사람에게 약형은 게으르고 부정확한 발음으로 들리기 쉽다. 바로 이 불분명한 발음의 약형 때문에 영어는 알아듣기가 어려운 것이다. 그러나 사실은 그것이 게으르거나 부정확한 발음이 아니라 정확하고 자연스러운 발음이다. 중요하지 않은 기능어를 불분명하게 읽는다는 것은 중요한 내용어를 돋보이게 한다는 효과가 있다. 외국 학생이 영어를 읽을 때 저지르기 쉬운 잘못 가운데 하나는, 단어의 역할이나 기능에 대한 고려 없이 모든 단어를 똑같은 강세로 또박또박 읽는 것이다. 이렇게 되면 중요하지 않은 단어를 강조하게 되고 중요한 단어는 상대적으로 약화되고 만다.

모음 약화는 부주의한 발음의 소산이 아니라 중요하고 중요하지 않은 것을 구분하는 정상적인 방법이다. 아나운서들이 종종 기능어를 충분히 약화시키지 않아 부자연스러운 발음을 할 때가 있다. 예를 들어 The store will be open from one to three의 끝부분을 [wʌn tə θrɪi]라고 해야 할 것을 [wʌn tuu θrɪi]라고 해서 마치 1, 2, 3의 숫자를 세는 것처럼 발음하는 경우가 있다.

모음 약화는 고대 영어 때부터 있어 온 현상이며, 독일어나 프랑스어에도 같은 현상이 있으나 영어에서처럼 자주 일어나지는 않는다. 모음 약화의 결과 생기는 모음은 대개의 경우 [ə]이지만, 경우에 따라 [ɪ]나 [ʊ]가 되기도 한다. 다음은 강형과 약형의 교체형을 갖는 대표적인 단어들이다.

	강형	약형	
a	[eɪ]	[ə]	*a* tall man
am	[æm]	[əm]	I *am* ready.
		[m]	I'*m* ready.
an	[æn]	[ən]	*an* old man
		[n]	Got *an* apple?
and	[ænd]	[ənd]	snow *and* ice
		[ən]	cup *and* saucer
		[nd]	head *and* arm
		[n]	rod *and* gun
		[ŋ]	Jack *and* ate
		[m]	up *and* down
are	[ɑr]	[ɚ]	All *are* mortal.
as	[æz]	[əz]	just *as* good

		[z]	not so good *as* it was
		[s]	not so light *as* it looks
at	[æt]	[ət]	Look *at* the house.
be	[bi]	[bɪ]	It couldn't *be* done.
been	[bin]	[bɪn]	It had *been* torn down.
but	[bʌt]	[bət]	all *but* two
can	[kæn]	[kən]	He *can* see it.
		[kn]	I *can* do it.
		[kŋ]	I *can* call him.
could	[kʊd]	[kəd]	He *could* do it alone.
do	[du]	[dʊ]	How *do* I know?
		[də]	What *do* they want?
does	[dʌz]	[dəz]	How *does* it go?
for	[fɔr]	[fɚ]	Wait *for* Alice.
from	[frɑm]	[frəm]	He came *from* town.
had	[hæd]	[həd]	They *had* gone already.
		[əd]	The man *had* gone.
		[d]	He*'d* gone when I came.
has	[hæz]	[həz]	Martha *has* found it.
		[əz]	George *has* come.
		[z]	He*'s* just come.
		[s]	Jack*'s* come.
have	[hæv]	[həv]	They *have* surely come.
		[əv]	They wouldn't *have* gone.

		[v]	I've lost it.
he	[hi]	[hɪ]	They think *he* is.
		[i]	They think *he* did.
		[ɪ]	He said *he* would.
her	[hɝ]	[hɚ]	*Her* mother was glad.
		[ɚ]	She met *her* at the station.
him	[hɪm]	[ɪm]	I met *him* in town.
his	[hɪz]	[ɪz]	All *his* friends were here.
in	[ɪn]	[n]	Break it *in* two.
into	[íntu]	[íntʊ]	It lead *into* an alley.
is	[ɪz]	[z]	John's here.
		[s]	Jack's here.
me	[mi]	[mɪ]	He tried to see *me*.
must	[mʌst]	[məst]	You *must* ask him.
		[məs]	We *must* go at once.
nor	[nɔr]	[nɚ]	neither fish *nor* flesh
not	[nɑt]	[nt]	does*n't*
		[nt]	are*n't*
		[t]	ca*n't*
		[n]	He has*n't* come.
of	[ɑv]	[əv]	the end *of* the week
		[ə]	a load *of* wood
one	[wʌn]	[wən]	I want that *one*.
or	[ɔr]	[ɚ]	one *or* the other

pretty	[príti]	[pɚti]	*Pretty* well, thank you.
saint	[seɪnt]	[sənt]	*St.* Ann
		[sən]	*St.* James
		[sɪnt]	*St.* Paul
		[sɪn]	*St.* John
		[sn̩]	*St.* John
shall	[šæl]	[šəl]	We *shall* be ready.
		[šl̩]	I *shall* be glad to go.
she	[ši]	[šɪ]	I thought *she* meant it.
should	[šʊd]	[šəd]	I *should* be glad to.
		[šə]	I *should* do it.
		[št]	I *should* think so.
sir	[sɜ]	[sɚ]	Thank you, *sir*.
so	[soʊ]	[sə]	It's not *so* cold today.
some	[sʌm]	[səm]	Let's have *some* ice cream.
		[sm̩]	I want *some* ice.
		[sə]	Have *some* more.
than	[ðæn]	[ðən]	more *than* ever
		[ðn]	more *than* ever
		[n̩]	It's less *than* an inch.
		[n]	That's more *than* I know.
that	[ðæt]	[ðət]	He said *that* he saw it.
the	[ði]	[ðə]	*the* tree
		[ðɪ]	*the* end

them	[ðɛm]	[ðəm]	We met *them* at two.
		[ðm̩]	We like *them*.
		[əm]	We paid '*em* the money.
		[m̩]	There's five millions of '*em*.
till	[tɪl]	[tl̩]	Wait *till* he comes.
to	[tu]	[tʊ]	from heaven *to* earth
		[tə]	easy *to* do
up	[ʌp]	[əp]	Make *up* your mind.
upon	[əpán]	[əpə́n]	line *upon* line
us	[ʌs]	[əs]	They asked *us* to join them.
		[s]	Let'*s* not go yet.
was	[wɑz]	[wəz]	He *was* there.
we	[wi]	[wɪ]	We'll do all *we* can.
were	[wɝ]	[wɚ]	They *were* there.
what	[hwɑt]	[hwət]	See *what* I have.
will	[wɪl]	[wl̩]	No one *will* ever notice it.
		[l̩]	Ned'*ll* be here soon.
		[l̩]	They'*ll* come.
would	[wʊd]	[wəd]	John *would* like to go.
		[əd]	It *would* be fun, wouldn't it?
		[d]	They'*d* be ready by four.
you	[yu]	[yʊ]	*You* ought to.
		[yə]	How do *you* do?
		[yɪ]	How do *you* do?

you're   [yʊr]   [yɚ]   You're too late.

위에서 본 것과 같이 기능어의 모음을 약화시키는 것은, 실은 기능어의 약화 그 자체가 목적이 아니라 기능어를 약화시킴으로써 반대로 내용어를 돋보이게 하려는 데 있다. 따라서 어떤 문장에서 내용어를 강조하려 할 때에는 내용어를 강하게 읽을 것이 아니라 반대로 기능어를 약하게 읽으면 된다. 외국 학생들에게 모음 약화는 습관이 되지 않으면 발음하기 어려운 현상이다. 가장 좋은 연습 방법은 모음을 빼버리고 발음하는 것이다. 예를 들어 can은 [kn]으로, shall은 [šl]로 발음하는 따위이다. 모음 약화는 영어가 영어답게 들리게 하는 중요한 현상 가운데 하나다.

그런데 문제는 어떤 경우에 약형이 쓰이는가 하는 데 있다. 유감스럽게도 아직까지 이 문제에 관한 조직적인 연구는 없다. 다만 말의 속도가 빨라질수록, 그리고 앞뒤 문맥으로 보아 단어가 갖는 역할이 약해질수록 보다 약형이 쓰일 가능성이 높다는 것만은 알 수 있다. 강형은 문장 강세를 받는 경우에 사용되지만 다음과 같은 경우에는 문장 강세를 받지 않더라도 강형이 쓰인다.

첫째, 전치사, 조동사, be 동사 등이 문장 끝에 올 때는 문장 강세는 받지 않더라도 강형이 쓰인다.

I took lots of snaps of all the places we went *to*.
She had been a wife for even less time than you *have*.
What a liar you *are*!

둘째, 문장 끝에 약형의 인칭 대명사가 올 때, 그 직전에 오는 전치사, 조동사, be 동사 등은 강형이 쓰인다.

There are hundreds *of* them.
We get the abstract noun 'brevity' *from* it.

기능어의 강형, 약형과 관련지어 강세 부활(restressing) 현상을 살펴보자. 이 현상은 미국 영어에서 많이 볼 수 있다. 강세 부활이란 약형이 어떤 이유로 강세를 받는 경우 본래의 강형과는 다른 강형을 갖는 경우를 말한다. 예를 들어 from은 보통 약형의 [frəm]으로 쓰이지만, 강세를 받는 경우 본래의 [frɑm]이 되지 않고 [frʌm]이 된다. 이 밖에도 약형의 what[hwət]이나 was[wəz]가 강형이 될 때 [hwɑt]나 [wɑz] 대신 [hwʌt]나 [wʌz]가 되는 것 등이다. Were나 does가 [wɜ]나 [dʌz]로 발음되는 것도 강세 부활의 잔재다.

8.7 억양
Intonation

문장 강세에 다분히 비문법적, 비언어학적 요소가 있다는 점은 이미 지적한 바 있다. 그런데 지금부터 설명하고자 하는 억양에는 문장 강세보다 훨씬 더 많은 비문법적 요소가 들어 있다. 억양에 관한 대표적인 저서 가운데 하나인 파이크(Pike)의 *The Intonation of American English*에는 30개의 주억양곡선(primary intonation contour)을 구별하고 있지만 그것들은 대부분 문법적 구조나 논리에 좌우된다기보다는 화자의 기분이나 관점의 차이에 좌우되는 것들이다. 억양 곡선(intonation contour)의 수나 종류도 분석가에 따라 천차만별로서 억양에 관한 기존 분석들을 모두 살피고 종합한다는 것은 혼란을 가져다주는 것 이외에 아무런 도움이 되지 않는다. 그런 이유 때문에 본서에서는 미국 영어의 억양을 가장 간략하고 요령 있게 설명한 프레이터(Prator)의 *Manual of American English Pronunciation*의 분류와 설명만을 따르기로 한다.

억양에서 가장 중요한 것은 소리의 높이다. 사실 억양이란 소리의 높이 변화에 관한 것이다. 소리의 높이가 문장 강세와 밀접한 관계가 있다는 점은 앞에서 지적한 바 있다. 소리의 높이는 논리적으로 무한히 많은 수로 구별될 수 있다. 그리고 실제로 성우 가운데는 25개 가량의 음정을 사용하는 사람도 있다. 그러나 그 같은 미세한 분류에 언어학적 의의가 있을 리 없다.

프레이터는 영어의 분석에서는 소리의 높이를 저음, 중간음, 고음의 셋으로 나눈다. 특히 격한 감정을 나타내기 위해 초고음을 더해 네 가지를 인정하고, 이들을 각기 저음부터 1, 2, 3, 4의 번호로 표시한다. 즉 번호가 높아질수록 소리도 높아지고, 반대로 번호가 낮아질수록 소리의 높이도 낮아진다. 그런데 여기서 이 같은 분류에 대해 몇 가지 주의해둘 점이 있다.

첫째, 저, 중, 고의 분류는 음향음성학에 근거를 둔 객관적인 분류가 아니라 개개인의 말소리를 기준으로 한 주관적인 분류라는 점이다. 다시 말해 저음, 중간음, 고음을 각기 주파수로 나타낸다든지, 혹은 피아노의 계명에 견주어 설명할 수 없다. 중간음이라고 하면 어디까지나 우리가 분석하려는 어떤 사람의 발화 전체로 볼 때 중간음이라는 뜻이다. 따라서 다음과 같은 경우들이 가능하다. 즉 여자의 저, 중, 고, 초고음은 남자에 비해 일반적으로 높다. 또는 남자 성인의 고음이 어린이의 저음보다 더 낮을 수 있다.

둘째, 소리의 높이 변화를 숫자로 나타내는 경우 번호가 바뀔 때 소리의 높이가 급격히 바뀌는 것이 아니라는 점이다. 다음 두 문장은 각기 231(중고저)과 233(중고고)의 억양 곡선을 가진 것으로 기술된다.

He's from Mi chigan.

Is he from Michigan?

그런데 이들 두 문장을 실제로 스펙트로그래프로 분석해보면 각기 다음과 같은 모양으로 나타난다.

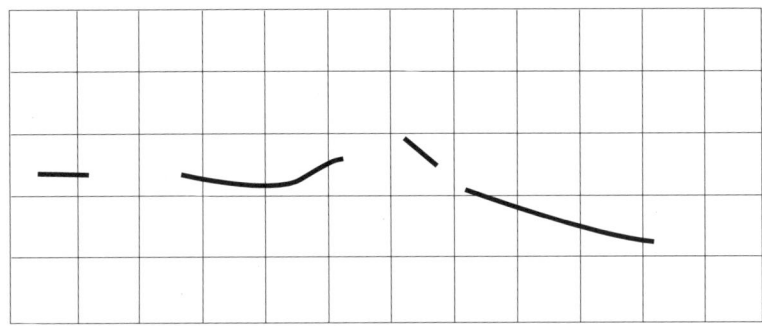

〈그림 8-1〉 He's from Michigan.(Shen, 1966, 179)

〈그림 8-2〉 Is he from Michigan?(Shen, 1966, 179)

이 두 그림을 각기 231이나 232의 두 억양 곡선과 비교해보면 이들 사이에는 매우 큰 거리가 있음을 알 수 있다. 그러나 억양 곡선은 바로 이 같은 그림에 대한 심리적 실재(psychological reality)를 나타내는 것이다. 왜냐하면 위와 같은 억양 곡선에 따라 발음하면 바로 그림으로 주어진 것과 같은 곡선을 얻기 때문이다.

셋째, 중간음은 위에서 보듯 인쇄된 글자의 밑부분에 맞춰 줄을 그어 표시하며, 고음은 글자의 윗부분에, 그리고 저음은 중간음선에서 고음과 중간음의 거리만큼 아래에 표시하고, 반대로 초고음은 고음에서 중간음과 고음의 거리만큼 위에다 줄을 그어 표시한다.

억양 곡선들의 분류와 설명에 앞서 몇 가지 용어에 대한 설명이 필요할 것 같다. 우선 억양 곡선이 시작되고 끝나는 부분을 각기 기점(beginning point)과 종점(end point)이라고 부르기로 한다. 하나의 문장이 하나 이상의 억양 단락을 가질 수 있으므로 기점과 종점이 항상 문장의 시작이나 끝과 일치하는 것은 아니다.

다음으로 알아 두어야 할 용어는 변조점(change point)이다. 변조점은 억양의 음조가 바뀌는 음절과 음절 사이의 경계선을 뜻한다.

한 문장 안에 변조점은 여럿 있을 수 있는데, 특히 그 중에서도 한 억양 단락의 가장 마지막 변조점, 다시 말해 한 사고 단락의 제1강세를 받는 단어의 강세 음절의 변조점을 주변조점(primary change point)이라고 부른다. 주변조점을 중심으로 하여 기점에서 주변조점까지, 즉 각 억양 단락에서 제1강세를 받는 음절 앞의 모든 것을 위한 억양 곡선을 전반 곡선(precontour)이라고 부른다. 그 나머지, 그러니까 각 억양 단락에서 제1강세를 받는 음절부터 종점까지의 모든 것을 위한 억양 곡선을 주곡선(primary contour)이라고 부른다. 예를 들면 다음과 같다.

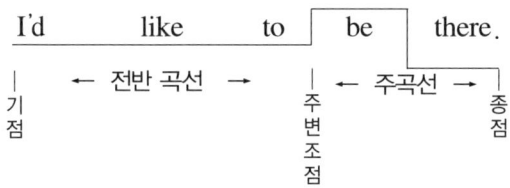

프레이터식 분석의 장점은 미국 영어의 억양을 불과 세 개의 억양형(intonation pattern)으로 줄였다는 데 있다. 첫째는 231형(중고저형;

rising-falling intonation), 둘째는 233형(중고고형; rising intonation), 셋째는 232형(중고중형; nonfinal intonation)이다. 세 가지 억양형이 모두 23으로 시작하고 종점만이 각기 다르다.

(1) 231형

231형은 서술문(declarative sentence), 명령문(imperative sentence), 육하 의문문(wh-question), 감탄문(exclamatory sentence), 인사(greeting)에 쓰인다. 이 같은 종류의 문장이 주어지면 이들이 모두 231형의 억양을 갖는다고 생각하면 된다. 다시 말해 중간음으로 시작해서 문장의 어느 부분에서 고음으로 올라갔다가 저음으로 끝나는 것이다. 즉 중간음의 기점과 고음의 주변조점, 그리고 저음의 종점을 갖는다.

이처럼 기점과 종점의 음조를 알고 있으므로 중요한 것은 주변조점이 어디에 오는가 하는 것이다. 결론부터 말하자면, 주변조점은 한 억양 단락의 제1강세를 받는 음절 앞에 온다.

억양은 문장 강세와 밀접한 관계에 있고, 만약 문장 강세에 대한 정확한 지식이 없다면 억양에 대한 정확한 지식도 기대할 수 없다. 그리고 하나의 주억양 곡선에서는 단 하나의 음절만이 고음으로 발음된다. 미국 영어의 억양에서 중요한 것은 문장 끝부분의 억양, 즉 주곡선이다. 따라서 이 부분을 정확히 발음해야 한다.

이어서 억양 곡선의 표기 방법을 차례로 알아보겠다. 어떤 문장이 주어지면 첫째, 이 문장을 사고 단락(thought group), 즉 억양 단락으로 나누고 그들 사이를 | 선으로 표시한다. 둘째, 모든 문장 강세를 표시한다. 셋째, 주어진 문장의 종류에 따라 억양형을 결정한다. 여기서는 231형을 예로 들겠다. 넷째, 주어진 억양 단락의 주변조점을 알아낸

다. 다섯째, 기점에서 주변조점까지를 중간음선으로 연결하여 전반 곡선을 그린다. 여섯째, 주변조점에서 한 음절만을 고음으로 표시하고 나머지는 종점까지 모두 저음선으로 표시한다. 일곱째, 하나의 억양 단락에는 하나의 변조점이 있는 것이 보통이나, 전반 곡선 부분에 문장 강세를 받는 단어가 있는 경우 그 단어의 강세 음절을 고음으로 발음해도 무방하다. 대개의 경우 이것은 수의적이며, 고음으로 발음되는 단어가 강조된다는 것 이외에 그 문장 전체의 뜻은 달라지지 않는다.

이 같은 과정을 예를 통해 알아보자. 우선 다음과 같은 문장이 주어졌다고 하자.

I'd like to believe it.

첫째, 이 문장은 짧은 문장으로서 전체가 하나의 사고 단락을 이루고 있기 때문에 더 이상 나눌 필요가 없다. 둘째, 이 문장에 문장 강세를 표기하면 다음과 같다.

I'd líke to belíeve it.

셋째, 이 문장은 서술문이므로 억양은 231형이다. 넷째, 주변조점은 believe 동사의 be-와 -líeve 사이에 온다. 다섯째, 기점에서 주변조점까지를 중간음선으로 연결하면 다음과 같다.

I'd like to belíeve it.

여섯째, 제1강세를 받는 음절 하나만을 고음선으로 표시하고 나머지는 종점까지 모두 저음선으로 표시하면 다음과 같다.

I'd like to be|líeve|it.

일곱째, 전반 곡선 부분에서 문장 강세를 받는 단어 like는 다음과 같이 고음으로 발음해도 상관없으며, 그때는 like의 뜻이 강조된다.

I'd|like|to be|líeve|it.

지금까지 보아온 예는 주곡선 부분이 둘 이상의 음절로 되어 있는 경우이다. 그러나 다음의 두 문장은 경우가 약간 다르다. 첫번째 문장은 문장 강세를 받는 단어가 이 문장의 마지막 단어이며, 그 단어는 단음절어다. 두번째 문장은 문장 강세를 받는 단어가 이 문장의 마지막 단어이며, 그 단어의 강세 음절 또한 이 문장의 마지막 음절이다. 다시 말해 주곡선 부분이 모두 단음절로 되어 있다.

I'd like to know.
I'd like a cigarette.

이 두 문장에 문장 강세를 표시하면 다음과 같다.

Ì'd lîke to knów.
Ì'd lîke a cigarétte.

8. 강세와 억양 **463**

지금까지 보아온 대로라면 231의 억양형을 갖는 이 두 문장에서 주변 조점은 각기 know와 -ette 앞에 온다. 그런데 이 음절들이 바로 이들 문장의 마지막이므로 억양 곡선을 그린다면 다음과 같이 부자연스럽게 된다.

I'd līke to knów.

I'd līke a cigarétte.

이들 억양 곡선을 통해 알 수 있는 사실은 이 문장들의 마지막 음절들을 고음으로 읽되 저음으로 끝나게 하라는 모순된 기술이다. 이런 경우에는 이른바 활강(glide)이라는 표기 방법을 사용하여 다음과 같이 표기한다.

I'd līke to knów.

I'd līke a cigarétte.

활강 표기는 음조가 한 음절을 조음하는 과정에서 하강한다는 뜻이다. 예를 몇 개 더 들겠다.

The dînner is cóld.

I'd līke a báll.

I'd líke to léave.

231형은 지금까지 보아온 대로 서술문뿐만 아니라 다음의 예들이 보여주듯이 명령문이나 육하 의문문에서도 사용된다. 육하 의문문이란 who, what, which, when, where, how의 여섯 가지 의문사로 시작되는 의문문을 말한다.

Côme to sée me.

Côme to the wín dow.

Whât did you téll her?

Whât is he tálk ing about?

Whât did you thínk úp?

프레이터가 제시한 다음의 예들은 모두 끝부분이 동일한 단어의 연쇄로 끝나지만 그 통사 구조는 같지 않다. 따라서 억양 곡선도 달라졌다.

Ì sâw a bláck bìrd. (나는 지빠귀를 보았다.)

Ì sâw a blâck bírd. (나는 까만 새를 보았다.)

In Passdêna, thêre's a pláy hôuse.

(파사데나에는 극장이 하나 있다.)

Môst chîldren lîke to pláy hôuse.

(대부분의 애들은 소꿉놀이를 좋아한다.)

Abôut thât Ì knôw nôthing and câre léss.

(그것에 대해서는 전혀 아는 바도 없으며 관심도 덜하다.)

Hè's âlways a lîttle cáreless.(그는 항상 좀 부주의하다.)

Trŷ to kêep the strêet cléaner.(거리를 좀더 깨끗이 하시오.)

Trŷ to kêep the strèet-clèaner.(도로 청소기를 보관하시오.)

In África, the Brítish have a strông hóld.

(아프리카에서는 영국 사람들이 강력한 지배력을 행사하고 있다.)

Gibrâltar is a stróng hòld.(지브롤터는 요새다.)

Thât bôy hàs fôund a |bírd's-|nèst.

(저 소년이 새둥지를 발견했다.)

Ì've nêver sêen thôse bîrds |nést.

(나는 저 새들이 둥지를 트는 것을 본 적이 없다.)

우리는 앞서 같은 단어의 연쇄로 이루어져 있으면서도 통사 구조가 달라 문장 강세를 달리하는 수많은 예들을 보아왔다. 그것들의 억양 곡선이 서로 같지 않다는 것은 말할 나위도 없다. 다음은 그에 해당하는 예들이다.

I've a |tóy |càr. (장난감 운반차)

I've a tôy |cár. (장난감 차)

He's a |lá |dy dòctor. (부인과 의사)

She's a lâdy |dóc|tor. (여의사)

This is a |góld |fìsh bôwl. (금붕어 어항)

This is a gôld |físh |bòwl. (금으로 된 어항)

8. 강세와 억양

They're dán|cing gìrls. (댄서)

They're dâncing gírls. (춤추는 소녀)

They're wásh|ing machìnes. (세탁기)

They're wâshing ma|chínes. (기계를 닦고 있다.)

He's a crí|minal làwyer. (형사 문제 담당 변호사)

He's a crîminal láw|yer. (죄진 변호사)

It's a mód|ern dànce stûdio. (현대 무용 연구소)

It's môdern dánce stùdio. (현대식 무용 연구소)

I have instrûctions to léave. (떠나라는 지시)

I have in|strúc|tions to lêave. (남겨 놓고 갈 지시)

(Are you going to the movie tonight?) "Yes, I ám."

(Who's going to the movie tonight?) "Í am."

지금까지는 중간음으로 시작한 억양 곡선이 문장의 마지막 문장 강세에서 고음으로 올라가는 경우만을 보아왔다. 이것은 이른바 중립적인 무색의 억양 곡선이다. 그런데 앞서 지적한 대로, 문장의 마지막 문장 강세에서 억양 곡선이 고음으로 올라가는 것은 매우 중요하고 정확히 지켜져야 하는 것이지만, 그 앞에 있는 문장 강세를 받는 단어들의 경우 억양 곡선의 상승이 꼭 필요한 것은 아니다. 다만 다음과 같은 몇 가지 경우에는 전반 곡선 부분에 있는 단어들이라 하더라도 고음으로 발음된다.

첫째, 듣는 사람의 관심을 끌거나 특히 강조하고자 할 때 음조가 올라간다.

What do |yôu| know about |pól|itics? (you의 강조)

There are |lôts| of cigarêttes in the |bóx. (lots의 강조)

둘째, 대비를 위해 음조를 높일 수 있다.

The |nêw| têam is as gôod as the |óld| one.

Bêt|ty dânces bêtter than |Í| dô.

셋째, 지시사나 의문사를 강조하기 위해 이들의 음조를 올리기도 한다.

I thînk thât is a gôod i dé a.

Whât did you fínd?

넷째, 문장 한가운데 콜론(:)이나 세미콜론(;)이 있으면 대개 이곳에 휴지가 오게 되며, 전체 문장은 자연히 두 개의 사고 단락으로 나뉜다. 이때의 억양 곡선은 콜론이나 세미콜론으로 나누어진 부분들을 완전히 별개의 독립된 문장으로 취급하고 표시하면 된다.

I'll têll you the trúth : it cân't be dóne.

I dôn't wânt to gó ; it's dán gerous.

Î sây he cán ; hê sâys he cán't.

다섯째, 문장 중의 어떤 말이 특히 강조되거나 다른 말과 대비되어 제1강세를 받게 되는 경우, 바로 그 말에서 음조가 고음으로 올라가고 나머지는 저음으로 발음되기도 한다.

Bób gâve me the bôok.

Bôb gáve me the bôok.

Bôb gâve | mé | the bôok.

Bôb gâve me | thé | bôok.

Bôb gâve me the | bóok.

여섯째, 물음에 대한 해답에서 그 물음의 초점이 되는 말은 제1강세를 받게 마련이고, 따라서 음조도 거기서 올라가게 된다.

(Who took the new car?)
Í | tôok the nêw câr.

(Did you take the new car, or leave it?)
I | tóok | the nêw câr.

(Did you take the new car, or the old one?)
I tôok the | néw | câr.

(What did you take?)
I tôok the nêw | cár.

위의 예들에서 저음으로 발음되는 부분은 상대방에게 잘 들리지 않을 수 있다. 첫째 예문의 경우, I만 음조가 높고 그 나머지는 저음으로 발음되면 그 부분은 상대방에게 잘 들리지 않을 수가 있다. 그보다는 그 부분을 상대방이 듣고 있지 않다고 말하는 편이 더 정확할 것이다. 상대방이 알고자 하는 것은 누가 새 차를 샀는가 하는 사실이다. 따라서 그 물음에 대한 대답이 I로 시작되자마자 상대방은 알고자 한 것에 대한 해답을 얻었으므로, 그 나머지는 잘 듣지도 않을 것이다. 그 나머지 예문의 경우도 모두 마찬가지다.

일곱째, 상대방이 하는 말에 대한 이의를 나타내기 위해 말의 음조를 높일 수 있다.

(He's not working hard.)
Yês, he ís wôrking hârd.

(Johnny will bring it to you.)
I wânt yóu to brîng it to me.

(Will you please bring it here?)
Jóhnny will brîng it to you.

여덟째, 강조를 위한 do 조동사는 문장 강세를 받으며 음조도 고음이다.

But we dó belîeve you.

끝으로 231형이 감탄문과 인사에 사용된 예를 살펴보자.

What | nón | sense!

Hôw | kínd | the gîrl is!

How | béau | tifully they dânce!

Good | mór | ning!

Sêe you to | mór | row.

∥예∥

I'd lîke a | sánd | wich.

I'd lîke sôme | cóf | fee.

I'd lîke a | hót | dog.

I'd lîke to for | gét | them.

I'd lîke to | án | swer him.

I'd lîke to | spéak | to you.

Whât is he | wáit | ing for?

I'd lîke a bôwl of | sóup.

I'd lîke to fînd | óut.

I'd lîke a nêw | cár.

I'd lîke a | ríng.

He hâsn't sâid a | wórd.

Thîs is my | wífe.

Whîch ones are the | bést?

Hôw are you |féel|ing?

Whât is he | cár|rying?

Whât did you | thínk| of?

Whên can I | stúd|y?

Hôw did you ⌈cóme?

Whât did you ⌈fínd?

Whât did you thînk ⌈úp?

Whât do you ⌈wánt?

(What did you put away?)
I pût my blâck |cóat| awáy.

(Where did you put your black coat?)
I pût my blâck côat a|wáy.

(Did the maid put your black coat away for you?)
Í| pût my blâck côat awây.

(What coat did you put away?)
I pût my | bláck | côat awây.

(Whose black coat did you put away?)
I pût |mý| blâck côat awây.

(Who lost her pocketbook?)
Shé lôst her pôcketbook.

(What did she do with her pocketbook?)
She lóst her pôcketbook.

(Whose pocketbook did she lose?)
She lôst hér pôcketbook.

(What did she lose?)
She lôst her pócketbook.

(2) 233형

233형은 중간음으로 시작하여 문장 한가운데의 주변조점에서 고음으로 올라가서 같은 높이로 종점까지 발음하는 억양형이다. 그 쓰임은 다음과 같다. 첫째, 233형은 가부 의문문(yes-no question)의 대표적인 억양형이다.

Are you cóming?

Was Jôhn thére?

Do you under stánd?

Are you | réady?

Does he expêct to tâke a | blánket with him?

다음에서 보듯 보통은 231형으로 발음되는 서술문도 233형의 억양형을 갖게 되면 가부의문문이 된다.

He's | hére?

This will | dó?

It's tîme for the clâss to | énd?

231형에서와 마찬가지로 주변조점이 억양 단락의 제1강세 음절에 오지 않고 강조하거나 대비시키려는 말에 올 수도 있다. 다음의 예들을 보자.

Will | yóu drîve to the ôffice tomôrrow?
(기사를 시키지 않고) 몸소 운전하시겠습니까?

Will you | dríve to the ôffice tomôrrow?
(걷지 않고) 차를 타고 가시겠습니까?

Will you drîve to the | óffice tomôrrow?
(다른 곳도 아닌) 사무실로 가시겠습니까?

Will you drîve to the ôffice to | mórrow?
(다른 날도 아닌) 내일 사무실에 가시겠습니까?

Will you | drîve | to the ôffice to | mórrow?
(어느 것을 특히 강조하지 않은 보통의 표현)

둘째, 233형은 상대방을 부르는 말(direct address)에 쓰인다. 이때 나머지 부분의 억양은 이것 때문에 영향을 받지 않는다.

Gôod | mórn | ing, Mîster | Smîth.

Hôw are you | féel | ing, Mîster | Róberts?

Whât are you | lóok | ing for, són?

셋째, 233형은 다음과 같이 하나 이상의 낱말이 or로 연결되었을 때, or 앞에 오는 낱말들이 갖는 억양형이다.

Will you hâve | súgar or | lé | mon?

Shall we mêet | hére or in | yóur | rôom?

8. 강세와 억양 **477**

Is your náme Tóm, Díck, or Hár ry?

넷째, 하나 이상의 낱말이 and로 연결되었을 때, and 앞에 오는 말들은 233의 억양형을 갖는다.

I wênt to the bánk and the póst ôffice.

We lêarn Énglish, I tálian, and Frénch.

It's ôpen Mónday, Túes day, and Wédnes day.

다섯째, 233형은 이른바 부가 의문(tag-question)에 쓰이는데, 부가 의문에는 이 밖에 231의 억양형이 있다. 233형은 자기가 한 진술에 대해 자신이 없어 상대방에게 가부간의 해답을 요구하는 경우인 반면, 231형은 거의 사실을 진술하고 있는 것에 불과하여 상대방으로부터는 yes 이외의 해답을 기대하지 않는 경우이다.

You're hún gry, áren't you?

You're hún gry, áren't you?

‖ 예 ‖
Do you re mémber me?

478

Is that | Jóhn ôver thêre?

Are you gôing to | stáy with us?

You hâve nôthing | chéaper?

Is thêre a | róom for us?

Will you kêep it | lóng?

Are you lîving in | thís hotêl?

Is | thîs | whêre you | éat?

We'll sêe you | lát er, yôung | mán.

I'm glâd to | méet | you, M̂rs. | Smíth.

Whât | are you doing | hére, Wíl liam?

I have mêt your | wífe, M̂r. | Jáckson.

Shall we pâint it | réd, púr ple, or | gréen?

I'll have spínach, cárrots, and potátoes.

Would you lǐke a dóuble rôom, or a síngle one.

I sâw Chárles, Róbert, and Hárry.

You wânt a cháir, dón't you? (dón't you?)

It will be êasier hére, wón't it? (won't it?)

There's a plêasant bréeze, ísn't thêre? (ísn't thêre?)

It's getting hótter, ísn't it? (ísn't it?)

You don't thînk it will ráin, dó you? (dó you?)

It doesn't râin hêre in Decémber, dóes it? (dóes it?)

The nîghts are âlways wárm, áren't they? (áren't they?)

(3) 232형

232형은 콤마(,) 앞에 오는 말에 쓰이는 억양형이다. 다음의 예를 보자.

You sây it's éasy, but you wôn't trý it.

If you wánt me to, I'll cáll her.

그러나 다음에서 보듯 232형을 233형으로 바꿈으로써 듣는 사람의 호기심을 높이는 효과를 얻을 수도 있다.

When I côme báck I'll gîve you a présent.

When I côme báck, I'll gîve you a présent.

If you wânt to lêarn chémistry, you've gôt to wórk.

If you wânt to lêarn chémistry, you've gôt to wórk.

231, 233, 232의 세 가지 억양형에 대하여 다음과 같은 몇 가지 점을 지적할 수 있다. 첫째, 이들은 모두 중간음으로 시작하여 억양 단락의 제1강세를 받는 주변조점에서 고음으로 올라간다. 따라서 미국 영어의 모든 형태는 전반 곡선이 모두 같다고 말할 수 있다. 둘째, 억양형의 차이가 나는 것은 주변조점 이후라는 점이다. 다시 말해 주곡선의 모양이 차이의 주요한 부분이며, 특히 종점의 높이가 중요하다.

사실 231, 233, 232 세 억양형의 차이는 종점의 차이뿐이다. 따라서 종점이 갖는 1(저음), 2(중간음), 3(고음)은 다음과 같은 의미를 갖는다. 가령 어떤 사람의 말이 저음으로 끝났다면 상대방의 말이 일단 끝난 것이고, 말할 차례는 지금까지 말을 듣던 사람이 된다. 서술문, 명령문, 육하 의문문, 감탄문의 경우가 바로 그렇다. 한편 상대방의 말이 고음으로 끝나면 아직 문장이 끝나지 않았다는 표시다. Are you ready?라고 하는 것은 사실은 Are you ready or aren't you ready?라는 말을 줄인 것이다.

 상대방의 말이 고음으로 끝났을 때 이쪽에서 보일 수 있는 반응은 두 가지다. 첫째, 가부 의문문이나 상대방이 자기를 직접 부를 때에는 yes나 no로 대답해야 한다. 둘째, I went to the bank, and the post office와 같은 경우에 문장 한가운데가 고음으로 끝났으면 그 문장이 다 끝날 때까지 기다리는 것이다. 끝으로 어떤 말이 중간음으로 끝나면 이것은 아직도 할 말이 더 있으니 기다려 달라는 신호다. 이처럼 대부분의 경우 우리는 상대방이 하는 말 가운데에서도 특히 종점의 높이를 중요한 단서로 삼아 반응한다.

‖ 예 ‖

It's warm to ⌈dáy, but it was côld ⌈yés⌉terday.

Gô to the ⌈dóor, and ⌈ó⌉pen it.

He ⌈wént, but I ⌈díd⌉n't.

As it is ⌈fíne, we will ⌈gó.

If you are ⌈ríght, I must be ⌈wróng.

When he wrítes, he ûses a pén.

If I gô to schóol, I will sêe my fríends.

(4) 기타

억양에 대한 설명을 마치기 전에 몇 가지 언급해야 할 것이 있다. 첫째는 이른바 메아리 의문(echo question)이라는 것이다. 이것은 상대방의 질문을 잘 알아듣지 못해 확인하려고 할 때, 혹은 상대방의 질문에 대한 불만이나 의아함을 나타낼 때 쓰인다. 이때의 억양은 다음과 같다. 즉 233형의 억양형을 갖는 가부 의문문은 231형의 억양을 갖게 되고, 반대로 231형을 갖는 육하 의문문은 233형의 억양을 갖게 된다. 다음의 예를 보자.

Do I knów him?(He's my brother!)

(제가 그를 아느냐고요? 제 동생인걸요!)

이 문장은 Do you know him?과 같은 질문에 대한 메아리 의문이다. 본래의 억양형인 233형이 231형이 되었다. 231형의 메아리 의문은 그 억양형이 말해주듯이 의문문이라기보다는 서술문이다. 다음의 예를 보자.

Who did I méet this mórning?(I met you!)
(오늘 아침에 내가 누구를 만났느냐고요? 당신을 만나지 않았소!)

이 문장은 Who did you mêet this mórning?에 대한 메아리 의문이다. 본래의 억양형인 231이 233으로 바뀌었다.

두번째로 언급해야 할 경우는 다음과 같은 예들이다.

Do you lîke ápples or pêars?

Do you lîke ápples or pêars?

첫번째 예문은 전형적인 선택 의문(alternative question)이다. 즉 사과와 배 가운데 어느 것을 택할 것인가를 묻고 있다. 이에 비해 두번째 문장은 233형의 억양을 가지고 있으므로 상대방에게 가부간의 대답을 요구하는 가부 의문문이다. 즉 사과나 배 따위의 과일을 좋아하는가를 묻고 있다. 따라서 이런 경우에 or 앞뒤에는 비슷한 것이 와야 한다. 이를테면 apples와 pizza를 or 앞뒤에 놓고 233형의 억양으로 묻는다면 이상한 문장이 된다. 더욱이 apples와 baseball을 or 앞뒤에 놓는다면 말이 안 될 것이다. 다음의 예들을 비교해보자.

Is he an Óxford or a Cámbridge mân?

Is he an Óxford or a Câmbridge man?

Is it réd or pínk?

Is it réd or pînk?

Did you tâke téa or cóffee?

Did you tâke téa or côffee?

Is he an Américan or an Énglishman?

Is he an Américan or an Ênglishman?

Did you bûy a pén or a péncil?

Did you bûy a pén or a pêncil?

마지막 문장은 다음과 같이 하면 잘못된 문장이 된다.

＊Did you buy a pén or only a pêncil?

Pen or pencil은 '펜이나 연필 등의 문방구'의 뜻이 되지만, only를 넣으면 그런 뜻이 될 수 없다.

세번째는 초고음(4)에 관한 것으로, 초고음은 감탄문 등에서 특히 격한 감정을 나타낼 때 쓰인다.

That's térrible!

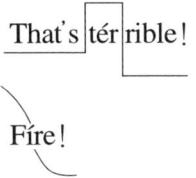
Fíre!

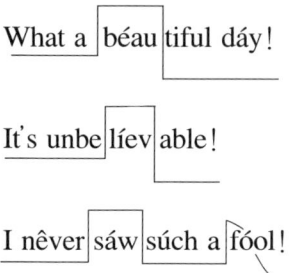

지금까지 미국 영어의 대표적인 억양형에 대해 알아보았는데, 영어를 영어답게 발음하는 데 가장 중요한 것은 억양이라고 말할 수 있다. 그 다음으로 중요한 것이 강세이며, 분절음 개개의 발음이 그 다음으로 중요하다. 억양이 정확하면 분절음 개개의 발음이 틀리더라도 알아들을 수 있으나, 억양이 틀리거나 강세가 틀리면 분절음의 정확한 발음은 아무 소용이 없다. 심리학의 어떤 실험에 의하면 강아지들이 인간의 지시를 알아듣는 것은 억양에 의한 것이라고 한다. 억양을 일정하게 하는 한 분절음을 바꾸는 것은 지시의 내용에 어떤 영향도 미치지 않는다는 것이다.

9 영어의 음성 현상

9.1 음장
Length

지금까지 우리는 소리의 정적인 면만을 다루어온 셈이다. 소리 하나하나를 독립한 존재로 보고 그것의 물리적·생리적인 면들을 다루어왔다. 그러나 이제부터 다루려고 하는 것은 소리의 동적(dynamic)인 면이다. 즉 소리는 앞뒤에 인접한 음들과 어떤 영향을 주고받는가, 또는 어떤 음이 놓인 위치에 따라 다른 위치에 놓였을 때와 어떻게 달라지는가 하는 점 등이다.

지금까지의 음성학을 문맥자유 음성학(context-free phonetics)이라고 한다면 지금부터 살펴볼 음성학은 문맥의존 음성학(context-sensitive phonetics)이라고 말할 수 있다.

음장에 대해서는 이미 6장에서 언급한 바 있다. 그러나 음장이라는 것은 환경에 가장 민감한 동적음성학의 대표적 현상 가운데 하나이므로, 가능한 한 중복됨 없이 정리해보고자 한다. 우선 언급해야 할 점은 모음이나 자음의 길이는 변별성이 없다는 사실이다. 즉 길이의 차이는 이음의 영역에 속하는 것이지 뜻의 차이를 가져오는 음소의 영역에 속하지 않는다. 가령 미국 영어에서 It's hot이라는 문장을 발음할 때, hot를 [hɑt]라고 발음하건, 혹은 [hɑ·t]나 심지어 [hɑːt]라고 발음해도 뜻의 차이는 생기지 않는다. 다만 [hɑːt]라고 모음을 길게 발음하면 뜨겁다는 사실을 강조하는 문체상의 차이만 생길 뿐이다.

그러나 언어에 따라서는 음의 길이가 변별적인 경우가 있다. 일본어의 경우 모음의 길이를 달리하면 전혀 다른 단어가 될 수 있다. 예를 들어 [ozisan], [obasan]은 각기 '아저씨', '아주머니'인데 비해 두번째 모음을 길게 한 [ozi:san]과 [oba:san]은 각기 '할아버지', '할머니'의 뜻이 된다. 한편 스페인어에서는 자음의 길이를 달리해서 뜻이 달라지는 경우가 있다. 예를 들어 [pero]는 'but'의 뜻이지만 [perro]는 'dog'의 뜻이다. 핀란드어에서는 여덟 개의 모음이 모두 장단의 구별이 있고 자음도 길이에 따라 단어의 뜻이 달라진다. 다음의 예들을 보자. /tule:/ 'comes', /tu:le:/ 'blows', /tulle:/ 'ought to come', /tuu:lle:/ 'ought to blow' 등이다.

여기에 비한다면 영어에서 음장은 전혀 변별적 기능을 갖지 못한다. 가령 wonderful[wʌ́ndɚfl] 같은 단어를 [wʌ́nndɚfl]처럼 발음하거나 terrible[tɛ́rəbl]을 [tɛ́:rəbl]이라고 발음해도 그것은 화자의 감정을 강조한다는 문체적 효과밖에 갖지 못한다.

영어에서 음장의 차이를 가져오는 요인들은 참으로 많다. 우선 주어진 음이 어떤 음인가 하는 내재적 특성도 큰 요인이 된다. 그 밖에도 앞뒤에 오는 음의 성격, 주어진 음이 놓인 음성적 환경, 화자가 말하는 속도 등도 중요하다. 또한 주어진 단어가 갖는 통사적인, 그리고 문맥상의 역할도 중요한 요인이 된다. 그리하여 음장에 대해 어떤 규칙을 세운다는 것은 쉬운 일이 아니다. 또 설사 이 같은 요인들을 다 밝혀냈다고 해도 이 요인들이 서로 충돌할 때 어떤 것이 우선하는지에 대해서도 밝혀진 것이 없다. 그럼에도 영어에서 음장은 다른 어떤 언어에서보다도 문체의 차이를 나타내는 데 중요한 구실을 하므로, 그 차이를 식별하고 재생하는 능력을 갖는 것이 중요하다.

다음은 모음의 길이에 따라 긴 것에서부터 짧은 것의 순서로 단어들을 나열해 놓은 것이다. 그 길이의 차이를 식별하자면 음성학적으로 훈련된 귀가 필요할 것이다.

bee > beam > breeze > bead > beat > bid > bis > bit
see > seem > seize > seed > cease > seat > sis > sit

음장을 결정하는 요인을 꼭집어 규칙화하기가 쉽지는 않으나 다음과 같은 몇 가지 요인은 지적할 수 있다. 첫째, 탁립을 받는 단어의 모음은 길어진다. 다음의 두 문장을 비교해보자.

I went to the part *yesterday*.
It was *yesterday* that I went to the park.

두번째 문장은 이른바 강조 구문 형태다. 당연히 두번째 문장의 yesterday가 첫번째 문장의 yesterday보다 더 많은 탁립을 받는다. 따라서 강조 구문의 yesterday의 단어 강세를 받는 모음이 첫째 문장의 yesterday의 그것보다 더 길다. 이 말을 뒤집어 말하면 다음과 같다. 즉 첫째 문장에서 yesterday의 모음을 길게 발음하면 그것이 바로 강조 구문이 된다.

다음에 짝지어 놓은 문장들 중에서 탁립을 받는 첫째 문장의 이탤릭체의 단어가 두번째 문장의 짝보다 모음이 더 길다.

Gíve it to hér.

Did you gíve it to her?

Whêre have you béen?

I've been to tówn.

Whât are you going to dó about it?

Whât do you wánt?

I wîsh he wóuld.

Whât would you have sâid to thát?

둘째, 긴장모음은 이완모음보다 길다. 이미 언급한 대로 긴장모음과 이완모음의 차이는 음장이라는 양적인 것보다는 음질의 차이가 더 크다. 음장과 음질이 한데 어울려서 두 범주의 음을 구별하는 것이다. 다음의 예들에서 대체로 긴장모음이 이완모음보다 더 길다.

긴장모음	이완모음	긴장모음	이완모음
heed	hid	heat	hit
peel	pill	seat	sit

| hard | head | hoard | had |
| food | hood | bird | bud |

셋째, 이중모음은 단모음보다 길다. 대개 긴장모음과 이중모음의 길이는 비슷하다.

이중모음	단모음	이중모음	단모음
sale	sell	home	hum
time	Tom	gate	get

넷째, 개음절(open syllable)의 모음이 폐음절(closed syllable)의 모음보다 길다. 그 까닭은 모음 뒤에 자음이 오면 그것의 발음 준비를 위해 조음기관의 위치를 일찌감치 바꾸기 때문이다.

bee > bead   play > played
saw > sawed   sea > seed
go > goad   row > rowed

다섯째, 모음 뒤에 유성자음이 오는 경우가 모음 뒤에 무성자음이 오는 경우보다 모음이 더 길어진다. 그 까닭은 뒤에 무성자음이 오면 성대의 진동을 멈춰야 하므로 자연히 모음이 짧아지는 것이다. 이것은 같은 모음 사이에서 그 차이가 더욱 분명하다.

bid > bit   bead > beat

bed > bet   leave > leaf
bud > but   gnawed > nought
seed > seat   rude > root
sawed > sought   made > mate

여섯째, 모음 뒤에 비음(/m, n, ŋ/)이나 유음(/l, r/)이 오는 경우, 그 뒤에 유성자음이 오는 경우가 그 뒤에 무성자음이 오는 경우보다 더 길다. 이것은 결국 위와 동일한 경우라고 할 수 있다.

falls > fault   feld > felt
learns > learnt   burned > burnt

일곱째, 뒤에 마찰음이 오는 경우가 뒤에 파열음이 오는 경우보다 더 길다.

hiss > hit   live(adj.) > lied
his > hid   cease > seat

여덟째, 강세를 받는 모음이 그렇지 않은 모음보다 길다. 단어 강세도 탁립의 한 방법이기 때문이다.

Áugust > augúst   ídle > idéa
scárlet > carnátion   óver > ovátion
bóard > cárdboard   belów > féllow

m*a*n > póstm*a*n			*í*mport > impórt

아홉째, 단어의 마지막 음절에 들어 있는 모음이 그렇지 않은 모음보다 더 길다.

lead > leader			draws > drawing
see > seeing			cause > causes
burn > burning			morn > morning

이 같은 현상은 영어 리듬의 등시성과 관계가 있다. 우리는 앞서 영어에서는 문장 강세가 일정한 간격을 두고 되풀이된다는 사실을 알았다. 그런데 이 리듬의 등시성은 문장 강세 사이의 단어의 수나 음절의 수에 관계없이 일정하므로, 강세 사이에 음절수가 많을수록 그것을 빨리 읽어야 한다.

다음 두 문장은 각기 두 개의 문장 강세를 가지고 있으므로 이 두 문장을 읽는 데 소요되는 시간은 같다고 보아야 한다. 따라서 두번째 문장의 manager의 man을 읽는 데 소비되는 시간은 첫번째 문장의 man을 읽는 데 소비되는 시간보다 훨씬 짧아진다.

The mân láughed.
The mânager láughed.

Man과 manager의 두 단어를 발음하는 데 거의 같은 시간이 소요된다고 볼 수 있다. 그렇다면 당연히 단음절어보다 다음절어의 음절은 보다 짧은 시간에 발음되어야 한다. 다음에 짝지어 놓은 문장들에서 이탤릭체로 된 단어들은 같은 시간에 읽어야 하므로 단음절어들이 다음절어의 해당 부분보다 길게 발음된다.

{ There's nô tíme.
{ There's *nôbody* thére.

{ The *scêne* was béautiful.
{ The *scênery* was béautiful.

{ They *bâthe* in the séa.
{ They're *bâthing* in the séa.

{ He *môves* vêry rápidly.
{ His *môvements* are vêry rápid.

이 같은 현상은 모든 음절을 같은 속도로 읽어야 하는 프랑스어에서는 찾아볼 수 없는 것이다.

지금까지는 모음의 길이에 대해서만 알아보았는데, 다음은 자음의 길이에 대해서 알아보겠다. 모음만큼 현저하지는 않으나 영어의 자음도 장단의 차이가 있다. 영어의 자음은 다음과 같은 경우에 길어진다.

첫째, 강세를 받는 음절의 자음은 모음만큼 현저하지는 않으나 약세음절의 자음보다 길어진다. 예를 들어 sentence[sɛ́ntəns]나 splendid [splɛ́ndɪd]의 [n]은 insúre[inšuɚ]의 [n]에 비교하면 훨씬 더 길다.

둘째, 단모음(이완모음) 뒤의 자음이 장모음(긴장모음) 뒤의 자음보다 길다. 이 같은 현상에 대해 첸(Chen, 1970)은 다음과 같이 설명하고 있다. 한 음절 안에서 모음과 자음의 길이는 상보적이라는 것이다. 즉 모음과 자음 중 어느 하나의 길이가 길어지면 나머지는 짧아지고, 반대로 어느 하나가 짧아지면 나머지는 길어진다는 것이다. 다시 말해 한 음절을 읽는 데 소요되는 시간은 일정하다.

ship > sheep   foot > feet
mad > made   hit > heat
fit > feet   pot > peat

셋째, 어말의 무성음은 유성음보다 길다. 이 현상도 첸(1970)에 의해 설명될 수 있을 것이다. 만약에 sat와 sad라는 두 음절을 읽는 데 소요되는 시간이 같고, 또 무성자음 [t] 앞의 모음이 유성자음 [d] 앞의 모음보다 짧다면, 당연히 [t]는 [d]보다 길어야 전체 균형이 맞을 것이다.

map > mad   lack > lag
tap > tab   sight > side
back > bag   right > ride

넷째, 비음, 유음 등의 공명자음은 뒤에 무성자음이 오는 경우보다 뒤에 유성자음이 오는 경우가 더 길다. 그 까닭은 뒤에 무성자음이 오는 경우, 그것의 조음을 위해 성대의 진동을 중단해야 하므로 유성음인 비음과 유음의 조음이 중단되기 때문이다.

wind > hint   build > built
bald > fault   burned > burnt

nu*m*ber > ju*m*per　　　　se*n*d > se*n*t

다섯째, 파열음 뒤에 다른 파열음이 와서 앞의 파열음이 불파음(unreleased)이 되는 경우, 이 불파의 파열음은 길어진다. 예를 들어 packed[pækt]의 [k], apt[æpt]의 [p]는 길게 발음한다. 이에 비하면, socket[sákɪt]의 [k]나 happy[hǽpɪ]의 [p]는 길지 않다.

여섯째, 비음과 유음은 뒤에 [y]나 [w] 등의 전이음이 오는 경우 길어진다.

o*ni*on [ʌ́nyən] > di*nn*er
mi*lli*on [mílyən] > bu*ll*y
so*m*ewhere [sʌ́mwɛɚ] > so*m*ebody

일곱째, 성절 자음은 길게 발음된다.

botto*m* > To*m*　　　 butto*n* > to*n*
take*n* > te*n*　　　　 baco*n* > ki*n*g
tab*le* > be*ll*　　　　 seve*n* > va*n*

∥ 예 ∥ (모음)

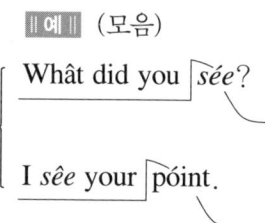

Whât did you sée?

I sêe your póint.

It îsn't | fár.

It's nôt fâr a | wáy.

Thât's what I | sáw.

I sâw him | yés | terday.

It's quîte | néw.

I knêw him at | ónce.

peel > pill   pool > pull
lead > lid   fool > full
reed > rid   food > good
scare > scared   see > seize
row > rowed   lay > laid
mouthe > mouth   strive > strife
fears > fierce   teethe > teeth
road > wrote   rise > rice
goad > goat   vísion > míssion
tide > tight   code > coat
food > foot   hide > height
thumbed > thumped   sings > sink

penned > pent walls > waltz
brings > brinks send > cent
mess > met cease > seat
bath > bat lace > late
bus > but case > cake
récord > recórd súbject > subjéct
éxport > expórt ínsight > incíte
eight > eightéen ten > twénty
nine > ninetéen rob > róbber
édit > éditor beg > béggar

(자음)

hip > heap look > Luke
fit > feet full > fool
sit > seat book > boot
rip > reap shook > shoot
back > bag write > ride
hop > hob sight > side
sack > sag mate > maid
lout > loud height > hide
bend > bent crúmble > crúmple
wind > hint killed > kilt
hens > hence rend > rent

9.2 동화
Assimilation

동화란 어떤 음이 인접한 음과 비슷해지거나 같아지는 현상을 말한다. 이것은 노력 경제라는 원칙에 일치하는 현상이기도 하다. 예를 들어 income이라는 단어를 천천히 발음하며 [ínkʌm]이 된다. 그러나 이것을 조금 빠르게 읽으면 [íŋkʌm]이 된다. 즉 치경 비음인 [n]이 뒤에 오는 연구개음 [k]에 동화되어 연구개 비음 [ŋ]이 되었다. [-nk-]라는 음의 연쇄를 발음하기 위해서는, 비음을 내기 위해 내렸던 연구개를 올리면서 동시에 치경에 붙었던 혀를 뒤로 옮겨 연구개에 붙여야 한다. 즉 두 동작이 필요하다. 여기에 비해 동화된 [-ŋk-]의 연쇄를 위해서는 연구개에 밀착시킨 혀의 위치는 옮길 필요 없이, 연구개만 올려 비강으로 향하는 통로를 막기만 하면 되기 때문에 한 동작이면 된다.

이처럼 동화는 말하는 데 필요한 노력을 절약해주므로 말하는 사람은 가능한 한 음들을 동화시키려고 한다. 그러나 동화가 많이 이루어질수록 듣는 사람은 상대방의 말을 알아듣기가 어려워진다. 동화가 좀 지나친 경우 다음과 같이 하나의 음의 연쇄가 두 개의 다른 뜻을 갖는 경우가 있다.

/ræŋ kwíklı/ (ran quickly/rang quickly)
/raɪp pɛɚz/ (right pears/ripe pears)

/laɪk krim/ (light cream/like cream)

/hɑp mənyúɚ/ (hot manure/hop manure)

/wač yɔr weɪt/ (what's your weight/watch your weight)

/greɪp vaɪn/ (great vine/grape vine)

/rʌm fɚ yɔr mʌ́nɪ/ (run for your money/rum for your money)

이 같은 현상은 분명히 듣는 사람에게는 당혹스러운 것이다. 동화는 말하는 사람과 듣는 사람의 요구가 균형을 이루는 상태에서만 일어난다고 할 수 있다. 다시 말해 알아듣는 데 지장이 없는 한 동화 현상은 자주 일어나려는 경향이 있다.

동화 가운데는 역사가 오래 되어 동화 현상이 일어나고 있다는 것을 미처 알지 못하는 것도 있다. 예를 들어 현대 영어의 ant[ænt]는 13, 14세기에는 amete[ǽmətə]라고 발음되었다. 이것은 [ǽmətə] > [ǽmtə] > [æmt] > [ænt]의 변천 과정을 거쳐 현재의 모양이 되었다. 이런 종류의 동화는 사적 동화(historical assimilation)라고 하는데, 여기서는 이런 종류의 동화는 다루지 않겠다.

한편 명사의 복수 어미가 어간의 끝 음에 따라 [-z], [-s], [-ɪz]로 나타난다든지, 동사의 과거 어미가 [-d], [-t], [-ɪd] 등으로 나타나는 것도 동화 현상의 일종이다. 그러나 이러한 것도 일종의 사적 동화로서 음성학에서 다루기보다는 오히려 음운론에서 다루어야 할 현상이므로 여기서는 다루지 않겠다.

동화는 여러 가지로 분류된다. 우선 두 개의 음이 서로 영향을 주고받는 방향에 따라 순행 동화(progressive assimilation; forward assimilation)와 역행 동화(regressive assimilation; anticipatory assimilation)의

두 가지로 구분한다. 순행 동화란 AB 두 음의 연쇄가 있을 때, A가 B에 영향을 주는 동화, 다시 말해 B가 A의 영향을 받아 A와 비슷해지거나 같아지는 동화를 말한다. 예를 들어 open 같은 단어는 빨리 발음하면 [óupm]이 되기도 하는데, 이것은 /oupən/→[óupn]→[oupm]의 동화 과정을 거친 것이다. 즉 [-pn]의 [n]이 앞에 있는 양순음 [p]의 영향으로 같은 양순음인 [m]이 된 경우이다. 이 밖에도 다음과 같은 예가 있다.

    happens [hǽpmz]　　　　　(n → m)
    wagon [wǽgŋ]　　　　　　(n → ŋ)
    bacon [béɪkŋ]　　　　　　(n → ŋ)
    ribbon [ríbm]　　　　　　(n → m)
    seven [sɛ́vm]　　　　　　(n → m)

영어에는 순행 동화의 예가 극히 적다.

  이에 비하면 영어는 역행 동화의 언어라고 말할 수 있다. 역행 동화란 순행 동화의 반대로서 AB 두 음의 연쇄가 있을 때, B가 A에 영향을 주는 동화다. 다시 말해 A가 B의 영향을 받아 B와 비슷해지거나 같아지는 동화를 말한다. 예를 들어 pancake/pǽnkèɪk/는 경우에 따라 [pǽŋkèɪk]로 발음되는데, 이것은 [-nk-]에서 [n]이 뒤에 오는 연구개음 [k]에 동화되어 연구개 비음 [ŋ]이 되었기 때문이다. 다음의 예를 보자.

    congress [káŋgrəs]　　　　　(n → ŋ)

have to [hæf tə]	(v → f)
with time [wıθ taım]	(ð → θ)
give me [gımmı]	(v → m)
dreadful [drɛtfəl]	(d → t)
comfort [kʌɱfɚt]	(m → ɱ)
pumpkin [pʌŋkın]	(m → ŋ)
grandpa [græmpɑ]	(n → m)
grandma [græmmɑ]	(n → m)
handkerchief [hæŋkɚčıf]	(n → ŋ)

    영어의 동화는 대부분이 역행 동화다. 두 개의 음이 연속할 때, 첫째 음을 조음하는 데 동원되지 않는 모든 조음기관은 이미 첫째 음의 조음이 진행되는 동안에 다음 음의 조음을 위한 자리로 옮아간다. 이에 비해 프랑스어나 이탈리아어에서는 첫번째 음의 조음 자세가 그대로 두 번째 음으로 옮아가는 경향이 있다. 이처럼 프랑스어나 이탈리아어가 보존형(preservative)이라면 영어는 예기형(anticipatory)이라고 말할 수 있다.

    영어가 예기형의 언어라는 것은 다음과 같은 간단한 사실에서도 알 수 있다. 예를 들어 key[ki]와 caw[kɔ] 두 단어의 발음을 관찰해보자. 다같이 /k/라는 음소로 시작되고 있지만, 혀가 입천장에 닿는 위치가 같지 않다는 것을 알 수 있다. Key의 [k]는 caw보다 혀가 훨씬 앞쪽에 닿는다. 이것은 혀가 [k]를 조음하면서 이미 다음에 오는 모음의 조음을 준비하기 때문이다. 즉 다음에 오는 음을 예기하기 때문이다. 그러나 peak[pik]나 hawk[hɔk]처럼 [k]가 [i]나 [ɔ] 뒤에 오면 어떤가? 이

두 단어의 [k]의 발음에는 별다른 차이가 없다는 것을 알 수 있다. 이것은 영어가 앞에 오는 음의 영향은 별로 받지 않기 때문이다.

지금까지는 AB 두 음이 있을 때, 둘 중 어느 하나만이 다른 것에 영향을 주는 예를 보아왔으나 AB가 서로 영향을 주는 경우도 있다. 그런 경우의 동화를 상호 동화(reciprocal assimilation)라고 한다. 예를 들어 (sorry to) miss you를 [mɪs yu]라고 하는 대신 빨리 발음하면 [mɪš šu]가 된다. [-s y-]에서 [s]는 뒤의 경구개음 [y]의 영향을 받아 [š]가 되었다. 이 밖에 this young (man)[ðɪš šʌŋ] 등의 예가 있다.

영어의 이중모음은 모두 상호 동화의 예로 볼 수 있다. 예를 들어 gate[geɪt]의 [eɪ]의 두 모음의 조음 위치를 보면, [e]와 [ɪ]는 각기 독립해서 조음될 때보다 서로 더 가까운 거리에 있음을 알 수 있다. 두 모음이 서로에 이끌려서 두 모음 중간의 새로운 모음으로 융합되는 경우가 종종 있다. 중세 한국어의 /ə/+/i/가 현대 한국어의 /e/로, 또는 중세 한국어의 /a/+/i/가 현대 한국어의 /æ/가 된 것 등이 그 좋은 예이다. 이처럼 상호 동화는 흔히 융합으로 끝나는 경우가 많은데, 융합에 대해서는 뒤에 다시 언급하겠다.

지금까지는 동화의 방향에 따라 동화를 분류하고 그 예들을 살펴보았다. 동화는 동화된 정도에 따라서 완전 동화(complete assimilation; full assimilation)와 부분 동화(partial assimilation; incomplete assimilation)의 두 가지로 나눌 수 있다. 완전 동화란 문자 그대로 영향을 받는 음이 영향을 주는 음에 완전히 동화되어 똑같은 음이 되는 경우를 말한다. 예를 들면 this show[ðɪs šou]가 [ðɪš šou]처럼 발음되는 경우로서, [-s š-]에서 [s]가 뒤에 오는 [š]에 완전히 동화되어 똑같은 [š]가 되었다.

이 밖에도 with thanks[wɪθ θæŋks], does she[dʌš ši], was sure

[wəš šuər] 등의 예가 있다.

여기에 비해 부분 동화란 영향을 받는 음이 영향을 주는 음의 자질 가운데 일부에만 부분적으로 동화하는 것으로, 영어의 동화는 그 대부분이 부분 동화이다. 예를 들면 in court[ɪn kɔrt]를 [ɪŋ kɔrt]로 발음하는 것으로서, [-n k-]에서 [n]이 비음성은 그대로 유지한 채 [k]의 연구개성에만 동화되어 [ŋ]이 된 것이다. 이 밖에도 seatbelts [sípbɛlts], on the (top)[ɑn̪ ðə], don't believe it[doʊm bəlívɪt] 등의 예가 있다.

동화는 동화되는 자질에 따라 분류할 수도 있다. 즉 조음 방법과 조음점 등에 의한 분류이다. 그 가운데 대표적으로 첫째, 성대 진동 유무에 대한 동화로 무성음화 동화(devoicing assimilation) 현상과 유성음화 동화(voicing assimilation) 현상이 있다. 무성음화 동화란 어떤 음이 앞이나 뒤에 있는 무성음에 동화되어 같은 무성음이 되는 현상이다.

five pence [faɪfpəns]　　　　(v → f)
newspaper [nyúspèɪpɚ]　　　(z → s)
width [wɪtθ]　　　　　　　　(d → t)
breadth [brɛtθ]　　　　　　　(d → t)
Bradford [brǽtfɚd]　　　　　(d → t)
we've found [wɪf faʊnd]　　　(v → f)
these socks [ðis sɑks]　　　　 (z → s)
choose six [čus sɪks]　　　　　(z → s)

다음의 예는 무성음화 동화가 통사 구조와 관계가 있음을 보여준다.

That is all I have to do.
>[hǽftə]= must
>[hǽv tə]= possess to

That is all he has to do.
>[hǽstə]= must
>[hǽz tə]= possesses to

위에서 보듯 have to가 합쳐서 must의 뜻일 때에만 무성음화 동화가 일어나며, 두번째 경우처럼 to do가 한데 어울려 형용사구를 이룰 때에는 무성음화 동화가 일어나지 않는다. 통사적으로 하나의 단위를 이루는 연쇄에서만 동화 현상이 일어난다.

유성음화 동화는 위와 반대되는 현상으로 어떤 음이 앞이나 뒤에 있는 유성음에 동화되어 같은 유성음이 되는 현상이다.

raspberry [rɑ́zbrɪ]	(s → z)
gooseberry [gúzbrɪ]	(s → z)
notice [nóuṭɪs]	(t → ṭ)
satisfy [sǽṭɪsfaɪ]	(t → ṭ)
acknowledge [ægnɑ́lǐǰ]	(k → g)
behind [bɪɦáɪnd]	(h → ɦ)
a hat [ə ɦæt]	(h → ɦ)

두번째로 언급해야 할 중요한 동화 현상은 비음화(nasalization)라고 불리는 것이다. 이것은 비음 앞뒤에 있는 모음이나 자음이 비음에 동

화되어 비음이 되거나 비음화하는 현상을 말한다.

good news [gʊn nyuz]	(d → n)
Good morning [gʊm mɔ́rnɪŋ]	(d → m)
Give me another [gímmi]	(v → m)
individual [ìnnɪvíjuəl]	(d → n)
You can have mine [hæm maɪn]	(v → m)
topmost [tɑ́mmoʊst]	(p → m)
ham [hæ̃m]	(æ → æ̃)
man [mæ̃n]	(æ → æ̃)
can't [kæ̃nt]	(æ → æ̃)
have more [hæṽ mɔr]	(v → ṽ)
with money [wɪð̃ mʌ́nɪ]	(ð → ð̃)
has many [hæz̃ mɛnɪ]	(z → z̃)

비음화 동화도 자연스러운 동화 현상 가운데 하나지만 지나치면 비표준어 취급을 받는다. 콧소리(nasal twang)라고 불리는 비음화 현상은 교육받지 못한 사람들 말에서 흔히 발견된다.

세번째로 다루어야 할 것은 조음점 동화 현상이다. 주어진 음이 앞뒤에 오는 음의 조음점에 동화하는 현상으로 가장 흔한 동화 현상이기도 하다.

that pen [ðæp pɛn]	(t → p)
not me [nɑp mi]	(t → p)

that boy [ðæp bɔɪ]	(t → p)
that cup [ðæk kʌp]	(t → k)
that girl [ðæk gɜl]	(t → k)
good boy [gʊb bɔɪ]	(d → b)
good pen [gʊb pɛn]	(d → b)
bad cold [bæg koʊld]	(d → g)
red gate [rɛg geɪt]	(d → g)
unpleasant [ʌ̃mplɛ́zənt]	(n → m)
ten players [tɛm pléɪɚz]	(n → m)
main gate [meɪŋ geɪt]	(n → ŋ)
ten cups [tɛŋ kʌps]	(n → ŋ)
this shop [ðɪš šɑp]	(s → š)
this year [ðɪš yɪɚ]	(s → š)
Has she? [hæž ši]	(z → ž)
those young men [ðoʊž yəŋ]	(z → ž)
both sides [boʊs saɪd]	(θ → s)
sixths [sɪkts]	(θ → t)
class [tlæs]	(k → t)
glide [dlaɪd]	(g → d)

지금까지 여러 종류의 동화 현상을 보아왔는데, 동화는 자연스럽고 언어 보편적인 음성 현상이므로 따로 연습하지 않더라도 말이 빨라지면 자연히 동화 현상이 일어난다. 그러나 앞서 지적한 대로 화자 편에서 보면 편한 동화도 듣는 편에서는 이해의 어려움을 더해줄 수 있으므로 무

한정 동화를 용납할 수는 없다. 문제는 동화가 지나치면 이해의 어려움이 따를 뿐만 아니라 비표준어로 들릴 수 있다. 반면 동화를 너무 억제하면 부자연스럽고 현학적으로 들려 불필요한 주의를 끌게 된다.

그런데 더욱 문제를 어렵게 만드는 것은 어느 정도의 동화가 적당한가 하는 기준이 없다는 것이다. 가령 income을 [íŋkʌm]으로 발음하는 것은 누구에게나 자연스러운 반면, length를 [lɛn̪θ]라고 발음한다면 많은 사람들이 눈살을 찌푸릴 것이다.

이처럼 극단적인 예들에 대한 판정은 쉽지만 어떤 동화 현상이 양극단 사이의 어느 위치에 올 것인가의 판정은 쉽지 않다. 왜냐하면 그 판정이란 대부분 관례적이기 때문이다. Associate를 [əsóusıeıt]라고 발음하는 사람도 appreciate는 [əpríšıeıt]라고 발음할 것이며, tissue paper를 [tíšu pêıpɚ]라고 발음하는 사람도 bodily tissues는 [bâdılı tísyuz]라고 발음한다. 이런 점을 고려할 때 외국어로 영어를 배우는 우리는 의식적으로 동화 현상을 연습할 필요가 없을 듯하다. 동화란 억제하더라도 일어나게 마련이기 때문이다.

‖ 예 ‖

순행 동화

shred [šr̥ɛd]   crane [kr̥eın]
clay [kl̥eı]   snail [sn̥eıl]
ribbon [ríbm̩]   bacon [beıkn̩]
happen [hǽpm̩]   cup and saucer [kʌp m̩ sɔ́sɚ]

역행 동화

Ask Tom [æst tɑm]   ten minutes [tɛm mínɪts]
pumpkin [pʌ́ŋkɪn]   ten pence [tɛm pɛns]
I can't go [kæŋ goʊ]   I can get it [kŋ gɛt]
in bed [ɪm bɛd]   handkerchief [hǽŋkɚčɪf]

완전 동화

give me [gɪm mi]   this ship [ðɪš šɪp]
Is she? [ɪš ši]   horse-shoe [hɔrš šu]

부분 동화

stand-point [stǽm pɔɪnt]   London Bridge [lʌ́ndəm brɪǰ]
tadpole [tǽtpoʊl]   don't believe [doʊm bɪlív]

무성음화 동화

quite [kw̥aɪt]   sneeze [sn̥iz]
amidst [əmítst]   of course [ɔf kɔrs]

유성음화 동화

adhere [ədɦíɚ]   inhabit [ɪnɦǽbɪt]

비음화

He wouldn't go. [wʊŋ goʊ]   He wouldn't do it. [wʊnn du]
You can have mine. [hæm maɪn]

9. 영어의 음성 현상 **511**

조음점 동화

that man [ðæp mæn]   seatbelts [sípbɛlts]
gone past [goʊm pæst]   infant [ímfənt]
ten forks [tɛɱ fɔrks]   admirable [ǽbmɪrəbl]
inmate [ímmeɪt]   at Glasgow [ǽk glǽsgoʊ]
I'm going [aɪŋ góʊɪŋ]   unkind [ʌŋkáɪnd]
wagon [wǽgŋ]   second [sɛ́kŋ]

9.3 이화
Dissimilation

이화란 같거나 비슷한 음이 어색하게 반복되는 것을 피하기 위해 이들 음 가운데 어느 하나를 없애거나 다른 음으로 바꾸는 현상을 말한다. 예를 들어 survive의 첫째 음절을 [sɚ…]라고 r색채(r-coloring)를 넣어 발음하는 사람들도 surprise와 같은 단어는 으레 [səpráɪz]라고 r색채를 빼고 발음한다. 그 까닭은 surprise의 경우 두번째 음절에 다시 r이 있어 이 r이 앞의 r색채를 없애버리기 때문이다. 만약에 어떤 사람이 survive나 surprise의 첫 음절을 모두 [sə…]라고 발음한다면 그것은 그가 영국인이거나 아니면 r색채를 사용하지 않는 동부 잉글랜드나 뉴욕 시, 아니면 남부 방언 사용자라고 여기면 될 것이다. 그러나 survive의 경우에는 [ɚ]를 사용하고

surprise의 경우에는 [ə]를 사용한다면 이것은 이화에 의한 것이다.

	반복되거나 비슷한 음
thermometer [θəmámətɚ]	(ɚ-ɚ)
particular [pətíkyulɚ]	(ɚ-ɚ)
governor [gʌ́vənɚ]	(ɚ-ɚ)
library [láɪbɛrɪ]	(r-r)
secretary [sɛ́kətɛrɪ]	(r-r)
stenographer [stənágəfɚ]	(r-ɚ)
professor [pəfɛ́sɚ]	(r-ɚ)
government [gʌ́vɚmənt]	(n-m)
environment [ɪnváɪrəmənt]	(n-m)
fulfill [fufíl]	(l-l)
candidate [kǽnədɪt]	(d-d)

이화도 동화와 마찬가지로 대부분 역행에 의해 일어난다. 즉 비슷하거나 같은 음이 둘 있을 때, 앞의 음이 뒤에 오는 음에 이화하여 없어지거나 다른 음이 된다. 이것은 예기적 성격을 갖는 영어 전반의 음성 현상과도 일치한다.

preferable [prɛ́frəbl]	(ə-ə)
repertory [rɛ́ptəri]	(ə-ə)
comparable [kámprəbl]	(ə-ə)
lavatory [lǽvtərɪ]	(ə-ə)

temporary [tɛ́mprərɪ]	(ə-ə)
murderer [mɝdrɚ]	(ɚ-ɚ)
camera [kǽmrə]	(ə-ə)
utterance [ʌ́trəns]	(ə-ə)
fashionable [fǽšnəbl̩]	(ə-ə)
national [nǽšnl̩]	(ə-ə)
parliament [párlmənt]	(ə-ə)
government [gʌ́vmənt]	(ə-ə), (n-m)
difficult [dífklt]	(ɪ-ɪ-ə)

9.4 탈락
Elision

                                                    탈락이란 문자 그대로 본래 있던 음이 떨어지는 현상을 말한다. 탈락이 일어나는 환경은 복잡하여 그것을 모두 도식화하기는 어려우나 다음과 같은 일반적인 특징을 지적할 수 있다.

  첫째, 탈락은 말이 빨라질수록 자주 일어나며, 주의 깊은 형식적인 말투보다는 부주의하거나 일상적인 말투에서 더 자주 일어난다. 둘째, 모음의 경우 탈락은 강세 모음에서는 일어나지 않는다. 셋째, 탈락은 조음점이나 조음 방법이 비슷한 음들 사이에서 흔히 일어난다. 넷째,

탈락은 미국 영어보다는 영국 영어에서 더 자주 일어난다. 다섯째, 탈락의 결과 얻어진 것은 탈락이 일어나기 전 것보다 늘 발음하기가 더 쉽다. 그러니까 탈락이란 듣는 사람에게 뜻의 혼동을 가져다주지 않는 한 발음하기 편하도록 모음이나 자음을 빼버리는 현상이다.

영어에서 탈락을 돕는 또 하나의 중요한 요인은 강세 박자 언어인 영어의 등시 간격성이다. 앞에서도 지적했듯이, 영어에서 다음의 것들은 같은 시간으로 발음되어야 한다.

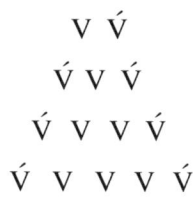

이러고 보면 강세 모음 사이에 약세 모음의 수가 많아질수록 개개의 모음을 발음하는데 소요되는 시간은 상대적으로 짧아져서 발음이 소홀해진 결과 탈락이 쉬워진다.

우선 모음의 탈락부터 알아보겠다. 앞서 언급했듯이 탈락하는 모음은 항상 약세 모음이다. 같은 모음이 반복될 때 앞의 모음이 탈락하는 이화 현상도 물론 탈락의 한 현상이나 여기서는 반복하지 않겠다. 영어에서 대표적인 탈락 모음은 바로 약화 모음(reduced vowels)인 [ə]와 [ɪ]이다. 이것은 다음과 같은 경우 탈락한다. 첫째, [ə]나 [ɪ] 뒤에 자음과 강세 모음이 뒤따를 때 [ə]와 [ɪ]는 탈락하는데, 이때 자음은 대개 유음이다.

police [plís]   gorilla [grílə]
parade [preɪd]   galoshes [glə́šəz]
terrific [trífɪk]   philosophy [flásfɪ]
correct [krɛkt]   veranda [vrándə]
believe [bliv]   voluptuous [vlápčəs]
barometer [brámɪtɚ]   solicitor [slísɪtə]
direction [drɛ́kšn̩]   ferocious [fróušəs]
delightful [dláitfl̩]   charade [šreɪd]

둘째, 마찰음 뒤에서 [ə]가 탈락한다.

photography [ftágrəfɪ]   suppose [spoʊz]
thermometer [θrmámɪtɚ]   satirical [stírɪkl̩]
supporter [spɔ́rtɚ]   fanatic [fnǽtɪk]

셋째, 자음과 어미의 [l] 사이에서 약세의 [ə]가 탈락한다. 그 결과 [l]은 성절의 [l]이 된다.

physical [fízɪkl̩]   vocal [vóʊkl̩]
camel [kǽml̩]   survival [səváɪvl̩]
difficult [dífɪkl̩t] local [lóʊkl̩]

넷째, 다음의 예에서처럼 강세 음절 뒤에 [ə]나 [ɪ]가 오고, 그 뒤에 [l]이 오면 단어 가운데에서도 [ə]와 [ɪ]는 탈락한다.

fatalist [féɪtlɪst]   farcically [fɑ́rsɪklɪ]
panelling [pǽnlɪŋ]   insolent [ínslənt]
buffalo [bʌ́flòu]   bachelor [bǽčlə]
easily [ízlɪ]   family [fǽmlɪ]

위의 예들은 영국 영어에서는 거의 규칙적으로 관찰되는 탈락의 예들이다. 그러나 미국 영어에서는 탈락이 보이기도 하고 보이지 않기도 한다.

다섯째, 어떤 단어가 -er로 끝난 경우, -er의 [ə]는 그 뒤에 모음으로 시작되는 단어가 오는 경우 탈락한다. 이런 경우 -er의 [r]이 연결의 r(linking r)이 된다는 것은 이미 지적한 바와 같다.

after a while [ǽftrə hwaɪl]
as a matter of fact [əz ə mǽtrəv fǽkt]
father and son [fɑ́ðrən sʌn]
over and above [óuvrən əbʌ́v]

다음으로 자음의 탈락에 대해서 알아보겠다. 자음이 탈락하는 것은 조음점이 같은 음이 나란히 있을 때 그 중 어느 하나가 탈락하는 경우와, 어중에 3자음군이 생기거나 어말에 자음군이 생겨 이들을 보다 발음하기 쉽도록 자음이 탈락하는 경우다. 우선 조음점이 비슷해서 탈락하는 경우부터 살펴보자. 이 가운데는 다음과 같은 경우들이 관찰된다. 첫째, 같은 자음이 겹쳐서 중복자음(geminate consonant)을 이루는 경우 이들 가운데 하나는 탈락한다.

Good day [gûdéɪ]
take care [têɪkɛ́ɚ]
last time [lǽstáɪm]
a good deal [əgûdíl]

둘째, 치경 비음 [n] 뒤에 오는 치경 파열음 [t, d]는 자주 탈락한다.

blind man [blâɪn mǽn]
Strand Magazine [strǽn mǽgəzîn]
grandfather [grǽnfɑ̂ðɚ]
grandson [grǽnsʌ̀n]
he won't buy it [hɪ wəʊm baɪ ɪt]
wouldn't he come? [wʊdn ɪ kʌm]
doesn't she know? [dʌzn šɪ noʊ]

[d]나 [t]가 [n] 뒤에서 탈락하기 위해서는 [d]나 [t] 뒤에 다른 자음이 오거나 단어 경계가 와야 한다. 다음과 같이 뒤에 모음이 오는 경우에는 탈락 현상을 볼 수 없다.

granduncle [grǽndʌ̀ŋkl]

grandaunt [grǽndæ̀nt]

[d, t]가 [n] 뒤에서 탈락한다면 [m] 뒤에서 [b, p]뿐 아니라 [ŋ] 뒤에서 [g, k]도 탈락해야 한다. 그러나 이 현상은 comb이나 singer에서 보듯, 이미 역사적으로 굳어버려 [n] 뒤의 [d, t]의 경우처럼 교체형이 없다.

셋째, 어떤 단어가 [t]나 [d]로 끝나고 다음 단어도 [t]나 [d]로 시작될 때, 어미의 [t]나 [d]는 탈락한다.

Sit down. [sîdáʊn]
What do you want? [wâdəyu wʊ́nt]
We could try. [wɪ kû trái]
They should do it. [ðəɪ šə dú ɪt]

이 같은 탈락도 미국 영어에서보다는 영국 영어에서 더 흔히 관찰된다.

넷째, [s] 뒤의 [t]는 탈락한다. [s]와 [t]는 모두 치경음이다.

I must go. [aɪ mʌs góʊ]
I've almost finished. [aɪv ɔ́lmoʊs fíniš̌t]
last night [lǽs náɪt]
next day [nɛ̂ks déɪ]

다섯째, [ŋ] 뒤의 [k], [g] 앞의 [k]는 탈락한다.

anxious [ǽŋšəs]

blackguard [blǽgard]

자음이 탈락하는 두번째 경우는 발음하는 데 부담을 주는 자음군을 간단하게 할 때다. 자음군은 대개 자음군으로 끝난 단어 뒤에 다시 자음으로 시작되는 단어가 오는 경우인데, 이때는 어말 또는 형태소말의 자음이 탈락된다.

raced back [rêɪs bǽk]
first light [fɜ̂s láɪt]
finished now [fînɪš náu]
refused both [rɪfyûz bóuθ]
moved back [mûv bǽk]
kept quiet [kêp kwáɪət]
picked one [pîk wʌ́n]
aptly [ǽtlɪ]
perfectly [pɜ́fɛklɪ]

last chance [lǽs čǽns]
left turn [lɛ̂f tɜ́n]
hold tight [hôʊl táɪt]
loathed beer [lôʊð bíɚ]
served sherry [sɜ̂v šɛ́rɪ]
jumped well [jʌ̂m wɛ́l]
reached Rome [rîč róum]
isthmus [ísməs]

∥ 예 ∥ (모음)

territory [tɛ́rɪtrɪ]
robbery [rɑ́brɪ]
novelist [nɑ́vlɪst]

vicarage [víkrɪǰ]
beverage [bɛ́vrɪǰ]
factory [fǽktrɪ]

(자음)

liked jam [láɪk ǰǽm]
parched throat [pârč θróut]
lagged behind [lǽg bɪháɪnd]
bold face [bôʊl féɪs]
old man [ôʊl mǽn]
lastly [lǽslɪ]
months [mʌns]
always [ɔ́wɪz]
although [ɔðóʊ]

thanked me [θǽŋk mi]
grabbed them [grǽb ðem]
arranged roses [əreɪnǰ róʊzəz]
world religion [wɜ́l rɪlìǰən]
just one [ǰʌ́s wʌ̀n]
dustman [dʌ́smən]
twelfths [twɛlfs]
already [ɔrɛ́dɪ]
all right [ɔ́ ráɪt]

9.5 첨가
Addition

첨가란 본래 없던 음이 첨가되는 현상을 말한다. 맨 먼저 언급해야 할 현상은 이른바 잉여의 파열음(excrescent plosive)으로서, 다음과 같은 환경에서 파열음이 첨가된다.

[m]과 유성자음 사이에 [b]
[m]과 무성자음 사이에 [p]
[n]과 유성자음 사이에 [d]

[n]과 무성자음 사이에 [t]
[ŋ]과 유성자음 사이에 [g]
[ŋ]과 무성자음 사이에 [k]

예를 들면 다음과 같다.

dreamt [drɛmpt]   prince [prints]
warmth [wɔrmpθ]   once [wʌnts]
seamstress [símpstrɪs] sense [sɛnts]
dance [dænts]   length [lɛŋkθ]

잉여의 파열음이 생기는 음성학적 원인에 대해서는 이미 언급한 바 있다.

두번째 첨가 현상은 이른바 삽입의 r(intrusive r)이다. 다음의 예에서 볼 수 있듯이 모음과 모음이 인접하여 모음연접(hiatus) 현상이 일어나면 발음을 부드럽게 하기 위해 그 사이에 [r]이 삽입된다. 이것은 다음에 설명될 연결의 r과 구별되어야 한다. 다음 예에서 ⌒로 표시된 부분에 [r]이 삽입된다.

idea⌒of it
law⌒of Korea
America⌒and Europe
He saw⌒it.
He put his umbrella⌒up.

Is papa⌒in?
India⌒office
India⌒and Korea

세번째는 연결의 r(linking *r*)이다. 이것은 r이 없는 지역에서 철자상으로만 가지고 있던 어미의 r이 뒤에 모음으로 시작하는 단어가 올 때 발음되는 현상을 말한다. 다음과 같은 예들이 있다. 다음 예에서 ⌒로 표시된 부분에서 [r]이 발음된다.

there⌒is
take care⌒of
as a matter⌒of fact
my father⌒and mother
The weather⌒ought to improve.
here⌒and there
I don't care⌒if they do.
The door⌒opened.
They have their⌒own houses.
Poor⌒Alice went alone.
It's your⌒apple.

다음과 같은 경우에는 연결의 r현상이 일어나지 않는다. 첫째, 연결의 r이 들어가야 할 자리에 휴지가 올 때다.

I opened the door, | and went out.
Come back here | in a few minutes.

둘째, 다음의 예들에서 보듯 철자상 r로 끝나는 단어에 r이 둘 있을 때다. 이런 경우에도 연결의 r이 들어온다면 r을 두 번 발음해야 하는 거북한 결과가 될 것이다.

a rare animal
a roar of laughter
nearer and nearer
the emperor of Japan

네번째 첨가 현상은 다음 예에서 보듯 비음이나 계속음(continuant)으로 끝나는 단어 뒤에 파열음을 첨가하는 현상이다. 이것은 계속음을 끝까지 발음하지 않고 도중에 끊어버림으로써 생긴다.

drown [draund]   since [sɪnst]
gown [gaund]   twice [twaɪst]
across [əkrást]   yah [yap]
once [wʌnst]   no [noup]

이상 열거한 어미 첨가는 외국 학생들이 지나치게 흉내내지 말아야 할 것들이다.
다섯번째 첨가 현상은 전이음 [y]나 [w]의 첨가다. 다음 예에서 보듯

[ɪ, i]나 [ʊ, u]로 끝나는 단어 뒤에 모음으로 시작되는 단어가 오는 경우, [ɪ]와 모음 사이에는 [y]가, [ʊ]와 모음 사이에는 [w]가 삽입된다.

my eye [maɪ yaɪ]   you are [yu war]
he is [hi yɪz]   go on [goʊ wan]
see if [si yɪf]   you eat [yu wit]

9.6 융합
Coalescence

융합이란 두 개의 음이 상호 동화하여 하나의 새로운 음으로 바뀌는 현상을 말한다. 당연히 새로운 음은 두 음의 특징을 고루 갖는다. 역사적인 융합의 예는 많다. /a/와 /i/가 융합하여 /e/가 된다든지, /a/와 /u/가 융합하여 /o/가 되는 따위이다. 이때 융합의 결과 새로 생긴 /e/나 /o/는 각기 /a, i/와 /a, u/의 중간음으로서 양쪽의 특징을 모두 갖고 있다. 현대 영어에서 가장 대표적인 융합은 치경음이 후속하는 [y]와 융합하여 새로운 구개음이 되는 다음과 같은 현상으로서, 이것은 미국 영어에서보다는 영국 영어에서 더 보편적이다.

s + y → š
z + y → ž

t+y → č
d+y → ǰ

예를 들면 다음과 같다.

In case you need it [ɪŋ keɪšu nid ɪt]
I'll miss you. [aɪl mɪšu]
issue [ísyu] ~ [íšu]
assume [əsyúm] ~ [əšúm]
Has your letter come? [hæžɚ létɚ kɑm]
When she sees you. [wɛn ši sízu]
as yet [æžɛt]
meet you [mìču]
don't you [doʊnču]
would you [wʊǰu]
did you [dɪǰu]
education [ɛ̀ǰʊkéɪšən]

이상과 같은 융합은 방언과 교육의 정도에 따라 많은 차이를 나타낸다. 위에 열거한 예들은 대개 영·미국어에서 모두 관찰되는 것들이다. 다음의 예는 영국 영어에서, 그것도 방언에 따라서만 나타나는 융합이다.

duke [ǰuk]   tune [čun]

dew [ǰu]   statue [stǽǰu]
during [ǰúərɪŋ]   Tuesday [čúzdɪ]
immediate [ɪmíǰɪət]   tube [čub]
endure [ɪnǰúɚ]

영어에는 이 밖에도 [n], [l], [h]가 뒤에 오는 [y]와 융합하여 각기 [ɲ], [ʎ], [ç]와 같은 새로운 구개음을 만드는 현상도 있다.

onion [ʌ́nyən] ~ [ʌ́ɲən]
news [nyuz] ~ [ɲuz]
million [mílyən] ~ [míʎən]
lunatic [lyúnətɪk] ~ [ʎúnətɪk]
human [hyúmən] ~ [çúmən]

9.7 음위 전환
Metathesis

음위 전환이란 발음상의 실수로 두 음이 서로 자리를 바꾸는 현상을 말한다. 이때 자리바꿈하는 두 음은 asked [æskt]처럼 서로 인접해 있을 수도 있고, 혹은 relevant [rɛvələnt]의 경우처럼 사이에 다른 음이

들어 있거나, 심지어는 protoplasm[plóutəpræ̀zm]처럼 멀리 떨어져 있을 수도 있다. Bird, mix, ask 등이 각기 [brɪd], [mískən], [áksən] 등에서 음위 전환에 의해 이루어졌다는 것은 잘 알려진 사실이다.

remunerate [rɪnyúmərèɪt]	(n ↔ m)
regular [rɛ́gyʊrəl]	(r ↔ l)
elevate [ɛ́vəleɪt]	(v ↔ l)
Putnam [pʌ́tmæn]	(m ↔ n)
irrelevant [ɪrɛ́vələnt]	(v ↔ l)
tragedy [trǽdəǰɪ]	(d ↔ ǰ)
rejuvenate [rɪǰúnəvert]	(n ↔ r)
perspire [prəspáɪɚ]	(r ↔ ə)
perspiration [prɛspəréɪšn̩]	(r ↔ ɛ)
pronounce [pɚnáʊns]	(ə ↔ r)(rə ↔ ər)
hundred [hʌ́ndɚd]	(ə ↔ r)(rə ↔ ər)
pretty [pɝ́tɪ]	(ɜ ↔ r)(rɜ ↔ ɜr)

9.8 중음 탈락
Haplology

같거나 비슷한 음절이 되풀이될 때 발음을 부드럽게 하기 위하여 한 음절을 탈락시키는 현상을 말한다. 다음과 같은 예가 있다.

Mississippi [mɪsípi]
probably [prɑ́blɪ]
similarly [símǝlɪ]
mama [mɑ]
haplology [hǽplǝjˇɪ]

Mrs. Smith [mɪs smɪθ]
particularly [pɚtíkyǝlɪ]
papa [pɑ]
library [láɪbɛrɪ]

참고문헌

Abercombie, D. 1967. *Elements of General Phonetics*. Edinburgh : University Press.

Allerton, D. J. and A. Cruttenden. 1979. "Three Reasons for Accenting a Definite Subject." *Journal of Linguistics* 15, 49~53.

Bolinger, D. L. 1972. "Accent is predictable (if you're a mind-reader)." *Language* 48, 633~644.

Bronstein, A. J. 1960. *The pronunciation of American English : An Introduction to Phonetics*. New York : Appleton-Century-Crofts, Inc.

Brosnahan, L. F. and B. Malmberg. 1970. *Introduction to Phonetics*. Cambridge : Cambridge University Press.

Chen, M. 1970. 'Vowel length variations as a function of the voicing of the consonant environment.' *Phonetica* 22, 129~159.

Chomsky, N. and M. Halle. 1968. *The Sound Pattern of English*. New York : Harper and Row, Publishers.

Denes, P. B. and E. N. Pinson. 1963. *The Speech Chain*. Bell Telephone Laboratories.

Fairbanks, G. 1966. *Experimental Phonetics : Selected Articles*. Urbana : University of Illinois Press.

Francis, N. 1958. *The Structure of American English*. New York : The Ronald Press Company.

Fry, D. B. 1979. *The Physics of Speech*. Cambridge : Cambridge University Press.

Gimson, A. C. 1970^2. *An Introduction to the Pronunciation of English*. London : Edward Arnold (Publishers) Ltd.

Gimson, A. C. 1943. "Implications of the phonemic/chronemic grouping of English vowels." *Acta Linguistica* 5, Fasc 2, 94~100.

Halliday, M. A. K. 1970. *A Course in Spoken English : Intonation*. London : Oxford University Press.

Heffner, R-M. S. 1950. *General Phonetics*. Madison : The University of

Wisconsin Press.

Holbrooks, A. and G. Fairbanks. "Diphthong formants and their movements," (1962) in Fairbanks(1966), pp. 116~136 ; Lehiste, ed., 1967, pp. 249~269.

House, A. S. H. and G. F. Fairbanks. "The influence of consonant environment upon the secondary acoustical characteristics of vowels."(1953) in Fairbanks(1966), pp. 84~92 ; Lehiste, ed., 1967, pp. 128~136.

Imada, S. 1971. *Pronunciation*. Tokyo : The Japan Foundation.

Jakobson, R., G. Fant and M. Halle. 1963. *Preliminaries to Speech Analysis*. Cambridge, Mass. : The M.I.,T. Press.

Jespersen, O. 1966[8]. *English Phonetics : A Handbook for Scandinavian Students*. Copenhagen, Gyldendal.

Jones, D. 1957[8]. *An Outline of English Phonetics*. Cambridge : W. Heffer and Sons Ltd.

Jones, D. 1956[11]. *Everyman's English Pronouncing Dictionary Containing 58,000 Words in International Phonetic Transcription*. London : J. M. Dent and Sons Ltd.

Jones, D. 1950. *The Phoneme : Its Nature and Use*. Cambridge : W. Heffer and Sons Ltd.

Jones, D. 1950[3]. *The Pronunciation of English*. Cambridge : The University Press.

Joos, M. 1948. *Acoustic Phonetics*. Language Monograph No. 23. Supplement to Language, Vol. 24, No. 2. Baltimore : Linguistic Society of America.

Kenyon, J. S. 1950[10]. *American Prounciation*. Ann Arbor : George Wahr Publishing Company.

Kenyon, J. S. and Knott, T. A. 1953[4]. *A Pronouncing Dictionary of American English*. Springfield, Mass. : G. & C. Merriam Company, Publishers.

Kingdon, R. 1958. *The Groundwork of English Intonation*. London : Longmans, Green and Company.

Kingdon, R. 1958. *The Groundwork of English Stress*. London : Longmans, Green and Company.

Kiparsky, P. 1972. "Explanation in phonology." in Peters, ed., *Goals of*

Linguistic Theory. Englewood Cliffs, N. J. : Prentice-Hall, Inc.

Kurath, H. A. 1949. *Word Geography of the Eastern United States*. Ann Arbor, Michigan : University of Michigan Press.

Ladefoged, P. 1962. *Elements of Acoustic Phonetics*. Chicago : The University of Chicago Press.

Ladefoged, P. 1975. *A Course in Phonetics*. New York : Harcourt Brace Jovanovich, Inc.

Ladefoged, P. 1968^2. *A Phonetic Study of West African Languages*. Cambridge : The University Press.

Ladefoged, P. 1971. *Preliminaries to Linguistic Phonetics*. Chicago : The University of Chicago Press.

Lado, R. and F. C. Carpenter. 1958. *English Pronunciation : Excercises in Sound Segments, Intonation and Rhythm*. Ann Arbor, Michigan : University of Michigan Press.

Lehisht, I. 1967. ed. *Readings in Acoustic Phonetics*. Cambridge, Mass. : The M. I. T. Press.

Malmberg, B. 1968. *Manual of Phonetics*. Amsterdam : North-Holland Publishing Company.

Malmberg, B. 1963. *Phonetics*. New York : Dover Publications, Inc.

Masuya, Y. 1976. *English Phonetics*. Tokyo : Kobian Publishing Company.

O'Connor, J. D. 1973. *Phonetics*. Penguin Books.

Perkell, J. S. 1969. *Physiology of Speech Production : Results and Implications of A Quantitative Cineradiographic Study*. Research Monograph No.53, Cambridge, Mass. : The M. I. T. Press.

Pike, K. 1947. *Phonemics : A Technique for Reducing Languages to Writing*. Ann Arbor, Michigan : University of Michigan Press.

Pike, K. 1943. *Phonetics : A Critical Analysis of Phonetic Theory and a Technic for the Practical Description of Sounds*. Ann Arbor, Michigan : University of Michigan Press.

Pike, K. 1945. *The Intonation of American English*, University of Michigan Publications Linguistics vol. 1. Ann Arbor, Michigan : University of Michigan Press.

Prator, C. H. Jr. 1967². *Manual of American English Pronunciation.* New York : Rinehart and Winston, Inc.

Prator, C. H. Jr. and B. W. Robinett. 1972³. *Manual of American English Pronunciation.* New York : Holt, Rinehart and Winston, Inc.

Schmerling, S. F. 1976. *Aspects of English Sentence Stress.* Austin, Texas : University of Texas Press.

Shen, Y. 1966. *English Phonetics : Especially for Teachers of English as a Foreign Language.* Ann Arbor, Michigan : University of Michigan Press.

Sweet, H. 1877. *A Handbook of Phonetics.* Oxford : Clarendon Press.

Sweet, H. 1911⁴. *A Primer of Spoken English.* Oxford Clarendon Press.

Sweet, H. 1908. *The Sounds of English : An Introduction to Phonetics.* Oxford : University Press.

Thomas, C. K. 1958². *An Introduction to the Phonetics of American English.* New York : The Ronald Press Company.

Trager, G. L. and H. L. Smith Jr. 1951. *An Outline of English Structure.* Studies in Linguistics : Occasional Papers 3. Norman, Okl. : Battenburg Press.

Uldall, E. T. 1971. "Cardinal vowel chart of General American monophthongs and diphthongs."

Ward, I. C. 1958⁴. *The Phonetics of English.* Cambridge : W. Heffer and Sons Ltd.

Westermann, D. and I. C. Ward. 1970. *Practical Phonetics for Students of African Languager.* London : Oxford University Press.

Wiik, K. 1965. *Finnish and English Vowels : A Comparison With Special Reference to the Learning Problems Met by Native Speakers of Finnish Learning English.* Annales Unversitatis Turkuensis, Series B. 94. Turku, Finland : Turun Yiliopisto.

Wise C. M. 1957. *Applied Phonetics.* Englewood Cliffs, N. J. : Prentice-Hall, Inc.

Wittig, K. 1956. *Phonetik des amerikanischen Englisch.* Sprachwissenschaftliche Studenbücher, Heidelberg : Carl Winter, Universitätsverlag.

찾아보기

ㄱ

가운데귀(middle ear) 97, 99~101
감각섬유(sensory fiber) 103
감폭(damping) 51, 58
강제진동(forced vibration) 49
경구개 치경음(palato-alveolar) 274
경구개음(palatal sound) 82, 274
경자음(fortis consonant) 270
계속음(continuant) 164
고막(ear drum) 97, 98, 101
고주파 필터(high pass filter) 105
공명(resonance) 49, 50
공명곡선(resonance curve) 51, 57
공명도(sonority) 164, 365, 371
공명자음(resonant) 53, 167
공명이론(sonority theory) 371
공명주파대(bandwidth) 51, 54
공명주파수(resonant frequency) 51
공명체(resonator) 49, 58, 76, 98
교환 테스트(commutation test) 155, 327
구강(oral cavity) 56, 76
구개음화(palatalization) 89
권설음(retroflex sound) 85
근육운동 피드백(kinesthetic feedback) 103
기식음(aspirate) 142
기준수준(the reference level of a sound) 125
긴장음화(tensification) 92

ㄷ

단순 조음(simple articulation) 88
데시벨(decibel) 126
등자뼈(stirrup) 99, 100

ㅁ

마이너스 추이(minus transition) 113
마찰(friction) 164
마찰음(fricatives) 92, 116, 117, 276
망치뼈(hammer) 99
매스킹(masking) 133
모라(mora) 381
모루뼈(anvil) 99
모음 약화(vowel reduction) 449, 450
모음연접(hiatus) 522
모음사변형(vowel quadrilateral) 65, 178
무마찰 자음(frictionless consonant) 275
무성 파열음(voiceless stop) 143
무성음(voiceless sound) 80
무성음화 동화(devoicing assimilation) 506
무의미 단어(nonsense word) 106, 136

ㅂ

바깥귀(outer ear) 97, 101
발성기관(speech organs; articulators) 67
변조점(change point) 460
복합 조음(complex articulation) 88
불완전 파열음(incomplete plosive) 288
불파음(unreleased) 141, 271
비강 파열(nasal plosion) 291
비강(nasal cavity) 56, 76
비기식음(unaspirate sound) 286
비음(nasal) 163, 276, 333
비음화(nasalization) 35, 91, 507
비음화 모음(nasalized vowel) 92

ㅅ

사이클(cycle) 46
삼중모음(triphthongs) 261

상용대수(common logarithm) 126
상호 동화(reciprocal assimilation) 505
상황적 단서(circumstantial cues) 136
생리심리학(psychophysiology) 120
설측면 파열(lateral plosion) 292
설측음(lateral) 277
성대(vocal cords; vocal bands) 18, 56, 77, 80
성도(vocal tract) 57, 59, 109
성문음(glottal) 274
성조(pitch) 129
소리굽쇠(tuning fork) 41, 44, 45, 48, 54
소리의 높이(pitch) 46, 97, 118, 122
소리의 크기(amplitude) 46
소리의 크기(loudness) 97, 123
속귀(inner ear) 97, 101
순음화(labialization) 89, 352
순정자음(true consonant) 275
순치음(labio-dental) 273
스펙트로그래프(spectrograph) 25, 66, 104
스펙트로그램(spectrogram) 67, 104
실험심리학(experimental psychology) 120

ㅇ

압력파(pressure wave) 42
약형(weak form) 35, 449
약화 모음(reduced vowels) 515
양순 파열음(bilabial stop) 153
양순음(bilabial) 273
양이효과(binaural effect) 137, 138
억양(intonation) 36, 174, 461
여과기(filter) 57
연구개음(velar sound) 274
연구개음화(velarization) 90
연자음(lenis consonant) 270
옥타브(octave) 47
외부음(incident sound) 51, 54
운동섬유(motor fiber) 103
운율(prosody) 30

유성자음(voiced consonant) 141
유성음(voiced sound) 80, 268, 269
유성음화 동화(voicing assimilation) 506
음성학적 단서(phonetic cues) 135
음성합성장치(speech synthesizer) 108
음운론적 단서(phonological cues) 135
음절 정점(syllable peak) 371
음파(sound wave) 43
음향심리학(psychoacoustics) 120
의미론적 단서(semantic cues) 136
이관(Eustachian tube) 100
이도(ear canal) 97, 122
이음(allophone) 143
이음적 차이(allophonic difference) 200
이중모음(diphthongs) 251
이해도(intelligibility) 128
인강(pharynx) 57, 81
잉여(redundancy) 21
잉여음(excrescence) 295

ㅈ

자유 변이(free variation) 152
자유 변이음(free variants) 294
자유진동(free vibration) 49
잔상(after image) 132
저주파 필터(low pass filter) 105
전이음(glide) 277
전자여과기(electronic filter) 66
절단 주파수(cut-off frequency) 105, 106
절대가청한계(absolute auditory threshold) 125
정점절단(peak clipping) 107
조음음성학(articulatory phonetics) 22, 24
조음점(place of articulation) 113, 267
종파(longitudinal wave) 44
주기(period) 46
주파수(frequency) 46, 97, 118
주파수대 필터(band pass filter) 105, 107
중앙절단(center clipping) 108

지연발화 피드백 효과(delayed speech feedback effect) 20, 103

ㅊ
철자 발음(spelling pronunciation) 37
청각 신경(auditory nerve) 97
청각 피드백(auditory feedback) 103
청각기억(auditory memory) 122
청각투영구역(auditory projection area) 102
청취 성적(articulation score) 105
청취 테스트(articulation test) 105
초음파 피리(ultrasonic whistle) 122
최대가청한계(the threshold of feeling) 128
최대진폭(peak amplitude) 123
최소 대립어(minimal pair) 149, 151
최소가청한계(the threshold of audibility) 125
추이(transition) 113, 116
치경음(alveolar sound) 82, 273
치아음(dental) 273
치찰음(sibilant) 309

ㅌ
타원창(oval window) 99
탁립이론(prominence theory) 372
통사론적 단서(syntactic cues) 135

ㅍ
파열음(plosive) 72, 92, 116, 276, 285
파찰음(affricate) 116, 155, 276
패턴재생장치(pattern playback) 108, 110
플러스 추이(plus transition) 113
피드백 제어(feedback control) 103

ㅎ
형성음 구조(formant structure) 63
형성음(formant) 58
형성음 추이(formant transition) 72
환경 변이(contextual variation) 152
횡파(transverse wave) 44
후강(larynx) 57, 77, 81
흉곽신축이론(chest-pulse theory) 373

A

absolute auditory threshold(절대가청한계) 125
affricate(파찰음) 116, 155, 276
after image(잔상) 132
allophone(이음) 143
allophonic difference(이음적 차이) 200
alveolar sound(치경음) 82, 273
amplitude(소리의 크기) 46
anvil(모루뼈) 99
articulation score(청취 성적) 105
articulation test(청취 테스트) 105
articulatory phonetics(조음음성학) 22, 24
aspirate(기식음) 142
auditory feedback(청각 피드백) 103
auditory memory(청각기억) 122
auditory nerve(청각 신경) 97
auditory projection area(청각투영구역) 102

B

band pass filter(주파수대 필터) 105, 107
bandwidth(공명주파대) 51, 54
bilabial stop(양순 파열음) 153
bilabial(양순음) 273
binaural effect(양이효과) 137, 138

C

center clipping(중앙절단) 108
change point(변조점) 460
chest-pulse theory(흉곽신축이론) 373
circumstantial cues(상황적 단서) 136
common logarithm(상용대수) 126
commutation test(교환 테스트) 155, 327
complex articulation(복합 조음) 88
contextual variation(환경 변이) 152
continuant(계속음) 164
cut-off frequency(절단 주파수) 105, 106
cycle(사이클) 46

D

damping(감폭) 51, 58
decibel(데시벨) 125
delayed speech feedback effect(지연발화 피드백 효과) 20, 103
dental(치아음) 273
devoicing assimilation(무성음화 동화) 506
diphthongs(이중모음) 251

E

ear canal(이도) 97, 122
ear drum(고막) 97, 98, 101
electronic filter(전자여과기) 66
Eustachian tube(이관) 100
excrescence(잉여음) 295
experimental psychology(실험심리학) 120

F

feedback control(피드백 제어) 103
filter(여과기) 57
forced vibration(강제진동) 49
formant structure(형성음 구조) 63
formant transition(형성음 추이) 72
formant(형성음) 58
fortis consonant(경자음) 270
free variants(자유 변이음) 294
free variation(자유 변이) 152
free vibration(자유진동) 49
frequency(주파수) 46, 97, 118
fricatives(마찰음) 92, 116, 117, 276
friction(마찰) 164
frictionless consonant(무마찰 자음) 275

G

glide(전이음) 277
glottal(성문음) 274

H
hammer(망치뼈) 99
hiatus(모음연접) 522
high pass filter(고주파 필터) 105

I
incident sound(외부음) 51, 54
incomplete plosive(불완전 파열음) 288
inner ear(속귀) 97, 101
intelligibility(이해도) 128
intonation(억양) 36, 174, 461

K
kinesthetic feedback(근육운동 피드백) 103

L
labialization(순음화) 89, 352
labio-dental(순치음) 273
larynx(후강) 57, 77, 81
lateral plosion(설측면 파열) 292
lateral(설측음) 277
lenis consonant(연자음) 270
longitudinal wave(종파) 44
loudness(소리의 크기) 97, 123
low pass filter(저주파 필터) 105

M
masking(매스킹) 133
middle ear(가운데귀) 97, 99~101
minimal pair(최소 대립어) 149, 151
minus transition(마이너스 추이) 113
mora(모라) 381
motor fiber(운동섬유) 103

N
nasal cavity(비강) 56, 76
nasal plosion(비강 파열) 291
nasal(비음) 163, 276, 333

N (cont.)
nasalization(비음화) 35, 91, 507
nasalized vowel(비음화 모음) 92
nonsense word(무의미 단어) 106, 136

O
octave(옥타브) 47
oral cavity(구강) 56, 76
outer ear(바깥귀) 97, 101
oval window(타원창) 99

P
palatal sound(경구개음) 82, 274
palatalization(구개음화) 89
palato-alveolar(경구개 치경음) 274
pattern playback(패턴재생장치) 108, 110
peak amplitude(최대진폭) 123
peak clipping(정점절단) 107
period(주기) 46
pharynx(인강) 57, 81
phonetic cues(음성학적 단서) 135
phonological cues(음운론적 단서) 135
pitch(성조) 129
pitch(소리의 높이) 46, 97, 118, 122
place of articulation(조음점) 113, 267
plosive(파열음) 72, 92, 116, 276, 285
plus transition(플러스 추이) 113
pressure wave(압력파) 42
prominence theory(탁립이론) 372
prosody(운율) 30
psychoacoustics(음향심리학) 120
psychophysiology(생리심리학) 120

R
reciprocal assimilation(상호 동화) 505
reduced vowels(약화 모음) 515
redundancy(잉여) 21
resonance curve(공명곡선) 51, 57
resonance(공명) 49, 50

resonant frequency(공명주파수) 51
resonant(공명자음) 53, 167
resonator(공명체) 49, 58, 76, 98
retroflex sound(권설음) 85

S

semantic cues(의미론적 단서) 136
sensory fiber(감각섬유) 103
sibilant(치찰음) 309
simple articulation(단순 조음) 88
sonority theory(공명이론) 371
sonority(공명도) 164, 365, 371
sound wave(음파) 43
spectrogram(스펙트로그램) 67, 104
spectrograph(스펙트로그래프) 25, 66, 104
speech organs; articulators(발성기관) 67
speech synthesizer(음성합성장치) 108
spelling pronunciation(철자 발음) 37
stirrup(등자뼈) 99, 100
syllable peak(음절 정점) 371
syntactic cues(통사론적 단서) 135

T

tensification(긴장음화) 92
the reference level of a sound(기준수준) 125
the threshold of audibility(최소가청한계) 125
the threshold of feeling(최대가청한계) 128
transition(추이) 113, 116
transverse wave(횡파) 44
triphthongs(삼중모음) 261
true consonant(순정자음) 275
tuning fork(소리굽쇠) 41, 44, 45, 48, 54

U

ultrasonic whistle(초음파 피리) 122
unaspirate sound(비기식음) 286
unreleased(불파음) 141, 271

V

velar sound(연구개음) 274
velarization(연구개음화) 90
vocal cords; vocal bands(성대) 18, 56, 77, 80
vocal tract(성도) 57, 59, 109
voiced consonant(유성자음) 141
voiced sound(유성음) 80, 268, 269
voiceless sound(무성음) 79
voiceless stop(무성 파열음) 143
voicing assimilation(유성음화 동화) 506
vowel quadrilateral(모음사변형) 65, 178
vowel reduction(모음 약화) 449, 450

W

weak form(약형) 35, 449